기독교문서선교회 (Christian Literature Center: 약칭 CLC)는 1941년 영국 콜체스터에서 켄 아담스에 의해 시작되었으며 국제 본부는 미국 필라델피아에 있습니다.
국제 CLC는 약 650여 명의 선교사들이 59개 나라에서 180개의 서점을 운영하며 이동 도서 차량 40대를 이용하여 문서 보급에 힘쓰고 있으며 이메일 주문을 통해 130여 국으로 책을 공급하고 있는 국제적 문서선교 기관입니다.

돌보시는 하나님

God Who Cares for Us
Written by Chong Ho Kim
All rights reserved.
Korean Edition Copyright ⓒ 2025 by Wheat Berry Books, Seoul, Korea.

돌보시는 하나님:
하나님은 어떻게 우리를 인도하시는가

2025년 9월 25일 초판 발행

지 은 이 | 김정호

편　　　집 | 서춘교
디 자 인 | 소신애
펴 낸 곳 | 도서출판 밀알서원
등　　　록 | 제21-44호(1988. 8. 12.)
주　　　소 | 서울특별시 서초구 방배로 68
전　　　화 | 02-586-8761~3(본사) 031-942-8761(영업부)
팩　　　스 | 02-523-0131(본사) 031-942-8763(영업부)
이 메 일 | clckor@gmail.com
홈페이지 | www.clcbook.com
송금계좌 | 기업은행 073-085404-01-017 예금주: 밀알서원
일련번호 | 2025-75

ISBN 978-89-7135-163-5 (03230)

본서의 지작권은 저자와 도서출판 밀알서원이 소유합니다.
신저작권법에 의하여 한국 내에서 보호받는 저작물이므로 무단 전재와 무단 복제를 금합니다.

돌보시는 하나님

김정호 지음

목차

서문　김 정 호 장로 | 좋은연합감리교회 은퇴장로　　　　　　　　6

제1장　**왜, 하나님은 우리를 돌보시는가?**　　　　15

제2장　**누가 하나님의 자녀인가?**　　　　52

제3장　**왜, 하나님의 돌보심을 느끼지 못하는가?**　　　　69

제4장　**하나님이 돌보시는 방법**　　　　190

제5장　**고난 극복의 삶**　　　　327

제6장　**제자의 삶**　　　　407

'할아버지"란 귀한 이름을 선물해 준
첫 손주 "아론" 에게
하나님의 축복이 넘치기를 기도한다.

서문

김정호 장로
좋은연합감리교회 은퇴장로

우리의 삶을 뒤돌아보면, 대부분의 사람에게 있어 자신을 돌보시는 하나님의 사랑에 대한 확신과 의심의 굴곡이 많이 있었을 것입니다. 어떤 날은 하나님의 사랑과 돌보심에 대한 확신이 굳어져서 온 세상을 얻은 것처럼 기쁨에 넘쳐 은혜가 충만한 생활을 할 때가 있는가 하면, 또 어떤 날은 하나님께 버림받은 것처럼 두렵고 떨리며, 근심과 염려가 가득할 때가 있었을 것입니다.

우리가 살아가면서 두려움을 느끼거나, 삶 속에 염려와 걱정이 떠나지 않는 것은 여전히 나를 돌보고 계시는 살아 계신 하나님에 대한 내적 확신과 신뢰의 믿음이 적기 때문입니다.

예수님은 하나님께서 우리를 돌보신다는 것을 가장 적절하게 설명하시기 위해서 마태복음 6장에서 아주 미약하게 보이는 동물과 식물들을 비유로 들면서 두려움에 떨고 있는 우리에게 힘을 주고 계십니다. 예수님은 염려와 걱정으로 인해 두려워 떠는 우리에게 제일 먼저 "공중의 새를 보라"라고 하십니다.

공중의 새를 보라 심지도 않고 거두지도 않고 창고에 모아들이지도 아니하되 너희 하늘 아버지께서 기르시나니 너희는 이것들보다 귀하지 아니하냐 (마 6:26).

참새 두 마리가 한 앗사리온에 팔리는 것이 아니냐 그러나 너희 아버지께서 허락지 아니하시면 그 하나라도 땅에 떨어지지 아니하리라. 너희에게는 머리털까지 다 세신 바 되었나니 두려워하지 말라 너희는 많은 참새보다 귀하니라 (마 10:29-31).

1. 헐값에 팔리는 참새 한 마리에도 하나님의 섭리가 깃들여 있다

헐값에 팔리는 참새 한 마리에도 하나님의 섭리가 깃들여 있는데 하물며 당신의 자녀들을 그냥 내버려두시겠느냐는 뜻입니다. 하나님은 우리의 머리카락까지도 낱낱이 다 세어 두실 정도로 우리에게 관심을 두고 계시니 어떤 고난과 어려움 속에서도 하나님이 살피고 계시다는 것을 알고 염려치 말라고 말씀하고 계십니다.

이 말씀은 하나님의 우리를 돌보심에 대한 가장 뛰어난 말씀으로 더 이상의 설명이 필요치 않을 것입니다. 그러기에 어렵고 힘들 때마다 공중의 새들을 바라보면서 새는 심지도 않고 거두지도 않고 창고에 모아들이지도 않지만, 우리의 하나님 아버지께서 기르고 계시다는 것을 마음속 깊이 새기면서 다시 일어서야 할 것입니다. 그리고 이어서 정말 중요한 메시지가 다시 나오고 있습니다.

너희는 이것들보다 귀하지 아니하니(마 6:26).

지금도 여전히 염려하고 두려워하고 있다면, 나는 이 새들보다 귀하지 않다고 생각하고 있기 때문일 것입니다. 여기서 나타나고 있는 하나님의 돌보심의 핵심은 공중의 새가 아닙니다. 공중의 새보다 더 귀한 우리를 향하고 있다는 사실을 기억해야만 합니다.

> 우리가 염려한다고 해서 키를 한 자라도 더할 수 있는 것도 아닙니다(마 6:27).

> 또 너희가 어찌 의복을 위하여 염려하느냐 들의 백합화가 어떻게 자라는가 생각하여 보라 수고도 아니하고 길쌈도 아니 하느니라. 그러나 내가 너희에게 말하노니 솔로몬의 모든 영광으로도 입은 것이 이 꽃 하나만 같지 못하였느니라(마 6:28-29).

우리의 연약함을 잘 알고 계시는 주님은 위로와 격려의 말씀을 다시 되풀이하고 있습니다. "공중의 새를 보라"라고 하셨던 주님께선 이제 더욱 작은 존재인 "들에 핀 백합화가 어떻게 자라고 있는가를 생각해 보라"라고 하십니다. 여기서 30절 하반절을 주의 깊게 읽어야 합니다.

> 하물며 너희일까 보냐 믿음이 작은 자들아(마 6:30).

비록 지금 거울에 비친 나의 모습이 초라하고 소망이 없어 보일지라도 공중의 새들보다는, 들에 피어 있는 백합화보다는 귀한 존재들일 것입니다.

당장 무엇을 먹고 마시고 입을까?
어떻게 살아갈까?
캄캄하고 두렵습니까?
그렇다면 이제 생각의 전환이 필요할 때입니다.

들의 백합화와 공중 나는 새가 어떻게 살고 있는가 하고 말입니다.

하나님께서 피조물 중에서도 가장 미약하고 작은 존재들까지도 먹이시고 입히시고 자라게 하십니다.

하물며 하나님의 형상을 닮게 창조된 우리를, 나아가서 독생자 예수 그리스도를 희생제물로 삼으시기까지 사랑하시는 우리를 돌보지 않으시겠습니까?

> 그러므로 염려하여 이르기를 무엇을 먹을까 무엇을 마실까 무엇을 입을까 하지 말라. 이는 다 이방인들이 구하는 것이라 너희 하늘 아버지께서 이 모든 것이 너희에게 있어야 할 줄을 아시느니라 (마 6:31-32).

2. 누구든지 하나님을 만나면 인생이 바뀐다

성경에는 예수님을 만나서 구원받고 헌신한 사람 중에서 출신과 실력, 환경과 조건에 상관없이 하나님께 귀하게 쓰임을 받은 사람들의 이야기들로 가득 차 있습니다.

형과 아버지까지 속이는 잔꾀의 명수였지만 영광스러운 이스라엘로 불리게 된 야곱, 노예로 팔려 가고 종신 감옥의 죄수가 되었지만 애굽 총리로 쓰임 받은 요셉, 나일강에 버려진 아기였지만 이스라엘의 구원자로 쓰인 모세, 이방인이지만 유다 지파의 족장이요 가나안 정복의 장군이 된 갈렙, 부모와 형제들에게 무시당하고 왕에게 쫓겨 다니다가 왕이 된 다윗, 포로로 끌려간 소년이었지만 바벨론에서 총리가 된 다니엘….

이루 다 헤아릴 수 없는 사람들이 증언하는 게 하나 있는데 그것은 누구든지 하나님을 제대로 만나면 인생이 바뀐다는 것입니다. 여기에 중요한 사실을 하나 더 추가할 수가 있겠습니다. 그것은 그 이름 속에 나의 이름이 들어가고 바로 당신의 이름이 들어갈 수 있다는 사실입니다. 하나님은 약속하셨습니다.

> 네가 내 눈에 보배롭고 존귀하며 내가 너를 사랑하였은즉 내가 네 대신 사람들을 내어주며 백성들이 네 생명을 대신하리니(사 43:4).

이제 이 하나님의 약속을 굳건히 믿고 기억하면서 힘껏 주님의 손을 붙잡고 살도록 해야 하겠습니다.

우리의 기독교는 "기적의 종교"라고 합니다. 그렇습니다. 하늘나라에서 영원한 삶을 사는 것도, 이 땅 위에서 우리가 할 수 없는 것을 바라는 것도 모두 기적을 바라는 삶을 사는 것인데, 정작 오늘날의 우리 대부분은 기적이 일어남을 믿지 않아 영생에 대한 확신도 없고, 필요한 것을 구할 줄도 모르고 있습니다. 성경에 나타나는 그 수많은 기적과 이사를 머리로는 인정하면서도, 그게 3,500년 전, 출애굽시 당시의 기적들이며, 또 2,000년 전 예수님이 행하신 수많은 기적일 뿐, 지금도 그러한 일이 일어난다는 것을 믿지 않습니다.

그때의 전능하신 하나님이 지금도 똑같이 살아 역사하고 계시는데도 기적이 일어남을 믿지 않고 있습니다. 기적을 잃어버렸기에 소망을 잊어버렸고, 그래서 수많은 귀한 생명이 내일에 대한 꿈을 잃어버린 채 이 시간에도 무수히 쓸어져 가고 있을 뿐만 아니라, 교회에서도 큰 꿈을 가진 자들이 사라져 가면서 세상을 향한 교회의 힘도 사라졌고, 그 빚어진 자리에는 사탄의 세력이 온갖 감언이설로 꿰차고 들어오면서 모든 것이 혼돈과 무질서와 공포로 가득 찬 어둠의 세상이 되어 버렸습니다.

주 예수 그리스도를 향한 우리의 신앙은 허상을 추구하는 추상적 종교가 아닙니다. 지금도 우리 가운데서 살아 역사하시는 하나님과 같이 가며 살다가 눈에 보이는 천국이 실제로 도래하는 현실적 종교입니다. 그 성취의 몫은 철저히 우리의 신앙 열심에 달려 있습니다. 모두가 성공적 신앙생활을 원할 것입니다. 은혜가 충만한 성공적 신앙생활의 처음이요, 나중의 모든 것은 하나님을 얼마나 믿고 신뢰하며 살아가는가에 달려 있습니다. 본서를 통하여 우리를 돌보시는 하나님에 대한 신뢰와 믿음을 얻어 나갈 때 하나님 사랑의 돌보심을 현실적으로 체험하게 될 것입니다.

일어나라! 빛을 발하라!
(이사야 60:1)

김 정 호 作

세상의 혼돈과 공허와 어두움 속에
한 빛이 비쳐 오고 있습니다(창 1:2).

유달리 짙고 길던 그 어둠의 터널 속에
새로운 빛이 비쳐 오고 있습니다.

지난날들의 수많은 풍상이 저만큼 과거의 일들로 처지며
새로운 날의 새 여명이 떠 오르지만
그토록 아프고 두려웠던
남겨진 아픔과 후회의 잔영들은 여전히 우리의 가슴을 저리게 합니다.
끝을 모르는 세계적 불황과 빈곤의 아픔들,
도처에서 일어나는 전쟁과 살육과 천재지변의 두려움들
날마다 도를 더해가는 성적 타락과 정신적 황폐함,
그리고
우리 마음속 깊이 흔들림 없이 뿌리를 들고 있는 시기, 이기, 질투, 분노, 다툼, 세상의 정욕들.

주님, 이제 새로운 하루를 맞이하며 또 다른 꿈을 새로이 꾸어 보렵니다.
예쁘게 포장된 욕심이 하나님이 주신 꿈으로 위장이 될지언정
또 다른 꿈을 새로이 꾸어 보렵니다.

지나온 날들을 돌아보면 오늘이 어제보다,
올해가 작년보다 특별히 나았던 적은 별로 없었지만
오늘은 어제보다 뭔가 나아지겠지 하는 기다림으로
스스로 또다시 속아 보렵니다.

이른 아침에 처음 본 태양이 어제와 똑같은 모습이었듯,
어제는 언제나 어제였고,
오늘은 언제나 오늘이었으며,
우리의 삶이 이루어지지 않을 기다림이란 신기루의 연속일지라도
내일에 대한 희망을 품고
또 다른 꿈을 꾸어 보렵니다.

창세기 1장에 우리에게 주신 첫 메시지를 기억합니다.
태초에 하나님이 천지를 창조하시며 말씀으로 명하시니
하나님의 말씀대로 그 모든 것이 그대로 되니라.
그리고 보시기에 좋았더라.

아- 얼마나 가슴이 벅찬 첫 번째 축복의 말씀인지요.
삶에 지치고 채여 잃어버렸던 텅 빈 심령 속에
다시금 새롭게 가득가득 채워지는 희망의 고동 소리입니다.

그대로 되니라.

하나님 축복의 말씀대로 그대로 되니라.
그리고
그 모든 것들이 하나님 보시기에 좋았더라!

주님께 내 삶의 꿈을 드리면서도
언제나 나 스스로 꿈을 이루어 보려고 발버둥 쳐 왔고
주님이 주시는 은혜로 채워지기엔
내 속엔 또 다른 내가 너무 많아서 빈방이 없지만
또 다른 꿈을 새로이 꾸어 보렵니다.
그대로 될 때까지…

어제는 언제나 어제였고, 오늘은 내일의 어제이듯,
언제나 똑같은 날들의 연결 속에서
내일을 향한 나의 잠깐의 기다림이
허공 속의 메아리처럼 돌아올지라도,
또 다른 꿈을 새롭게 꾸어 보렵니다.
그대로 될 때까지…

갈가리 찢겨지고 망가진 상처들을 꿰매어 감싸 주시며,
남몰래 흘리는 외로움과 고통의 눈물을 닦아 주는
긍휼의 하나님 손을 힘껏 부둥켜안고
또 다른 꿈을 새로이 꾸어 보렵니다.
그대로 될 때까지…
자, 이제 우리 모두 일어서자.
절망과 패배와 무기력의 아픔의 둥지를 훌훌 털고 일어나 나아가자.
하나님의 꿈을 품고 내일의 희망을 향해.

그대로 될 때까지…

주님, 하늘의 하나님께 모아진 우리의 두 손은 너무도 작지만
손끝에서 피어나는 기도의 향기는 온 세상에 넘쳐 나리니
이 잔에서 넘치는 은혜의 생수로
내 가정을, 내 이웃을, 내 교회와 일터를
나아가 이 메마르고 거칠어진 세상을 흠뻑 적시여
무너진 가정들이 회복되고,
분열했던 세상이 하나가 되며,
불치의 병에서도 치료되며, 물질의 고통에서도 벗어나는
새로운 날이 되길 간절히 기도드리오니
이제는 우리 모두에게 주님이 명하신
꿈꾸는 그대로 되는 날이 되게 하여 주시옵소서.

오, 주여! 내가 여기 있나이다.
주님의 꿈을 이뤄 드릴 내가 여기 있나이다.
일어나게 하소서.
타오르게 하소서.
세상의 빛이 되게 하소서.

제1장
왜, 하나님은 우리를 돌보시는가?

1. 우리를 돌보시는 이유

하나님이 왜 우리를 돌보시는가에 대한 대답은 간단명료합니다. 우리는 하나님의 자녀들이기 때문입니다. 그러기에 우리의 아버지가 되시는 하나님 아버지는 마땅히 그분이 택하신 자녀들을 돌봐 주셔야 하고, 또 영원하도록 돌보고 계시는 것입니다. 이는 우리에게 주어진 하나님의 말씀으로 창세전부터 약속된 것입니다.

> 내가 영을 전하노라 여호와께서 내게 이르시되 너는 내 아들이라 오늘날 내가 너를 낳았도다(시 2:7).

> 영접하는 자 곧 그 이름을 믿는 자들에게는 하나님의 자녀가 되는 권세를 주셨으니(요 1:12).

> 여인이 어찌 그 젖 먹는 자식을 잊겠으며 자기 태에서 난 아들을 긍휼히 여기지 않겠느냐 그들은 혹시 잊을지라도 나는 너를 잊지 아니할 것이라(사 49:15).

> 또한, 이와 같이 그리스도께서 대제사장 되심도 스스로 영광을 취하심이 아니요 오직 말씀하신 이가 저더러 이르시되 너는 내 아들이니 오늘날 내가 너를 낳았다 하셨고(히 5:5).

> 여호와의 분깃은 자기 백성이라 야곱은 그 택하신 기업이로다. 여호와께서 그를 황무지에서, 짐승의 부르짖는 광야에서 만나시고 호위하시며 보호하시며 자기 눈동자같이 지키셨도다. 마치 독수리가 그 보금자리를 어지럽게 하며 그 새끼 위에 너풀거리며 그 날개를 펴서 새끼를 받으며 그 날개 위에 그것을 업는 것같이 여호와께서 홀로 그들을 인도하셨고 함께한 다른 신이 없었도다(신 32:9-12).

우리는 흔히 이런 의문을 가질 수가 있습니다.

하나님은 인간을 창조하셨는데 믿지 않는 사람은 아예 하나님 자녀가 아닌가요?

맞습니다. 그들도 여전히 하나님의 자식입니다. 원래 하나님이 지으신 모든 인간은 모두 하나님의 자녀이지만, 아담과 하와로부터 죄가 들어옴으로 인해 하나님과 단절되어 버리게 된 것입니다. 그러나 예수 그리스도께서 우리의 죄를 대속하기 위하여 십자가에서 피 흘려 돌아가셨음을 마음으로 받아들여 거듭나게 될 때 하나님의 자녀로 다시 태어나서 단절됐던 관계가 다시 회복됩니다.

우리는 이를 다시 태어난다는 의미의 '중생'(重生)이라고 부릅니다. 다시 말해서, 이사야서 43장 1절의 말씀처럼 우리는 원죄로 인해 완전히 죽어 있었으나 예수님이 우리를 대신하여 십자가에 못 박혀 죽음으로써 인류의 죄를 대신 씻어 구원(속량, 贖良)해 주셨기 때문에 우리가 하나님의 자녀가 되었다는 것입니다.

그리고 이처럼 예수님이 십자가에 못 박혀 인류의 죄를 대속(代贖)하여 구원해 주신 백성들을 하나님이 어떻게 보호해 주시는가?
이어서 설명하고 있습니다.

> 야곱아, 너를 창조하신 여호와께서 이제 말씀하시느니라 이스라엘아 너를 조성하신 자가 이제 말씀하시느니라 너는 두려워 말라 내가 너를 구속하였고 내가 너를 지명하여 불렀나니 너는 내 것이라. 네가 물 가운데로 지날 때에 내가 함께할 것이라 강을 건널 때에 물이 너를 침몰치 못할 것이며 네가 불 가운데로 행할 때에 타지도 아니할 것이요 불꽃이 너를 사르지도 못하리니 대저 나는 여호와 네 하나님이요 이스라엘의 거룩한 자요 네 구원자임이라 내가 애굽을 너의 속량물로, 구스와 스바를 너의 대신으로 주었노라. 내가 너를 소중하고 귀한 존재로 여겨 너를 사랑하고 있으니 내가 다른 민족을 희생시켜서라도 네 생명을 구하겠다. 너는 두려워하지 말아라. 내가 너와 함께한다. 내가 내 백성을 동방과 서방에서 이끌어낼 것이며 북방에서 그들을 놓아주라고 말하고 남방에서 그들을 억류하지 말라고 할 것이다. 내가 내 자녀들을 세계 각처에서 돌아오게 하겠다. 그들은 다 내 백성이며 내 영광을 위하여 내가 창조한 자들이다 (사 43:1-7).

그렇습니다. 우리는 언제, 어디서나 하나님이 창조하신 자녀들입니다. 하나님이 나를 지으셨고 만드셨기에 나는 하나님의 백성이라는 사실을 잊어서는 안 됩니다. 인생을 살다 보면 지치고 힘들 때가 많을 것입니다. 그럴 때마다 나는 하나님의 자녀이며, 하나님께 속한 백성이라는 것을 기억하고, 여호와 하나님께 기도하며 나가야 할 것입니다. 지금도 하나님이 나와 함께하시며 나의 모든 일에 관여하고 계시기 때문입니다.

한 번 구원은 영원한 것입니다. 그러므로 하나님의 자녀로 살아가는 우리는 수시로 다가오는 이 세상의 어떤 어려움과 고난에도 낙담할 필요가 없습니다. 하나님의 사랑과 은혜가 우리를 붙들고 있기 때문입니다. 우리의 두려움은 미래에 무엇이 기다리고 있는지 모르기 때문에 초래되고 있는 것입니다. 그러나 미래에도 하나님이 거기에 여전히 계신다면 이야기는 달라집니다. 과거의 일도, 오늘의 일도, 더더욱 내일의 일 중에 우리가 알 수 있는 것보다 모르는 일들이 더욱더 많습니다.

  그러나 하나님은 모든 것들을 다 알고 계시며 주관하고 계십니다. 슬프고, 아프고, 억울하고, 답답한 일들도 우연히 일어난 일들이 아니라 하나님의 깊은 섭리 속에 일어났기에 하나님은 다 알고 계시다는 것입니다.

  백지장도 맞들면 낫다는데 하물며 만군의 여호와 하나님이 곁에서 보고 계시는데 어떤 어려움이 고난의 어려움으로 남아 있을 수 있겠습니까?

  제가 아는 어떤 분의 이야기입니다. 그분은 6.25 전쟁 때 이북에서 피난 오신 분입니다. 피난 길에 남편 되시는 분은 죽으셨고 2살과 5살 난 아들 둘만 데리고 부산에 정착했습니다. 모두가 힘든 시절이었지만 가진 재산도 없고, 남쪽에 아무런 연고도 없는 그 분의 삶은 상상 불허였습니다. 매일 새벽마다 불 꺼진 교회에 나가 목 놓아 울던 어느 날이었습니다. 돌연히 눈앞에 환상이 보이기 시작했습니다. 머리에는 피와 먼지로 범벅이 된 가시관을 쓰시고 누더기를 걸치신 예수님이 무거운 십자가를 질질 끄시며 가까이 지나가시면서 그분을 쳐다보셨는데 그 예수님의 바라보시는 눈빛을 평생 잊을 수 없었다는 것이었습니다.

  그 예수님의 깊은 눈빛 속에서 온갖 연민과 사랑과 위로만이 아니라 너를 위해 이처럼 십자가를 지고 가는데 너는 왜 그처럼 연약하냐는 책망의 눈초리도 느껴지더라는 것이었습니다. 그 후로 힘이 들 때마다 나를 위해 십자가를 지고 가시는 예수님의 사랑과 연민의 눈빛을 떠 올리면서 그 모든 어려움을 이겨냈다는 것이었습니다. 그렇습니다. 하나님은 어떤 모습으로 든 그 택한 백성들을 곁에서 지키시며 보호해 주십니다.

2. 우리를 돌보시는 목적

인간은 창조의 가장 마지막 날인 여섯째 날에 창조된 마지막 피조물이었습니다.

> 하나님이 자기 형상 곧 하나님의 형상대로 사람을 창조하시되 남자와 여자를 창조하시고(창 1:27).

이전의 모든 창조 사역은 인간을 창조하기 위한 준비 과정이었다고 말할 수 있으며, 하나님 창조의 절정, 창조의 핵심은 인간을 창조하는 것이라 할 수 있습니다.

그렇다면 하나님이 인간을 창조하신 목적은 무엇일까요?

인간을 창조한 목적에 대한 해석은 종교와 신학에 따라 다양하며, 하나님의 인간 창조 목적에 대한 궁극적 답은 오직 하나님 자신만이 알고 계시겠지만, 대표적으로 이사야 43장 7절과 21절에 나타나고 있습니다.

> 무릇 내 이름으로 일컫는 자 곧 내가 내 영광을 위하여 창조한 자를 오게 하라 그들을 내가 지었고 만들었느니라(사 43:7).

> 이 백성은 내가 나를 위하여 지었나니 나의 찬송을 부르게 하려 함이니라 (사 43:21).

이처럼 성경은 분명히 "하나님의 영광을 위하여 우리를 창조하셨다"라고 기록하고 있습니다. 따라서 우리가 하나님의 영광을 위해서 하나님을 섬기며 봉사하는 삶을 살아갈 때 하나님께서 우리를 지으시고 택하신 목적에 응답하는 삶이 된다는 것입니다. 그렇다면 구체적으로 어떠한 삶이 하나님의 영광을 위한 일인가에 대한 의문이 들 수 있을 것입니다.

1) 하나님께 영광을 돌리는 삶

성경 자체가 하나님의 영광을 위해 기록된 것이지만, 많은 기록 중에서 "~했을 때, 하나님께서 영광 받으신다"라는 대표적 내용을 추려 낸다면 다음 세 가지로 요약할 수 있습니다. 이 세 가지의 내용이 우리의 삶 속에서 드림(give)으로 이루어질 때, 하나님께선 영광 받으시고, 그 영광을 받으신 하나님은 다시 우리에게 은혜의 축복을 부어 주시게 됩니다(take).

(1) 감사를 드리며 살아가는 삶입니다

> 감사로 제사를 드리는 자가 나를 영화롭게 하나니 (시 50:23).

예수님이 우리를 위해서 십자가에서 보혈을 흘리셨고, 그로 인해 우리가 구원을 얻게 됐는데, 그 구원의 은혜가 기쁘고, 감사해서 하나님을 높여 드리는 모든 기도, 찬양, 말씀, 헌물 등의 행위가 바로 예배로 나타나는 것이며 그리고 이러한 예배가 공식적으로 제도화된 것이 주일에 드려지는 주일 예배입니다. 여기서 나타나는 예배는 주일, 수요일 등에 드려지는 공중 예배로 국한돼서는 안 됩니다.

> 그러므로 형제들아 내가 하나님의 모든 자비하심으로 너희를 권하노니 너희 몸을 하나님이 기뻐하시는 거룩한 산 제사로 드리라 이는 너희의 드릴 영적 예배니라 (롬 12:1).

이 말씀처럼 택함 받은 자녀들의 삶 자체가 하나님을 기쁘시게 하는 삶이어야 하며, 또한, 택함 받은 자들의 하나님을 향한 감사가 공적으로 제도화된 것이 주일 예배와 같은 공중 예배라는 것입니다. 이처럼 예배드리는 근본 이유는 우리를 구원해 주심과 우리의 인생을 인도해 주심에 대한 감사이기 때문에 예배 자체가 하나님께 감사드리는 것 자체가 되어 흔히 예배를 잘 드려야 한다고 말하는 것입니다. 이런 면에서 볼 때 예배에서 가장 중요한 것은 설교나 헌금이나 찬양 등이 아니라 내가 하나님 구원의 은혜에 대해 얼마나 감사하며 나가느냐에 달렸다고 하겠습니다.

간혹 말씀 몇 마디에 "은혜받았다"라고 하기도 하는데 그러한 애기는 삼가야 할 것입니다. 예배의 주인공은 내가 아니라 오직 하나님이시며 내가 은혜받았느냐는 부차적 문제일 뿐이기 때문입니다. 이런 의미에서 우리가 살아가는 삶 자체가 거룩한 제사가 되어야 하며, 주일, 수요일 등에 드려지는 공중 예배는 평생 드려지는 예배의 극히 작은 일부분이 될 뿐입니다.

"감사가 감사를 부른다"라는 말이 있습니다. 하나님은 우리가 감사드리는 것을 매우 좋아하셔서 우리가 감사드릴 때 더 감사할 수 있는 것들을 주신다는 것입니다. 그러한 연유로 하나님께 받은 것을 받았다고 감사드리며 사는 삶이 얼마나 중요한지 모릅니다. 또한, 우리의 일상생활에서 아주 작은 일에도 감사할 줄 알며, 나아가서 좋은 일뿐만 아니라 내가 이해하지 못하는 험한 인생길조차도 다 하나님의 뜻이 있음을 알고 범사에 감사하며 살아가는 삶이 '하나님의 영광을 위해 사는 삶'이라고 성경은 가르치고 있습니다.

(2) 세상 속에서 빛과 소금으로 살아가는 것입니다

> 너희는 세상의 소금이니 소금이 만일 그 맛을 잃으면 무엇으로 짜게 하리요 후에는 아무 쓸데 없어 다만 밖에 버리워 사람에게 밟힐 뿐이니라. 너희는 세상의 빛이라 산 위에 있는 동네가 숨기우지 못할 것이요 사람이 등불을 켜서 말 아래 두지 아니하고 등경 위에 두나니 이러므로 집안 모든 사람에게 비취느니라. 이같이 너희 빛을 사람 앞에 비취게 하여 저희로 너희 착한 행실을 보고 하늘에 계신 너희 아버지께 영광을 돌리게 하라(마 5:13-16).

하나님은 우리가 가정에서, 직장에서, 교회에서, 세상에서 빛과 소금으로 살아가라고 하고 있습니다. 빛과 소금은 물리적 공통성이 있습니다. 그것들이 제 역할을 하기 위해서는 타서 사라지든가, 아니면 녹아 없어져야만 한다는 것입니다. 녹지 않고선 짠맛을 낼 수가 없고, 타 버리지 않고는 빛을 낼 수가 없기 때문입니다.

빛과 소금으로 살아간다는 것, 곧 녹거나 타서 사라진다는 뜻은 영적으로는 크게 겸손의 삶과 이기적으로 아니라 이타적 삶, 곧 베푸는 삶으로 요약할 수 있습니다. 다시 말해서, 외부적으로 나타나는 종교적 열심이 아니라 내부적 심리적 변화, 곧 겸손을 바탕으로 살아가는 삶을 말하며, 이러한 자세를 밑바탕으로 자기만이 아니라 세상에 도움이 되는 자들로 살아갈 때 하나님께선 영광을 받으시고, 또 로마서 12장 1절의 산 제물(산 제사)로 사는 삶이 된다고 하는 것입니다.

세상적으로 겸손은 상대를 존중하여 상대를 높이고 자기를 낮추는 자를 말하지만, 성경에서는 이에 더하여 하나님 없이도 살 수 있다(교만)가 아니라 하나님 없이는 살 수가 없다고 간절히 기도하며 엎드리는지를 말하고 있습니다. 베드로전서에 "겸손한 자를 언젠가는 하나님이 높여 주신다"라는 말씀을 꼭 기억하고 있어야 할 것입니다.

또 주님은 제자들에게 "너희는 세상의 소금"이라고 하셨습니다. 고대사회에서는 소금을 여러 용도에 사용하였습니다.

첫째, 소금은 음식물의 부패를 막는 역할을 했습니다.
이와 마찬가지로 진실한 믿음을 가진 그리스도인들은 사회 부패의 속도를 늦출 수가 있어야 하는데, 오늘날 교회의 무기력과 부패가 사회 변화를 앞지르고 있는 것을 보면 매우 아이러니하게 느껴질 때가 많습니다.

둘째, 소금은 비료로 사용되어 곡식의 성장을 도와주었습니다.
비료가 발명되기 전 20세기 초까지만 해도 수확 증진을 위해 소금을 뿌렸다고 하는데, 이는 그리스도인이라면 언제, 어디서 살든 세상의 선한 것들이 성장하도록 밀알이 되어야 한다는 것을 의미한다고 하겠습니다.

셋째, 소금은 음식에 맛을 내는 역할을 합니다.
우리는 흔히 소금은 음식의 짠맛만을 내는 줄 알지만, 짠맛만이 아니라 단맛을 더 내게 합니다. 단팥죽에 소금을 적당히 쳐 주면 단맛이 더 나는데, 이는 신자들은 세상 사람들에게 본이 되어 하나님을 믿고 사는 삶이 어떤 삶인지 맛보도록 도와줘야 한다는 의미로 받아드려야 할 것입니다. 그런데 오늘날 이미 그 짠맛을 잃어버린 교회 자체가 세상보다 더 부패해 가는 세대에서 그 소속인 우리 대부분도 세상 사람과 하등 차별이 없게 되어 버렸습니다.

참으로 우리 모두의 변화가 필요한 시기입니다. 흔히 여유가 생기면 어려운 사람을 돕겠다고 말합니다. 돕는다는 문제를 물질의 여유로 생각하지만, 그건 아닙니다.
마음의 여유 문제입니다. 그래서 여유가 생기면 돕겠다는 사람은 평생을 가도 남을 돕지 않습니다. 마음의 여유가 없기 때문입니다.
돈이 많은 부자라고 남을 돕는가?

그건 아닙니다. 물질의 부자일지 언정 마음은 가난한 사람이어서 남을 도울 마음의 여유가 없기 때문입니다. 성경에서 일컫는 부자는 마음의 부자를 이야기하지, 물질의 부자를 말하는 게 아닙니다.

(3) 기도 자체가 하나님께 영광을 돌리는 행위입니다

> 감사로 하나님께 제사를 드리며 지극히 높으신 자에게 네 서원을 갚으며 환난 날에 나를 부르라 내가 너를 건지리니 네가 나를 영화롭게 하리로다 (시 50:14-15).

생각할수록 흥미로운 말씀입니다. 어려움을 당했을 때 나를 찾으라, 내가 너를 도와줄게. 왜냐하면, 그것은 나의 즐거움이요, 기쁨이기 때문이다. 하나님이신 예수님도 많은 기도의 시간을 보내셨습니다. 기도 자체가 하나님께 영광을 돌리는 행위임을 명심해야 합니다. 제4장에서 기도에 관한 내용이 자세히 다루어집니다.

3. 자녀로서의 신분과 의무

> 너희가 다 믿음으로 말미암아 그리스도 예수 안에서 하나님의 아들이 되었으니 (갈 3:26).

> 율법 아래 있는 자들을 속량하시고 우리로 아들의 명분을 얻게 하려 하심이라. 너희가 아들인고로 하나님이 그 아들의 영을 우리 마음 가운데 보내사 아바, 아버지라 부르게 하셨느니라 (갈 4:5-6).

1) 로마서 8장 16절(양자의 영)

> 무릇 하나님의 영으로 인도함을 받는 그들은 곧 하나님의 아들이라. 너희는 다시 무서워하는 종의 영을 받지 아니하고 양자의 영을 받았으므로 우리가 아빠 아버지라고 부르짖느니라. 성령이 친히 우리의 영과 더불어 우리가 하나님의 자녀인 것을 증언하시나니 자녀이면 또한, 상속자 곧 하나님의 상속자요 그리스도와 함께한 상속자니 우리가 그와 함께 영광을 받기 위하여 고난도 함께 받아야 할 것이니라(롬 8:14-17).

로마서 8장 16절은 성경에서 매우 중요한 구절로, 믿음 생활에 있어 깊은 의미를 지니고 있습니다. 신앙생활은 하나님의 인도, 곧 성령의 인도를 받고 살아가는 것을 말하며, 성령의 인도함을 받고 살아가는 자는 하나님의 자녀임을 확인하는 데 중점을 두면서, 우리가 하나님의 자녀로서 특별한 지위와 신분을 부여받았음을 말하고 있습니다.

> 성령이 친히 우리의 영과 더불어 우리가 하나님의 자녀인 것을 증언하시나니 (롬 8:16)

이 절은 여러 가지 중요한 의미를 포함하고 있는데, 결국은 성령의 내주 여부가 하나님의 자녀인지 아닌지의 판단 기준이 되고 있습니다. 성령님의 증거하심을 통해 우리는 하나님의 자녀임을 확신하게 인식히고, 그로 인해 우리의 삶과 믿음의 근간을 견고하게 다지는 것이 중요합니다. 성령의 사역에 대해서는 본서 제4장에서 더욱 자세히 기술되고 있습니다.

2) 요한복음 1장 12절(자녀로서의 권세와 책무)

> 영접하는 자 곧 그 이름을 믿는 자들에게는 하나님의 자녀가 되는 권세를 주셨으니(요 1:12).

요한복음 1장 12절은 그리스도 안에서의 믿음을 강조하며, 그 믿음으로부터 우리가 하나님의 자녀로서 특별한 지위와 권능을 갖게 된다는 것을 알려줍니다. 믿음으로 우리가 그리스도 안에서 새로운 존재로 거듭나게 되면 하나님은 우리 가족의 일원이 되어 우리는 그의 자녀로서 그분의 사랑과 보호를 받는다는 것을 나타냅니다. 그러한 연유로 하나님을 아빠 아버지로 부르는 사람은 인생의 성공자라고 할 수 있습니다.

왜냐하면, 늘 하늘 아버지의 도움을 받으며 살 수 있기 때문입니다. 예수님을 구세주로 믿는 믿음으로 하나님이 나의 아버지가 되고, 우리가 자녀가 되면 나의 아픔이 주님의 아픔이 되고, 나의 눈물이 주님의 눈물이 될 뿐만 아니라, 내 영혼이 이 땅을 떠나는 순간에 내 영혼을 마지막까지 책임져 주시게 됩니다.

또한, 새로운 존재로 거듭난다는 것은 우리의 생각과 행동, 가치관이 예수 그리스도와 합하여질 때 성령의 역사하심으로 우리의 삶이 변화됨을 의미합니다. 이 세상에서도 권리를 누리려면 의무를 감당해야 하듯이 하나님의 자녀들에게도 이 원리는 당연히 따라옵니다. 죄와 더불어 싸워 이기려 하지 않고, 세상에서 택함 받은 자로 거룩하게 살려고 노력하지도 않으면서 오직 자녀의 권리를 주장하는 것은 합당하지 않기 때문입니다. 어떤 경우에도 우리는 세상의 소금이요 빛으로서 사명을 잘 감당해 나가면서 자녀로서 권리를 주장해야 할 것입니다.

또 그럴 때만 하나님은 더 큰 축복을 부어 주실 것입니다. 그러기에 예수님을 영접한 뒤에도 과거의 모든 생활 습관과 생각에서 벗어나지 못하고 있다면 아직 거듭나지 못한 상태임을 알아야 합니다. 이러한 변화된 삶은 제6장 제자의 삶에서 더 자세히 설명될 것입니다.

3) 하나님의 자녀에게 주어지는 권세

> 영접하는 자 곧 그 이름을 믿는 자들에게는 하나님의 자녀가 되는 권세를 주셨으니(요 1:12).

하나님의 자녀 된 자에게는 하나님의 자녀가 되는 권세를 주셨는데, 이 특별한 권세는 우리가 하나님의 자녀로서 새로운 삶을 살아가며 그분의 영광을 나타내는 데 사용될 수 있다는 것을 강조하고 있습니다. 여기서 자녀로 삼으셨다고 하지 않고 하나님의 자녀가 되는 권세를 주셨다고 하고 있는데, 여기에 깊은 관심을 두어야 합니다. 여기서 언급되고 있는 권세는 권리(right)로 번역되기도 하고, 힘, 능력(power)으로 번역되기도 합니다.

권리나 힘은 아무리 많이 있어도 사용치 않으면 소용이 없습니다. 우리는 믿는 순간부터 자녀로 예정되어 있어 그 날에는 분명히 하나님 아버지 앞에서 살게 될 것입니다. 그러나 천국 가는 것뿐만 아니라 지금 이 시간 현실의 삶 속에서도 하나님이 주신 자녀로서 권세(power)를 사용하여 하나님의 택함 받은 자녀로서 영육 간의 복을 마땅히 누려야만 하는데, 그 일을 직접 행하시고 도와주는 분이 성령 하나님이십니다.

그런 연유로 본서의 전반에 걸쳐서 설명되고 있는 성령 하나님을 확실히 알고, 내 삶 속에서 그분이 일하실 수 있도록 자리를 마련해 드려야 하며, 이는 전적으로 우리의 결단과 노력에 달려 있다고 하겠습니다.

하나님의 자녀에게 주어지는 권세를 간단히 생각해 보겠습니다.

첫째, 언제든지 당당하게 하늘의 아버지에게 나아가 구할 수 있습니다.

> 그러므로 우리가 긍휼하심을 받고 때를 따라 돕는 은혜를 얻기 위하여 은혜의 보좌 앞에 담대히 나아갈 것이니라(히 4:16).

이는 어떤 경우에도 망설이지 말고, 담대히 기도하러 나가라는 것을 말하고 계십니다. 기도는 하나님의 자녀가 된 자가 하늘과 땅의 권세를 가지신 전능하신 하나님 아버지께 하는 것입니다. 자녀 된 우리는 인생이 힘들고 어려울 때마다 인생의 문제를 가지고 하늘 아버지께 나아가야 합니다. 그러면 하늘 하나님께서 들으시고 가장 좋은 것으로 응답해 주십니다. 늘 하늘 아버지 앞에 담대히 나아가 구하십시오.

둘째, 예수님이 그 자녀에게 주신 권세를 사용할 수 있습니다.

> 병든 자를 고치며 죽은 자를 살리며 문둥이를 깨끗하게 하며 귀신을 쫓아내되 너희가 거저 받았으니 거저 주어라(마 10:8).

예수님은 예수님의 권세를 하나님의 자녀 된 우리에게 주셨기 때문에 예수님이 행한 모든 이적을 우리도 분명히 행할 수 있습니다. 그러나 이 말씀처럼 예수님은 자녀가 된 모든 믿는 자에게 예수 그리스도의 이름으로 병든 귀신을 쫓아내고, 병을 고치고, 사탄을 발로 밟을 권능을 주셨지만, 그것을 사용하지 않으면 아무런 의미가 없게 됩니다.

아직은 완성된 하나님의 나라가 여기에 임하지 않았기 때문에 모든 병자를 우리가 예수님의 이름으로 고칠 수는 없습니다.

그러나 가능한 한 최고의 노력으로 이 말씀들을 행해야 하는데, 오늘날 자녀가 된 특별 신분으로서 이러한 권세를 실행하고 있는 신자가 얼마나 되겠습니까?

본서를 주의 깊게 정독해 나가다 보면 언젠가는 우리에게 주신 많은 특별 권세를 예수님의 이름으로 사용할 수 있게 될 것입니다. 매일의 삶 속에서, 치열한 영적 전쟁에서 예수의 이름으로 귀신을 쫓아내고, 예수의 이름으로 모든 병과 약한 것을 고치며 살아가도록 노력해야 하겠습니다.

4. 우연처럼 다가오는 하나님의 돌보심

1) 하나님은 우리의 모든 환경을 주관하신다

> 내가 모태에서 네 형태를 만들기 전에 너를 알았고 네가 태어나기도 전에 너를 구별하여 온 세상의 예언자로 세웠다(렘 1:5).

사람은 태어나면서부터 필연적으로 관계의 연속성 속에서 살아갑니다. 부모와 자식 간의 관계, 부부관계, 자식 간의 관계, 직장에서 동료와의 관계, 사업장에서의 고객 관계, 또 좋은 환경, 나쁜 환경과의 관계 등 평생 이런저런 관계 속에서 살아가게 되는데, 이러한 인간관계나 새로운 환경과의 관계들이 우연히 이루어지는 게 아니라 우리를 향하신 하나님의 깊은 섭리 속에서 그 모든 일이 이루어지고 있다는 것을 믿어야 합니다.

(1) 야곱과 라헬

밧단 아람의 한 우물가에서 야곱과 라헬이 만난 것(창29:1-14)도 보통 사람의 눈에는 우연으로 보일 수 있습니다. 그러나 성경에서 말하는 섭리의 사고를 통해 바라보면 이 사건은 이스라엘의 태동을 위한 하나님의 철저한 배려와 계획 가운데 일어났던 일입니다. 이런 연유로 우리는 우연처럼 보이는 일을 통해 세상을 통치하시고 다스리시는 하나님의 돌보심의 섭리를 발견할 수 있는 훈련을 쌓아야 합니다.

(2) 리브가

> 거기서 그는 이렇게 기도하였다. 우리 주인 아브라함의 하나님 여호와여, 내가 맡은 일을 성공적으로 수행할 수 있게 하셔서 나의 주인 아브라함에게 은혜를 베푸소서. 내가 이 우물 곁에 서 있다가 마을 여자들이 물을 길으러 오면 내가 한 처녀에게 항아리를 기울여 물을 좀 마시게 해 주시겠느냐고 물어보겠습니다. 이때 만일 그녀가 마시세요. 내가 당신의 낙타에게도 물을 주겠습니다 하고 대답하면 그 여자가 바로 주께서 주의 종 이삭을 위해 정하신 사람이 되게 하소서. 이런 일이 있으면 주께서 내 주인에게 은혜 베푸셨음을 내가 알겠습니다. 그가 미처 기도를 끝내기도 전에 리브가라는 처녀가 물 항아리를 어깨에 메고 나왔다. 그녀는 아브라함의 동생인 나홀과 그의 아내 밀가가 낳은 브두엘의 딸로서 지금까지 남자를 가까이하지 않은 아주 아름다운 처녀였다. 그녀가 우물로 내려가서 물 항아리에 물을 채워 가지고 올라오자 그 종은 달려가서 그녀를 만나 항아리의 물을 좀 주시겠소 하고 물었다. 그러자 그녀는 마시세요 하며 급히 물 항아리를 내려 마시게 하였다. 그가 물을 다 마셨을 때 그녀는 내가 물을 길어 와 당신의 낙타들에게도 실컷 먹이겠습니다 하고 급히 항아리의 물을 구유에 붓고 다시 우물로 달려가서 물을 긷고 또 길어 모든 낙타가 실컷 마실 때까지 그렇게 하였다. 한편, 그 사람은 여호와께서 그의 길을 잘 인도하셨는지 알아보기 위해 그녀를 묵묵히 지켜보고 있었다(창 24:12-21).

아브라함의 종이 이삭의 아내를 맞이하기 위해 아브라함의 고향에 가서 신부 채택을 위한 기도의 장면입니다.

종, 엘리에셀이 기도를 마치자마자 리브가가 그에 꼭 맞게 행동하는 것을 볼 대 우연이라고 할 수 있겠습니까?

(3) 모세

> 레위 족속 중 한 사람이 가서 레위 여자에게 장가 들었더니 그 여자가 잉태하여 아들을 낳아 그 준수함을 보고 그를 석 달을 숨겼더니 더 숨길 수 없이 되매 그를 위하여 갈 상자를 가져다 가 역청과 나무진을 칠하고 아이를 거기 담아 하숫가 갈대 사이에 두고 그 누이가 어떻게 되는 것을 알려고 멀리 섰더니 바로의 딸이 목욕하러 하수로 내려오고 시녀들은 하숫가에 거닐 때에 그가 갈대 사이의 상자를 보고 시녀를 보내어 가져다가…. 그 아이가 자라매 바로의 딸에게로 데려가니 그의 아들이 되니 라. 그가 그 이름을 모세라 하여 가로되 이는 내가 그를 물에서 건져 내었음이라 하였더라(출 2:1-10).

모세가 죽임을 피하여 갈대 상자에 놓여 떠내려가다가 왕의 딸에 의해 발견돼서 졸지에 애굽의 왕자가 됐습니다.

우연일까요?

그 당시의 애굽은 전 세계의 과학 문명의 중심지였습니다. 왕자로서 그 모든 학문을 배웠습니다. 거기서 40여 년 동안 닦은 실력이 나중에 출애굽하여 40년 광야 생활에서 200-300만 명을 가나안으로 인도하는 실력의 토대가 됐습니다. 그리고 거기서 닦은 학문으로 나중에 모세 오경을 만들게 된 것입니다.

우연일까요?

그리고 40년의 광야 생활로 인해 그는 하나님의 사람으로 일하기에 합당한 겸손의 사람으로 변모됐습니다.

우연일까요?

하나님은 이미 80년 전부터 이스라엘의 기도에 응답하시기 위해 모세를 준비시키셨던 것입니다. 그렇습니다. 택함 받은 자녀에게 다가오는 환경은 모두가 하나님의 돌보심의 섭리로 준비되었다고 받아들여야 합니다.

그래서 좋은 환경을 만들어 주실 때에는 이 결실을 하나님께, 이웃들에게 어떻게 돌려드려야 될지 생각해야 합니다.

어렵고 힘든 환경이 다가올 때는 이 어려움을 통해 하나님이 뭘 말씀하고 계시는지 내가 돌이켜봐야 할 것들이 무엇이 있는지 등을 살펴봐야 합니다.

(4) 룻과 보아스

> 마침 보아스가 베들레헴에서부터 와서 베는 자들에게 이르되 여호와께서 너희와 함께 하시기를 원하노라 그들이 대답하되 여호와께서 당신에게 복 주시기를 원하나이다(룻 2:4).

> 보아스가 성문에 올라가서 거기 앉았더니 마침 보아스의 말하던 기업무를 자가 지나는지라 보아스가 그에게 이르되 아무나 이리로 와서 앉으라 그가 와서 앉으매(룻 4:1).

룻기 2장 4절과 4장 1절에서 "마침"이 계속 나오고 있습니다. 마침으로 번역된 이 단어는 매우 우연으로 보이는 상황 속에서 자주 등장하고 있습니다. 그것은 룻이 보아스의 밭에 갔을 때 마침 보아스도 그 밭에 왔을 때 나오고(룻 2:4), 또한, 보아스가 나오미의 밭을 사서 되돌려주겠다고 한 약속을 지키려고 성에 들어갔을 때 바로 그때 보아스가 반드시 만나야 할 사람이 보아스 앞을 지나갈 때도(룻 4:1) 마침이 등장하고 있습니다. 하나님의 섭리와 우리를 돌보시는 하나님의 사랑을 이해하는 데는 이 마침이란 단어가 매우 굉장히 중요합니다.

이것을 이해하지 못하면 모든 것이 다 우연이고, 운이 좋은 것으로 간주해 하나님이 그 자녀의 삶 속에 역사하시는 과정을 이해할 수 없게 합니다. 이 마침은 우연히 만들어진 것 같지만 그렇지 않습니다. 하나님은 우리를 돌보시기 위해 때를 기다리는 분이 아니십니다.

 이 말씀에서 보듯이 이 모든 일을 주관하실 뿐만 아니라 스스로 그때를 만들어 가기 위해서 우리보다 앞서가십니다. 보아스는 이때를 만들기 위해 룻과 헤어지자, 그 사람이 언제 지나갈지 모르기 때문에 바로 새벽같이 성안으로 들어갔습니다(룻 3:15.). 이게 하나님의 섭리 속의 돌보심입니다. 이 모든 것이 하나님의 섭리라는 것입니다(섭리란 하나님의 무한한 능력과 지식을 통하여 인간을 포함한 모든 피조물의 운명이 하나님이 예정했던 계획에 따라 진행되고 있다고 믿는 신앙).

 이 마침은 시간적 의미가 아닙니다. 하나님께서 만들어 가시는 큰 섭리 속의 한 과정으로 생각해야 합니다. 룻이 일할 때 보아스가 그 밭에 온 사건, 그 자체가 놀라운 때마침이고, 보아스가 성문에 앉았을 때 그 아무개가 지나간 것 자체가 놀라운 때마침이다. 그 섭리의 여러 표현 가운데 하나가 시간적 묘사인 때마침인 것입니다.

 이는 우연, 우연이 아니고 하나님이 그렇게 되게끔 일하고 계셨던 필연(必然)입니다. 필연의 사전적 의미로는 그리되는 수밖에 다른 도리(道理)가 없음입니다. 이처럼 하나님은 우리의 모든 삶 속에 일어나는 모든 일에 개입하시어 택한 자들을 돌보고 계심을 믿어야 합니다.

(5) 수넴 여인

> 엘리사가 이전에 아들을 다시 살려준 여인에게 이르되 너는 일어나서 네 권속과 함께 거할만한 곳으로 가서 거하라. 여호와께서 기근을 명하셨으니 그대로 이 땅에 칠 년 동안 임하리리. 여인이 일어나서 하나님의 사람의 말대로 행하여 그 권속과 함께 가서 블레셋 사람의 땅에 칠 년을 우거하다가 칠 년이 다하매 여인이 블레셋 사람의 땅에서 돌아와서 자기 집과 전토를 위하여 호소하려

> 하여 왕에게 나아갔더라. 때에 왕이 하나님의 사람의 사환 게하시와 서로 말
> 씀하며 가로되 너는 엘리사의 행한 모든 큰 일을 내게 고하라 하니 게하시가
> 곧 엘리사가 죽은 자를 다시 살린 일을 왕에게 이야기할 때에 그 다시 살린 아
> 이의 어미가 자기 집과 전토를 위하여 왕에게 호소하는지라. 게하시가 가로되
> 내 주 왕이여 이는 그 여인이요 저는 그 아들이니 곧 엘리사가 다시 살린 자니
> 이다. 왕이 그 여인에게 물으매 여인이 고한지라 왕이 저를 위하여 한 관리를
> 임명하여 가로되 무릇 이 여인에게 속한 것과 이 땅에서 떠날 때부터 이제까지
> 그 밭의 소출을 다 돌려주라 하였더라 (왕하 8:1-6).

기근 이후 7년이 지나 다시 고향에 돌아온 여인은 자신의 집과 밭을 돌려달라고 호소하기 위해 왕을 찾았는데, 여인이 왕을 찾아간 바로 그때, 왕과 엘리사의 시종 게하시가 대화하고 있었습니다. 게하시는 엘리사가 행한 큰일을 설명하면서 죽은 자를 살린 일에 대해 말하고 있던 때였습니다. 바로 이때 이야기 속 주인공인 수넴 여인이 아들을 데리고 왕 앞에 나타난 것입니다.

어떻게 이런 일이 우연이 일어날 수 있겠습니까?

너무나 놀라운 하나님의 돌보심의 한 예입니다. 하나님은 왕의 마음이 가장 열려 있던 때에 불안한 마음을 품고 온 그 여인을 왕 앞에 서게 하신 것입니다.

(6) 에스더

에스더서에 하나님이란 단어가 한 번도 안 나타나지만, 하나님이 그의 택한 백성을 위해 행하시는 섭리와 돌보시는 손길은 수없이 나타나고 있습니다. 우연처럼 일어나는 하나님의 섭리들로 가득 차 있다는 것입니다.

그 날 밤 잠이 안 온 게 우연일까요?

그 날 역대 일기를 읽되, 그것도 모르드개와 관련된 부분을 읽게 된 것이 우연일까요?

에스더가 왕비 된 것도, 그때 유대민족이 고난 속에 빠지게 된 것도 모두 다 우연처럼 보이는 하나님 섭리의 한 과정이었습니다. 그러한 섭리는 이 시간에도 일어납니다. 왜냐하면, 하나님은 영원하신 분이시기 때문입니다. 우린 흔히 어떤 것이 마음에 들지 않아 기분이 나쁘거나 행하는 일들이 순탄치 않고 나쁘게 돌아가면 흔히 재수 없다고 표현하는데, 이는 신앙적으로 좋은 표현이 아닙니다. 그럴 때마다 재수 없다, 기분 나쁘다고 말하기보다는 그 사건 속에도 하나님의 어떤 섭리가 있다는 것을 생각해야 합니다.

하나님이 지금 이 시간 내가 어떻게 하길 원하시는지를 물어보는 시간을 보내야 할 것입니다. 제가 아는 어떤 분은 직장에서 그러한 상황에 이를 때마다 화장실로 달려간다고 합니다. 화장실에 앉아서 하나님께 간절히 지혜를 구하면 신기할 정도로 시간과 환경에 맞게 지혜를 주셔서 직장 생활을 잘해 나가고 있다고 합니다.

> 너희 중에 누구든지 지혜가 부족하거든 모든 사람에게 후히 주시고 꾸짖지 아니하시는 하나님께 구하라 그리하면 주시리라(약 1:5).

(7) 요나

> 그러나 요나가 여호와의 낯을 피하려고 일어나 다시스로 도망하려 하여 욥바로 내려갔더니 마침 다시스로 가는 배를 만난 지라 여호와의 낯을 피하여 함께 다시스로 가려고 선가를 주고 배에 올랐더라(욘 1:3).

요나가 니느웨로 가라는 하나님의 명령을 거부하고는 전혀 다른 곳인 다시스로 가는 배를 타기 위해 욥바로 갔습니다. 그때 마침 다시스로 가는 배를 만나서 그 배에 오른 요나는 풍랑을 만나 바다에 빠지는 내용입니다. 종종 마침 다시스로 가는 배를 만난 것을 우연적 사건으로 이해하기도 합니다.

> 그때 선원들은 이 재앙이 누구 때문인지 제비를 뽑아 알아보자 하고 서로 말하며 제비를 뽑았는데 그 제비에 요나가 뽑혔다(욘 1:7).

여기서 요나가 제비를 뽑은 것도 우연이겠습니까?

그러나 하나님이 하시는 일속에서는 우연적 사건이 하나도 없습니다. 그리되는 수밖에 다른 도리가 없는 필연으로 이해해야만 합니다. 이제 요나가 불순종의 결과로 바다에 빠져 물고기 배에 들어가게 됐고, 이에 따라 그는 극심한 공포와 절망의 시간을 보내게 됐지만 그것으로 그의 인생은 끝이 나지는 않았습니다. 그의 불순종으로 인해 초래된 사건으로 그는 극도의 공포와 두려움에 싸여 있었지만, 하나님은 그 시간에도 당신의 택한 자녀를 위해 일하고 계셨다는 것입니다.

결국, 하나님은 요나를 물고기 배 속에서 끌어내셨고, 요나에게 명령한 하나님의 사명을 완벽히 완성하게 하셨습니다. 이것이 마침입니다. 보는 바와 같이 요나에게 많은 고난이 다가왔습니다. 바다 한가운데서 심한 폭풍우를 맞게 하시고는 기어코 깊은 바닷속으로 던지어 큰 물고기의 밥이 되게 했습니다. 하나님이 요나를 죽이려고 한 것이 아닙니다. 회개시키기 위한 것이었습니다. 요나가 회개하자 하나님은 큰 물고기를 통해 살려 주었습니다. 요나서의 중요 핵심의 하나는 회개이며, 그것은 우리를 살리려는 하나님의 돌보심의 은혜입니다.

폭풍이 점점 더 무섭게 휘몰아치자 선원들은 요나에게 우리가 당신을 어떻게 해야 바다가 잔잔하겠소 하고 물었다. 그때 요나가 대답하였다. 나를 들어 바다에 던지시오. 그러면 바다가 잔잔해질 것입니다. 여러분이 이 폭풍을 만나게 된 것이 내 탓이라는 것을 나는 잘 알고 있습니다(욘 1:11-12).

5. 교회는 우연의 산물이 아니다

우리 주위에는 사역자와 성도 간의 불협화음으로 인해 힘들어하는 교회들이 의외로 많습니다. 이러한 문제를 성경적으로 어떻게 받아들여야 하는지를 생각해 보려 합니다. 분명히 하나님은 이 땅 위의 모든 교회에 대해서, 또 그 구성원인 개개인 모두에 대해서 어떤 섭리와 계획을 갖고 계심이 분명합니다. 몇몇 사람의 의견일치의 결과로 우연히 교회가 세워진 것이 아니라는 것입니다.

1) 교회의 주인은 하나님 한 분

우리 교회는 목사님 것도, 장로님들 것도, 또 이모저모로 교회 건축을 위해 수고해 주신 분들의 것도 아닙니다. 오직 하나님의 것이며, 그러므로 그 자녀가 되는 우리의 것이 되기도 하는 것입니다. 따라서 우리는 마땅히 우리의 교회의 연합과 성장을 위해 기도하고 관심을 가져야만 하는 것입니다. 그리고 하나님이 우리의 교회에 대해서 어떠한 비전(vision)을 갖고 계신다면, 우리 교회 위에 세워진 사역자들과 모든 직분자들도 하나님이 분명히 어떤 계획과 비전을 갖고 세워 주신 것이라고 믿어야 합니다.

그러므로 설령 그 지도자들이 부족하고 모자란다고 할지라도, 또 우리의 생각에 맞지 않더라도, 그분들은 우리에게 하나님이 택해서 세워 주신 영적 지도자들이기 때문에 우리는 마땅히 그들의 영적 권위를 존중해 주고, 또 그들과 합력하여 하나님이 원하시고 꿈꾸는 바를 수행해야만 됩니다. 우리가 그러한 모습으로 살아갈 때 이는 곧 그들을 세우신 하나님에 대한 존중이 되는 것이며, 하나님이 기뻐하시는 일이 됩니다.

그리고 우리가 익히 봐 왔듯이 하나님은 순종하는 자녀들에게 영적이든 세상적인 것이든 간에 어떠한 형태로든 기쁨과 희락과 평안의 축복을 주시게 되는데, 이는 하나님의 약속이라는 것을 잊지 말아야 할 것입니다. 그러나 만일, 우리가 그 지도자들의 어떤 허물이나 부족함을 탓하면서 무시하거나 비난하게 된다면 이는 결국 그 지도자들을 세우신 하나님에 대한 도전이요, 반항이요, 비난이 된다는 것을 알아야 합니다. 그렇게 될 때 그 교회가 온전히 서지 못하는 것은 물론이요, 그 이해 당사자들에게 미치는 불이익은 상상하기도 끔찍할 뿐입니다.

정다운 가정(Sweet Home)

이 세상에는 내 아내보다 더 똑똑하고 예쁘고 부지런한 사람들이 많이 있다는 것을 잘 알고 있습니다. 그렇지만 그 수많은 여자가 나의 행복과 내 가정의 안녕과는 아무런 상관이 없습니다. 왜냐하면, 하나님이 정해 주신 내 아내는 오직 한 사람이기 때문입니다. 그래서 비록 부족하고, 모자라고, 허물이 클지라도 그 부족함을 메워 주고 격려하며 지금까지 살아왔기에 비록 세상적으로 볼 때는 많은 것이 부족하게 보일지라도 내게는, 내 가족들에게는 우리 가정이 정다운 집이 될 수 있었고, 또 그러한 환경 속에서 자라난 우리 아이들에게 하나님께서 놀라운 축복을 주시고 있는 것입니다.

이런 생각을 해보기도 합니다. 우리 부부관계는 하나님이 맺게 해 주신 것인데, 그런데도 배우자의 허물을 자꾸 들춰 내면서 그 부족함과 허물을 비난하고 타박하며 살아왔다면 아마 우리 가정은 정다운 집이 아니라 지옥이 됐을 것이고, 또 이런 여건 속에서 나의 영적인 상태는 물론이거니와 모든 사회활동도 활력을 잃었을 것입니다. 그뿐만 아니라 우리 아이들의 장래도 불 보듯 뻔한 결과를 가져왔을 것입니다.

2) 최초의 가정이 최초의 교회다

혹시 뜬금없이 교회 일과 가정일이 무슨 상관이 있냐고 물을 수도 있을 것입니다. 성경에서는 구분하고 있지 않습니다. 왜냐하면, 아담과 하와가 이룬 가정이 최초의 가정이요, 교회이기 때문입니다. 그래서 언제나 가정의 연장선에서 교회가 설명되고 있는 것입니다.

가화만사성(家和萬事成)이란 말이 있습니다. 다른 것이 아닙니다. 내 배우자가 부족하고, 모자라고, 내 뜻에 안 맞더라도 비난하고 타박하기보다는 이해와 양보와 관용으로 받아들이고 사랑으로 연합해 나갈 때 결국은 그 가정과 그 하는 모든 일이 축복받게 된다는 것입니다.

3) 하나님의 덕을 세워 드리는 교회

교회에서도 이와 똑같은 원리가 적용됩니다. 하나님에 의해 세워진 영적 지도자들이 비록 부족하고 모자라고 자기 뜻에 안 맞더라도 하나님이 세워 주고 맺혀 주셨다는 것을 믿고서 그 부족함을 채워주며 이해하고 양보와 관용의 마음을 갖고 사랑의 한 마음으로 연합해 나갈 때 그 교회는 하나님의 덕을 세워 드리는 교회가 될 뿐만 아니라, 그 교회를 포함한 교회의 모든 구성원 머리 위에 하늘로부터 말할 수 없는 은혜와 축복이 임하게 될 것입니다.

이 교회에 처음 나오실 때 어떤 모습으로 나왔습니까?
주일, 갈 데가 없어서 나왔습니까?
아니면 심심해서 소일거리로 이곳에 나왔습니까?

대부분 영적이든 세상적인 것이든 하나님으로부터 무언가 얻고 싶은 마음으로 나왔을 것입니다.

그리고 또 그 수많은 교회 중에서 하필이면 이 교회에 나오게 됐습니까?
그게 우연이 그렇게 된 것일까요?
아니면 자신의 어떤 의지가 그렇게 결정하게 한 것일까요?
혹시 이게 자신을 향한 하나님의 섭리라고 생각해 본 적은 없으신가요?

만약에 우리가 우리의 모든 생활 속에 하나님의 손길이 보이게 안 보이게 개입하고 계신다는 사실을 믿는 믿음을 갖고 있다면, 내가 지금 이 교회의 구성원이 된 것도 하나님의 나를 향한 예비된 섭리라는 것을 믿어야만 합니다. 그게 하나님이 기뻐하시는 순종의 한 단면입니다.

4) 영적 눈을 뜨라

교회에 다가오는 여러 어려움을 기회로 삼아 영적 눈을 크게 뜨는 계기가 돼야 합니다.

> 이에 아브람이 여호와의 말씀을 좇아갔고 롯도 그와 함께 갔으며 아브람이 하란을 떠날 때에 그 나이 칠십오 세였더라(창 12:4).

이 말씀을 잘 보도록 하십시오. 아브라함은 하나님을 쫓아갔고, 롯은 아브라함, 곧 사람을 쫓아갔는데, 그 결과 하나님을 쫓아간 아브라함은 믿음의 조상이 됐지만 사람을 바라보며 사람을 쫓아간 롯은 멸망의 길로 가게 된 것입니다. 우리에게 깊은 영적 메시지를 주고 있는 말씀입니다.

사실 교회 생활하면서 흔히 보듯이 많은 사람이 당장 눈에 안 보이는 하나님보다는 눈에 보이는 목사, 장로, 그 외 사람들을 보고 신앙생활을 하려는 것을 익히 봐왔을 것입니다. 그래서 그 말씀이나, 행동과 삶 속에서 조금이라도 은혜가 보이면 은혜받았다 하고, 조금이라도 불만족스러운 것을 보면 스트레스를 받거나 갈등을 느끼며 힘들어하기도 합니다.

우리가 흔히 말하는 큰 믿음은 결코 사람을 바라보며 따라가는 믿음을 말하는 것이 아니라 그 모든 것을 주관하시는 하나님만을 바라보는 믿음을 말합니다. 만약에 사람을 바라보며 신앙생활을 하게 되면 그 사람보다 믿음이 더 자라기가 힘들 뿐만 아니라 이 땅 위에는 완전한 인간이 없으므로 가까이 접근할수록 거의 다 자기와 똑같이 흠 많은 사람이라는 것을 알게 되면서 언젠가는 필히 시험에 들게 마련입니다.

그런 연유로 조그만 믿음이 아니라 큰 믿음을 얻기 위해서는 사람을 바라보는 게 아니라 오직 하나님만을 바라보며 신앙생활 하도록 노력해야 합니다. 또, 그처럼 살아가게 될 때 지금 서 있는 자리가 자신의 의에 의해서가 아니라 만세 전부터 하나님이 나를 위해 예비해 주신 자리라는 것을 깨닫게 될 것입니다. 그리고 그만큼 자신의 지금 처한 상황이 더 귀하고 소중하게 여겨지게 될 것입니다.

5) 하나님을 높여 드리라. 우리도 높여 주신다

여러 번 강조하듯이 교회의 직분자들은 사람들이 세운 게 아닙니다. 분명히 하나님이 세우셨습니다. 따라서 그들을 존중함은 곧 하나님이 하신 일들을 존중히 여김이요, 나아가서 하나님 한 분을 존중히 여겨 드리는 아름다운 마음이 됩니다. 성경은 약속하고 있습니다. 우리가 하나님을 높여 드리면 하나님도 우리를 높여 주신다고.

나의 그 좋지 못한 성질을 죽이고 현실의 나를 직시하며 순종해 나갈 때 하나님의 축복이 내게 듬뿍 임한다는데 도대체 뭘 더 주장하려 하는 것입니까?

자신의 믿음이 성장하고 성령이 충만한 사람이 되어 하나님이 부어 주시는 놀랍고 깊은 은혜 속에서 살고 싶다면, 하나님이 우리 앞에 세워 주신 영적 지도자들을 판단치 말고, 무조건 존중해 주고, 이해해 주고, 사랑과 관용의 마음으로 받아들여야 합니다. 하나님이 세워 주신 영적 지도자들과 다툼과 알력이 심할수록 교회는 물론이요, 구성원 개개인의 영혼 갈등도 더욱더 퇴폐되기 시작합니다.

6) 교회의 흠이 바로 우리의 기도 제목이다

교회와 교회를 둘러싼 모든 환경이 내가 만족할 수 있게 변화되길 기대하지는 마십시오. 왜냐하면, 결코 내 뜻대로 변화되는 일은 일어나지 않기 때문입니다. 오히려 내가 교회를 위하여 할 수 있는 일이 무엇인지를 찾아야 합니다. 그게 하나님이 기뻐하시는 일이요, 하나님으로부터 복 받는 비결입니다.

많은 사람이 자신을 절제할 줄 몰라서 하나님의 말씀에 따라 살지 못하고 자신의 감정의 움직임에 따라 살아가고 있습니다. 그래서 하나님이 예비해 두신 수많은 축복을 받지 못하고 있는 것입니다. 설령 교회의 영적 지도자들이 내 마음에 안 들어도 그들을 위해 기도함이 성경적으로 옳다는 것을 알면서도 결국은 자기의 감정에 따라 그것을 회피함으로써 하나님을 실망하게 하고 있는 것입니다.

　지금 우리가 처해 있는 세상은 어디로 흘러가는지 방향을 전혀 찾을 수 없는 혼돈의 세상이 되어 버렸습니다. 아담과 하와의 원죄로 인해 사탄이 지배하는 이 세상을 지킬 마지막 보루는 오직 하나, 교회입니다. 그러기에 우리의 마지막 희망인 교회를 위해 우리의 간절한 기도가 필요한 것입니다. 우리의 눈에 보이는 교회의 모든 문제를 바로 하나님이 우리에게 부탁하신 기도 제목들로 받아들이고 열심히 기도해야 합니다. 잠시 잠깐의 기도로는 이 영적 싸움에 이기지 못합니다. 온 힘으로 하나님이 우리에게 허락하신 교회를 위하여 기도하고 기도해야 합니다. 그만큼 하나님의 상급도 커질 것입니다.

　이러한 문제가 꼭 교회에만 국한되는 게 아닙니다. 우리를 둘러싼 모든 환경과의 관계에서도 똑같습니다. 그것은 배우자와의 관계에서도, 직장이나 일터에서도 그렇고, 우리 개개인의 가족 관계에서도 그런 일들이 나타날 수 있습니다. 지금 우리를 둘러싼 모든 것과의 관계가 우연히 형성된 것은 하나도 없습니다.

　보이게 안 보이게 역사하는 하나님의 섭리 속에서 이루어지고 있는 것입니다. 그러기에 어느 것 하나 소홀히 해서는 안 된다는 것입니다. 지금 자신이 가장 시급히 해결해야 할 문제가 무엇인가를 생각해 보십시오. 그 문제가 나 혼자 처리하기에는 너무 무겁고 힘든 일이라면 우선 조용한 시간과 장소를 마련하십시오. 그러고는 하나님 앞에 다 내려놓으십시오.

　우리 연약한 인간이 할 수 있는 것이 얼마나 되겠습니까?

　무조건 성령님의 도우심을 구하십시오. 반드시 도와주실 것입니다.

6. 하나님을 사랑하는 자

〔간증〕

오래전에 있었던 이야기입니다. 나이 많으신 목사님 내외분이 신자 한 분을 심방하고 돌아가는 길이었습니다. 달 없는 밤은 깊었고, 사방은 낯설어서 조심에 조심을 거듭하며 운전하고 있었는데 갑자기 차가 멈추어 버렸습니다. 아무리 시동을 걸어도 차는 전혀 움직임이 없었습니다. 휴대전화가 없던 시절이어서 어떻게 할 수 없이 외지고 낯선 곳이지만 차 안에서 밤을 지새우기로 했습니다. 날이 새면 가까운 인가에 찾아가서 전화를 빌려 정비소로 연락하려고 했습니다.

차 안에서 쪽잠을 자고 아침을 맞이하자 차 문을 열고 나와 사방을 둘러보다가 기절할 듯이 놀라 버렸습니다. 차가 세워진 바로 앞 몇 미터 전방에 낭떠러지가 있었기 때문이었습니다. 만약에 차가 몇 미터만 더 움직였다면 천 길 낭떠러지에서 떨어져 죽었을 것입니다.

만일 차가 고장 나지 않아 계속 운전했더라면 어땠을까?

이런 생각 하니 등골이 오싹하게 느껴지면서 동시에 "하나님이 도우셨구나!" 하는 생각이 언뜻 스쳐 갔습니다. 그래서 차로 돌아와서 시동을 걸어보니 어젯밤에는 전혀 요동도 하지 않더니 금방 시동이 걸리는 것이었습니다. 하나님이 목사님 내외분이 절벽으로 떨어지지 않도록 강제로 차를 멈추게 하신 것이었습니다.

이를 우연이라고 말할 수 있겠습니까?

그렇다고 이를 위해 기도를 한 적이 없기에 기도 응답이라고 할 수도 없습니다.

그렇다면 이 일이 하나님의 섭리라고 할 수 있을까요?

우리에게 일어나는 모든 사건이 다 하나님의 섭리라고 하기에도 모호한 일들이 너무 많습니다. 왜냐하면, 우리에게는 하나님의 뜻과는 반대로 할 수 있는 자유의지가 있기 때문입니다. 이 실화는 하나님이 언제, 어디서나 그 택한 백성을 끝까지 돌보시는 좋은 예의 하나입니다.

1) 합력하여 선을 이루시는 하나님

우리가 하나님의 뜻과는 다른 방향으로 가다가 만나는 수많은 고난과 수많은 잘못된 것만 같은 만남과 불행이 여러 힘들고 어려운 일들을 자초할 수도 있겠지만, 시간이 지나고 보면 그 모든 것들이 결국 하나님 안에서 믿음의 성장과 같은 하나님의 뜻이 이루어지는 것을 보게 합니다.

> 우리가 알거니와 하나님을 사랑하는 자 곧 그 뜻대로 부르심을 입은 자들에게는 모든 것이 합력하여 선을 이루느니라 (롬 8:28).

그런데 이 말씀에서 가장 중요한 말은 "하나님을 사랑하는 자"라는 말입니다. 하나님을 사랑하는 자에게만 모든 것이 합력하여 선을 이루는 것이지 그렇지 않은 자들에게 일어나는 일에서는 좋은 일들이 이루어 지지가 않습니다. 위에서 언급된 목사님의 경우에서 알 수 있듯이 그 사건은 하나님이 그 택한 자들을 끝까지 보호하시고 살리시기 위한 하나님의 돌보시는 은혜의 한 단면입니다.

> 유월절 전에 예수께서 자기가 세상을 떠나 아버지께로 돌아가실 때가 이른 줄 아시고 세상에 있는 자기 사람들을 사랑하시되 끝까지 사랑하시니라 (요 13:1).

과거의 일도, 오늘의 일도, 더더욱 내일의 일 중에 우리가 알 수 있는 것보다 모르는 일들이 더더더 많습니다. 살아가면서 우리가 겪었던 그 수많은 슬프고, 아프고, 억울하고, 답답한 일이 우연히 일어난 일이 아니라 하나님의 깊은 섭리 속에서 일어난 일이기에 하나님은 모든 것을 다 알고 계시며 주관하고 계신다는 것입니다.

그렇다면 어떻게 해야 이러한 사실들을 현실적으로 받아들일 수 있을까요?

단 한 가지 방법밖에 없습니다. 오직 간절하고도 끈질긴 기도만이 이 모든 하나님의 섭리를 긍정적으로 받아들여 적응케 합니다.

2) 하나님을 사랑하는 자

위에서 언급된 목사님의 경우에서 보듯이 하나님을 사랑하는 자에게는 꼭 기도할 때만 하나님의 은혜와 보호가 나타나는 것이 아닙니다. 우리의 의식 범위를 넘어서 하나님의 돌보시는 경우가 다양하게 나타난다는 것입니다. 그렇다면 하나님을 사랑한다는 것을 어떻게 알 수 있는지에 대해 생각해 보겠습니다. 사랑이란 단어 자체가 추상적 단어여서 어떤 계량적 수치로 나타낼 수는 없지만, 하나님을 사랑하는 모습도 결국은 인간끼리 사랑의 모습과 비슷하기에, 여기서 인간관계에서 사랑의 특징을 우리의 신앙생활에 적용해 보려고 합니다.

기독교의 근본은 사랑이며, 사랑의 특징은 자꾸 보고 싶고(매일매일 말씀을 사모함), 자꾸 말하고 싶고 또는 함께 있고 싶고(대화, 기도), 상대방의 기쁨을 위하여 자꾸 주고 싶은 것(봉사, 베풂 등 하나님이 원하시는 일들을 행함, 순종)입니다. 하나님과의 관계에서나 인간관계에서 사랑이 식으면 제일 먼저 나타나는 현상이 서로 간에 대화가 끊기게 된다는 것입니다.

그런 의미에서 하나님과의 대화, 곧 기도는 지금 이 시간 하나님을 사랑하는 자들만이 드릴 수 있는 사랑의 징표입니다. 만약 기도가 사라졌다면 자기의 신앙을 점검해 봐야 합니다. 분명히 사랑이 식어 있습니다. 평시에도 규칙적 대화, 곧 기도를 통해서 하나님과의 친밀성과 사랑의 표현을 유지하는 것이 매우 중요하며, 기도 자체가 하나님께 영광을 돌리는 행위라는 것을 잊어서는 안 됩니다.

앞에서 이야기한 것처럼 사랑이란 단어 자체가 매우 추상적 개념이기 때문에 구체적 의미로 표현하기가 어려울 수 있지만 그것을 판명할 수 있는 극히 객관적 기준이 하나 더 있는데 바로 십일조의 여부입니다. 하나님을 사랑한다고 하면서도 하나님의 명령인 십일조를 무시하는 것은 한마디로 "나는 하나님을 사랑하지만, 그래도 나는 하나님보다 세상 물질이 더 좋습니다"라고 증거하는 것입니다.

반면에 경제적으로 아주 어려운 형편에서도 제일 먼저 수입의 십일조를 구별해서 드림은 나는 물질적으로 매우 어렵습니다. 그러나 나는 세상 물질보다 하나님을 더 사랑하기에 하나님의 말씀에 따라 십일조를 먼저 하나님께 드린다는 믿음의 고백이 됩니다. 십일조에 관하여 여러 이론이 나름의 타당성을 갖고 주장하고 있는 것을 알고 있습니다. 그러나 여러 이론에 흔들리지 말고, 말씀에 쓰여 있으니 그 말씀대로 행하여 보십시오. 하나님은 결코 빈손으로 보내지 않습니다. 이 주제는 제4장 〈기도의 삶〉에서 좀 더 설명됩니다.

7. 하나님이 그 자녀들을 돌보시는 약속을 알려주는 성경 말씀

성경은 '하나님의 돌보심에 관한 기록'이라고 할 수 있겠습니다. 그러한 내용이 성경 곳곳에서 찾아볼 수 있습니다. 어쩌면, 성경의 모든 이야기는 하나님의 돌보심을 구하는 하나님의 백성들 이야기이거나, 하나님이 그 택한 백성들을 돌보시는 하나님의 이야기라고 해도 과언이 아닐 것입니다. 성경에는 기도에 관한 내용이 33,000번, 축복의 말씀이 32,500번, 약속의 말씀이 7,000번이나 나옵니다. 이중 대표적인 것들을 추려 봤습니다.

너는 마음을 강하게 하고 담대히 하라 그들을 두려워 말라 그들 앞에서 떨지 말라 이는 네 하나님 여호와 그가 너와 함께 행하실 것임이라 반드시 너를 떠나지 아니하시며 버리지 아니하시리라 하고(신 31:6).

여호와는 나의 목자시니 내게 부족함이 없으리로다. 그가 나를 푸른 풀밭에 누이시며 쉴 만한 물가로 인도하시는도다. 내 영혼을 소생시키시고 자기 이름을 위하여 의의 길로 인도하시는도다(시 23:1-3).

내가 사망의 음침한 골짜기로 다닐지라도 해를 두려워하지 않을 것은 주께서 나와 함께 하심이라 주의 지팡이와 막대기가 나를 안위하시나이다(시 23:4).

내가 네 갈 길을 가르쳐 보이고 너를 주목하여 훈계하리로다(시 32:8).

의인이 부르짖으매 여호와께서 들으시고 그들의 모든 환난에서 건지셨도다. 여호와는 마음이 상한 자를 가까이하시고 충심으로 통회하는 자를 구원하시는 도다(시 34:17-18).

너의 길을 여호와께 맡기라 저를 의지하면 저가 이루시고(시 37:5).

나는 가난하고 궁핍하오나 주께서는 나를 생각하시오니 주는 나의 도움이시요 나를 건지시는 이시라 나의 하나님이여 지체하지 마소서(시 40:17).

(고라 자손의 시. 영장으로 알라못에 맞춘 노래) 하나님은 우리의 피난처시요 힘이시니 환난 중에 만날 큰 도움이시라(시 46:1).

저가 너를 그 깃으로 덮으시리니 네가 그 날개 아래 피하리로다 그의 진실함은 방패와 손 방패가 되나니(시 91:4).

그는 목자같이 양 떼를 먹이시며 어린 양을 그 팔로 모아 품에 안으시며 젖먹이는 암컷들을 온순히 인도하시리로다(사 40:11).

피곤한 자에게는 능력을 주시며 무능한 자에게는 힘을 더하시나니 소년이라도 피곤하며 곤비하며 장정이라도 넘어지며 자빠지되 오직 여호와를 앙망하는 자는 새 힘을 얻으리니 독수리의 날개 치며 올라감 같을 것이요 달음박질하여도 곤비치 아니하겠고 걸어가도 피곤치 아니하리로다(사 40:29-31).

두려워하지 말라 내가 너와 함께 함이라. 놀라지 말라 나는 네 하나님이 됨이라. 내가 너를 굳세게 하리라. 참으로 너를 도와주리라. 참으로 나의 의로운 오른손으로 너를 붙들리라(사 41:10).

이는 나 여호와 너의 하나님이 네 오른손을 붙들고 네게 이르기를 두려워하지 말라 내가 너를 도우리라 할 것임이니라(사 41:13).

야곱아, 너를 창조하신 여호와께서 이제 말씀하시느니라. 이스라엘아 너를 조성하신 자가 이제 말씀하시느니라. 너는 두려워 말라. 내가 너를 구속하였고 내가 너를 지명하여 불렀나니 너는 내 것이라. 네가 물 가운데로 지날 때에 내가 함께 할 것이라. 강을 건널 때에 물이 너를 침몰치 못할 것이며 네가 불 가운데로 행할 때에 타지도 아니할 것이요 불꽃이 너를 사르지도 못하리니 대저 나는 여호와 네 히나님이요 이스라엘의 거룩한 자요 네 구원자 임이라. 내가 애굽을 너의 식용물로 구스와 스바를 너의 대신으로 주었노라. 내가 너를 소중하고 귀한 존재로 여겨 너를 사랑하고 있으니 내가 다른 민족을 희생시켜서라도 네 생명을 구하겠다. 너는 두려워하지 말아라. 내가 너와 함께 한다. 내가 내 백성을 동방과 서방에서 이끌어낼 것이며 북방에서 그들을 놓아주라고 말하고 남방에서 그들을 억류하지 말라고 할 것이다. 내가 내 자녀들을 세계 각처에서 돌아오게 하겠다. 그들은 다 내 백성이며 내 영광을 위하여 내가 창조한 자들이다(사 43:1-7).

여인이 어찌 그 젖 먹는 자식을 잊겠으며 자기 태에서 난 아들을 긍휼히 여기지 않겠느냐 그들은 혹시 잊을지라도 나는 너를 잊지 아니할 것이라(사 49:15).

이제부터는 너희를 종이라 하지 아니하리니 종은 주인이 하는 것을 알지 못함이라 너희를 친구라 하였노니 내가 내 아버지께 들은 것을 다 너희에게 알게 하였음이라(요 15:15).

그런즉 이 일에 대하여 우리가 무슨 말 하리요 만일 하나님이 우리를 위하시면 누가 우리를 대적하리요(롬 8:31).

찬송하리로다. 그는 우리 주 예수 그리스도의 하나님이시요 자비의 아버지시요 모든 위로의 하나님이시며 우리의 모든 환난 중에서 우리를 위로하사 우리로 하여금 하나님께 받는 위로로써 모든 환난 중에 있는 자들을 능히 위로하게 하시는 이시로다(고후 1:3-4).

이제는 전에 멀리 있던 너희가 그리스도 예수 안에서 그리스도의 피로 가까워졌는지라(엡 2:13).

우리 가운데서 역사하시는 능력대로 우리의 온갖 구하는 것이나 생각하는 것에 더 넘치도록 능히 하실 이에게(엡 3:20).

나의 하나님이 그리스도 예수 안에서 영광 가운데 그 풍성한 대로 너희 모든 쓸 것을 채우시리라(빌 4.19).

돈을 사랑하지 말고 있는 바를 족한 줄로 알라 그가 친히 말씀하시기를 내가 결코 너희를 버리지 아니하고 너희를 떠나지 아니하리라 하셨느니라(히 13:5).

그러므로 하나님의 능하신 손 아래에서 겸손하라 때가 되면 너희를 높이시리라. 너희 염려를 다 주께 맡기라 이는 그가 너희를 돌보심이라(벧전 5:6-7).

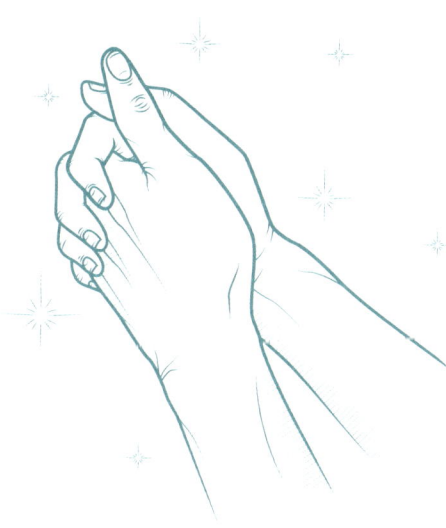

제2장
누가 하나님의 자녀인가?

1. 돌보심의 전제 조건

우리가 하나님을 믿고 따르는 이유는 무언가 대가를 구하기 때문입니다. 그것은 영적인 것일 수도 있고 아니면 물질, 명예와 같은 세상적인 것일 수도 있고 또는 질병에서 치료되는 것 등 여러 가지일 수 있을 것입니다.

사도 바울의 열심과 순교도 고린도후서 12장 1절에서 4절에 언급되는 것처럼 특별하고 비상한 경험을 통해 사후의 영생을 확신했기에 가능한 일이며, 예수님의 승천 후 2,000여 년 동안 이루어진 수많은 순교자는 모두 다 영생과 부활을 확신했기에 기꺼이 순교자의 길로 들어선 것입니다.

> 무익하나마 내가 부득불 자랑하노니 주의 환상과 계시를 말하리라 내가 그리스도 안에 있는 한 사람을 아노니 십사 년 전에 그가 셋째 하늘에 이끌려 간 자라(그가 몸 안에 있었는지 몸 밖에 있었는지 나는 모르거니와 하나님은 아시느니라) 내가 이런 사람을 아노니(그가 몸 안에 있었는지 몸 밖에 있었는지 나는 모르거니와 하나님은 아시느니라) 그가 낙원으로 이끌려 가서 말할 수 없는 말을 들었으니 사람이 가히 이르지 못할 말이로다(고후 12:1-4).

그런데 우리가 하나님께 무언가 대가, 곧 은혜를 바라는 것처럼 하나님도 복을 주시기 전에 우리에게 원하는 것이 있다는 것입니다. 다시 말해서, 하나님의 우리를 돌보심에는 어떤 전제 조건이 따른다는 것입니다. 그것은 오직 하나 하나님의 자녀, 곧 중생 되어 택함 받은 자녀에게만 돌보심의 축복을 주신다는 것입니다.

1) 성경에서의 축복 조건은 조건부다

성경에서의 축복 조건은 거의 다 조건부입니다.
"믿으라. 그리하면…"
"부르짖으라. 그리하면 …"
"대접하라 …"
"주라 …"
우리는 하나님의 택함 받은 자녀로서 반드시 하나님의 약속하신 32,500가지의 축복을 받게 되어 있습니다. 그러나 이를 얻기 위해서는 먼저 구원을 받아 하나님의 자녀가 된 뒤에 간절한 마음으로 하나님께 간구하는 것을 배워야 합니다.

오늘날 많은 사람이 신앙생활에서 큰 흥미를 갖지 못하는 것은 구원의 확신이 있지 않으면서 언제나 하나님 편에서 먼저 해 주시길 원하기 때문입니다. 구원의 확신도 없이 언제나 "하나님께서 먼저 해 주십시오"라고 기도하며 기다릴 줄만 알지, 마음으로, 행동으로, 기도로써 하나님이 기뻐하시는 일들을 심지 않기 때문에 축복을 얻지 못하고 있는 것인데, 우리는 이런 신앙을 '기복 신앙'이라고 부를 수가 있을 것입니다.

구하라, 그러면 너희에게 주실 것이요 찾으라, 그러면 찾을 것이요 문을 두드리라, 그러면 너희에게 열릴 것이니 구하는 이마다 얻을 것이요 찾는 이가 찾을 것이요

두드리는 이에게 열릴 것이니라(마 7:7-8).

또한, 성경에서는 분명히 "구하라, 두드리라, 찾으라"라고 되풀이하고 있습니다. 이는 모두 기도하라는 것입니다.

그런데 구하지도, 두드리지도, 찾지도 않으면서 어떻게 하나님의 돌보심을 바랄 수 있겠습니까?

그런데 기도는 아무나 할 수 있는 게 아닙니다. 오직 하나님께 택함 받은 선택자만이 드릴 수 있다는 것임을 명심해야 합니다. 불신자는 기도하지도 않을뿐더러 하나님께서 받지도 않으십니다. 거듭 이야기하지만, 구원의 믿음이 따르지 않는 기도는 아무리 오래 해도 하나님이 받지 않으십니다. 이유는 간단합니다. 기도를 들으시고 그 일을 행하시는 분은 성령님이신데, 성령님은 오직 구원받은 자에게만 임하시기 때문입니다.

그러나 불신자일지라도 하나님을 인식하고, 믿고, 의지하고 싶어서 간절히 부르짖는 가운데 중생의 사건이 임하며 동시에 성령님의 인침을 받는 경우도 많기에 이것저것 가리기보다는 갈급한 마음으로 성령님의 내주와 인도하심을 구해야 할 것이며, 이와 더불어 제3장에서 자세히 기술되고 있는 회개의 과정을 꼭 가져서 하나님과의 소통의 통로를 열어 놓아야 할 것입니다. 결론적으로 중생의 과정을 통하여 구원받은 자가, 은혜에 대한 갈급함을 갖고서, 하나님을 사랑하는 자의 대표적 모습인 기도가 온전히 그리고 간절히, 끈기 있게 이루어지고 있다면 하나님은 반드시 응답하십니다.

2. 중생의 삶

예수께서 대답하시되 진실로 진실로 네게 이르노니 사람이 물과 성령으로 나지 아니하면 하나님 나라에 들어갈 수 없느니라. 육으로 난 것은 육이요 성령으로 난 것은 영이니 내가 네게 거듭나야 하겠다 하는 말을 기이히 여기지 말라. 바람이 임의로 불매 네가 그 소리를 들어도 어디서 오며 어디로 가는지 알지 못하나니 성령으로 난 사람은 다 이러하니라(요 3:5-8).

1) 중생(重生, born again, 거듭남, 다시 태어남)

중생의 교리는 다른 교리와 마찬가지로 많은 신학자 사이에서 논쟁이 되는데 그것은 구원받을 때 거듭남, 곧 중생이 먼저인가, 아니면 회개와 믿음이 먼저인가의 논쟁입니다. 통설은 믿음의 체험과 중생의 체험은 동시에 일어나며 시간상으로 결코 분리될 수 없다는 것입니다. 다만 구조와 순서에 있어서는 믿음, 곧 신앙보다는 중생을 먼저 연구함이 합리적입니다. 왜냐하면, 어린아이가 아버지를 믿고 신뢰하는 것도 우선은 태어나고 볼 일이기 때문입니다.

또 중생에서는 내가 무엇을 한다기보다는 하나님이 나를 낳아 주셨다는 것이 더 강조되기 때문에 편의상 믿음보다는 중생의 교리가 더 강조되게 합니다.

이번 주제는 독자에 따라서는 이해하기에 약간의 어려움이 있겠지만 그런데도 반드시 이해해서 받아들여져야만 합니다. 왜냐하면, 전능하신 하나님의 돌보심은 아무에게나 오는 것이 아니라 예수 안에서 다시 태어난 자, 곧 중생한 자에게만 임하기 때문입니다. 또한, 중생에 대해서 잘 알아두면 사탄이 우리의 정죄 의식에 어떻게 작용하는지 알게 돼서 매우 유익하게 대적할 수 있게 합니다.

2) 정의

중생이란, 허물과 죄로 말미암아 죽었던 영혼이 그리스도 안에 있는 새로운 생명을 받아 새로운 피조물로 다시 태어나는 하나님의 창조적 사역이다.

(1) 성경은 아담과 하와의 원죄로 인해 모든 인간은 영적으로, 허물과 죄로 인해 죽을 수 밖에가 아니라 죽었다고 기록하고 있습니다

보통 기도할 때 많은 분이 죽을 수밖에라는 기도하는 데, 잘못된 기도입니다. 분명히 '죽은 영혼'입니다. 그리고 '죽은 영혼'이 다시 살아나는 게 아닙니다. 예수 그리스도를 나의 구원주로 영접할 때 예수 그리스도 안에 있는 새 생명이 우리 안에 새롭게 심어지는 것입니다. 따라서 중생한 자는 죽은 영혼과 새 영혼을 동시에 갖고 살아가게 합니다.

(2) 하나님의 창조적 사역이란 의미는 오직 하나님만이 이 일을 행하시는 것이지 우린 아무 일도 안 했다는 의미입니다

그래서 구원을 '값없이 치러지는 은혜'라고 하는 것입니다. 이런 의미에서 행위론적 구원론은 이단 취급을 하는 것입니다.

(3) 이런 과정은 계속된 게 아니라 '순간적, 즉각적'이며, 또 일생에 오직 한 번만 일어납니다

우리가 '믿음'으로 예수 그리스도를 '구주로 영접하는 순간' 동시에 예수 그리스도 안에 있는 '새 생명'이 우리 안에 심기는데, 이런 과정은 계속된 게 아니라 '순간석, 즉각적'이며, 또 일생에 오직 한 번만 일어납니다. 우리가 육신의 아버지 앞에 태어나는 육체적 출생도 오직 한 번이듯 영적 출생도 일생에 오직 한 번뿐입니다. 이러한 과정은 때에 따라 우리가 직접적으로 인식할 수 있는 경우도 있지만 중요한 것은 우리가 인식하든 못했든 간에, 그것과 관계없이 이 과정이 이루어진다는 것입니다.

(4) 중생과 성화의 과정의 구별

많은 사람이 중생의 문제와 그 후의 성화의 과정이라는 행위적 문제를 너무 연관시키는 경우가 많습니다. 예컨대, 이미 예수를 구세주로 받아들여서 영적으로 거듭났는데도 불구하고 현실의 자기 삶의 모습이 너무 부끄럽다고 생각되거나 아니면 보다 더 새롭게 변화되길 바라는 마음에서 하나님 앞에 기도하며 '영적으로 거듭나게' 해 달라고 기도할 때가 있을 것인데 이는 올바른 기도가 아닙니다.

현재의 삶이 하나님 보시기에 부끄럽게 느껴져도 이미 하나님이 택한 자식임에는 변동이 없습니다. 예컨대, 부모님께 너무 불효한 것 같아서 후회하는 맘으로 인생을 다시 시작하고 싶다고 부모님께 나를 다시 태어나게 해 달라고 기도할 수 없는 이치와 똑같은 것입니다. 오히려 그러한 자책감을 느끼고, 깊은 회개를 드리고 난 후의 변화된 삶이 더욱 중요하다고 하겠습니다.

(5) 회심과의 관계성

중생은 회심을 다른 측면에서 일컫는 말로써 모두 다 성령의 사역으로 같은 말입니다. '회심'은 죄를 회개하고 하나님께 돌아서는 사람의 의식과 심리의 변화에 역점을 두며, '중생'은 사람이 자신의 의지나 의식과 관계없이 새 사람으로 태어나는 것을 일컫는 말로써 성령의 일하심에 역점을 두고 있습니다.

3) 중생의 특징

첫째, 중생은 전적으로 하나님의 사역으로 우리가 하는 일은 하나도 없다. 그래서 구원을 '값없이 이루어지는 하나님의 은혜'라고 하는 것입니다.

> 찬송하리로다. 우리 주 예수 그리스도의 아버지 하나님이 그 많으신 긍휼대로 예수 그리스도의 죽은 자 가운데서 부활하심으로 말미암아 우리를 거듭나게 하사 산 소망이 있게 하시며(벧전 1:3).

> 이는 혈통으로나 육정으로나 사람의 뜻으로 나지 아니하고 오직 하나님께로서 난 자들이니라(요 1:13).

누가 우리를 거듭나게 하셨는가요?

하나님 아버지이십니다. 우리가 성자 하나님이신 예수 그리스도를 구주로 믿을 때, 성부 하나님 아버지가 성령 하나님을 통해서 나를 거듭나게 하는 것과 같이 중생의 과정에서는 삼위일체 하나님이 같이 역사하고 계시며, 이는 오직 하나님 은혜의 사역이지 혈통으로 내가 모태신앙을 가졌다고 자동으로 하나님의 자녀가 되는 것은 아닙니다.

둘째, 중생 그 자체는 결코 알 수가 없다. 오직 그 결과만 알 수 있을 뿐이다. 흔히 '중생을 체험했다'라고 하는데, 그 의미는 중생의 체험 과정을 봤다는 의미가 아니라 중생의 체험 후에 나타나는 결과를 보고 중생했다는 것을 알게 됐다는 의미입니다. 이는 아이가 어버이로부터 태어날 때 태어나는 자기 자신을 본 사람이 아무도 없는 것과 같은 이치입니다.

> 예수께서 대답하시되 진실로 진실로 네게 이르노니 사람이 물과 성령으로 나지 아니하면 하나님 나라에 들어갈 수 없느니라 육으로 난 것은 육이요 성령으로 난 것은 영이니 내가 네게 거듭나야 하겠다 하는 말을 기이히 여기지 말라 바람이 임의로 불매 네가 그 소리를 들어도 어디서 오며 어디로 가는지 알지 못하나니 성령으로 난 사람은 다 이러하니라(요 3:5-8).

바람 자체는 볼 수 없지만 바람이 분다는 결과는 알 수가 있듯이 성령으로 거듭난 사람은 하나님이 우리 속에 새 생명을 창조해 주시는 중생 자체는 알 수가 없지만 중생의 결과는 우리가 분명히 알 수가 있기에 자신이 중생 됐다는 사실을 알게 됩니다. 이어서 나오는 성령 받은 증거에서 더 설명됩니다.

셋째, 중생과 중생 후의 성화의 과정을 동일하게 취급해선 안 된다. 중생은 새로운 창조다. 중생은 근본적으로 새로운 창조로, 제2 창조, 영적 창조, 거듭남, 중생이라고도 합니다. 우리는 보통 중생하면 사람이 금방 변해서 성자가 된다거나 또는 도덕적으로 타락하였었거나 악한 사람이 하나님 믿고 점점 착하고 선한 사람으로 변하는 것으로 생각합니다. 물론, 중생한 사람에게 이러한 도덕적 변화가 따라오는 것은 당연하지만, 이는 중생한 후의 성화의 문제이지 중생 자체가 도덕적 변화를 의미하지는 않습니다.

다시 말해서, 하나님께서 우리 안에 있는 죄를 짓게 만들고 부패하게 만드는 아담에 속한 옛 성품(옛사람, 겉사람, 죽은 영혼이라고도 부른다)을 점점 새롭게 변화시켜 주시는 게 아니고, 그 옛 성품은 그대로 놔둔 채 그리스도 영접 시 '새로운 성품'(새 생명)을 창조하시는 것입니다. 어떤 이론에서는 죽어 있는 속사람이 중생의 과정에서 다시 살아나는 것이라고도 하는데 별 차이가 없습니다. 그래시 거듭난 뒤에도 다시 범죄하는 것은 우리 안에 남아 있는 옛사람 때문이며 거듭난 뒤에도 우리는 마지막 심판 때까지 '옛사람과 속사람'을 공유하며 살아가게 됩니다.

(1) 육적 사람

불신자에게는 오직 옛 성품만 있습니다. 그래서 육적 사람이라고도 불리는 옛사람이 지시하는 데로 움직입니다. 죄에 대해 깊은 관심도 없을 뿐만 아니라 그 관심의 초점도 대부분이 세상의 명예와 쾌락입니다. 그러나 거듭난 사람은 속사람과 겉사람을 공유하며 살게 합니다. 그래서 죄를 범하거나 하나님의 말씀을 떠난 삶을 살아가게 되면 언제나 갈등과 자책이 뒤따르게 합니다.

> 그가 와서 죄에 대하여, 의에 대하여, 심판에 대하여 세상을 책망하시리라 죄에 대하여라 함은 저희가 나를 믿지 아니함이요 의에 대하여라 함은 내가 아버지께로 가니 너희가 다시 나를 보지 못 함이요 심판에 대하여라 함은 이 세상 임금이 심판을 받았음이니라(요 16:8-11).

이러한 모습은 기록된 것처럼 내주하시는 성령님의 죄에 대해, 의에 대해, 심판에 대해 책망하시는 모습입니다. 만약에 이런 모습이 없다면 교회에 출석하는 교인은 될지언정 거듭난 신자의 모습은 아닙니다.

(2) 유년 시절의 신앙 교육

익히 보듯이 하나님을 영접했다가 그 후 세상으로 흘러간 사람 중에 많은 경우 나중에 돌아오게 되는데 이것은 그가 알든 모르든 이미 내주해 계신 성령님이 계속 질책과 책망으로 인도하고 계셨기 때문입니다. 어떤 조사에 의하면 성인으로써 교회에 처음 나오기 시작하는 사람 중에 약 70퍼센트가 어렸을 때 유년 학교에 다닌 경험이 있다고 합니다. 그래서 어렸을 때의 신앙 교육이 매우 중요한 것입니다.

(3) 매일 죽는다

이러한 관계를 사도 바울은 잘 표현하고 있습니다.

> 이제는 이것을 행하는 자가 내가 아니요 내 속에 거하는 죄니라 내 속 곧 내 육신에 선한 것이 거하지 아니하는 줄을 아노니 원함은 내게 있으나 선을 행하는 것은 없노라 내가 원하는 바 선은 하지 아니하고 도리어 원치 아니하는 바 악은 행하는도다 만일 내가 원치 아니하는 그것을 하면 이를 행하는 자가 내가 아니요 내 속에 거하는 죄니라 그러므로 내가 한 법을 깨달았노니 곧 선을 행하기 원하는 나에게 악이 함께 있는 것이로다 내 속사람으로는 하나님의 법을 즐거워하되 내 지체 속에서 한 다른 법이 내 마음의 법과 싸워 내 지체 속에 있는 죄의 법 아래로 나를 사로잡아 오는 것을 보는도다 오호라 나는 곤고한 사람이로다 이 사망의 몸에서 누가 나를 건져 내랴(롬 7:17-24).

사도 바울의 고백처럼 "매일 죽는다"는 의미는 매일 회개 기도와 말씀 묵상과 행함의 순종 등을 통해 속사람을 강건케 하고 겉사람을 억제해 제압해 나가는 성화의 과정입니다. 처음부터 속사람이 겉사람을 제압하여 거룩한 사람이 되는 방법은 없습니다. 겉사람이 속사람보다 강하면 교회에 출석할지라도 세상 사람과 별다른 구별 없이 생각하고 행동하게 되며, 반대로 속사람이 겉사람보다 강하면 겉사람을 억제하여 참된 그리스도인으로 살아가게 합니다.

> 겉사람은 후패하나 우리의 속은 날로 새롭도다(고후 4:16).

(4) 옛사람과 속사람의 영원한 동행

거듭난다고 해서 하루아침에 옛사람, 옛 성격, 옛 습관이 사라지는 게 아닙니다. 보통 사람들은 한번 은혜받으면 그 은혜가 영원히 가고 성령의 충만함도 계속되는 줄 알지만 그렇지 않습니다.

> 내 지체 속에서 한 다른 법이 내 마음의 법과 싸워 내 지체 속에 있는 죄의 법 아래로 나를 사로잡아 오는 것을 보는도다 (롬 7:23).

우리의 심령 속에는 하나님의 법과 죄의 법, 즉 세상의 욕망이 그대로 있습니다. 인간은 태어날 때부터 죄를 갖고 태어나므로 하나님 앞에 설 때까지 세상 욕망의 유혹과 성령의 갈급함을 동시에 지니며 살아갑니다. 다시 태어나는 중생의 순간에도 옛사람은 그대로 남겨 있는 채 그 옆에 새사람, 속사람이 더 만들어져서 마지막 날까지 같이 가게 되는 것이지만, 불신자들은 오직 옛사람 속에서 옛사람이 인도하는 대로 육적 본능에 따라 살아가게 됩니다. 아담의 원죄 때문에 옛사람은 결코 없어지지 않습니다.

그러나 계속된 기도와 말씀 공부로 우리의 속사람을 살찌게 하여 속사람의 힘이 강해지면 옛사람의 속성을 제압하게 되어 참된 영적 생활이 가능하게 돼서 하나님이 바라시는 경건한 삶을 살게 되지만, 조금이라도 게을러지고 나태해지면 금방 그 빈자리에 세상의 마귀가 침범하여 우리를 세상의 욕망으로 유혹합니다.

다시 말해서, 옛사람이 속사람을 제압하여 육적 본능에 따라 살아가는 사람이 돼서 교회를 아무리 오래 다녀도 하나도 안 변한다는 소리를 듣게 됩니다. 그러기 때문에 우리는 이러한 속사람을 강하게 하려고 영적 양식을 계속 먹어야만 하는데, 그것은 말씀과 기도 그리고 행함의 자기 훈련, 곧 순종입니다.

(5) 다윗의 범죄

성경에 나오는 아주 좋은 예가 다윗이 밧세바와 간음하고 죄 없는 그녀의 남편까지 살인하는 장면입니다. 시편의 많은 부분이 다윗에 의해 기록됐지만 대부분 사울에 의해 쫓겨 다니며 아침에도 밤에도, 광야에서 동굴에서 등 도처에서 수시로 기도에 힘을 쓸 때 기록된 것이고 왕이 된 뒤 주변의 적들 대부분이 정복되어 전쟁이 소강상태에 놓여 있을 때는 나중에 범죄 후의 회개의 시를 빼고는 기록된 시가 없습니다.

그만큼 기도와 하나님을 향한 열정이 사라졌다는 의미입니다. 수많은 부인이 있는 상태에서 그처럼 패역한 일을 벌일 필요가 없는데도 그러한 일들이 벌어진 것은 영적으로 방심한 틈을 사탄이 가차 없이 파고들어 범죄케 한 것입니다. 어려울 때만이 아니라 모든 일이 순탄하게 더 잘 돌아갈수록 깨어 기도해야 합니다.

4) 성령 받은 증거, 확실히 구원받은 증거

> 베드로가 가로되 너희가 회개하여 각각 예수 그리스도의 이름으로 세례를 받고 죄 사함을 얻으라 그리하면 성령을 선물로 받으리니 이 약속은 너희와 너희 자녀와 모든 먼데 사람 곧 주 우리 하나님이 얼마든지 부르시는 자들에게 하신 것이라 하고 (행 2:38-39).

성경은 "예수 그리스도를 믿고 의롭다 하심을 받은 모든 자는 성령을 신물로 받는다"라고 기록하고 있습니다. 구원받은 자에게는 유일한 특징이 하나 있는데, 그것은 오직 하니 성령이 내새하신다는 것입니다. 보통 우리는 방언, 진동, 입신, 질병 치료 등 기묘한 체험을 해야만 성령 받은 것이 실감 나서 성령의 내재를 확신하기도 하는데, 물론, 그러한 체험은 하나님이 주시는 귀한 은혜이지만 그러한 체험이 없더라도 성령님이 내재하고 계신다는 것을 알아야 합니다.

다음은 성경에 기록된 성령의 내재하심의 증거들입니다.

- 예수를 주라고 부른다(고전 12:3; 갈 4:6).
- '예수님이 하나님의 아들 그리스도'라고 믿는다(요일 4:15).
- 성령 받은 사람은 은혜를 깨닫는다(고전 2:12).
- 방언, 예언, 등 성령의 은사들이 주어진다(고전 12:8-11; 행 2:4; 19:6).
- 하나님을 높이며 경배드린다(행 10:44-46).
- 능력 받고 하나님의 증인이 된다(행 4:31; 간증, 전도 등).
- 성령의 열매들이 맺힌다(갈 6:22-26). 죄, 의, 심판에 대해 책망을 느끼거나(요일 1:9; 요한 16:8), 말씀을 읽거나 공부할 때 깨달아지고 은혜를 받는다 등.

어떤 외적 체험이 없더라도 위에 언급된 것 중의 어느 하나라도 해당한다면 개인적으론 구원의 확신이 작든 크든, 성령의 충만함을 느끼든 말든, 믿음이 작든 크든, 또 나 같은 몸도 구원받을 수 있나 하고 생각하든 말든 간에, 그렇게 생각하는 것은 우리 자기신 스스로의 부족함을 느끼는 것에 기인하는 것일 뿐이지, 하나님으로서는 우리는 분명히 구원받았습니다. 확실히 하나님의 자녀라는 의미입니다.

5) 중생의 필요성

(1) 중생은 구원받기 위한 하나님의 요구다

요한복음 3장 3절에서 7절까지의 짧은 문맥에서 예수님은 니고데모에게 3번이나 "거듭나라"라고 강조하셨습니다. 반드시 거듭나야만 하나님 나라를 볼 수 있습니다. 다시 말해서, 구원받으려면 모태신앙이라고, 교회

오래 다녔다고 되는 게 아니라 당사자가 반드시 거듭나야만 합니다.

(2) 중생해야 하나님의 자녀가 된다(요 1:13)

하나님의 자녀가 되기 위해서는 성령님을 통해서 태어나야만 합니다. 내가 내 부모님의 자녀가 되기 위해서는 어머니를 통해서 태어나야만 하는 이치와 똑같습니다. 하나님의 자녀가 됐을 때의 이 땅에서 저세상에서 누릴 수 있는 축복은 이루 말할 수 없습니다. 천국에서의 영생은 물론, 이 땅 위에서 살아가면서 겪는 온갖 고난에서도 전능자의 돌보심을 얻게 합니다.

> 이는 혈통으로나 육정으로나 사람의 뜻으로 나지 아니하고 오직 하나님께로서 난 자들이니라(요 1:13).

(3) 우리 속에 하나님의 통치가 이루어지기 위해서는 중생해야 한다 (롬 14:17-19)

우리 속에 하나님의 통치가 진정 이루어지면 자발적으로 의를 사모하게 되고, 평강이 이루어지고, 희락이 이루어지게 합니다. 세상이 주는 행복과 기쁨은 일시적이지만 하나님이 주시는 성령의 열매로서의 행복과 기쁨은 이에 비교할 수 없는 은혜인데, 오직 거듭나서 성령이 내재하는 자에게만 성령의 열매가 맺힙니다.

> 하나님의 나라는 먹는 것과 마시는 것이 아니요 오직 성령 안에서 의와 평강과 희락이라 이로써 그리스도를 섬기는 자는 하나님께 기뻐하심을 받으며 사람에게도 칭찬을 받느니라 이러므로 우리가 화평의 일과 서로 덕을 세우는 일을 힘쓰나니(롬 14:17-19).

(4) 우리의 삶의 인도자가 돼 주신다

우리의 삶 속에서 동행하시며, 보호하시며, 기도의 응답을 주시는 분은 성령님이신데, 그분은 오직 택함 받은 자의 심령 속에서만 거하십니다.

(5) 중생해야 사탄의 지배에서 벗어날 수 있다(엡 2:2-3)

허물과 죄 속에서 그리스도 없이 거듭나지 않은 사람은 철저히 사탄의 지배, 곧 옛사람이 명하는 대로 행하게 되지만, 중생할 때 새 사람이 심어져서 사탄의 지배에서 벗어나게 됩니다. 아담의 원죄로 인한 옛사람은 없어지지 않지만, 우리의 속사람은 기도와 말씀 그리고 행함을 통해 날마다 강건해져서 옛사람을 억제하게 됩니다.

> 그때에 너희가 그 가운데서 행하여 이 세상 풍속을 좇고 공중의 권세 잡은 자를 따랐으니 곧 지금 불순종의 아들들 가운데서 역사하는 영(靈)이라. 전에는 우리도 다 그 가운데서 우리 육체의 욕심을 따라 지내며 육체와 마음의 원하는 것을 하여 다른 이들과 같이 본질상 진노의 자녀이었더니(엡 2:2-3).

6) 속사람을 강건하게 하기 위한 수칙

(1) 매일 말씀을 먹으라

시편 1편에 나오는 "복 있는 사람"은 말씀을 주야로 묵상하는 사람입니다.

> 여호와의 율법은 완전하여 영혼을 소성시키며(시 19:7).

이처럼 하나님의 말씀은 완전합니다. 그래서 주야로 묵상하는 사람의 영혼을 날마다 소성시켜 주며, 또 히브리서 4장 12절의 "하나님의 말씀은 살아 있고 운동력이 있어"처럼 우리에게 넘치는 생명력을 주시기에 매일

매일 말씀을 읽고 묵상해야 합니다.

(2) 기도와 회개의 습관화

성령님은 무시로 기도하는 자에게 능력을 주십니다. 기도는 영혼의 호흡이자 영혼이 숨 쉬는 방법입니다. 기도의 시간에 맨 먼저 해야 할 일은 마음의 청소, 곧 회개의 시간을 가져야만 합니다. 우리의 삶을 주관하시는 성령님은 더럽고 추한 곳에 거하실 수가 없어 우리의 간절한 기도를 들을 수 없기 때문입니다.

(3) 행함, 순종

몸의 건강을 위해서 적당한 운동이 필수이듯이 속사람을 위해서도 영적 운동이 필요합니다. 사해와 갈릴리 바다에서 보듯 은혜받은 것을 흘려보내고 나누어야 합니다. 사랑으로 섬기는 일에, 복음을 전하는 일에, 교회에서 봉사하는 일에, 남을 위해 희생하는 일에 시간과 물질을 들여야만 합니다. 만약 이런 열매들이 없다면 우리의 신앙은 기복 신앙에 흐르고 있는 것이며, 우리는 기독인이 아니라 종교인에 불과할 것입니다.

(4) 감사

하나님께, 또 우리의 삶 속에서 이웃들에게 감사할 줄 아는 사람이 돼야 합니다. 하나님이 우리를 창조하신 큰 즐거움은 우리가 고마운 것은 고맙다고 표현할 줄 아는 사람이 됩니다. 구약의 모든 절기의 공통점은 하나님의 은혜를 기억하여 감사를 드리라는 것입니다. 하나님을 향한 감사가 공적으로 제도화된 것이 예배이며, 눈에 보이는 사람에게 고마움을 표현할 줄 모르는 사람이 눈에 안 보이는 하나님께 감사드릴 수 있다고 생각할 수는 없을 것입니다.

(5) 열심, 간절함

성령님은 우리가 달려가는 것만큼만 달려오십니다. 꼭 성령님과 동행하려는 열정과 끈질김을 가져야 합니다. 성령님은 우리의 열심만큼만, 끈질김만큼만 역사하십니다.

7) 영원성

한번 받은 구원은 잃어버릴 수 있는가?

이에 대해 간략하게 이야기하겠습니다. 당연히 그런 일은 있을 수가 없습니다. 구원은 전적으로 하나님이 주신 은혜이자 선물이기에 중도에 마음에 안 든다고 빼앗아 갈 수는 없기 때문입니다. 그러나 변질된 신학의 영향을 받은 일부 목회자와 학자들은 중도 상실이 옳다고 주장합니다. 또 구원의 중도 상실을 가르쳐야 교회의 도덕적 경각심을 불러일으킬 수 있다고 말하는 사람도 있습니다.

현실적으로 예수를 믿다가 그 믿음을 저버린 사람들이 있습니다. 그러나 이런 문제는 끝까지 지켜봐야 합니다. 시험에 들어 하나님을 떠났더라도 성령님의 말할 수 없는 탄식으로 그의 심령을 눌리게 하고 나아가 성령님께서 고난과 같은 역경을 통해 강권적으로 역사해서라도 회개하여 돌아올 자리를 마련해 주시기 때문입니다.

인간의 믿음이란 나약합니다. 믿음에 확신이 가고 흠 없이 사는 것처럼 스스로 느껴질 때는 천국에 갈 것 같고, 낙심하고 있을 때는 천국에 갈 자격이 없는 것처럼 생각하기도 하지만, 천국을 소유할 수 있을 정도의 믿음은 그리스도의 믿음밖에 없습니다. 하나님은 우리를 그분의 자녀로 삼아 주시는 순간부터 영원한 천국을 약속하셨으며 그 약속은 영원토록 변치 않습니다.

제3장
왜, 하나님의 돌보심을 느끼지 못하는가?

제3장에서는 왜, 우리는 하나님의 돌보심을 느끼지 못하고 있는가? 이에 대해 소망, 믿음, 회개, 순종, 간절함, 인내, 감사 등의 주제별로 하나씩 생각해 보려고 합니다. 여기서 언급되는 주제들은 성공적 신앙생활을 위하여, 전능하신 하나님의 돌보심을 위하여 필요한 내용들입니다. 내게 부족한 것이 무엇인지를 인식하고는 이를 채우기 위해 노력해야 할 것입니다. 하나님의 은혜는 우리가 달려가는 만큼, 노력하는 만큼 우리에게 임하십니다.

1. 소망의 삶

1) 기적과 소망의 상실 시대

우리의 기독교는 기적의 종교라고 합니다. 그렇습니다. 하늘나라에서 영원한 삶을 사는 것도, 이 땅 위에서 우리가 할 수 없는 것을 바라는 것도 모두 기적을 바라는 삶을 사는 것인데, 정작 오늘날의 우리 대부분은 기적이 일어남을 믿지 않아 영생에 대한 확신도 없고, 필요한 것을 구할 줄도 모르고 있습니다. 성경에 나타나는 그 수많은 기적과 이사를 머리로는 인정하면서도, 그게 3,500년 전, 출애굽 당시의 기적들이며, 또 2,000년 전 예수님이 행하신 수많은 기적일 뿐, 지금도 그러한 일이 일어난다는 것을 믿지 않습니다.

그때의 전능하신 하나님이 지금도 똑같이 살아 역사하고 계시는데도 기적이 일어남을 믿지 않고 있습니다. 기적을 잃어버렸기에 소망을 잊어버렸고, 그래서 수많은 귀한 생명이 내일에 대한 꿈을 잃어버린 채 이 시간에도 무수히 쓰러져 가고 있을 뿐만 아니라, 교회에서도 큰 꿈을 가진 자들이 사라져 가면서 세상을 향한 교회의 힘도 사라졌고, 그 빈 자리에는 사탄의 세력이 온갖 감언이설로 꿰차고 들어오면서 모든 것이 혼돈과 무질서와 공포로 가득 찬 어둠의 세상이 되어 버렸습니다.

2) 기적을 믿는 사람들

기도하는 사람은 하나님의 기적을 믿는 사람들입니다. 보이지도, 들리지도, 잡을 수도 없는데도 더욱이 불가능하게 보이는 것들을 가능하게 하신다고 믿을 수 있다는 것이 바로 하나님의 기적을 믿는 사람들입니다. 성경에 나타난 믿음의 선배들은 한결같이 기도의 사람이었습니다. 노아가 방주에서 나오자마자 한 것은 기도의 제단을 쌓았습니다. 아브라함과 야곱도 가는 곳마다 기도의 제단을 쌓았고, 모세도 시내산에서의 40주야를 포함해 매일 성막에서 기도를 드렸습니다.

엘리야는 갈멜산 정에서 뜨거운 기도를 드렸고, 기드온은 아말렉과 싸울 때 기도하여 승리했고, 삼손도 그 마지막 순간에 돌기둥 사이에서 간절히 기도하여 복수에 성공했고, 사무엘은 기도하지 않는 게 죄라 했고, 다윗의 기도 내용은 시편의 절반이나 차지하고 있으며, 히스기야는 그 자신이 병이 들었을 때와 앗수르의 침공에 대항하여 기도했으며, 에스더와 유대 민족은 민족 생존을 위해 사흘 금식기도 했습니다.

다니엘은 목숨의 위험을 무릅쓰고 기도했으며, 니느웨성의 모든 백성은 물까지 마시지 않는 금식기도하여 멸망치 않았으며, 에스라도 고레스 때 성전 건축을 위해 기도하는 등 성경의 모든 위인은 기도의 사람들이었으며, 이를 통해 그들은 하나님의 구원 은혜를 입었습니다. 무엇보다도 기도가 가장 필요 없으실 하나님이신 예수님이 40일 금식기도뿐만 아니라 수시로 습관적으로 기도하셨습니다.

<blockquote>예수께서 나가사 습관을 좇아 감람산에 가시매 제자들도 좇았더니 (눅 22:39).</blockquote>

3) 지금도 기적은 일어난다

엘리사 시대에는 문둥병자가 많았습니다. 그러나 그들 중에 하나님께서 병을 고쳐 주실 것이라는 확신을 가진 사람은 한 사람도 없었습니다. 그러나 이웃 아람 나라의 나아만 장군은 엘리사를 만나면 하나님의 능력으로 병이 나을 것을 믿고 찾아와 나았습니다. 예수님께서도 유일하게 주님이 사신 나사렛에서는 기적을 베풀지 않으셨습니다. 왜냐하면, 사람들은 기대를 걸지 않았기 때문입니다. 믿음이란 일면 하나님께서 불가능을 가능으로 바꿀 수 있다는 것을 믿는 것이라고 말할 수 있겠습니다.

오늘날 많은 사람이 하나님의 기적은 더 이상 나타나지 않는다고 말합니다. 맞습니다. 하나님의 기적을 본다는 것은 꿈같은 일이 되어 버렸습니다.

그때의 하나님이 지금도 동일하신 하나님이신데 왜 기적을 볼 수 없게 됐을까요?

하나님께서 우리에게 내려 주신 말씀들을 잘 분석해 보면 기적이 나타날 수 있는 핵심적 내용들이 도처에 널려 있습니다.

불행 덩어리로 태어났던 헬렌 켈러 여사는 소경에, 벙어리요, 귀머거리였습니다. 이렇게 평생을 보지도, 듣지도, 말하지도 못하며 살았던 '헬렌 켈러' 여사가 세상을 떠날 때 이렇게 말했습니다.

> 나의 일생은 참으로 아름답고 행복했습니다.

언젠가 헬렌 켈러 여사의 간증을 들은 사람이 이런 질문을 했다고 합니다.

> 시각장애인으로 태어나는 것보다 더 불행한 것이 무엇이라고 생각합니까?

헬렌 켈러는 의미심장한 대답을 했습니다.

> 눈이 있어 보기는 보아도 비전이 없는 사람입니다.

그렇게 비참한 육신을 가지고 살았던 헬렌 켈러가 생의 마지막 순간에 "내 생애는 참으로 아름답고 행복했다"라고 말할 수 있었던 이유는 무엇일까요?

그녀에게는 소망이요, 꿈이 있었기 때문입니다. 소경보다는 비전이 없는 사람이 더 불행한 사람이라고 했던 대답처럼 헬렌 켈러에 비전이 있었고, 그리고 그 꿈을 이루기 위하여 목표를 세웠으며, 그 목표를 성취하기 위하여 최선을 다하는 삶을 살았고, 결국 그 꿈을 이루었기에 행복했다는 것입니다.

4) 바라고 기대하며 기도하라

이 땅 위의 누구든 살아가면서 고난이란 문제에 직면하게 되면 반드시 절망과 희망 중 하나를 선택해야만 하게 돼 있습니다. 그런데 의외로 많은 사람이 희망을 선택하는 것이 아니라 절망을 선택하기에 고난에서 벗어나지 못하고 있습니다. 그러나 택함 받은 자들은 절망해서는 안 됩니다. 왜냐하면, 자기 믿음의 상태가 지금 어쨌든 간에 그는 이미 하나님이 택한 하나님의 사람이요, 하나님의 아들이기 때문입니다.

따라서 지금의 환경이 우리를 절망하게 할 수도 있겠지만 그런데도 만군의 여호와 하나님이 나를 사랑해서 나를 위해 십자가에서 돌아가셨다는 것을 생각하면서 마음을 굳게 잡고 전능하신 긍휼의 하나님께 간절히 기도해야 할 것입니다. 기도할 때 중요한 것 중의 하나가 꿈, 곧 소망을 기대하며(바라며) 기도해야 한다는 것입니다. 이 자체가 믿음이기도 합니다. 만일 기도하면서 응답을 기대하지 않는다면, 다시 말해서, 기도의 형식은 있지만 기도에 대한 기대가 없다면 이는 불신의 신앙으로, 그는 기도의 응답을 믿는 사람이라고 할 수 없습니다.

엘리야는 비가 올 것을 기대하며 기도했습니다.

> 엘리야가 아합에게 이르되 올라가서 먹고 마시소서 큰비의 소리가 있나이다. 아합이 먹고 마시러 올라가니라. 엘리야가 갈멜산 꼭대기로 올라가서 땅에 꿇어 엎드려 그 얼굴을 무릎 사이에 넣고 그 사환에게 이르되 올라가 바다 편을 바라보라 저가 올라가 바라보고 고하되 아무것도 없나이다 가로되 일곱 번까지 다시 가라 일곱 번째 이르러서는 저가 고하되 바다에서 사람의 손만 한 작은 구름이 일어나 나이다 가로되 올라가 아합에게 고하기를 비에 막히지 아니하도록 마차를 갖추고 내려가소서 하라 하나라 조금 후에 구름과 바람이 일어나서 하늘이 캄캄하여지며 큰비가 내리는지라 아합이 마차를 타고 이스르엘

로 가니 여호와의 능력이 엘리야에게 임하매 저가 허리를 동이고 이스르엘로 들어가는 곳까지 아합 앞에서 달려갔더라(왕상 18:41-46).

그는 자기 사환에게 "바다 편을 바라보라"라고 지시했고, "아무것도 없나이다"라고 보고하는 사환에게 일곱 번이나 "다시 가라"라고 명했습니다. 이 말은 그가 기도를 끈질기게 믿고 있었다는 구체적 증거라고 할 수 있습니다.

> 예수께서 거기를 떠나사 고향으로 가시니 제자들도 좇으니라. 안식일이 되어 회당에서 가르치시니 많은 사람이 듣고 놀라 가로되 이 사람이 어디서 이런 것을 얻었느뇨 이 사람의 받은 지혜와 그 손으로 이루어지는 이런 권능이 어찌 됨이뇨 이 사람이 마리아의 아들 목수가 아니냐 야고보와 요셉과 유다와 시몬의 형제가 아니냐 그 누이들이 우리와 함께 여기 있지 아니하냐 하고 예수를 배척한지라. 예수께서 저희에게 이르시되 선지자가 자기 고향과 자기 친척과 자기 집 외에서는 존경을 받지 않음이 없느니라 하시며 거기서는 아무 권능도 행하실 수 없어 다만 소수의 병인에게 안수하여 고치실 뿐이었고 저희의 믿지 않음을 이상히 여기셨더라(막 6:1-6).

이 말씀에서 보면 주님은 고향 나사렛에서는 기적을 행치 아니 하셨는데 그 이유는 그들이 '주님을 믿지 아니하는 사람들'이었기 때문입니다. 그들은 주님에 대한 기대가 없었고, 기대가 없는 곳에서는 주님이 일을 할 수가 없었습니다.

5) 하나님 앞에 소망을 품고 기도하는 자는 복 있는 자다

하나님 앞에 소망을 품고 하나님의 은혜를 기다리는 자는 복 있는 사람이라고 했습니다.

> 그러나 여호와께서 기다리시나니 이는 너희에게 은혜를 베풀려 하심이요 일어나시리니 이는 너희를 긍휼히 여기려 하심이라 대저 여호와는 공의의 하나님이심이라 무릇 그를 기다리는 자는 복이 있도다(사 30:18).

그리고 기도 응답의 증거가 당장에는 눈에 보이지 않을지라도 그분의 기뻐하시는 뜻에 따라 기도했다면 하나님이 이미 들으셨다고 믿어야 합니다. 이렇게 믿는 게 믿음인데, 말로는 쉽게 할 수 있어도 보통 사람에겐 마음에 와닿지 않을 것입니다. 그러나 방법이 하나 있습니다. 그것은 오직 성령의 감동이 있을 때 이루어진다는 것입니다. 타는 목마름으로, 절박한 심정으로, 목숨을 걸고 기도할 때만 성령님의 감동이 이루어집니다.

6) 봄은 봄을 그리워하는 자에게만 온다

사람이 가진 감성의 힘 가운데 가장 강한 것은 희망이라고 합니다. 아무리 추위와 강풍이 우리의 삶을 위협할지라도 하나님 약속의 말씀 안에서 성령이 주시는 희망, 곧 내일에 대한 꿈을 갖고 나가면 험한 풍파 속에서도 살아올 수가 있습니다. 그런데 이러한 소망도 내가 '갖자, 갖자' 하며 스스로 맹세하며 다짐한다고 생기는 게 아닙니다. 오직 기도하는 자에게 임하시는 성령이 주실 때 생깁니다.

계절이 순환하듯 겨울이 아무리 심하게 추위를 갖고 오더라도 곧 봄은 옵니다. 그러나 겨울에 너무 춥다고 멈춰 버린 사람에게는 봄을 볼 수가 없습니다. 추운 겨울은 한 해의 끝에 있지만 또 다른 한 해의 시작임을 의미합니다. 눈이 가득 쌓여 있어 보기에는 모든 것이 정지되어 죽은 것처럼 보일 수도 있을 것입니다.

그러나 눈이 덮인 추운 겨울은 눈을 눈 이불 삼아 많은 생명을 그 속에 품고 있는 임산부와 같아서 이윽고 날이 차서 해산을 하게 되면 그 속에 품고 있던 수많은 봄의 생명이 아름답고도 힘찬 희망의 소리를 내뿜게 합니다. 그러나 겨울에 계속 머무는 자에게는 동면의 죽음만이 있을 뿐입니다. 소망을 품고 봄을 기대하는 자에게만 봄의 소리가 들려온다는 것이 세상 이치임을 알아야 합니다.

7) 소망은 삶의 활력을 가져온다

대부분 암 치료 전문의에 의하면 암은 정복될 수 있다고 합니다. 설령 완치가 안 되더라도 생존율을 크게 높일 수 있다고 하는 데, 제일 중요한 요소는 환자가 '치료될 수 있다는 소망'을 갖고 '끝까지 치료하려는 적극적 의지'라고 합니다. 치료될 수 있다는 소망이 적극적 치료의 활력을 불러오는 것처럼 우리의 인생살이에서도 '소망'은 삶의 큰 원동력이 돼서 적극적 활력을 가져옵니다.

8) 소망은 살아갈 힘을 준다

세계 제1차 대전 중 헝가리 수색대에 실제로 일어났던 이야기입니다. 그들은 전투 중에 알프스산맥에서 길을 잃게 됐습니다. 무서운 폭설에 한파까지 겹쳐서 구조대를 파견할 수가 없었습니다. 어느덧 1주일이 지나가자, 생존 가능성이 거의 없다고 포기하게 됐습니다. 조금 날씨가 좋아지자, 구조대가 출발했습니다. 그들은 4일 만에 발견했는데 발에 동상 걸린 것 빼면 모두 건강하게 구출됐습니다. 구조대의 장교가 혹독한 한파에서도 사상자 한 사람 없이 산속에서 2주간이나 오랜 시간을 버틴 비결을 묻자, 수색대의 리더가 이렇게 대답했습니다.

> 예, 저희도 작전 중 길을 잃은 것을 알게 되자 모두가 절망에 빠졌습니다. 그런데 한 대원이 "여기 지도가 있다, 우린 살 수 있다"라고 하며 지도를 보여 주었습니다. 지도만 있으면 살 수 있겠다 싶어 서로 돕고 격려하며 사력을 다해 내려왔습니다.

수색대가 건넨 지도를 본 장교는 매우 놀랐습니다. 수색대가 생명줄로 여겼던 지도는 알프스산맥의 지도가 아니라 전혀 다른 피레네산맥의 지도였기 때문입니다. 사람에겐 분명한 목표와 희망이 필요하기에 잘못된 지도라도 살아갈 힘을 주는 것입니다.

9) 수용소에서의 체험

빅토르 프랭클 박사가 쓴 책『수용소에서의 체험』(*Man's Search for Meaning*) 이란 귀한 책이 있습니다. 나치가 한창 기승을 부리고 있을 때, 비엔나에서 정신과 의사로 일하던 박사는 어느 날 유대인이란 단 한 가지 이유로 그 악명 높은 아우슈비츠 수용소에 보내졌고, 거기서 정상적 인간으로는 상상조차 할 수 없는 극한 상황을 몸소 겪은 뒤에 쓴 책으로, 전대저 극한 상황에서 인간의 반응에 대한 정신 의학적 임상 실험보고서라고 할 수도 있겠습니다. 그는 그 책을 마무리하면서 이런 의미의 글을 썼습니다.

> 우리에게 주어지는 삶의 환경들은 스스로 결정하거나 통제할 수 없는 경우가 많지만 그런데도 마지막 순간까지 우리가 스스로 결정할 수 있는 것

이 있는데 그것은 삶에 대한 태도이며, 불가능에서 가능함을 볼 수 있는 삶의 태도를 통해 현실의 어려움을 극복하는 경험을 할 수 있다.

그렇습니다. 원치 않는 일들이 에워싸는 극한 조건에서도 내일에 대한 소망을 갖고 이를 이룰 힘만 있다면 극복해 나갈 수가 있는데 결코 녹록지 않은 현실 세상에서는 그게 어렵다는 것입니다. 그러나 우리에게는 불신자들이 갖지 못한 남다른 희망이 하나 있습니다. 그것은 우리의 아바 아버지가 전능하시고, 긍휼이 많으신 만군의 여호와 하나님이시라는 것입니다.

빅토르 프랭클 박사는 자신의 많은 경험 가운데서 하나의 예화를 소개했는데 우리에게 많은 생각을 갖게 하고 있습니다.

> 1945년 봄이었다. 수용소에서는 이번 부활절 전에 독일이 망할 것이라는 소문이 돌았다. 시몬이라는 사람이 있었는데 이 시몬은 그 사실을 실제로 믿었다. 그래서 아무리 힘들어도 조금만 더, 조금만 더, 부활절까지만 버티자. 그때까지만 버티면 살아날 거라는 확신을 갖고 수용소 생활을 했다. 그러나 부활절이 되었지만, 독일이 망할 징조가 보이지 않았다. 부활절이 지나자, 시몬이 갑자기 아프기 시작했다. 몸에서는 심한 열이 났고 잘 때는 헛소리를 쉬지 않고 하는 것이었다. 그러자 같은 방에 있던 사람들이 모두 시몬을 걱정했다. 부활절이 지난 단 이틀 후 시몬은 이유 없이 죽고 말았다. 그때 나는 깨달았다. 희망이 사라진 인간은 생명줄도 놓아 버린다는 것을.

그렇습니다. 사람이 희망을 잃어버리면 급격히 절망에 빠지게 되어 곧 비하게 되고 급격하게 생명에 대한 의지마저도 놓아 버리게 합니다(히틀러 사망: 1945년 4월 30. 부활절 3주 후).

10) 인생에서 가장 좌절했을 때가 인생의 가장 큰 전환점이다

성경의 많은 위인을 봐도, 또 우리 주위의 뚜렷한 인생을 산 사람을 볼 때마다 느끼는 것은 인생에서 가장 좌절했을 때가 인생의 가장 큰 전환점이 된다는 사실입니다. 눈앞의 어려움과 역부족에 힘들어 마시고 계속 기도하셔야만 합니다. 시간이 걸릴지언정 그 꿈과 소망은 반드시 이루어질 것이기 때문입니다. 끈질긴 기도 의외의 다른 방법은 전혀 없습니다.

만약 그런 기적이 없다면, 사도 바울의 고백처럼 우리처럼 우스꽝스럽고, 불쌍한 존재가 어디 있겠으며, 또 기도가 무슨 필요 있겠습니까?

그러나 그 꿈은 반드시 이루어지게 돼 있습니다. 왜냐하면, 우리에게 꿈과 소망을 갖게 하신 이는 다름 아닌 '살아 계신 하나님 아버지'이기 때문입니다. 성경의 여러 곳에서 익히 보이듯 하나님께선 꿈을 가진 사람, 환상을 보는 사람, 비전을 가진 사람들을 통하여 그 역사를 이루어 가시고 있습니다.

11) 절망사(death of despair)와 희망의 삶

의학 발전 등에 힘입어 20세기 들어 전 세계적으로 45~54세 중년의 사망률은 꾸준히 하락세를 보임에 따라 기대수명도 당연히 길어지고 있습니다. 그런데 선진국 중에서도 선진국인 미국에선 1990년대 후반부터 저학력·저소득의 중년 비 히스패닉계 미국 백인의 사망률이 다른 나라들처럼 하락하지도 않았을 뿐만 아니라 오히려 상승하기 시작하는 이상 현상이 나타나기 시작했습니다.

세계화와 디지털화 등으로 좋은 일자리를 잃고 실질임금 감소를 경험하면서 미국 저학력 백인 노동 계층의 삶은 피폐해져서 극단적 선택, 약물 과다복용, 알코올성 간질환으로 인해 사망률이 높아진 것입니다. 사회학

자들은 이런 유형에 '절망사'(death of despair)라는 이름을 붙였습니다. 절망감, 박탈감, 삶에 대한 의미 상실, 미래에 대해 기대할 수 없는 상황, 소외감 등으로 우울증과 마약중독이 만연하여 절망사를 가져오는 환경이 조성됐다는 것입니다.

12) 낙심은 죄를 짓는 일이다

낙심은 죄입니다. 성경에서의 죄와 인간 입장에서 법의 눈으로 바라보는 죄는 다릅니다. 성경에서의 죄란 '하마르티아'를 말하는데 이는 하나님을 떠난 화살, 곧 하나님의 마음을 아프게 하는 것을 말합니다. 낙심은 무서운 죄입니다. 낙심은 본인만 아픈 것으로 끝나지 않고 이런저런 관계로서 연결 되어있는 주위의 많은 사람의 마음들도 아프게 하기 때문입니다. 하나님은 죽은 자도 살려 내시며 없는 것도 있는 것같이 만드시는 분인데 우리가 낙심해서 손을 놓아버리면 하나님도 우리에게 아무것도 할 수 없게 됩니다.

어떤 경우에도 우리는 낙심해서는 안 됩니다. 낙심은 살아 계신 하나님을 믿지 않는 불신의 큰 증거가 되기 때문입니다. 죽을 것같이 낙심할 수 밖에 없는 세상에서도 우리는 전능하신 하나님을 향한 소망의 믿음을 갖고 걸어가야 합니다.

13) 결코 포기하지 말라

하나님은 실패하는 자를 쓰시지만, 낙심하여 포기하는 자는 결코 쓰시지 않습니다. 사탄이 인간에게 주는 가장 큰 부정적 마음은 낙심하여 포기해 버리게 하는 것입니다. 기도는 하나님으로부터 어떠한 기대를 하는 것입니다. 기대하지 않는다는 것은 응답을 바라지 않는 자세로 불신앙일 뿐입니다. 아이들이 부모께 무언가 바라는 게 있을 때는 옷을 붙잡고 떼를 쓰거나 아니면 두 손을 꼭 잡고 애원합니다. 그러면 귀찮아서라도 주게 됩니다.

우리가 하나님께 구하는 것도 같습니다. 간절할수록 두 손을 맞잡은 손에 힘이 더 해지고 그 안에 하나님의 은혜가 부어지지만, 낙심하여 포기해서 붙잡거나 맞잡은 손을 놓게 되면 주려고 하던 마음이 변하거나 하나님의 은혜를 담을 곳이 없게 돼서 주고 싶어도 줄 수가 없게 됩니다. 그리스도인에게 있어 포기라는 말은 불신앙의 불경스러운 말이며, 하나님께 택함 받은 그 자녀에겐 포기할 권한이 없습니다. 마찬가지로 우리에겐 절망할 권리도 없습니다. 살아가면서 온갖 아픔과 고통의 순간들이 수없이 몰아쳐 오더라도 결코 믿음의 줄을 놓치지 말아야 합니다.

14) 넘어지는 것을 두려워 말라

그렇습니다. 우리의 최대 승리는 한 번도 실패하지 않는 것이 아니라 넘어질 때마다 '절대 포기하지 마라'(Never give up), 포기하지 않고 다시 일어서는 데 있습니다. 아홉 번 실패했다는 것은 아홉 번 노력했다는 것입니다. 한 번도 실수한 적이 없는 사람은 한 번도 새로운 것에 도전해 본 적이 없는 사람을 말합니다. 새로운 것에 도전하기를 두려워 마십시오. 일하다 넘어지는 것을 두려워해서는 안 됩니다. 다시 일어서면 되기 때문입니다.

연구에 의하면 어린아이가 태어나서 완전히 서서 걷기까지 약 2만 번이나 넘어졌다 일어서곤 한다고 합니다. 넘어졌을 때마다 곁에서 지켜보고 계시는 성령님의 손을 기도로 붙잡아야 합니다. 결코 포기해선 안 됩니다.

하나님을 영접한 자들에게는 성령님이 내주하시며 그의 인생의 길을 앞장서서 인도하고 계십니다. 그래서 우리에게 다가오는 어떤 일도, 심지어는 아주 감당키 어려운 일들도 모두 다 하나님의 계획 속에 있다는 것을 믿어야 합니다. 대표적으로 욥의 믿음을 볼 수 있습니다.

> 그러나 욥은 이렇게 대답하였다. 당신의 말은 어리석은 여자의 말과 같소. 우리가 하나님께 복도 받았는데 재난을 당하지 말라는 법이 있겠소? 이 모든 일을 당하고서도 욥은 입술로 하나님께 범죄하지 않았다(욥 2:10. 표준새번역).

그러한 믿음의 결과 처음보다 배나 더 복을 받았습니다. 살아가다 보면 우리가 원치 않은 일들이 많이 다가옵니다. 그것도 다 하나님의 섭리 속에 있다고 받아들여야 합니다. 원치 않은 일들이라고 포기함은 불신앙이요, 불순종의 자세로 믿음의 행동이 아닙니다.

15) 역경 없는 성공은 없다

유명 화가들의 그림을 보면 걸작품일수록 밑그림을 많이 그렸습니다. 밑그림 없이 한 번에 완성된 걸작이 없듯이 역경이 없는 성공도 없습니다. 역경과 시련이 있기에 하나님께 더욱더 매달리게 되고 그때마다 나를 도우시는 하나님을 더 알게 되어 굳건한 믿음이 나오게 합니다.

품질 좋은 와인을 만들기 위해서는 일부러 척박한 땅에 포도를 심어야 합니다. 비옥한 땅에 포도를 심으면 빠르게 성장하며 풍성한 열매를 맺지만, 뿌리를 깊이 내리지 않고 표면에 스며드는 물만 흡수합니다.

반면 척박한 땅에 심긴 포도는 살기 위해 뿌리를 깊게 내리기 때문에 성장도 느리고 열매도 조금 열리지만, 땅속 깊은 곳에 저장된 양질의 물을 흡수하기 때문에 시간이 흐를수록 비옥한 땅의 포도보다 더 알찬 포도를 맺게 합니다.

아브라함, 모세 등 믿음의 큰 인물들을 보십시오. 큰 믿음의 사람이 된다는 것은 큰 역경을 많이 겪었다는 것이며, 그 어려움 속에서도 그들은 한결같이 만군의 여호와 하나님을 바라보며 부단히 큰 소망을 갖고 걸어갔기에 큰 믿음의 사람으로 기록된 것입니다.

16) 성공과 실패의 분기점

위대한 사람들이라고 그들 모두가 인격적으로 원만하고 완전했던 것은 아닙니다. 다만 그들의 목적을 향한 열심과 태도가 너무도 대단했기 때문에 그들의 약점은 모두 사소하게 보였을 뿐입니다. 성공과 실패는 내게 소망이 있느냐 없느냐에 달려 있습니다. 내가 할 일에 대해 분명히 알고 있어야 하며, 모든 일에는 모험이 따르기 마련이라는 것도 알아야 합니다.

아는 것과 깨닫는 것은 전혀 다른 이야기입니다. 깨닫기 위해서는 엄청난 노력이 필요합니다. MLB(major league baseball, 메이저리그)의 선수들은 평생 야구 연습을 하는데 이 세계에서 최고의 타율은 4할대이고 보통은 3할대입니다. 다시 말해서, 10번 중 3-4번만 성공하고 6-7번은 실패한다는 것입니다. 우리의 인생에는 반드시 실패가 따라오며 역설적으로 크게 실패할수록 크게 성공할 가능성도 높습니다.

하나님은 큰 축복을 주시기 위해 큰 고난을 겪게도 하십니다. 아브라함이 귀한 독자 이삭을 바치는 큰 시험을 통과하자 영원불변한 유일의 "믿음의 조상"이란 타이틀을 얻게 된 것을 잊어서는 안 됩니다.

꿈꾸는 사람은 결코 시험을 두려워해서는 안 됩니다. 인생에서 뭔가 이루어 본다는 것은 어쩌면 등산과 같다고 하겠습니다. 등산은 오를수록 더 힘들어집니다. 그렇다고 중간에 내려가면 다른 산을 다시 올라가야만 합니다. 그렇지만 포기하지 않고 계속 오르다 보면 어느 순간 남들보다 더 높은 곳에 다다르게 합니다. 입구에서만 머물러 있는 사람들은 정상에서 일어나는 일을 절대 알지 못한 채 불평만 하다 돌아갑니다.

17) 내일에 대한 소망의 꿈을 잃어버리지 말라

하나님의 성령이 임하시면 절망에 처한 사람들의 마음속에도 엄청난 꿈이 일어나기 시작합니다. 하나님이 그 사람의 배움이나 재능, 또 가진 물질이나 능력을 보지 않고 그 사람의 열심과 믿음으로 이루고자 하는 환상과 꿈을 사용하기 때문입니다. 그러기 때문에 어떠한 환경 속에서 우리는 하나님의 성령의 능력에 힘입어 환상과 꿈을 붙들고 계속 전진해야 합니다.

> 그 후에 내가 내 신을 만민에게 부어 주리니 너희 자녀들이 장래 일을 말할 것이며 너희 늙은이는 꿈을 꾸며 너희 젊은이는 이상을 볼 것이며(욜 2:28).

가뜩이나 한국의 자살률은 선진국 중에서도 제일 높다고 하는데 코로나 팬데믹을 거치면서 한국만이 아니라 전 세계적 현상이 되어 버렸습니다. 충격적인 것은 한창 꿈을 품고 달려가야 할 젊은이들에게서 자살자가 증가하고 있다는 것입니다.

그 젊은이들에게 있어 이 세상에서 살아간다는 것이 그렇게 힘든 일이었던가요?

그건 아닐 것입니다. 인간은 보기보다 의외로 강한 존재여서 사는 게 힘들어서 죽는 것은 결코 아닐 것입니다. 그것은 내일에 대한 소망의 꿈을 잃어버렸기 때문입니다. 지금 아무리 힘들어도 앞으로 좋아질 수만 있다고 생각한다면 견뎌낼 힘을 갖고 적응해 가게 합니다.

18) 인내하라

　욥기를 잘 보면 의외로 욥이 절망하는 모습이 많이 나옵니다. 그러나 그는 절망해도 하나님에 대한 믿음의 줄을 꼭 잡은 채 '하나님 안에서' 절망하고 낙담했다는 것입니다. 그 결과 하나님은 그를 다시 축복해 주셨습니다.

　욥기에서 보는 바와 같이, 지금 우리가 어떤 처지에 놓여 있든 내일에 대한 소망의 믿음을 놓치지 않고 꼭 붙잡고 노력하며 기다리노라면, 오늘은 절망적 모습일지라도 내일에는 반드시 긍정적 삶으로 바뀐다는 사실을 증명하고 있습니다.

　사실 이런 면에서 볼 때, 우리의 인생길에서 가장 큰 문제는 우리가 지금 처해 있는 환경이 아니라 어떤 환경 속에서도 끝까지 소망의 십자가를 바라볼 수 있는 믿음을 가졌느냐가 문제인 것 같습니다. 어떤 처지에서도 하나님에 대한 소망의 끈을 꼭 붙잡고 있어야만 합니다. 만약에 그 소망의 끈이 끊어지게 되면, 믿음이 무너지게 되고, 믿음이 무너지게 되면, 살아 있으나 영적으로는 죽은 자와 하등 다를 바가 없기 때문입니다.

19) 꿈을 보여 주시는 하나님

　우리의 인생 속에서 소망, 꿈이 얼마나 큰 삶의 원동력(활력)이 되는지는 이제 다 아실 것입니다. 문제는 아무것도 보이지 않고, 들리지도 않고, 잡히는 것도 없는 현실에서 어떻게 소망의 꿈을 꿀 수가 있느냐 하는 것입니다. 대부분의 사람에게 있어서 현재 자신의 모습 속에서는 내일의 소망을 아무리 바라보려고 해도 바라보지 못할 수가 있을 것입니다. 그러나 말씀만으로 천지를 창조하시는 만군의 여호와 하나님의 택함 받은 자녀로서, 아버지 하나님께 은혜와 긍휼을 간절히 구해 나갈 때 하나님이 주시는 성령의 은혜로 크고도 큰 꿈을 가질 수가 있다는 것을 알아야 합니다.

> 아브람을 떠난 후에 여호와께서 아브람에게 이르시되 너는 눈을 들어 너 있는 곳에서 동서남북을 바라보라. 보이는 땅을 내가 너와 네 자손에게 주리니 영원히 이르리라. 내가 네 자손으로 땅의 티끌 같게 하리니 사람이 땅의 티끌을 능히 셀 수 있을진대 네 자손도 세리라. 너는 일어나 그 땅을 종과 횡으로 행하여 보라 내가 그것을 네게 주리라. 이에 아브람이 장막을 옮겨 헤브론에 있는 마므레 상수리 수풀에 이르러 거하며 거기서 여호와를 위하여 단을 쌓았더라 (창 13:14-18).

지금 믿음의 조상 아브라함이 내일에 대한 커다란 꿈을 꾸고 있는 장면입니다. 아브라함 스스로 할 수 있다는 능동적, 적극적 사고방식을 일으키면서 꿈꾸고 있는 게 아닙니다. 지금 아브라함의 슬하에는 자식이 하나도 없고 이미 출산의 능력도 사라진 지 오래된 노인일 뿐입니다. 그러나 하나님께서 이 땅 위에 하나님의 꿈을 이루기 위하여 그를 택하셨고, 이제 그를 바깥으로 끌고 나와 꿈꾸게 하시는 장면입니다.

예수님을 구원주로 영접한 이 땅 위의 모든 사람은 영적으로 이미 아브라함의 후손들입니다. 아브라함이 꾸었던 그 꿈을 계승하면서 이루어 나갈 자격을 갖고 있다는 것입니다. 바로 우리의 이야기입니다.

20) 하나님을 위하여 원대한 소망을 품으라

그렇습니다. 택함 받은 우리에게 천국에 대한 소망을 이미 이루고 있습니다. 그리고 천국을 주관하시는 하나님은 또한, 이 땅에서도 역사하고 계십니다. 믿음의 형제, 자매 여러분, 보잘것없는 자신을 더 이상 바라보지 마시고 나를 주관하고 계시는 만군의 여호와 하나님을 바라보십시오. 믿음의 조상으로 아브라함을 택한 하나님이 바로 나도 택하셨다는 것을 기억해야만 합니다. 택함 받은 자로써 자존감을 갖고 하나님이 부르시는 그 날까지 하나님을 위한 원대한 소망을 품으시고, 하나님이 주시는 성령의 힘으로 큰 일을 도모해 보십시오.

믿음을 갖고 열심히 꿈꾸며 살아가야 합니다. 될 수 있는 한 하나님을 위한 소망(꿈)을 크게 잡으시길 바랍니다. 소망을 아무리 크게 가져도 누가 책잡을 염려가 없을 뿐만 아니라, 하나님께서 응답해 주실 때는 어떤 일이라도 이루어지기 때문입니다. 그러나 끈질김의 자기 노력이 밑받침되지 않는 꿈은 여기서 이야기하는 소망이 아니라 망상일 뿐임을 기억하셔야 합니다.

> 나는 너를 애굽 땅에서 인도하여 낸 여호와 네 하나님이니 네 입을 넓게 열라 내가 채우리라(시 81:10).

21) 계속 두드려야 열린다

천지를 창조하신 만군의 여호와 하나님의 죽도록 사랑하심의 은혜를 입은 우리 그리스도인의 미래는 절망이 아닌 희망의 미래여야 한다는 건 언제나 옳은 명제입니다. 천지를 창조하신 만군의 여호와 하나님으로 인해 희망이, 꿈이 있다는 것은 행복한 일입니다. 그러나 이를 위해 계속 기도하며 힘껏 노력해야 합니다. 생각만 하고 노력을 안 한다면 그건 헛된 꿈에 불과할 것이기 때문입니다. 노력해도 안 보인다고 중간에 포기해서는 안 됩니다. 때에 따라서 희망이 보여서 계속 노력하는 것이 아니라 계속 기도하고 나아가기에 희망이 보이는 것입니다.

문이 열려서 두드리는 게 아닙니다. 계속 두드려야 열리기 때문입니다. 그렇습니다. 소망이 보여서 기도하는 게 아닙니다. 계속 믿음으로 기도하기 때문에 소망이 보이는 것입니다. 계속 믿음으로 나가면 길'을 만드시는 분'(Way Maker) 하나님으로 인해 길이 만들어집니다. 깊은 강이 갈라집니다. 나이 100

세 이르러 전혀 상상치도 못했던 아들이 생기기도 합니다. 하나님의 수많은 약속의 말씀을 붙잡고 계속 두드리십시오. 열릴 때까지.

> 오직 여호와를 바라보고 의지하는 자는 새 힘을 얻어 독수리처럼 날개 치며 올라갈 것이요 달려가도 지치지 않고 걸어가도 피곤하지 않을 것이다(사 40:31).

> 나의 영혼아, 말없이 하나님만 바라보아라. 나의 희망이 그에게서 나온다. 오직 그분만이 나의 반석, 나의 구원, 나의 요새시니 내가 흔들리지 않으리라. 나의 구원과 명예가 하나님께 달려 있으니 그는 나의 든든한 반석과 피난처이시다. 나의 백성들아, 항상 하나님을 신뢰하고 그에게 모든 문제를 털어놓아라. 하나님은 우리의 피난처이시로다(시 62:5-8).

> 희망의 원천이 되시는 하나님이 여러분에게 믿음으로 기쁨과 평안을 마음껏 누리게 하셔서 여러분의 희망이 성령님의 능력으로 넘치기를 바랍니다(롬 15:13).

22) 누구든지 하나님을 만나면 인생이 바뀐다

성경에는 예수님을 만나서 구원받고 헌신한 사람 중에서 출신과 실력, 환경과 조건에 상관없이 하나님께 귀하게 쓰임을 받은 사람들의 이야기들로 가득 차 있습니다.

형과 아버지까지 속이는 잔꾀의 명수였지만 영광스러운 이스라엘로 불리게 된 야곱, 노예로 팔려 가고 종신 감옥의 죄수가 되었지만, 애굽 총리로 쓰임 받은 요셉, 나일강에 버려진 아기였지만 이스라엘의 구원자로 쓰인 모세, 이방인이지만 유다 지파의 족장이요 가나안 정복의 장군이 된 갈렙, 부모와 형제들에게 무시당하고 왕에게 쫓겨 다니다가 왕이 된 다윗, 포로로 끌려간 소년이었지만 바벨론에서 총리가 된 다니엘….

이루 다 헤아릴 수 없는 사람들이 증언하는 게 하나 있는데 그것은 누구든지 하나님을 만나면 인생이 바뀐다는 것입니다.

여기에 중요한 사실을 하나 더 추가할 수가 있겠습니다. 그것은 그 이름 속에 나의 이름이 들어가고 바로 당신의 이름이 들어갈 수 있다는 사실입니다. 하나님은 약속하셨습니다.

> 네가 내 눈에 보배롭고 존귀하며 내가 너를 사랑하였은즉 내가 네 대신 사람들을 내어주며 백성들이 네 생명을 대신하리니(사 43:4).

이제 이 하나님의 약속을 굳건히 믿고 기억하면서 힘껏 주님의 손을 붙잡고 살도록 해야 하겠습니다.

꿈꾸는 사람(The Dreamer)

불가능을 영어로 impossible이라고 합니다. 여기서 맨 처음과 둘째 문자 사이에 따옴표(')를 집어넣으면 I'm possible(나는 할 수 있다)의 놀라운 변신을 하게 합니다. 그런데 이 따옴표(')는 저절로 놓이는 게 아닙니다. 누군가가 놓아 주어야만 합니다. 이에 전능하신 성령 하나님께 간절히 매달리며 큰 꿈을 꾸어야만 합니다.

무엇보다 가장 중요한 것은 하나님께 기도하기를 쉬지 말라는 것입니다. 일의 시작은 사람에게 있어도 그 성사는 하나님께 있기 때문입니다. 기도와 강한 믿음은 언제나 마음에 초인적 용기와 지혜와 힘을 주실 뿐만 아니라 하나님의 기이한 기적적 섭리를 나타내 주십니다.

매사에 최고의 열심으로 노력해야 합니다. 생각만 하고 노력을 안 한다면 그건 헛된 꿈에 불과할 것이기 때문입니다. 노력해도 안 보인다고 중간에 포기해서는 안 됩니다. 경우에 따라선 희망이 보여서 계속 노력하는 것이 아니라 계속 기도하고 나아가기에 희망이 보이는 것입니다.

  하나님의 수많은 약속의 말씀을 붙잡고 계속 열릴 때까지 두드려야 합니다. 하나님의 은혜를 얻는 데 가장 중요한 것은 간절함과 끈질김입니다. 하나님 앞에서는 눈물을 아끼지 마십시오. 간절하고 끈기 있게 눈물로 드리는 기도에 하나님의 감동이 일찍 임하시기 때문입니다.

2. 믿음의 삶

> 여호와께서 아브람에게 이르시되 너는 너의 본토 친척 아비 집을 떠나 내가 네게 지시할 땅으로 가라. 내가 너로 큰 민족을 이루고 네게 복을 주어 네 이름을 창대케 하리니 너는 복의 근원이 될지라. 너를 축복하는 자에게는 내가 복을 내리고 너를 저주하는 자에게는 내가 저주하리니 땅의 모든 족속이 너를 인해 복을 얻을 것이니라 하신지라. 이에 아브람이 여호와의 말씀을 좇아갔고 롯도 그와 함께 갔으며 아브람이 하란을 떠날 때에 그 나이 칠십오 세였더라. 아브람이 그 아내 사래와 조카 롯과 하란에서 모은 모든 소유와 얻은 사람들을 이끌고 가나안 땅으로 가려고 떠나서 마침내 가나안 땅에 들어갔더라(창 12:1-5).

1) 믿음이란 '마침내' 가나안 땅까지 걸어가는 것이다

  믿음이란 '마침내' 가나안 땅까지 걸어가는 것입니다. 살다 보면 기쁘고 즐거운 일보다 어렵고 힘든 일들이 더 많이 올 수도 있지만, 이 때문에 우리의 믿음의 여행이 도중에 멈추거나 포기돼서는 안 될 것입니다. "장래에 기업으로 받을 땅"이란 말씀처럼 하나님이 우리에게 향하신 약속의 말씀들이 지금 당장 이루어지지 않을 수도 있을 것입니다.

그러나 미래에, 언젠가는, 그리고 '마침내' 반드시 이루어지게 됨을 믿는 것이 순종의 첫 단계입니다. 사실 많은 사람이 느끼고 있는 사실이지만 아무리 기도하고 간구해도 당장의 현실에서는 아무것도 보이는 것이 없으므로 믿음으로 살아간다고 곧잘 하면서도 가끔은 속은 느낌이 들 때도 있을 것입니다.

또 어떤 때는 너무도 힘들고 어려워서 내가 하나님의 음성을 잘못 듣고 걸어가는 게 아닌가 하는 생각도 해보고 심지어는 그 모든 게 오직 하나의 말장난에 지나지 않는 게 아닌가 하는 망령된 생각까지도 해 볼 것입니다. 그러나 확실히 분명한 사실 한 가지가 있는데 그것은 우리보다 앞서 살았던 믿음의 선배들은 그 모든 시험과 역경 속에서도 하나님의 약속과 미래에 이루어질 축복을 바라보면서 계속 그 길을 걸어갔고, 그 결과 '마침내' 다 성취하였다는 것입니다.

2) 하나님만 바라보는 믿음으로 기도하며 나가라

"꿈이 없는 백성은 망하리라"(잠 29:18)라는 하나님의 말씀을 마음 깊이 새기며, 하나님이 다 채우시도록 우리의 입을 마음껏 크게 열도록 해야 할 것입니다(시 81:10). 꿈과 소망을 아무리 크게 가져도 누가 흠잡을 염려도 없을 뿐만 아니라, 하나님이 응답해 주실 때는 어떤 큰 일이라도 이루어지기 때문입니다.

그리고 우리에게 꿈과 소망을 주신 하나님께 어떻게 그걸 일으켜 주실 것이냐며 그 꿈과 소망을 이룰 구체적 방법까지 물을 필요는 없습니다. 오직 믿음 하나만을 갖고 하란 땅을 떠나고, 홍해를 지나가며 또 요단강을 건너간 믿음의 선배들처럼 우리도 하나님만을 바라보는 믿음과 기도만으로 걸어야 하기 때문입니다.

위대한 일들은 위대한 꿈을 꾸는 자들에 의해서만 이루어지는 것이지 내가 누구인가, 내가 어떤 환경에 놓여 있는가는 문제가 되는 것은 아닙니다. 중요한 것은 만군의 여호와 하나님을 믿고 의지하며 살아가고 있느냐가 중요한 것이기에, 하나님을 위해서 불같은 소망을 품고 하나님과 더불어 놀랍고 큰 일들을 계획하고 일으키는 것이 믿는 사람들의 바람직한 모습일 것입니다.

우리의 인생은 계속 흘러가고 있으며, 어차피 한번 밖에 허락되지 않기에 믿음으로 또 다른 이상을 향해 도전해 보는 것은 보다 더 성경적 믿음의 자세일 수도 있습니다. 무엇보다도 더 중요한 것은 우리는 말씀으로 천지를 창조하신 하나님 아버지가 택한 자녀들이라는 것임을 잊지 말아야 할 것입니다.

믿음(FAITH, BELIEVE)이란?

신약성경에만 헬라어의 '믿음'이란 말 '피스티스'(하나님을, 예수 그리스도를 믿는 믿음)는 600번이나 기록돼 있어 성경에서 믿음이란 말을 빼 버리면 성경은 텅텅 빈 책이 되어 버릴 것입니다. 그러나 '믿음이란… 이다'라고 단정적으로 정의를 내리는 것은 영원히 불가능할 것입니다. 그러나 신앙의 근본인 믿음을 모호하게 알고 지내게 될 때 신앙관이나 삶의 목표도 불분명하게 되는 위험이 있기에 여기에 성의껏 정리해 보려 합니다.

'피스티스'란 말은 '하나님을 믿는 믿음', '그리스도를 믿는 믿음', '예수 그리스도의 이름을 믿는 믿음'이란 뜻을 갖는데, 일상생활에서 흔히 보듯이 예컨대, 믿음으로 구원받아…, 믿음이 없으면…, 믿음이 약해서…, 저 사람은 믿음이 좋아…, 하면서도 막상 믿음이 무엇이냐고 질문하면 부분적 답변만 할 뿐 딱 부러지게 설명할 수 있는 신자가 극히 적은 게 현실입니다. 왜 그럴까 하고 생각하기 전에 먼저 인간의 언어 표현의 한계를 알아야 합니다. 많은 언어학자에 의하면 현실적 생활 속에서 우리가 언어로 분명히 표현할 수 있는 대상은 10퍼센트로도 안 된다고 합니다.

예컨대, 짜장면의 맛을 인간의 언어로 표현할 수 있겠습니까?
또 커피의 맛과 향을 어떻게 설명해야 합니까?
그러다 보니 오히려 은혜의 성격이 강한 구원받을 때의 믿음과 하나님의 자녀로 택함 받아 이 땅을 살아가면서 필요한 믿음의 성격이 다른데도 언어적 표현의 한계로 인해 모든 면에서 '믿음'이란 하나의 단어로 통용돼 버리게 됐고, 그 결과 믿음에 대한 정의도 모호하게 인식된 채 사용되고 있습니다. 오늘날 교회의 힘이 사라진 이유는 그 구성원인 신자 개개인의 기독교 신앙에 대한 무지가 가장 큰 요인일 것입니다.
학창 시절에 흔히 사용하는 말처럼 "기본이 단단해야 실력이 는다"라는 말처럼 신앙생활에서 가장 기본이요, 근본인 '구원, 믿음, 기도, 성령, 교회, 예배 등'에 대한 모호한 지식이 하나님의 택한 자녀들을 바른길로 인도하지 못하고 있다는 것을 알아야 합니다. 지면상 긴말을 할 수는 없고 여기서는 '믿음'을 그 성격, 곧 속성에 따라 편의상 세 가지로 구분해 보지만 자기 믿음의 상태를 돌아보아 고쳐 나가는 데는 아주 유용하다고 생각됩니다.

첫째, 구원에 이르게 하는 믿음(faith, 영어단어 자체도 확실치 않다)
오직 믿음으로만 구원받는다고 했는데, 이는 하나님의 독생자 예수님이 내 죄를 대신하여 돌아가셨고, 그 결과 나는 하나님의 자녀로 택함 받아 영원한 생명을 얻었다는 것을 믿는 믿음을 말합니다. 구체적으로는 사도신경의 내용들을 그대로 믿는 믿음을 말합니다. 오늘날 교회에서 사도신경이 잊히고 있는데 매우 아쉬운 일입니다. 왜냐하면, 그 짧은 구절 속에 온갖 신학이 다 들어있기 때문입니다.
먼저, 전능자 하나님에 대한 믿음의 고백으로 시작하여, 성삼위일체에 대한 믿음, 성령의 역사에 대한 구약의 예언 성취, 우리의 죄 대가로 지불하신 구속과 보혈의 은혜, 예언 성취인 부활, 중보자 예수님, 재림과 심판, 그리고 성령, 교회, 코이노니아(섬김), 죄 용서, 부활, 영생…능 온갖 신학의 내용이 이 짧은 구절 안에 다 들어가 있습니다. 따라서, 위의 내용을 모두 믿을 수 있다면 확실한 구원의 반열에 들어 있다고 확신힐 수 있겠지만, 아니라면 더 많은 기도와 공부가 필요하다고 할 수 있겠습니다.
둘째, 은사로서의 믿음(고전 12:9)
산을 옮기고, 풍랑을 잔잔케 하고, 병도 자주 고치고, 기적과 이적을 일으키는 은사로서의 믿음을 말합니다. 개인이 자신의 질병 치료를 위해 간절히 기도했고, 그 결과 병 치료를 받는 것과는 구별해야 합니다. 왜냐하면, 이는 치료에 대한 기도의 응답으로 하나님의 은혜이기 때문입니다. 은사는 아무에게 주어지는 것이 아닙니다. 교회에 이로움이 되게 하기 위해 하나님이 주시는 것입니다. 따라서 때가 되면 하나님이 회수해 버리십니다. 물론, 얻을 수 있다면 얻어서 유익하게 사용하는 것도 좋지만, 우리 주위를 돌아보면 신유의 은사로 인해 나중에 타락한 많은 사람이 볼 수 있기에 이 은사에 대해서는 깊이 생각해 볼 일입니다.

셋째, 현실적, 일상적으로 살아가면서 사용하는 믿음(believe)
흔히 우리가 말하는 "믿음으로 살아가고 있어요. 믿음이 약해요. 저 사람은 믿음이 좋아"할 때 사용하는 믿음을 말합니다.
Believe = be + lieve의 합성어인데, lieve는 앵글로섹슨어인 "iethan(리탄)"에서 나왔습니다. 리탄에는 다음 3가지 단어가 동시에 포함돼 있습니다.
Love, leave, live로 Love는 '예수 사랑'(사랑), leave는 '다 맡김. 내려놓음'(신뢰), live는 '말씀대로 살아감'(행함, 순종)입니다.
곧 우리가 일상 말하는 믿음에는 이 세 가지가 포함돼야 하는데, 이런 의미에서 믿음을 정의하면 예수님을 사랑하기에, 예수님께 모든 것을 다 맡기고, 예수님의 말씀대로 살아가는 것입니다.
이 정의에서 개개인의 믿음의 강도를 측정해 볼 수 있습니다.

Love: 얼마나 예수님을 사랑하고 있는가(예수 사랑)?
Leave: 예수님께 나의 모든 것을 맡길 수 있는가(신뢰의 믿음)?
Live: 지금 내가 살아가는 모습이 말씀에 부끄럽지 않은 삶인가(행동하는 믿음)?

여기서 love와 leave는 개개인의 내적 투쟁으로 제3자가 알 수 없지만, live는 삶의 열매들이 맺히게 되므로 제3자가 볼 수 있고 판단할 수도 있게 합니다. 우리는 흔히 착하고, 정직하고, 사랑이 많고, 열심히 일하는 모습 등을 보고 믿음을 평가하는 경우가 있는데, 이는 제대로 믿는 결과 마땅히 따라오는 성령의 열매이지, 믿음 강약의 절대적 기준으로 삼아서는 안 됩니다. 왜냐하면, 무신론자, 불교 신자 중에서도 그리스도인보다 더 착한 사람이 많기 때문입니다.

믿음이 크다, 작다는 기준은 극히 상대적이지만 하나님과 자기 자신은 어느 정도 알 수 있습니다. 하나님이 얼마나 아시냐의 여부는 각자 하늘나라 가서 평가받을 일이고, 지금 이 시간 우리 스스로 자신의 믿음을 채점해 볼 수 있는데, 그 기준은 love, leave, live입니다.

Love

사랑이란 단어 자체가 추상적 단어여서 어떤 계량적 수치로 나타낼 수는 없지만, 하나님을 사랑하는 모습도 결국은 인간끼리 사랑의 모습과 비슷하기에, 여기서 인간관계에서 사랑의 특징을 우리의 신앙생활에 적용해 보려고 합니다. 기독교의 근본은 사랑이며, 사랑의 특징은 자꾸 보고 싶고(매일매일 말씀을 사모함), 자꾸 말하고 싶고 또는 함께 있고 싶고(대화, 기도), 상대방의 기쁨을 위하여 자꾸 주고 싶은 것(봉사, 베풂 등 하나님이 원하시는 일들을 행함, 순종)입니다.

하나님과의 관계에서나 인간관계에서 사랑이 식으면 제일 먼저 나타나는 현상이 서로 간에 대화가 끊기게 된다는 것입니다. 그런 의미에서 하나님과의 대화, 곧 기도는 과거가 아니라 지금 이 시간 하나님을 사랑하는 자들만이 드릴 수 있는 사랑의 징표입니다. 만약 이런 모습, 곧 기도를 게을리하고 있다면 자기의 신앙을 점검해 봐야 합니다. 분명히 사랑이 식어 있습니다.

live

자기 자신은 압니다. 내가 지금 살아가는 모습이 정말 하나님이 원하시는 대로 살아가고 있는가?

하늘을 보고, 땅을 내려다봐도 한 점 부끄러움이 없는 삶을 살고 있는가?

하나님을 사랑하는 사람들은 하나님을 사랑하는 만큼 사랑하는 이를 위해 소극적으로는 사랑하는 이의 마음을 아프게 하는 행동을 안 하게 되며(죄에서, 세속에서, 사탄이 주는 온갖 유혹에서 멀어지며), 나아가서 적극적으로는 사랑하는 이의 기쁨을 위해 그분이 원하는 것을 열심히 행하게 되는데, 그것은 봉사, 전도, 제자의 삶, 세상의 빛과 소금으로의 삶으로 나타납니다. 또한, 하나님을 사랑하는 만큼 우리의 삶의 목표도 예수 우선주의로 변화됩니다. 그래서 예배가 중시되고, 자꾸 보고 싶고(말씀 사모), 같이 있거나 말하고 싶고(기도), 무언가 자꾸 선물하고 싶어지게 됩니다(봉사, 헌신, 순종 등).

leave

나의 모든 생각, 걱정, 염려 등 모든 것을 다 하나님께 내려놓아 나는 진정 자유와 평안을 누리고 있느냐고 자문해 봐야 합니다. 하나님을 사랑하는 만큼 하나님을 신뢰하게 되고, 신뢰하는 만큼 다 맡기게 되면서, 삶에서의 불안 염려 걱정이 사라져서 평안과 자유함을 얻게 되지만, 다 맡기지 못할 때는 그만큼 불안과 염려와 걱정이 찾아오게 됩니다. 명심해야 할 것은 우리가 하나님께 내려놓는 만큼 하나님도 역사하신다는 것입니다.

사실 이런 질문을 던지면 모두가 고개를 저을 것입니다. 그러나 위로가 되는 것은 인간은 본질에서, 태생적으로 결코 완전해질 수가 없다는 것입니다. 그러기에 완전치 못하다고 기죽을 필요는 전혀 없습니다. 단지 이러한 기준을 자신에게 비추어 봐서 무엇이 확연히 부족한지를 깨닫고 이를 위해 기도하며 이를 고쳐 나갈 때에 그러한 삶의 과정을 하나님이 기뻐하신다는 것을 알아야 합니다. 그 위대한 아브라함도, 모세도, 다윗도, 엘리야, 베드로도, 바울도 모두 다 약하고 결점이 있었던 사람들이었습니다.

정의를 내려보면, 믿음 = 맡김, 내려놓음. leave + 예수 사랑 love + 순종 (행함) live라고 할 수 있으며, 이들은 상호 밀접하게 연결되어 돌아가고 있는데 그 중심에는 단연 love가 중심이 되고 있습니다.

첫째, 하나님을 사랑하는 만큼 하나님을 신뢰하게 되고, 신뢰하는 만큼 다 맡기게 되면서, 삶에서의 불안 염려 걱정이 사라지고 평안과 자유함을 얻게 되고, 다 맡기지 못할 때 그만큼 불안과 염려와 걱정이 찾아오게 됩니다. 명심해야 할 것은 우리가 하나님께 내려놓는 만큼 하나님도 역사하신다는 것입니다.

성경에 쓰인 세상을 이기는 믿음이란 뜻을 분명히 알아야 합니다. 내가 하나님 말씀에 순종하는 것만큼 믿음이 자라고, 하나님을 신뢰하여 그 앞에 내려놓는 것만큼 그 빈 공간을 하나님의 능력으로 채워져 세상을 감당하게 된다는 의미입니다. 만약 다 내려놓으면 하나님이 전적으로 역사하시며, 일부만 내려놓으면 일부만 역사하십니다.

그렇다면 우리는 어떻게 해야 할까요?

신앙생활에 요령은 없습니다. 기도하고, 영육 간에 그 응답을 먹으면서 믿음이 자라고, 또 기도하고, 응답을 먹고, 평생 계속되는 과정에서 믿음이 장성합니다.

둘째, 하나님을 사랑하는 만큼 사랑하는 이를 위해 소극적으로는 사랑하는 이의 마음을 아프게 하는 행동을 멀리하게 되며(죄에서, 세속에서 멀어지며), 나아가서 적극적으로는 사랑하는 이의 기쁨을 위해 그분이 원하는 것을 열심히 행하게 되는데, 그것은 봉사, 전도, 제자의 삶, 세상의 빛과 소금으로의 삶으로 나타납니다.

셋째, 하나님을 사랑하는 만큼 우리의 삶의 목표도 예수 우선주의로 변화되게 됩니다. 그래서 예배(경배)가 중시되고, 자꾸 보고싶고(말씀 사모), 항상 같이 있거나 말하고 싶고(기도), 무언가 자꾸 선물하고 싶게 됩니다(봉사, 헌신, 순종 등).

믿음을 갖게 될 때, 제일 처음 나타나는 현상은 변화입니다. 과거의 사람에서 변화됐다는 뜻입니다. '거룩, 성도'의 뜻은 세상에서, 과거의 삶에서 구별됐다는 뜻입니다. 아직도 과거 나의 모습을 갖고 있다면 더 많은 기도가 필요하겠습니다.

넷째, 십계명의 전반부는 예수 사랑(love)으로 나타나고, 후반부의 인간관계에서는 행함, 순종(live)으로 요약할 수 있습니다. 그런데 문제는 우리의 의지만으로는 먼저 하나님을 사랑할 힘도, 능력도, 의지도 없다는 것입니다. 왜냐하면, 하나님은 보이지도, 들리지도, 만져지지도 않기 때문에 우리가 먼저 하나님을 사랑할 수가 없다는 것입니다.

아브라함도 모세도 바울도 하나님이 먼저 찾아오셨습니다. 우리의 노력 이전에 하나님이 먼저 찾아오셨기에 우리는 이를 '은혜'라고 부르는 것이고, 베드로전서에서 믿음을 하나님의 선물이라고 한 것입니다. 인큐베이터에서 태어난 병아리는 커서 자기가 알을 낳아도 그 알을 품어줄 줄 모른다고 합니다. 사랑도 받아 본 자가 사랑할 줄 안다는 말과 똑같습니다.

따라서 우리가 하나님을 사랑하기 위해서는 먼저 역으로 하나님이 얼마나 우릴 먼저 사랑하셨는지를 알아야만 우리도 하나님을 사랑하게 됩니다.

어떻게 그걸 알 수 있을까요?

바로 성경에 그 모든 것이 기록돼 있습니다. 성경 공부의 중요성이 여기 있다고 하겠습니다. 그러나 머릿속의 지식으로만 끝나서는 안 됩니다. 하나님의 말씀은 어떠한 이론적 지식이 아니라 그 말씀대로의 행함이 (우리는 이를 순종이라 한다) 반드시 동행해야 하는데, 그 말씀이 내 삶 속에 들어와서 성령의 불길로 나를 태우길 위해서는 우리는 간절한 마음으로 쉬지 말고, 기도해야 합니다.

3) 하나님의 사랑은 모든 것을 이긴다

사탄은 배고파 우는 사자처럼 먹이를 찾아 헤매다가 조금만 빈틈이 보이면 가차 없이 넘어뜨립니다. 거짓 영인 사탄에 대한 글은 책 한두 권으로도 다 기록할 수가 없을 것입니다. 그러나 사탄의 존재 자체에도 관심 없이 사는 세상이 되어 버렸습니다. 그러나 그렇게 두려워할 것은 없습니다.

> 하나님이 우리를 사랑하시는 사랑을 우리가 알고 믿었노니 하나님은 사랑이시라 사랑 안에 거하는 자는 하나님 안에 거하고 하나님도 그 안에 거하시느니라(요일 4:16).

그렇습니다.

하나님을 사랑하고 하나님의 사랑 안에 거하는 자는 하나님도 그 안에 거하시기에 무엇이 무섭겠습니까?

무서워한다는 것은 하나님을 사랑하지 않고, 그 결과 하나님이 그 안에 거하시지 않기에 두려워하고 무서워하는 것입니다. 하나님을 사랑한다면 LOVE, 하나님께 모든 염려, 걱정, 근심, 두려움까지도 다 맡길 수 있기에 LEAVE, 진정한 자유와 평안을 누리며 자진하여 기쁜 마음으로 하나님의 말씀 따라 살아가기에 LIVE.

4) 성령의 충만함을 구하라

'하나님을 사랑해야지, 하나님을 사랑해야지' 하고 자꾸 생각한다고 해서 눈에 보이지도 않고, 귀에 들리지도 않으며, 전혀 손에 잡히지도 않는 하나님을 사랑할 수 있을까요?

그건 불가능합니다. 오직 성령님의 도우심 만으로 눈에 안 보이고, 귀에 안 들리며, 잡히지 않는 하나님을 눈으로 보고, 귀로 사랑의 소리를 들은 것처럼, 따스한 주님의 부드러운 손을 마주 잡은 것처럼 느끼게 됩니다.

소위 성령의 충만함을 구해야 합니다. 갈급하고도 간절한 마음으로 기도하고, 사모하며, 보고 싶어 하는 마음으로 하나님의 말씀을 소가 되새김하듯이 읽어 나가야 합니다. 무엇보다 그러한 자리에 인도해 주신 성령님께 감사드리시고, 성령님이 거하시기에 편하시도록 알게 모르게 지은 죄를 회개하는 시간을 꼭 가져야만 합니다. 이러한 모습으로 열심을 갖고 우리가 걸어 나갈 때 하나님은 달려 나오십니다.

5) 믿음으로 구하라

> 너희 중에 누구든지 지혜가 부족하거든 모든 사람에게 후히 주시고 꾸짖지 아니하시는 하나님께 구하라. 그리하면 주시리라 오직 믿음으로 구하고 조금도 의심하지 말라 의심하는 자는 마치 바람에 밀려 요동하는 바다 물결 같으니 이런 사람은 무엇이든지 주께 얻기를 생각하지 말라(약 1:5-7).

> 믿음은 바라는 것들의 실상이요 보지 못하는 것들의 증거니(히 11:1).

한때 어느 대형 교회에서는 소원을 성취하기 위한 기도를 할 때 상상의 법칙을 만들어서 기도하라고 강조한 적이 있었습니다. 대표적으로 야고보서 1장 5절에서 7절과 히브리서 11장 1절의 말씀을 응용한 것이었습니다. 어떤 기도 제목이 있을 때, 그 기도가 이루어졌다는 것을 머릿속에 상상하면서 계속 "믿습니다, 믿습니다"라고 반복하라는 것이었습니다.

예를 들면, 남편이 회사에서 진급 심사에 놓여 있다면 머릿속에 진급이 된 것처럼 상상하면서 계속 "믿습니다, 믿습니다"라고 이루어질 때까지 쉬지 않고 되뇌라는 것입니다. 그리고 진급이 된 것처럼 감사헌금도 미리 하라고 권하는 경우도 있었습니다.

이러한 간구는 성경에서 가르치는 믿음으로 기도하는 모습이 아닙니다. 믿음의 기도가 아니라 자기의 희망 사항을 간절하게 표현하고 있는 것일 뿐입니다. 다른 표현으로는 자기최면에 불과하다고 하겠습니다.

그렇다고 꼭 나쁘다는 것만은 아닙니다. 긍휼과 사랑의 하나님은 그 마음을 보시고 응답해 주실 때도 있습니다. 그러나 성숙한 신자라면 성경을 따라 믿음으로 구해야 합니다. 무엇보다 하나님을 사랑하는 자가, 하나님의 말씀으로 살아가는 삶 속에서, 필요한 것들을 구하고, 그 응답이 원했던 것과 다를지라도 가장 좋은 것을 주셨다는 것을 믿고 염려치 않고 감사하며 살아가는 것이 믿음으로 구하고 감사하며 사는 자세입니다.

3. 회개의 삶

1) 신자의 일생은 끊임없는 회개의 생활이다

신앙생활은 우리의 기도를 들으시고 응답해 주시며 계속 우리를 인도하고 계시는 성령님과 더불어 살아가는 것이지 혼자 힘으로 이루어 나가는 것이 아닙니다. 문제는 성령님은 추한 곳에는 거주할 수가 없다는 것입니다. 그래서 성령님이 거하실 수 있도록 우리의 심령을 부단히 청소하여 깨끗이 유지해야 하는데, 이것이 '회개'의 행위로 나타나는 것입니다.

마틴 루터는 신자의 일생은 끊임없는 회개의 생활이라고 했습니다. 맞습니다. 성령님과 더불어 살아가려는 삶에서는 회개가 필요합니다.

언젠가 뒤뜰에 레몬 나무를 하나 심었습니다. 레몬이 몸에 좋다는 것을 알고 무공해 유기농 레몬을 먹어야겠다고 생각해서 심은 것입니다. 처음에는 열심히 물을 주고 비료를 주며 가꾸었습니다. 두어 달쯤 지난 뒤였습니다. 그간 여러 가지 일로 바빠서 물 주는 것을 잊었다가 생각나서 나가 보니 죽어 있었습니다. 그런데 잡초들은 한 번도 물을 주거나 비료를 뿌려 준 적이 없었는데도 무릎 높이까지 무성히 자라 있었습니다.

그렇습니다. 우리의 영적 모습과 똑같습니다. 우리의 심령 속의 사랑, 용서, 관용, 이해, 위로 같은 좋은 품성은 키우기가 매우 힘이 들지만, 이기, 시기, 질투, 미움, 분노, 다툼, 교만 같은 나쁜 씨앗은 물을 안 주어도 비료를 안 뿌려 주어도 너무도 잘 자랍니다. 사탄이 호시탐탐 우리를 거꾸러뜨리기 위해 노려보고 있는 이 땅 위에서 우리 안의 하나님 모습인 속사람을 강건하게 살찌운다는 게 결코 쉬운 일이 아닙니다. 그래도 택함 받은 우리에게는 선택할 길이 없습니다.

하나님이 원하시는 모습으로 변해야만 합니다. 이를 위해서는 수시로 자라는 잡초들을 매일매일 제거해 나가야지 놔두었다가 한꺼번에 하려면 거의 불가능합니다. 구원은 전적으로 하나님의 은혜이지만, 구원 후의 성화 되는 모습은 또한, 전적으로 우리의 노력과 결단에 달려 있습니다. 성화라는 것이 별다른 것이 아닙니다. 내 안에 있는 이기, 시기, 질투와 같은 모든 옛사람의 습성을 본서에서 소개하고 있는 〈십계명을 통한 회개 기도〉를 통해서 밖으로 내다 버리고, 그 결과, 내가 겸손의 사람으로 낮아져 가는 것을 의미합니다.

또한, 이를 순종의 사람이라고 부르기도 합니다. 알고 있는 죄는 물론, 모르고 있는 죄도 철저히 회개하려면 성령님의 도우심이 절대 필요합니다. 믿음의 승리를 원하신다면 성령님의 도우심을 간절히 구해야 합니다.

2) 잘못된 소망과 잘못된 절망

성 어거스틴은 이렇게 말했습니다.

> 그리스도인에게는 두 가지 위험이 있는데 그것은 '잘못된 소망'과 '잘못된 절망'이다. 잘못된 소망은 죄의 문제를 해결하지 않고도 하나님의 사랑을 기대하는 것이다. 내 죄의 문제를 해결하지 않고는 하나님과 나의 관계가 형성 안 된다. 그럼에도 내 기도 들어 주신다고 생각하는 것은 잘못된 소망이다. 잘못된 절망은 내가 너무 흉악한 죄를 지었기에 용서받을 수 없다고 절망하는 것이다.

사실 우리가 아무리 흉악한들 예수님의 좌우편에 매달린 강도들보다 더 흉악하겠습니까?

그런데도 오른 편의 강도는 회개하자 죄사함을 받고 천국에 갔습니다. 사탄은 우리가 기도하는 것을 싫어해서 마치 성인군자만이 기도할 자격이 있는 것처럼 우리의 양심을 갖고 농락할 때가 많습니다.

3) 구멍 난 그릇을 메꾸라

모든 기도에 응답하신다는 하나님의 약속으로 우리의 간구에 대한 하나님의 응답은 이미 와 있었을 것입니다. 그런데도 우리의 성경 지식의 부족으로 이미 와 있었는데도 놓쳐 버렸을 수도 있었을 것이고, 또는 하나님이 부어 주시기에는 받을 그릇이 너무 더러워 밖으로 다 새 버렸을 경우도 있었을 것이며, 또 어쩌면 그릇에 구멍이 많이 나 있었는데도 우리의 무관심으로 구멍을 메꾸지 않아서 많은 은혜가 밖으로 새 버렸을 수도 있었을 것입니다.

하나님의 은혜를 받기 원한다면 이제 우리의 믿음의 그릇을 잘 점검해 봐야 합니다. 그릇을 청소하고 구멍을 메꾼다는 것은 철저한 회개의 과정을 이야기하고 있는 것입니다. 우리의 믿음의 그릇을 더럽히는 것들이 너무 많습니다. 이러한 시기심, 이기심, 세상의 욕심, 교만 등의 신앙의 불순물들을 제거하고 하나님의 말씀을 상기하면서 내게 부족한 용서, 봉사, 구제 같은 활동들을 채워야 하겠습니다.

매일매일 일상적 신앙생활에서 하나님의 은혜를 얻기 위해서는 이러한 과정이 필요하지만, 때에 따라 특별하고 긴급한 경우에는 꼭 이 순서대로 요구되는 것은 아닐 것입니다. 얍복강 가의 야곱이나, 불의한 재판관과 과부의 경우이거나, 수로보니게 여인의 경우, 또 소경 바디메오의 경우 등 특별한 경우에는 회개하고 정결케 한 뒤 하나님께 매달렸다는 기록은 없습니다. 급할 때는 이것저것 가리지 않고 그저 끈질기게 그리고 간절히 매달렸는데도 은혜가 왔습니다. 그러나 은혜를 받은 후에 예수님을 쫓아간 것을 보면 그들의 변화된 삶을 익히 볼 수가 있습니다.

4) 흙 속의 불순물을 제거하라

> 여호와께서 나에게 말씀하셨다. 너는 토기장이의 집으로 내려가거라. 내가 거기서 너에게 할 말이 있다. 그래서 내가 그곳으로 내려갔더니 토기장이가 돌림 대에서 일을 하고 있었다. 그는 만들던 물건이 망가지고 제대로 나오지 않으면 그것을 다시 주물러 자기가 원하는 대로 다른 모양이 그릇을 만들고 있었다(렘 18:1-4).

토기장이는 하나님을, 진흙은 사람을 의미하고 있습니다. 좋은 토기가 만들어지기 위해서는 무엇보다 좋은 흙을 사용해야 합니다. 돌 같은 이물질이 제거된 부드러운 가루가 좋은 가루인데(회개), 이러한 흙으로 만들어진 토기는 수천 도의 불화로에서 여러 번 구워집니다(연단). 마지막으로 유약(유황)이 발라지는데 이는 성령으로 인치심을 받은 성령의 사람입니다.

4절에 보면 만들던 그릇이 터지고 있습니다. 이는 토기장이의 실력이 아니라 흙에 문제가 있어서 그렇게 됩니다. 흙에 불순물이 섞이면 그릇이 깨집니다. 불순물이 제거되지 않고는 토기장이가 그릇을 빚을 수가 없습니다. 회개가 우리의 신앙생활에서 얼마나 중요한 것인지를 보여 주고 있습니다. 그러나 감사한 것은 실패한 진흙을 버리지 않고 그것으로 다시 토기를 만드시는 토기장이의 사랑에 더 감사드려야 할 것입니다.

무엇보다 인간 대 인간관계에서 앙심을 갖지 말고, 용서할 줄 아는 사람이 돼야 하겠습니다. 왜냐하면, 보이는 사람을 용서할 줄 모르면서 눈에 안 보이는 하나님을 사랑한다는 것은 불가능하기 때문입니다. 이런저런 문제에 임해서 잘못된 것을 고치며 부족한 것을 채워 나가는 회개의 과정이 우리의 의지로 할 수 있는 게 아닙니다. 오직 성령님이 도와주셔야만 합니다. 그저 엎드리십시오. 엎드리면 보입니다. 엎드리면 깨닫게 해 주십니다. 엎드리면 채워지기 시작합니다.

5) 하나님은 깨끗한 것만 사용하신다

하나님 나라의 창고에는 큰 그릇도 있고 작은 그릇도 있는가 하면 은그릇, 금 그릇, 토기 그릇 등 온갖 그릇이 있어 하나님이 모두 다 유용하게 그리고 적절하게 쓰고 계십니다. 사람들은 때때로 좋은 재료나 값비싼 그릇만이 귀한 그릇이고 나무나 흙으로 만든 그릇을 보고는 싼 그릇으로 취급합니다. 그러나 하나님은 재료의 가치만으로 싼 그릇, 비싼 그릇으로 나누지는 않습니다. 그러나 한 가지는 분명히 구별해서 사용하십니다. 그것은 그릇이 깨끗이 보관된 것만을 사용하신다는 것입니다.

아무리 비싼 그릇이라도 더러운 것과 냄새나는 오물로 담겨 있는 그릇은 사용 안 하십니다.

하나님께 귀히 사용되시기를 원하십니까?

그렇다면 무엇보다 하나님 앞에 정결한 마음을 갖고 나가셔야 합니다. 그리하실 때 하나님은 그릇의 종류에 따라 적절한 소망의 꿈을 부어 주십니다.

6) 응답이 없는 기도

하나님의 응답을 받기 위해서는 간절함과 끈기 있는 기도 위에 결정적 요소가 하나 더 필요합니다. 간절한 마음으로 아무리 끈기 있게 기도할지라도 하나님과 나와의 소통의 통로가 막혀서 하나님께 기도가 상달되지 못한다면 그 모든 수고가 헛된 일일 뿐이기 때문입니다. 성경에는 분명히 우리의 모든 기도에 응답하신다고 기록돼 있는데도 현실의 우리 주위를 돌아보면 이와 다르다는 것을 알 수가 있습니다. 왜, 아무리 기도해도 응답이 없는지, 또 교회를 10년, 20년 다녀도 전혀 인격의 변화가 없는지에 대해서 생각해 봐야 합니다.

그 이유는 두 가지입니다.

첫째, 앞으로 기술될 것처럼 기도 응답을 위해서나, 또 인격의 변화를 위한 간절함이 없다.

둘째, 자신의 죄를 들여다보는 것을 회피하거나 일부러 무시해 버려서 하나님과 소통이 단절돼 있다.

> 그 날 저녁, 날이 서늘할 때 아담과 그의 아내는 여호와 하나님이 동산에서 거니시는 소리를 듣고 그분의 낯을 피하여 동산 나무 사이에 숨었다. 그때 여호와 하나님이 아담을 불러 물었다. 아담아, 네가 어디 있느냐? 내가 동산에서

> 하나님이 거니시는 소리를 듣고, 벗었으므로 두려워 숨었습니다(창 3:8-10).

인간은 의식적으로 또는 본능적으로 자기의 죄를 회피하거나 무시하거나 감추려 합니다. 그로 인해 자신의 죄를 체감하지 못하다 보니 죄에 대한 감각이 거의 없어 그처럼 오랫동안 교회를 다녀도 변화가 없는 것이며, 또 죄의 담벼락으로 인해 우리의 기도가 하나님께 상달되지 않아 아무런 기도의 응답을 얻지 못하다 보니 신앙에 대한 열심이 사라져서 어느덧 차지도 덥지도 않은 신앙생활을 하다가 끝이 나버리고 있는 것입니다.

우리의 기도를 몇 가지로 나누어 볼 수 있습니다. 하나님께서 들으시는 기도, 안 들어 주시는 기도, 못 들으시는 기도입니다.

(1) 안 들어 주시는 기도(정욕에 쓰려는 기도)

> 구하여도 받지 못함은 정욕으로 쓰려고 잘못 구함이니라(약 4:3).

기도에는 두 가지 타입이 있습니다.

첫째, 하나님을 기쁘시게 하여 하나님의 마음을 움직이는 기도.
둘째, 하나님의 마음을 움직이는 것 같지만 실상은 자기 감정을 움직이는 데 불과한 이기적, 기복적 기도.

물론, 개인의 어려운 문제를 갖고 하나님 앞에 당연히 나가야 하지만, 개인의 정욕을 위해 쓰려는 극히 이기적이며 기복적 기도는 하나님의 마음을 움직일 수가 없습니다. 이 말씀같이 이기, 정욕에 쓰려는 기도는 하나님께서 들으셨지만, 허락을 안 하시는 경우입니다.

(2) 처음부터 못 들으시는 기도

어떤 경우에는 하나님이 처음부터 못 들으시는 기도가 있습니다.

> 여호와의 손이 짧아 구원치 못하심도 아니요 귀가 둔하여 듣지 못하심도 아니라. 오직 너희 죄악이 너희와 너희 하나님 사이를 내었고 너희 죄가 그 얼굴을 가리워서 너희를 듣지 않으시게 함이니(사 59:1-2).

> 그러므로 예물을 제단에 드리다가 거기서 네 형제에게 원망 들을 만한 일이 있는 줄 생각나거든 예물을 제단 앞에 두고 먼저 가서 형제와 화목하고 그 후에 와서 예물을 드리라(마 5:23-24).

> 너희가 사람의 과실을 용서하면 너희 천부께서도 너희 과실을 용서하시려니와 너희가 사람의 과실을 용서하지 아니하면 너희 아버지께서도 너희 과실을 용서하지 아니하시리라(마 6:14-15).

이러면 하나님이 처음부터 아예 듣지 못하십니다. 따라서 개인기도든, 중보기도든, 회중기도든 간에 기도 또는 예배에서의 최우선 순위는 자신이 알게 모르게 지은 죄에 대해 돌아보는 회개와 참회의 시간을 꼭 가지셔서 하나님과의 사이에 가로막혀 있는 담벼락을 허물어야만 합니다.

7) 어떻게 죄의 담벼락을 허물 것인가?

(1) 성령님의 도우심을 구하라

하나님께서는 결코 이유 없이 기도를 거절하지 않으십니다. 우리의 과거를 다 알고 계시며, 현재의 간구를 거절하시는 이유가 과거에 있을 수도 있기 때문에, 매일매일의 삶 속에서 알게 모르게 지은 모든 죄를 털어내는 간절한 회개의 기도가 필요합니다. 그래서 올바른 신앙생활을 위해서는 규칙적 회개 기도의 시간을 갖는 것이 무엇보다 제일 중요한 것입니다.

이런저런 문제에 임해서 잘못된 것을 고치며 부족한 것을 채워 나가는 회개의 과정이 우리의 의지로만 할 수 있는 게 아닙니다. 오직 성령님이 도와주셔야만 온전한 회개가 이루어집니다. 시중의 수많은 서적에서 요구하는 어떤 절차나 규범이나 요령들이 필요한 게 아닙니다. 전능하신 긍휼의 하나님 아버지 앞에 그저 간절한 마음을 품고 엎드리면 됩니다. 그저 엎드리십시오. 그러면 보입니다. 엎드리면 깨닫게 해 주실 뿐만 아니라, 엎드리면 채워지기 시작합니다.

그리고 우리의 의식적 회개일지라도 그걸 인도하시는 분은 성령님이심을 아셔야 합니다. 죄 된 인간의 속성으로는 의식적이든 무의식적이든 죄를 고백하기가 어렵기 때문입니다. 그러기에 성령님의 인도하심을 깨닫고 감사드리는 시간을 같이 가지십시오. 하나님의 영광을 위해 창조된 인간이 하나님께 드리는 감사는 하나님을 기쁘게 하시며, 하나님은 감사가 더 많은 감사를 불러 올 수 있도록 역사하십니다.

(2) 간절한 마음으로 구하라

> 너는 마음을 다하고 정성을 다하고 뜻을 다하고 힘을 다하여 주 너의 하나님을 사랑하라(막 12:30).
>
> 선생님이여 율법 중에 어느 계명이 크니이까 예수께서 가라사대 네 마음을 다하고 목숨을 다하고 뜻을 다하여 주 너의 하나님을 사랑하라 하셨으니 이것이 크고 첫째 되는 계명이요 둘째는 그와 같으니 네 이웃을 네 몸과 같이 사랑하라 하셨으니 이 두 계명이 온 율법과 선지자의 강령이니라(마 22:36-40).

본문은 우리의 신앙생활에서 어떠한 마음의 자세가 제일 중요한지를 가르치고 있습니다. "마음을 다하고, 정성을 다하고 뜻을 다하여"라는 말은 한마디로 신앙생활의 매사에 간절한 마음으로 임하라는 의미입니다. 따라서 회개하는 기도의 자리에서 가장 중요한 것은 마음을 다하고, 정성을 다하고, 온 힘을 다하는 간절한 마음으로 임해야 합니다.

스펄전 목사님은 "눈물의 기도는 천국으로 가는 고속도로"라고 했습니다. 눈물은 간절함의 대표적 표현입니다. 간절한 회개는 하나님의 마음을 빨리 그리고 확실히 움직이게 합니다. 토마스 브룩스는 "뜨거움이 없는 기도는 항상 하늘에 닿기 전에 얼어 버린다"라고 말했습니다.

8) 무엇을 회개할 것인가?

신앙생활에서 회개는 정말 중요한데도 회개에 대해서 정확히 알고 있는 사람은 의외로 많지 않습니다. 교회에 다니는 사람은 물론, 그렇지 않은 많은 사람도 죄 문제로 괴로워하며 회개하려고 합니다. 그런데 여기서 중요한 문제가 하나 나타납니다. 회개는 진정 자신이 무엇을 잘못했는지 알아야 회개를 할 수 있는 것인데, 막상 죄 문제에 마주치게 되면 우리 대부분은 본능적으로 자기의 죄에 대해 분명히 알기보다는 모호하게 생각하며 회피하거나 일부러 무시해 버린다는 것입니다.

거울을 보지 않고 온전한 화장을 할 수 없는 것처럼 온전한 회개가 이루어지기 위해서는 자신이 저지르는 죄를 직시할 줄 알아야 합니다.

그렇다면 어떻게 해야 나의 죄를 바로 볼 수 있는 것일까요?

그것은 성경 66권에 다 기록돼 있기에 우리는 하나님 말씀인 성경을 다 읽고, 무엇이 죄인지 깨달아 회개하면 됩니다. 그런데 문제는 우리 힘으로는 성경 66권의 내용을 다 기억할 수 있는 게 아니라는 것입니다. 그래서 여기서 기술되는 십계명의 내용들이 바로 그것을 해결하려는 것입니다.

어떤 사람은 조상의 죄, 나아가서 아담의 죄까지 회개해야 한다고 주장하는 사람도 있습니다. 성경적 이유도 없고, 근거도 없이 자기 자신도 이해하지 못하는 멍에를 왜 다른 사람에게 넘기는지 이해할 수가 없습니다. 우리의 신앙은 철저히 하나님과 나와의 관계입니다.

자기의 멍에도 제대로 처리하지 못하면서 어떻게 다른 사람의 무거운 죄까지 지고 가게 하는 것입니까?

자신의 죄만이라도 철저히 바라보며 돌이키면 됩니다.

> 그리스도께서 우리를 자유롭게 하려고 자유를 주셨으니 그러므로 굳건하게 서서 다시는 종의 멍에를 메지 말라(갈 5:1).

> 그러므로 이제 그리스도 예수 안에 있는 내게는 결코 정죄함이 없나니 이는 그리스도 예수 안에 있는 생명의 성령의 법이 죄와 사망의 법에서 나를 해방하였음이라(롬 8:1-2).

또한, 회개하다 보면 회개가 힘들어질 때가 있을 것입니다. 언제까지 이러한 회개를 계속해야 하는 건지, 또한, 이렇게 회개하는 것이 과연 내 영혼에 도움이 되는지 의구심이 들 때도 있겠고, 어떤 때는 똑같은 것을 매일 반복적으로 회개하는 것이 지루하게 느껴질 수도 있을 것입니다.

그러나 우리는 회개를 포기해서는 안 됩니다. 왜냐하면, 회개는 하나님이 준비해 주신 많은 복을 얻을 수 있는 유일한 통로로서, 우리가 하나님 앞에 서는 날까지 해야 할 일이기 때문입니다. 거듭 반복합니다. 회개는 하나님이 준비해 주신 많은 복을 얻을 수 있는 유일한 통로입니다. 회개 없이는 하나님과 소통할 길이 전혀 없습니다.

9) 어떻게 회개할 것인가?

회개할 때 어떻게 회개해야 하는가?

그러한 방법이나 횟수를 알려 주는 성경 말씀은 사실 찾기 어렵습니다. 다만 회개할 때 "우리의 죄를 사함(용서) 받을 수 있을 뿐만 아니라, 우리의 불의가 다 깨끗함을 받을 수 있다"(요일 1:9)라는 말씀은 있습니다. 그러므로 우리는 날마다 계속해서 자백하는 회개를 해야 합니다. 내가 하나님이 주실 축복을 받을 수 있는 깨끗한 그릇이 되기 위해서라도 우리는 반드시 회개해야 합니다. 주님은 깨끗한 그릇만을 쓰시기 때문입니다(딤후 2:20-21).

그렇다면 회개는 어떻게 하는 것이 좋을까요?

이를 위해 여기서 〈십계명을 통한 회개와 감사와 중보기도〉를 기술하고 있는 것입니다. 십계명은 본질에서 구약성경에 포함된 613개의 계명이 요약된 것으로, 성경 66권의 요약이 바로 십계명임을 기억해야 합니다. 원래 성경 겉표지 안쪽에 십계명을 넣은 이유 자체가 예배 때 외우라고 있는 것이고, 실제로 미국, 영국, 유럽의 보수적 장로교나 개혁교회에서는 오전 공중 예배 시작 때 이것을 낭독하고 있으며, 또 하나의 신앙고백서라고 할 수 있는 사도신경은 저녁 예배 때 낭독하고 있습니다.

하지만, 오늘의 한국 교회에서는 예배 순서에서 십계명을 외우고 사도신경을 낭독하는 경우가 별로 없습니다. 미국에서나 어디서나 대부분의 신자는 성경이 하나님의 영감으로 쓰인 말씀이라는 것을 알면서도 대부분은 십계명을 외우지 못하고 있습니다. 또 대부분 예수님과 닮은 삶을 살기 원하면서도 어떻게 살아야 하는지도 모르다 보니 알게 모르게 하나님의 말씀에 대한 거룩한 두려움과 경이로움이 사라졌고, 그 결과 우리가 마주하고 있는 혼돈과 혼란의 현실이 그것을 증명하고 있습니다.

10) 십계명을 통한 회개 기도의 이로운 점과 지켜야 할 사항들

(1) 십계명을 이용하여 회개기도 하는 것은 성경 전체를 통독하는 것과 같다

성경 66권의 요약이 바로 십계명이기에, 십계명을 이용하여 회개기도 하는 것은 어떤 의미로는 성경 전체를 통독하는 것과 같습니다. 총 40장으로 이루어진 출애굽기는 본 20장부터 마지막 40장까지 여호와의 율법을 기록하고 있습니다. 이 여호와의 율법에는 십계명(20장)을 비롯하여 이스라엘이 어떻게 여호와를 섬기며 제사해야 하는지와 인간이 살아가면서 생길 수 있는 모든 문제를 포괄(망라)하는 내용이 담겨 있습니다.

사실 십계명만 잘 지켜도 하나님을 잘 섬기는 데 전혀 부족함이 없으며, 우리가 사는 이 세상에서도 오늘날처럼 문제 될 일들이 발생하지 않을 것입니다. 이 법은 3,500여 년 전에 우리에게 주어졌지만, 오늘날에도 시대와 장소를 초월하여 살아 있는 하나님 말씀임을 깊이 기억하며 준행해야 할 것입니다.

(2) 성령이 충만한 사람이 된다

하나님이 정하신 십계명에는 깊은 뜻이 담겨 있습니다. 이 계명을 통해 공의롭고 거룩하신 하나님의 성품을 볼 수 있을 뿐만 아니라, 하나님은 질투하시는 하나님이어서 오직 하나님만을 사랑하라는 것을 알 수 있습니다. 따라서 매일 이를 묵상해 나가는 과정에서 자연히 하나님이 좋아하시는 것과 싫어하시는 것을 알게 되고, 이에 따라 우리는 어떻게 하나님을 경배해야 하는지, 어떻게 살아가야 하는지(순종)도 알게 합니다.

죄 된 모습들이 사라져 가면서 그 빈 자리에 임하시는 성령님의 은혜로 점차 하나님이 원하시는 모습으로 변화되어 갈 뿐만 아니라, 어떤 환경에서도 요동치 않는 평안함을 갖고 살아가게 합니다.

그렇습니다. 어두컴컴한 감옥 안에서도 전혀 위축됨 없이 찬양을 올리는 바울과 실라의 경우나, 사형 전날인데도 두려워하지 않고 깊은 잠에 빠져 있는 베드로의 경우처럼, 어려운 문제는 해결되지 않고 그대로 있는데도 불구하고 깊이 누릴 수 있는 기쁨과 평안은 오직 성령님만이 주실 수 있는 은혜입니다.

우리는 이를 보통 '성령이 충만한 사람'이라고 부릅니다. 죄로 가득 찬 심령 속에는 성령님이 임하실 수 없기에 두려움과 불안과 공포로 가득 차 있게 되지만, 회개를 통하여 죄 된 모습들이 사라져 가면서 그 빈 자리에 임하시는 성령님의 은혜로 성령이 충만해지게 되면 다음과 같은 하나님의 귀한 사역들이 나타나게 됩니다.

> 저희가 다 성령의 충만함을 받고 성령이 말하게 하심을 따라 다른 방언으로 말하기를 시작하니라 (행 2:4).

방언이 나오게 합니다.

> 이에 베드로가 성령이 충만하여 가로되 백성의 관원과 장로들아 (행 4:8).

세상을 향하여 하나님의 말씀을 담대히 증거하게 합니다.

> 스데반이 성령이 충만하여 하늘을 우러러 주목하여 하나님의 영광과 및 예수께서 하나님 우편에 서신 것을 보고 (행 7:55).

하나님의 영광을 보게 합니다.

> 바나바는 착한 사람이요 성령과 믿음이 충만한 자라 이에 큰 무리가 주께 더하더라(행 11:24).

세상의 빛과 소금으로의 삶을 살게 되어 결국은 하나님께 영광을 돌리게 합니다.

> 바울이라고 하는 사울이 성령이 충만하여 그를 주목하고(행 13:9).

더러운 마귀를 쫓아내고 병을 치료하게 합니다.

(3) 사랑이 충만한 사람이 된다

모든 사람이 다 알다시피 기독교는 사랑의 종교입니다. 그런 연유로 자기 자신이 사랑이 부족하다는 것을 아는 신자들은 사랑의 마음을 갖게 해 달라고 기도합니다. 그런데 그런 기도를 평생 할지라도 원하는 만큼 사랑의 마음이 나타나지 않는 데서 실망하곤 합니다. 그것은 우리의 구하는 순서가 잘못돼서 그런 것입니다.

사랑은 성령이 충만한 결과로써 따라오는 성령의 열매입니다. 따라서 씨앗을 심고 줄기가 자라고 나뭇잎이 무성해진 뒤에야 비로소 달리는 열매를, 씨앗을 심지도 않고, 잘 자라도록 가꾸지도 않으면서 열매를 구하려고 했으니, 실망만이 남게 됩니다.

우리 안에는 아담의 원죄로 시작된 가시나무가 너무 많아 성령님이 쉴 자리가 없습니다. 그러기에 사랑의 마음을 달라고 기도하기 전에 내 안에 남아 있는 가시나무들을 치우는 회개의 기도가 앞서야만 합니다. 바로 여기서 소개되는 내용들이 그런 것입니다. 죄 된 모습들이 하나씩 사라져

가면서 그 자리에 성령이 임하시게 되면 저절로 성령의 열매가 맺히면서 사랑의 사도가 되게 합니다. 이제 어떤 기도가 제일 순위의 기도 제목인지 아셨으리라 생각됩니다.

(4) 십계명을 통한 회개 기도는 순종의 삶을 위한 첫 계단이다

모두가 하나님께 많은 복을 받길 원할 것입니다. 복의 통로는 우리의 기도입니다. 우리의 기도가 상달돼야만 합니다. 우리가 아무리 많은 기도를 하고 애쓰더라도 그 기도가 중간에 막혀 버린다면 얼마나 허망한 일이 되겠습니까. 축복된 삶을 원한다면 반드시 죄의 담벼락을 무너뜨려야 합니다.

여기서 회개의 중요성이 나타납니다. 우리 속담에 미운 놈에게 떡 하나를 더 주라고 합니다. 그러나 이것은 어디까지나 인간관계에서 일어나는 일이지 공의의 하나님께는 전혀 통하지 않습니다. 하나님으로부터 떡을 받길 원한다면 오직 한 방법밖에 없습니다. 그것은 하나님을 기쁘게 해 드리는 것입니다. 하나님을 기쁘게 해 드리십시오. 결코 빈손으로 보내지 않습니다. 오히려 구한 것보다 더 넘치게 부어 주십니다.

> 우리 가운데 역사하시는 능력으로 우리가 구하고 생각한 것보다 더욱 넘치게 주시는 하나님(엡 3:20).

① 하나님을 기쁘게 해 드리는 삶

그렇다면 어떻게 해야 하나님을 기쁘게 해 드릴 수가 있을까요?

> 사무엘이 이르되 여호와께서 번제와 다른 제사를 그의 목소리를 청종하는 것을 좋아하심 같이 좋아하시겠나이까 순종이 제사보다 낫고 듣는 것이 숫양의 기름보다 나으니(삼상 15:22).

신자라면 순종의 삶이 얼마나 중요한지 다 알 것입니다. 문제는 누구나 하나님이 주시는 복 받기를 원하면서도 그분의 말씀대로 사는 것, 곧 순종은 꺼린다는 것입니다. 이는 절대적으로 모순된 일입니다. 그런 자는 복 받기를 기대해서는 안 됩니다. 하나님의 복을 받는 데는 어떠한 요행수가 없습니다. 설령 긍휼 하나님의 은혜로 몇 번의 요행수가 올 수도 있겠지만 그것도 그때뿐입니다. 계속 그런 축복이 일어날 수는 없다는 것입니다. 순종하는 자만이 복 받는 자요, 정녕 하나님의 사람입니다.

그리고 많은 사람이 순종의 삶을 살기 원하면서도 현실적 문제로서 무엇을, 어떻게 순종해야 하는지에 이르면 혼란에 빠져 버립니다. 순종의 제목이 하나님 말씀인 것은 아는데 어떻게 그 수많은 것을 다 기억할 수 있느냐입니다. 순종하고 싶어도 알지 못하니 순종할 길이 없게 됩니다. 성경 66권의 한 줄 요약이 '하나님을 사랑하고, 인간을 사랑하라'이며, 너무도 포괄적이고 추상적인 요약을 인간들이 이해하기 쉽게 좀 더 풀어서 내려주신 것이 바로 십계명입니다. 따라서 십계명을 통하여 회개하며 살아가는 삶은 바로 순종의 삶을 사는 것이 됩니다.

② 기도는 순종의 첫걸음이요, 근본이다

모두가 순종의 중요성을 잘 알고 있습니다. 순종은 하나님의 말씀대로 사는 것입니다. 성경에는 "....하라 ....하지 말라"라는 명령형의 구절이 무려 36,500이나 나온다고 합니다. 유대 전승에 의하면 율법에는 365개의 금지조항과 248개의 부칙이 있다고 합니다. 그 말씀에 모두 다 순종하려면 그 말씀들을 다 알아야 하는데, 그 수많은 말씀이 무슨 내용인지조차 다 알지 못하기에 처음부터 순종은 불가능한 것이었습니다. 그래서 하나님은 친절하게 그걸 요약해서 주셨는데 그게 십계명입니다. 그러나 죄 된 인간의 본능으로는 그걸 지킬 수가 없습니다.

하나님을 기쁘게 해드리고, 하나님으로부터 칭찬을 받기 위해서는 반드시 우리가 지켜야 하는데, 그 시작이 바로 기도 생활입니다. 왜냐하면, 기도는 전술한 대로 성경 66권을 통해 하나님께서 수없이 강조하시는 내용일 뿐만 아니라, 기도를 통해 성령님과 교통하며 살아가는 자에게는 말씀대로 살아가는 게 고역이 아니라 즐거움으로 변하기 때문입니다. 순종으로 하나님을 기쁘게 해드리십시오. 기도는 순종의 첫걸음이요, 모든 하나님 말씀에 순종하는 힘의 원천이 됩니다. 기도 없이는 결코 하나님 말씀에 따라 살 수가 없습니다.

(5) 코람데오

십계명을 한 절 한 절 손으로 집어 가며 읽을 때마다 코람데오, 곧 하나님 면전에 서 있는 것처럼 경건한 마음으로 읽어야만 합니다. 읽어 가던 중에 사도행전 7장 54절에 기록된 것처럼 특정 구절에서 마음에 찔릴 경우가 있을 것입니다. 이 경우에는 성령님이 회개를 원하시는 죄목입니다. 지체치 마시고 회개하셔야 합니다.

> 사람들은 이 말을 듣고 마음에 찔려 베드로와 다른 사도들에게 형제들, 우리가 어떻게 하면 좋겠소 하였다(행 2:37).

> 목이 곧고 마음과 귀에 할례를 받지 못한 사람들아 너희가 항상 성령을 거스려 너희 조상과 같이 너희도 하는도다. 너희 조상들은 선지자 중에 누구를 핍박지 아니하였느냐 의인이 오시리라 예고한 자들을 저희가 죽였고 이제 너희는 그 의인을 잡아준 자요 살인한 자가 되나니 너희가 천사의 전한 율법을 받고도 지키지 아니하였도다 하니라. 저희가 이 말을 듣고 마음에 찔려 저를 향하여 이를 갈거늘(행 7:51-54).

① 회개는 그 자리에서 즉시 하는 것이다

> 나는 사랑을 천 대까지 베풀고 죄와 잘못을 용서하지만, 그렇다고 범죄한 자를 벌하지 않은 채 그대로 두지는 않을 것이며 그 죄에 대해서는 자손 삼사 대까지 벌할 것이다. 그러자 모세가 급히 땅에 엎드려 경배하며 이렇게 말하였다. 여호와여, 내가 만일 주께 은총을 입었거든 주께서 우리와 함께 가소서. 이 백성이 말을 잘 듣지 않는 고집 센 백성이긴 하지만, 우리의 죄와 잘못을 용서하시고 우리를 주의 백성으로 받아 주소서(출 34:7-9).

이처럼 회개는 그 자리에서 '즉시' 하는 것이지 미루었다가 할 수도 없고, 또 그렇게 해서도 안 됩니다. 사탄이 방해하기 전에 죄를 깨닫는 순간 그 자리에서 해야 합니다. 다윗도 밧세바와 간음한 뒤 나단의 꾸중을 듣자, 그 자리에서 했습니다.

> 그러자 다윗이 내가 여호와께 범죄하였습니다 하고 나단에게 자기 잘못을 고백하였다. 그래서 나단은 이렇게 대답하였다. 여호와께서는 왕을 용서하셨습니다. 그러므로 왕은 죽지 않을 것입니다(삼하 1:13).

이와 같이 죄를 깨닫자마자 회개하자 이야기가 순리대로 풀리기 시작했습니다. 언제든 기도의 자리에 임하면 회개의 시간을 가져서 대화의 물꼬를 터야만 합니다. 무엇보다 우리의 마음속에 도사려 있는 시기, 질투, 이기, 분노, 교만의 마음을 씻어 내지 않고는 하나님의 음성을 들을 수가 없기 때문입니다.

(6) 영적으로 성숙한 모습을 갖게 된다

영적으로 성숙한 모습으로 하나님의 은혜가 넘치기를 원하신다면 다음의 과정을 꼭 지켜야 합니다.

① 한 달에 한두 번은 시간적 여유를 갖고 계속 이어지는 다음 페이지의 "십계명을 통한 죄의 모습들" 내용 전체를 음미하는 시간을 가지십시오.
② 매일 할 수 있다면 더할 나위 없지만 그렇지 않을 때 최소 일주일에 한 번 이상은 제6장의 "회개와 감사와 중보 기도문"을 순서대로 하나씩 집어 가면서 온 마음으로 자신을 돌아보는 회개 기도의 시간을 가져야 합니다.
③ 몇 번의 과정을 겪으면 십계명은 쉽게 암기됩니다.

따라서 매일 그리고 언제 어디서든 하나님과의 소통의 대로를 열 수 있게 합니다. 집에서 기도할 때는 물론, 공공시설 안에서도 다른 사람의 방해를 받지 않고 혼자 있을 수 있다면 성결 기도가 가능합니다.

예컨대, 중요한 면접시험에 임하여, 사업상 중요한 상담을 위하여, 또는 위험한 수술을 앞에 두고서 이 기도를 드릴 때 담대함과 평화로움이 임하게 합니다. 우선 외진 자리를 찾아 앉고는 눈을 감고 머릿속에 골고다 언덕 위의 십자가를 그리며 거기에 집중하십시오. 그리고 마음속으로는 성령님의 도우심을 간절히 구하는 동시에 머릿속으로는 평상시 읽으며 기도해 왔던 십계명을 떠 올리면서 회개와 감사 기도를 시작하는 것입니다.

우리의 모든 사정을 잘 알고 계시는 성령님의 개입으로 인해 시간이 많이 소요되지 않을 뿐만 아니라 웬만한 소음에도 방해받지 않고 기도를 드리게 합니다. 모든 두려움은 아담과 하와가 에덴동산에서 죄를 범하면서 시작됐습니다. 죄가 씻겨 가는 곳에 성령의 위로가 임하게 되고, 그 결과 회개기도 후의 성결된 마음에 임하게 되는 기쁨과 평안은 이루 말로 표현할 수가 없습니다.

제1, 2계명과 제10계명은 매우 중요한 회개 제목이기에 기도할 때마다 집중하여 묵상할 필요가 있습니다. 왜냐하면, 제1, 2계명의 핵심인 교만과 제10계명의 탐욕은 모든 죄의 근원이기 때문입니다. 예뻐지기 위해서 화장할 때는 반드시 거울을 봐야 합니다. 하나님께 예쁘게 보이고 싶다면 거울처럼 자신의 죄를, 십계명을 통해 직시할 줄 알아야 합니다. 화장하는 시간이 길수록 더 예뻐지는 것처럼 온전한 회개를 위해서도 좀 더 많은 시간이 필요하게 됩니다. 많은 신자의 고민 중의 하나는 변화되길 원하면서도 어떻게 해야 변화될 수 있는지를 모르고 있다는 것입니다.

이 시간부터 여기서 제시되는 방법에 따라 기도하게 되면 얼마 안 되어 하나님이 원하시는 영적 성숙인의 모습으로 놀랍게 변화된 자신을 발견하게 될 것입니다. 그리고 변화된 결과, 그 모든 것을 알고 계시는 하나님이 우리가 구하기도 전에 미리 다 준비해 놓으시는 하나님의 놀라운 축복도 발견하게 될 것입니다.

11) 십계명을 통한 죄의 모습들

여기서 제시되는 내용들은 성경에서 제시되는 핵심적 죄 두 가지, 곧 원죄와 자범죄을 설명하거나, 또 십계명의 신학적 연구를 제공하려는 게 아닙니다. 하나님이 택하신 평범한 보통 사람들이 다양한 현실의 삶 속에서 열심히 살아가면서 부딪치는 여러 모양의 죄 된 모습들을 십계명에 비추어 돌이켜 보고 회개하려는 것입니다. 모든 죄악된 모습이 열거된 것도 아니고, 그렇다고 우리가 모든 죄에서 벗어나 성인이 될 수 있다는 것도 아닙니다.

우리 조상의 원죄로 인해 이 땅을 살아가는 동안에는 우리는 죄의 짐에서 완전히 벗어날 수가 없기 때문입니다. 그러나 여기서 제시되는 죄의 모습들은 우리가 살아가면서 저지를 수 있는 거의 모든 죄의 모습일 것입니다. 그러기에 간절한 마음으로 읽어 나가십시오. 죄의 문제를 직시하며 이를 위해 괴로워하며 간구해 나감은 하나님이 귀히 여기시는 모습일 뿐 아니라 원하시는 모습이기도 하기 때문입니다. 그리고 그러한 과정에서 여기에 제시가 안 돼 있지만 우리가 미처 깨닫지 못한 죄들을 성령님이 때맞추어 다 끄집어내서 회개시키십니다. 우리의 중심을 보시는 성령님의 놀라운 사역을 바로 눈앞에서 체험하게 될 것입니다.

마틴 루터는 이런 말을 남겼습니다.

> 참새가 우리 머리 위를 날아가는 것은 우리의 잘못이 아니다. 그러나 우리 머리 위에 둥지를 틀고 살도록 내버려두는 것은 우리의 죄다.

우리가 살고 있는 세상은 스트레스가 충만하여 분노가 가득 찬 세상입니다. 그러기에 원하든 원치 않든 알게 모르게 순간적으로 죄 된 마음을 가질 때가 많을 것입니다. 그런 마음이 들 때마다 머릿속에 십자가를 떠올리며 고개를 한번 젓고는 죄 된 모든 모양을 그 자리에서 떨쳐 버리십시오. 그러나 어떤 경우에는 저녁까지 계속 품고 있을 때도 있을 것입니다. 그러한 것들이 지금 이 시간 바로 회개해야 할 죄의 모습들입니다.

(1) 제1계명: 너는 나 외에는 다른 신들을 네게 두지 말라

(2) 제2계명: 너를 위하여 새긴 우상을 만들지 말라

> 너를 위하여 새긴 우상을 만들지 말고, 또 위로 하늘에 있는 것이나 아래로 땅에 있는 것이나 땅 아래 물속에 있는 것의 어떤 형상도 만들지 말며 그것들에게 절하지 말며 그것들을 섬기지 말라. 나 네 하나님 여호와는 질투하는 하나님인즉 나를 미워하는 자의 죄를 갚되 아버지로부터 아들에게로 삼사 대까지 이르게 하거니와 나를 사랑하고 내 계명을 지키는 자에게는 천 대까지 은혜를 베푸느니라(출 20:4-6).

제2계명은 제1계명을 구체적으로 설명해 주시는 것이기도 하지만, 이스라엘이 어떻게 제1계명을 실천해야 하는가를 말씀하고 계십니다. 이것은 유일하고 참되신 하나님 외에 어떤 다른 신을 숭배하지 말라는 것입니다. 눈에 보이는 것만이 아닌 눈에 보이지 않는 그 어떤 것도 하나님보다 더 중시하거나 우선순위에 두거나 하면 안 됩니다.

지금 이 시간, 나에게 하나님은 어떤 존재이며, 몇 순위에 두고 살아가고 있는지 생각해 봐야 합니다. 하나님을 삶의 제일 순위에 두고 살아가야 합니다. 그러면 하나님도 나를 우선순위로 생각해 주십니다. 나아가서 교회 전체가 그렇게 변해야 합니다. 오늘의 교회 안에는 하나님이 안 계시기 때문입니다.

① 우상의 형태

우상은 여러 가지 형태가 될 수 있습니다. 대부분의 사람은 새겨진 형상이나 동상에게 절하지는 않지만, 하나님을 돈, 물질적 소유, 이념 혹은 권력, 명성과 같은 다른 우상으로 대치합니다. 돈, 사회적 지위, 가족, 명예 등 무엇이든 하나님이 계셔야 할 자리를 차지한 것이 우상이 될 수 있습니다. 나무나 돌을 깎거나 금을 부어 만든 보이는 우상은 구별하기 쉽습니다. 오히려 형체가 없는 우상이 더 무섭습니다.

가장 무서운 우상은 자기 자신입니다. 성경은 하나님의 도움 없이도 살 수 있다고 생각하여 자기 자신이 주인이 되어 사는 것 곧, '교만'을 죄라고 하고 있습니다. 죄 중에 제일 큰 죄가 교만죄입니다.

② 교만의 죄

갈라디아서 5장에 열거된 인간의 마음속에 도사리고 있는 죄들은 인간이 살아 있기에 나오는 것이며, 인간이 죽으면 그것들도 모두 사라져 버립니다. 그러나 인간이 죽은 다음에도, 아니 인간의 창조 이전부터 존재했던 큰 죄가 하나 있는데, 그것은 교만죄입니다. 루시퍼가 하나님과 같아지기 위해서 지었다가 추방되었고, 아담과 하와가 인류 최초로 지은 죄도 바로 그러한 것이었습니다.

③ 교만이 죄가 되는 이유

성경에서는 교만을 하나님이 없다고 부인함, 하나님 말씀에 순종치 않음, 자기를 높임 등으로 표현하는데, 이러한 교만은 불신자에게는 물론, 신자들에도 가장 큰 문제가 됩니다. 교만한 자는 자기가 제일이라고 생각하여, 오직 내가 중심이 됩니다. 곧 하나님보다 내가 우상이 되어, 제1, 2계명을(나 외에 신을 섬기지 말라) 거역하고 있습니다.

첫째, 교만한 자는 자기가 제일 옳다고 생각하기에 잘못(죄)을 인정할 줄 모릅니다. 곧, 회개할 줄 모릅니다. 회개는 중생, 곧 구원의 첫 단계이기에 교만한 자는 구원에 이를 길이 없게 됩니다.

둘째, 교만한 자는 섬기기보다는 섬김을 받으려고 하고, 또 모든 것이 자기중심으로, 자기만 인정받으려 합니다. 그러다 보니 이것이 부인되거나, 자기에게 없는 달란트를 가진 사람에게 시기, 질투, 분노, 분쟁, 이간질 등을 일으켜서, 결국은 공동체인 교회의 연합을 깨뜨리게 합니다.

셋째, 교만한 자들은 하나님 없이도 살 수 있다고 생각하기에, 하나님께 도움을 바라는 기도를 안 합니다. 기도 안 해도 살아가는 데 지장이 없기에, 하나님 없이도 살 만하기에 기도를 안 하는 것입니다. 실상은 불신자와 똑같습니다. 하나님은 이를 교만한 자라 부릅니다.

넷째, 교만한 자에게는 예수님의 희생적 헌신과 사랑의 마음이 나오지 않습니다. 철저히 자기 자신만을 생각하는 이기적인 사람에게서 어떠한 희생과 사랑을 기대할 수 있겠습니까?

④ 겸손한 사람

인간의 많은 죄는 교만으로부터 발생하는데, 이러한 교만을 극복할 수 있는 것은 오직 하나 겸손입니다. 겸손이란 일반적으로 말해서 상대를 높이고 나를 낮추는 것이지만, 성경에서는 이에 더하여 하나님 없이는 살 수 없다고 하나님께 매달리는 것을 말합니다. 구체적으로 성경에서는 자신의 한계를 깨닫는 자, 자신의 무가치함을 깨닫는 자, 자신의 죄악을 깨닫는 자를 말하는 데, 결국 나의 의로는 완전할 수 없다고 하나님께 매달리는 사람을 겸손한 사람이라고 합니다.

⑤ 교만한 자와 겸손한 자의 결정적 차이점…기도

교만한 자는 결코 기도를 안 합니다. 하나님의 존재 여부에 확신이 없고, 또 하나님 없이도 살 수 있다고 생각하고, 또한, 자기 의로 만족하여 자기는 잘못이 없다고 생각하기에 기도의 필요성을 전혀 못 느껴서 그렇습니다. 그러나 겸손한 자는 자기의 무가치함을 깨닫고, 하나님 없이는 살 수 없다고 생각하기에 하나님께 엎드립니다.

⑥ 교만죄의 내용들

- 기도를 소홀히 하거나 안 한다. '나'가 제일이라는 교만한 자들의 대표적 특징입니다.
- 다른 사람과의 비교 의식으로 시기, 질투한다. 교만한 자는 섬기기보다는 섬김을 받으려고 하고, 또 모든 것이 자기중심으로 이루어져서 자기만 인정받으려 합니다. 그러다 보니 이것이 부인되거나, 자기에게 없는 달란트를 가진 사람에게는 시기, 질투하고 나아가서 분노와 분쟁을 일으킵니다.
- 사람을 무시하거나 경시한다. 자기가 제일이라고 생각하기에 다른 사람을 존중할 줄 모릅니다.

- 화내는 것, 분노와 다툼. 자기의 뜻대로 일이 진행돼 나가지 않을 때 나타나는 현상입니다.
- 자기 고집을 너무 내세운다. 살아가면서 상대방의 생각을 무시하고 자기 생각만을 내세우는 것도 무의식중에 교만한 자세로 살아가고 있음을 알아야 합니다.
- 끊임없이 잔소리한다. 끊임없이 잔소리하는 것도 교만죄입니다. 왜냐하면, 상대방의 생각이 어찌하든 자기의 생각만이 옳기에 상대방이 자기 뜻대로 따르기를 원할 때 나타나는 현상이기 때문입니다. 그리스도 사랑의 마음이 전혀 보이지 않은 경우입니다.
- 이간질, 분당, 분쟁을 일으킨다. 모든 일에 자기가 중심이 되려는 데서 반드시 따라오는 현상입니다.
- 두려움과 공포를 느끼고, 현실을 회피하려고 한다. 두려움이 처음 나오는 곳은 창세기 3장 10절입니다. 죄를 지었기 때문에 두려움을 느끼고 공포에 떨게 됩니다. 그러나 전능하신 하나님이 내 삶을 인도하고 계신다고 믿는 자에게는 어떤 경우에도 두려움과 공포를 느낄 수가 없을 것입니다(잠 28:1).
- 어려운 문제에 직면하여 하나님이 아니라 능력이 부족한 '나'가 그 문제를 처리하려 하니 두려움에 빠지는 것입니다. 알게 모르게 하나님보다 '나'가 우상이 되어버린 경우입니다.

> 가로되 내가 동산에서 하나님의 소리를 듣고 내가 벗었으므로 두려워하여 숨었나이다(창 3:10).

> 악인은 쫓아오는 자가 없어도 도망하나 의인은 사자 같이 담대하니라(잠 28:1).

⑦ 교회 안에서 교만의 네 가지 종류
리차드 니버는 『그리스도와 문화』에서 다음과 같이 말하고 있다.

> **첫째**, 권력적 교만. 직장, 사회, 교회 등에서 내가 다른 사람보다 지위가 더 높다고 생각해 독선적으로 생각하고 행동으로 군림하는 자세입니다.
> **둘째**, 지식적 교만. 내가 다른 사람들보다 더 많이 안다고 생각하는 사람은 다른 사람의 말을 듣지 않습니다. 융통성이 없는 일종의 고집스러움은 인간관계를 힘들게 합니다.
> **셋째**, 도덕적 교만. 다른 사람들보다 착한 일을 더 많이 해서 도덕적으로 우위에 있다고 생각합니다.
> **넷째**, 영적 교만. 내 믿음이 다른 사람들보다 더 나아서 하나님의 뜻을 더 잘 알고, 하나님은 나의 기도를 더 잘 들어 주신다고 생각하는 사람으로 위의 권력적, 지식적, 도덕적 교만의 모든 종류가 섞여 있는 사람으로 이 영적 교만은 하나님이 대적하시는 교만입니다.

> 교만은 패망의 선봉이요 거만한 마음은 넘어짐의 앞잡이니라(잠 16:18).

제1, 2계명에 따라 회개 기도할 때, 잘못된 것들을 돌아보면서 하나님께 겸손한 마음을 달라고 간절히 기도해야 합니다. 오직 겸손만이 교만한 마음을 이길 수 있기 때문입니다. 우리 주위에는 마약이나 알코올에 중독된 홈리스들이 너무 많습니다. 그들을 지나치면서 불쾌함을 느끼거나 아무런 감동이 없다면 이미 교만한 마음을 갖고 있는 것입니다. 그들의 모습 속에서 그들을 위해 돌아가신 예수님의 모습을 볼 수 있어야 합니다.

그런데 얼마나 많은 사람이 그렇게 살고 있을까요?

진정한 그리스도인으로 산다는 것이 결코 쉽지 않습니다. 그러나 성령으로 충만한 사람에게는 가능한 것입니다. 그러기에 이를 위한 간절한 기도가 필요한 것입니다.

(3) 제3계명: 너는 네 하나님 여호와의 이름을 망령되게 부르지 말라

여기서 하나님의 이름을 망령되이 부른다는 것은 우리 삶과 우리의 말이 일치될 것을 명령하시는 것입니다. 세상 사람들 앞에서 자신이 하나님을 믿는 성도라는 것을 내세우면서도 그의 삶이 바르지 못해서 세상 사람들 앞에서 하나님의 이름을 욕되게 한다면 그것도 하나님의 이름을 망령되이 부르는 것입니다.

택함 받은 우리는 모두 이 세상에서 하나님의 대리인으로 살아가고 있습니다. 나 개인의 잘못으로 끝날 것 같지만 세상 사람들이 볼 때에는 하나님의 얼굴에 먹칠하는 것과 똑같이 인식된다는 것입니다. 잘못된 말이나 행동으로 인해 세상 사람들에게서 "저게 하나님 믿는 사람이 할 짓이야"라는 말을 듣지 않도록 힘써야 합니다.

(4) 제4계명: 안식일을 기억하여 거룩하게 지키라

> 안식일을 기억하여 거룩하게 지키라 엿새 동안은 힘써 네 모든 일을 행할 것이나 일곱째 날은 네 하나님 여호와의 안식일인즉 너나 네 아들이나 네 딸이나 네 남종이나 네 여종이나 네 가축이나 네 문안에 머무는 객이라도 아무 일도 하지 말라. 이는 엿새 동안에 나 여호와가 하늘과 땅과 바다와 그 가운데 모든 것을 만들고 일곱째 날에 쉬었음이라 그러므로 나 여호와가 안식일을 복되게 하여 그 날을 거룩하게 하였느니라(출 20:8-11).

이것은 우리가 주님께 전념하고 쉬는 날로서 안식일(토요일, 한 주간에 마지막 날)을 따로 챙기라는 명령입니다. 안식일을 거룩히 지키는 것은 그 날에 단지 아무 일도 하지 않고 쉬는 것만을 의미하지는 않습니다. 안식일을 거룩히 지키는 것은 그 날에 하나님의 뜻에 따라 그분이 기뻐하시는 일을 행하는 것입니다.

그렇다면 안식일에 우리가 행할 하나님의 기뻐하시는 일은 무엇입니까?

택함 받은 자들에게 있어서 하나님을 예배하는 일보다 중요한 일은 없으며, 하나님께서 인간을 창조하신 목적 또한, 인간을 통해 경배받으시기 위함입니다.

특히, 9절에 하나님께서 쉬라고 명하신 안식일을 제외한 나머지 6일 동안은 자신에게 주어진 일을 힘써 일하라고 했습니다. 이것은 곧 6일 동안 최선을 다해서 자신에게 주어진 일을 감당한 사람만이 안식을 누릴 수 있음을 의미합니다. 그러므로 우리도 하나님이 주시는 안식의 기쁨을 누리고 그로 인해 축복을 얻고자 한다면 6일 동안 세상에서 자신에게 주어진 일들에 최선을 다해야 합니다.

① 예배와 감사 신앙

하나님의 인간 창조 목적은 하나님이 영광을 받으시기 위해서입니다. 성경의 많은 내용 중에서 하나님이 영광을 받으시는 경우를 특별히 택하면 다음 세 가지, 베풀고 나누는 삶(마 5:16), 하나님께 부르짖을 때(시 50:14-15), 그리고 감사로 제사 드릴 때(시 50:23)로 요약할 수 있습니다.

> 감사로 제사를 드리는 자가 나를 영화롭게 하나니 그 행위를 옳게 하는 자에게 내가 하나님의 구원을 보이리라(시 50:23).

택함 받은 자들의 하나님을 향한 감사가 공적으로 제도화된 것이 주일 예배와 같은 공중 예배입니다. 그래서 예배를 잘 드려야 한다고 말하는 것입니다. 이런 면에서 볼 때 예배에서 가장 중요한 것은 설교나 헌금이나 찬양 등이 아니라 내가 하나님 구원의 은혜에 대해 얼마나 감사하며 나가느냐에 달렸다고 하겠습니다. 구약에는 오순절, 유월절, 맥추절, 초막절, 수전절, 부림절 등 수많은 절기를 주셨습니다.

왜 주셨을까요?

이 말씀처럼 많은 절기를 주신 단 하나의 이유는 과거에 하나님께서 베푸신 많은 은혜를 기억하여 하나님께 감사 제사의 영광을 돌리고, 계속 하나님을 기억하라는 의도입니다.

놀랍지 않습니까?

절기, 제사를 주신 이유가 오직 하나 "내 은혜를 기억해서 내게 감사하라"라니!

따라서 예배의 자리에 나갈 때 구원에 대한 감사와 우리의 삶을 인도해 주시는 하나님에 대한 감사의 마음 없이 나간다면 그 예배는 별 의미가 없는 예배가 돼 버립니다. 그뿐만 아니라, 우리 주위 사람들에게도 고마움을 표현하며 살아갈 줄 알아야 합니다. 눈에 보이는 이웃들에게 감사할 줄 모르는 사람이 눈에 안 보이는 하나님을 사랑하는 데는 분명 한계가 있기 때문입니다.

(5) 제5계명: 네 부모를 공경하라

이 계명은 부모님을 항상 존중하고 공경하라는 명령입니다. 제4계명까지는 모두 하나님과 하나님 백성 사이에 지켜야 할 것이었는데, 제5계명부터는 사람과 사람 사이의 계명이며, 이 계명은 유일하게 약속이 있는 계명입니다. 다른 계명은 모두 하지 말라는 금지 규정이지만, 이 계명만큼은 지키면 장수의 복을 누리게 하겠다고 하셨습니다.

66권의 요약은 10조문의 십계명이고, 이를 더 요약하면 하나님을 사랑하고, 이웃을 사랑하라는 것인데, 하나님을 사랑하라는 의미는 다른 표현으로 고마움을 표현하라는 것, 곧 감사할 줄 아는 사람이 되라는 것이고, 인간을 사랑하라는 계명의 첫 계명은 낳아 주시고 길러 주신 부모님께 효도하고, 감사하라는 의미입니다.

  부모님에 대한 효도는 복된 하나님의 자녀로 살아가기 위한 가장 기본 조건입니다. 낳아 주고 길러 주신 눈에 보이는 부모님을 사랑 못하는 자는 눈에 보이지 않는 하나님을 결코 사랑하지도 못할 뿐만 아니라, 그가 힘써 일한 어떤 노력도 하나님은 인정하지 않으십니다. 부모 공경은 인간이 사는 세상의 모든 질서와 도덕을 세우는 기본이 됩니다.

  오늘날 사회적으로는 각종 범죄가 성행하고, 불안한 사회가 되어 가고 있는 이유에 대하여 학자들은 이구동성으로 가정이 제 기능을 잃었기 때문이라고 말합니다. 부모에 대한 공경이 사라져가고 있는 시대 속에서는 가정이 제대로 설 수가 없고, 제대로 서지 못한 가정에서 자라난 아이들은 당연히 정서적으로 여러 가지 문제를 가져 각종 범죄를 저지르게 된다고 합니다. 그러므로 우리가 사는 이 사회를 바르게 변화시키기 위해서는 먼저 기성세대들이 부모를 공경하는 모습을 보여 줌으로써 부모를 공경하는 바른 풍토를 조성해야 합니다.

① 약속 있는 첫 계명

  하나님은 식언하지 않습니다. 이 계명은 전능하신 하나님이 우리 인간에게 복 주신다고 약속하신 첫 계명입니다. 확실한 복을 원하신다면 이 시간부터 부모님께 효도하십시오. 아직 부모가 살아 계신다면 복 받을 기회가 있는 것이고, 모두 돌아가셨다면 자녀들에게 이를 알려 주십시오. 당신의 자녀가 축복된 삶을 살기 원한다면 전능하신 하나님의 약속 있는 첫 계명인 이것에 비교할 수 있는 게 이 땅 위에 없기 때문입니다. 세상의 가장 기본조직인 가정이 바뀌면 세상도 바뀝니다.

(6) 제6계명: 살인하지 말라

이 계명은 다른 사람을 계획적으로 죽이지 말라는 명령입니다. 사람은 하나님의 형상대로 지음 받았으며(창 1:27), 하나님의 숨결이 깃든 영적 존재입니다. 인간의 존엄성이 여기서 나오고 있기에 사람을 죽이는 것은 하나님의 형상을 깨뜨리는 죄악이 됩니다. 그런데 신약성경은 직접적으로 사람을 죽이는 것만이 아니라 형제를 향하여 욕하고, 미련하다고 무시하며, 미워하는 것 또한, 살인하는 것이라고 말씀하고 있습니다(요일 3:15; 마 5:22).

그러고 보면 얼마나 많은 사람이 하루에도 몇 번씩 자신도 모르게 살인죄를 범하는지 모릅니다. 그런데도 대부분의 사람은 그것이 살인죄라는 것도 모른 채, 지금도 다른 사람을 미워하고, 욕하고, 무시하면서 살인죄를 저지르고 있습니다. 그러므로 지금 형제와 이웃들을 마음속으로 미워하거나, 무시하고, 경시하고 있다면 그 마음을 예수님의 이름으로 속히 버리고, 성령의 권능을 받아 믿음으로 그들을 사랑하시기를 바랍니다.

(7) 제7계명: 간음하지 말라

이 계명은 자신의 배우자 외에 다른 누구와도 성관계하지 말라는 명령입니다. 실질적인 간음만이 아니라 마태복음 5장 28절에 음욕을 품는 자마다 마음에 이미 간음했다고 하며 간음의 동기나 원인까지도 금하고 있습니다.

하나님께서는 한 남자와 한 여자가 연합하여 둘이 한 몸을 이루라고 하셨고(창 2:24), 그렇게 혼인으로 맺어진 관계 외의 모든 관계는 간음입니다. 우리 몸은 하나님의 영이 거하시는 성령의 전이기에(고전 6:19), 각종 음란한 행위로 몸을 더럽힌다면, 그것은 성전을 더럽히는 것이나 다름없습니다.

현대에 와서 갑자기 문란해진 것이 아닙니다. 창세기부터 시작해 역사서까지 들여다보면 육체적 음란과 영적 음란은 항상 함께 가는 것을 발견할 수 있습니다. 오늘날의 급격한 매스 미디어의 발달은 이전에는 상상할 수 없었던 문화적 충격을 어린아이들에게까지 이르게 하였고, 그 결과 사회 전반적으로 정상적 성윤리가 심각한 위협을 받는 이 세대에 살고 있는 성도들은 이를 더 유념하여야 할 것입니다(벧전 2:11).

(8) 제8계명: 도둑질하지 말라

이 계명은 자신이 소유하지 않은 그 어떤 것도 그것을 소유한 사람의 허락 없이 취하지 말라는 명령입니다. 다른 사람의 목숨과 순결을 존중할 뿐 아니라, 재산도 존중해야 합니다. 하나님께서는 사유재산을 인정하시고 침해하지 말라고 하십니다. 이 계명은 여러 측면에서 확대 해석이 가능합니다.

첫째, 도둑질의 개념은 단순히 남의 재산을 은밀히 훔쳐 가는 것에만 국한되는 것이 아닙니다.

둘째, 사기 행위에 의한 착복(着服) 등 피땀 어린 노력의 결과 없이 부당한 방법으로 부(富)를 축적하는 일체의 행위도 가리킵니다.

셋째, 비단 직접적으로 훔치는 것뿐 아니라, 부주의나 태만 등으로 타인의 재산에 손해를 입히는 모든 행위까지도 포함됩니다.

넷째, 도둑질의 금지 대상은 단순히 재산에만 국한되는 것이 아니라 기술, 지식, 정보 등 인간 삶의 모든 영역에 다 적용됩니다. 이러한 의미에서 볼 때, 지금 이 사회에는 직접 남의 물건을 훔치지는 않지만 실제로는 도둑질하고 있는 사람들이 얼마나 많은지 모릅니다.

(9) 제9계명: 네 이웃에 대하여 거짓 증거하지 말라

이것은 다른 사람에 대해 거짓으로 증언하는 것을 금하는 명령입니다. 이것은 본질에서 거짓말을 하지 말라는 명령입니다.

거짓은 마귀의 속성입니다.

> 마귀는 처음부터 살인한 자요, 진리가 그 속에 없어 진리에 서지 못하는 거짓말쟁이요, 거짓의 아비다(요 8:44).

> 거짓말하는 것은 마귀를 따라 하는 것이며, 둘째 사망에 참여하는 자가 되는 길이다(계 22:15).

자기합리화는 사탄이 우리를 넘어뜨리려고 사용하는 유용한 수단으로, 자기중심으로 생각하는 교만한 자들이 잘 사용하는 수단입니다. 자기변명도 거짓말의 하나가 될 수 있습니다. 잘못했으면 잘못했다고 곧바로 인정하고 용서를 비는 것이 올바른 태도입니다.

그렇다면 갈렙을 숨겨 주었던 라합은 이웃에 대해 거짓 증거를 한 것일까요?

그렇지 않습니다. 악에 맞서 사람을 살리기 위한 것이기에 정죄의 대상이 될 수 없다는 것이 보편적 생각입니다. 어떤 상황에서 어떤 계명을 우선시해야 할지 고민하게 되는 때가 있을 수 있을 것입니다. 만약 그런 때가 온다면 하나님께서 내 마음을 주장해 주시도록 간절한 마음으로 기도드리며 성령님의 미세한 음성에 귀를 기울여야 합니다.

(10) 제10계명: 네 이웃의 집을 탐내지 말라

> 네 이웃의 집을 탐내지 말라 네 이웃의 아내나 그의 남종이나 그의 여종이나 그의 소나 그의 나귀나 무릇 네 이웃의 소유를 탐내지 말라(출 20:17).

이것은 자신의 것이 아니면 그 어떤 것이라도 갈망하지 말라는 명령입니다.

제10계명은 탐심(貪心) 금지에 관한 계명입니다. 탐심은 도덕적 불의의 원인이 될 뿐만 아니라 종교적 죄악도 됩니다. 앞의 계명에서는 살인이나 간음, 도둑질, 거짓 증거와 같은 구체적 행동에 대해 말씀하고 있는 데 반해 제10계명은 '사람의 마음에 관한 죄'를 다루고 있습니다.

구체적 행동이 아니라 이웃의 것을 탐내는 탐심 자체를 금하고 계신 것입니다. 그뿐만 아니라, 이 제10계명은 다른 계명들과 밀접한 관계가 있는 것을 발견할 수 있습니다. 탐심은 우상숭배와 간음, 도둑질 및 기타 모든 앞의 죄를 불러일으키는 근원이 되기 때문에(약 1:15; 골 3:5), 이 계명이 십계명의 제일 마지막에 나온 것입니다.

실로 탐심은 하나님보다 다른 무엇을 더 사랑한다는 증거이며(제1, 2 계명, 우상숭배), 또 이웃의 아내에 대한 탐심은 제7계명인 간음하지 말라와 관계있고, 이웃의 소나 나귀나 이웃의 소유를 탐내지 말라는 것은 제8계명인 도둑질하지 말라와 밀접한 관계가 있습니다. 더 넓게는 부모에 대한 불효와 살인의 동기도 탐심에서 비롯된다고 할 수 있습니다. 그런 점에서 제10계명은 어떤 특정한 행동이 아니라 죄를 짓게 만드는 근본적 원인인 인간의 죄악된 마음에 관한 계명이라고 할 수 있습니다.

12) 욕망의 한계점을 넘지 말라

하나님께서 인간을 이 세상에 보내 주셨을 때, 우리가 살아갈 수 있는 근본적 욕망을 가질 수 있도록 만들어 주셨기 때문에 인간에게 부어 주신 그 한계점을 넘기 전에는 욕망 자체가 죄가 되지는 않습니다. 성경은 우리의 타고난 욕구(본성)를 없애 준다고 말하지는 않습니다. 다만 욕구를 통제하여 바른 대상으로 향하게 한다고는 약속하고 있습니다.

우리가 말하는 정욕이란 우리가 욕망의 한계점을 넘어서 자기의 분수를 깨닫지 못하고 분수에 넘치는 일을 도모한다든지, 또 자기를 해치고, 가정을 해치고, 이웃을 해치면서까지 자기 욕심만을 채우려고 하는 욕망이 발동되는 상태를 말합니다.

탐심이 많은 사람은 현실의 주어진 여건에 만족을 누리지 못하기에 언제나 부정적 말, 매사에 불평과 불만(만족을 모르는 죄)이 나오게 되고, 여기서 하나님께 감사가 아니라 원망이 나오게 됩니다. 출애굽한 이스라엘 백성들이 광야에서 하나님을 원망한 결과 40년 동안 광야에서 헤맸음을 기억해야 합니다.

13) 본질적 축복과 부수적 축복

구약의 시대가 끝나고, 신약의 시대에 이르러 세상을 향한 예수님의 첫 음성은 "회개하라 천국이 가까웠다"(마태 4:17)였습니다. 그렇습니다. 구약, 신약에서의 제일 가는 핵심적 축복은 하나님의 원하시는 모습으로 살다가 저세상에서 영생의 복을 누리는 것을 말하며, 나머지 물질적이고 현세적 축복들은 부수적 축복으로 주어질 수도 있고, 안 주어 질 수도 있는 것입니다. 그런데 문제는 본질적 축복보다는 부수적 축복이 신앙의 핵심으로 착각하고 있다는 것입니다. 살아가면서 필요한 것들을 정도에 벗어나지 않게 구하는 게 도리입니다.

아바, 아버지의 관계는 아직 스스로 독립적 생활을 할 수 없는 어린아이의 상태이며, 우리는 우리의 인생의 나이가 어떻게 됐든 하나님과 우리의 영적 관계는 영원히 어린아이와 같은 상태로 살다가 천국에 가게 합니다. 따라서 이 험하고 유혹이 많은 세상을 살아가면서 배고프면 배고프다고, 아프면 아프다고 고쳐 달라고 아바, 아버지께 기도해야 마땅합니다. 그러한 어려움 속에서도 구하지 않는 것은 하나님을 무시하는 불신앙입니다. 그러나 정욕에 쓰려는 이기적 기도가 목적이 돼선 안 됩니다.

14) 사랑과 긍휼의 하나님 그리고 공의의 하나님

우리 속담에 공에도 사가 있다는 말이 있습니다. 이는 공적 일에도 개인의 사정을 봐줄 때가 있다는 뜻으로, 어찌 사사로운 일에 남의 사정을 조금도 보아주지 않느냐 또는 약간의 흠이 있더라도 봐 줄 수 있지 않으냐는 뜻입니다. 사실 우리가 사는 세상은 그렇게 해도 잘 돌아가기에 큰 문제가 되지 않을 것입니다.

그러한 이유로 '우리의 사정을 잘 아시는 하나님은 사랑과 긍휼의 하나님이시기에 우리가 이처럼 살아도 우리를 용서하시고 사랑해 주실 것이야'라고 생각하면서 살아갈 수도 있겠지만, 하나님은 사랑과 긍휼의 하나님이면서도 또한, 공의의 하나님이시기 때문에 내 죄의 문제를 해결하지 않고는 하나님과 나의 관계가 올바르게 형성할 수가 없게 됩니다. 회개의 문제를 과하게 언급하고 있는 것 같지만 결코 그렇지 않은 이유가 여기에 있습니다.

저세상에서의 구원 문제를 이야기하려는 것이 아닙니다. 이 땅을 사는 동안 하나님과 계속 동행하기 위하여 회개 문제를 언급하고 있는 것입니다. 이유는 간단합니다. 성령님은 결코 추한 곳에 임하지 못하시기 때문입니다. 성령님과 영원토록 동행하면서 성령님의 도움을 계속 얻기 위해서는 무엇보다 마음의 곳간을 청소해야 합니다.

어떤 분은 회개하고 되풀이하고, 또 회개하고 되풀이하고, 이러한 행위들이 무의미하게 여겨지겠지만 그래도 계속해야만 합니다. 쇠가 쇠를 날카롭게 하지만, 때론 쇠가 쇠를 무디게 하기 때문입니다. 그대로 지나가면 반드시 죄에 대한 감각이 무뎌진다는 것입니다. 출애굽기에 예시된 성소 예물들은 모두 다 크기의 사이즈가 예시돼 있지만 더러워진 손을 씻는 물두멍만은 사이즈가 규정돼 있지 않습니다. 무한한 사죄의 씻음을 의미하고 있습니다.

15) 온전한 회개는 두려움을 극복한다

근심과 염려의 근본 원인은 두려움입니다. 인간의 부정적 마음 중 가장 큰 것은 속이는 영인 두려움입니다. 두려움은 마치 오랜 습관처럼 우리의 일상을 잠식하고 있습니다. 어떤 때는 거대한 폭풍처럼 우리를 휘감기도 하고 또 어떤 때는 무엇인가를 시작하기도 전에 우리를 무기력하게 만들어 버리기도 합니다. 두려움은 사탄이 주는 '속이는 영'이라고 할 수 있는데 막상 뚜껑을 열어 보면 별일도 아닌 일인데도 속이는 영으로 인해 두려움에 떨 때가 많습니다. 두려움은 우리의 눈을 가로막아 정말 보아야 할 것들을 보지 못하게 합니다.

> 그러자 갑자기 그들의 눈이 밝아져서 자기들이 벌거벗은 것을 알게 되었다. 그래서 그들은 무화과나무잎을 엮어서 치마를 만들어 몸을 가렸다. 그 날 저녁, 날이 서늘할 때에 아담과 그의 아내는 여호와 하나님이 동산에서 거니시는 소리를 듣고, 그분의 낯을 피하여 동산 나무 사이에 숨었다(창 3:7-8).

아담과 하와가 에덴동산에 있을 때는 두려움이 없었습니다. 죄를 짓자마자 두려움과 부끄러움이 들어왔을 뿐만 아니라 책임을 전가하고 자기변명도 하게 합니다.

> 네가 벗은 것을 누가 너에게 말해 주었느냐? 내가 먹지 말라고 한 과일을 네가 먹었구나! 하나님이 나와 함께 있게 하신 여자가 그 과일을 주어서 내가 먹었습니다. 그때 여호와 하나님이 여자에게 네가 어째서 이렇게 하였느냐 하고 묻자 여자는 뱀이 꾀어서 내가 먹었습니다라고 대답하였다(창 3:11-13).

예수님의 이 땅에서의 첫 메시지도 "회개하라"였던 것처럼 죄의 문제를 해결하기 전에는 결코 두려움이 사라지지 않습니다. 알고 있는 죄는 물론, 모르고 있는 죄도 온전히 회개하려면 성령님의 도우심이 절대 필요합니다. 성령님의 도우심을 간절한 마음으로 구하십시오.

회개 기도를 통해 죄가 씻기어 나가게 되고, 씻기어 나가는 그 빈 자리에 임하시는 성령님의 은혜로 인해 말로 표현할 수 없는 마음의 평안과 기쁨과 삶의 확신이 다가오면서 담대함이 생기게 합니다. 더 이상 어떠한 두려움도 머무를 수가 없게 됩니다. 하나님 앞에 진정한 회개의 기도를 드리는 것만으로도 두려움을 극복할 수 있다는 것을 기억해야 합니다.

3. 순종의 삶

1) 순종은 하나님을 기쁘게 해 드리는 삶이다

왜 결혼하느냐고 물어보면 대부분보다 "더 행복해지기 위해서"라고 합니다. 그런데 행복해질 대상이 상대방이 아니라 내가 행복해지기 위해서라는 데서 문제가 대두됩니다. 상대방을 나의 행복 수단으로 생각해서 내가 행복해지기 위해 내 성격에 맞추어 길들이려고 하다 보니 허구한 날 다툼이 나오고 있는 것입니다. 상대를 행복하게 하기 위해서라면 다툼이 나올 여지가 없기 때문입니다. 하나님과 인간관계에서도 그렇습니다.

대부분 자신의 행복을 위한 수단으로 하나님을 부르고, 하나님을 길들이려고 하는데 하나님이 누구신가요?

하나님이 인간에게 길들임을 당할 분이 아니시기에 신앙생활에서 기쁨보다는 실망감이 더 맴돌고, 그리스도의 향기라곤 찾아보려야 찾아볼 수가 없는 것입니다.

하나님이 우리를 창조하신 목적을 거창하게 나열할 필요가 없습니다. 간단히 말해서 우리를 통하여 기쁨을 얻기 위해서입니다. 따라서 하나님의 피조물인 우리는 하나님을 기쁘게 해 드려야 하는데 그 길이 순종의 삶으로, 본서에서 제시되고 있는 〈십계명에 따른 회개와 감사의 기도문〉을 이용하여 회개와 순종의 삶을 동시에 이어 갈 수 있게 됩니다.

2) 순종의 뜻

순종이란 요한복음 14장 21절에 "주님의 계명을 가지고 지키는 자"라고 말하고 있습니다. '가진다'라는 것은 마음속에 품는 것을 말하며, '지키는'이라 함은 행동으로 실천하는 것을 말합니다. 따라서 마음에 품고, 생각만 앞서고 있으면서 행동으로 이루지 못하고 있는 것은 순종하는 자세가 아니며, 또 마음에 사랑하는 마음이 없이 기계적, 의무적으로 행하는 사랑도 순종의 자세가 아닙니다. 마음속에 품고 있는 것이 사랑의 행동으로 나타날 때 순종이라고 합니다.

(1) 하나님의 모든 말씀을 지킨다는 것

또 신명기 5장 29절에서도 순종은 "하나님의 모든 말씀을 지키는 것"이며 그 목적은 "영원히 복 받기 위해서"라고 말하고 있습니다. 여기서 '모든 말씀'은 십계명을 비롯하여 모세오경에 나오는 모든 율법을 지켜야 한다는 것입니다. 그런데 문제는 모든 율법을 다 지켜서 구원에 이룰 수 있는 사람이 이 세상에는 한 사람도 없다는 것입니다. 그렇다고 이것은 지키고, 저것은 힘드니 지키지 말라는 것이 아닙니다.

율법 자체로는 구원에 이를 길이 없다는 것을 말하며 그로 인해 율법의 멍에를 벗겨 주시기 위해서 예수님이 이 땅에 오신 것입니다. 따라서 우리의 순종은 일일이 율법주의자처럼 율법 하나하나에 신경 쓰기보다는 포괄적 의미에서 접근해야 하는데, 그런 의미에서 '순종의 삶'이란 내가 살아가는 목적이 나의 안일과 행복을 위하여 주님을 필요로 하는 것이 아니라, 하나님께 헌신되어 하나님이 기뻐하시는 삶을 살아가는 것이 순종의 삶이라 하겠습니다.

그런데 대부분은 이러한 삶을 살지 못하고 있습니다. 그것은 순종의 대상이 성경에 기록된 하나님의 모든 말씀이라는 것을 알면서도 구체적으로 무엇을 수행해야 하는지는 알지 못하기 때문입니다. 유대 전승에 의하면 613개의 율법 조항이 있는데 그중 365개는 금지 조문이고 나머지 248개는 부칙입니다.

도대체 그걸 어떻게 다 알 수 있겠습니까?

알지도 못하니 따르지도 못하는 게 기정사실이 됩니다.

3) 십계명

그래서 하나님은 모든 말씀을 친절히 요약해 주셨습니다. 성경의 모든 말씀은 십계명으로 요약이 되며, 이의 핵심은 '사랑'인데, 이는 '하나님 사랑과 인간 사랑'으로 대별됩니다. 하나님 사랑이라는 것은 내 삶의 우선권을 하나님께 두고서 삶의 목적이 하나님께 영광 돌리는 삶 곧, 하나님을 기쁘게 해 드리기 위해서 살아가는 것을 말하고, 인간 사랑은 이웃을 내 몸처럼 사랑하는 삶으로, 이의 첫 순위가 나를 낳아 주고 길러주신 부모님께 효도하는 삶을 말합니다. 바로 이렇게 살아갈 때 순종하는 삶이 됩니다.

문제는 이러한 '하나님과 인간을 향한 사랑'이 우리의 의지만으로는 이루어질 수가 없다는 것입니다. 오직 우리를 긍휼히 여겨 주시는 성령님의 도우심을 입어야 하는데, 성령님은 오직 말씀과 기도를 통해서만 임하십니다.

4) 순종하는 사람은 기도하는 사람이다

우리는 보통 우리가 원하는 것을, 하나님께 바라는 것을 기도라고 생각합니다. 물론, 자녀 된 우리가 하나님 아버지께 바라는 것을 구하는 것은 자연스러운 일입니다. 그러나 가끔 우리에게 필요한 것과 우리가 원하는 것이 다를 때가 있습니다.

기도의 중요한 목적은 기도로 하나님의 뜻을 깨닫고 그 뜻에 순종할 힘을 구하는 것입니다. 다시 말해서, 기도는 우리의 뜻을 하나님께 강요하기보다는 우리가 하나님의 뜻을 알고, 알고 있는 하나님의 뜻을 이행하기 위한 능력을 구하는 것이 기도의 중요 목적입니다. 그리고 그렇게 살아갈 때 하나님은 기뻐하십니다. 겟세마네 동산에서 예수님이 드린 기도가 그것이었습니다.

5) 기적은 순종할 때 일어난다

> 예수님이 예루살렘으로 가시는 길에 사마리아와 갈릴리 사이로 지나가시게 되었다. 예수님이 어떤 마을에 들어가시자 문둥병자 열 사람이 예수님을 만나 멀리 서서 큰 소리로 예수 선생님, 우리를 불쌍히 여겨 주십시오 하고 외쳤다. 예수님은 그들을 보시고… 제사장들에게 가서 너희 몸을 보여라 하고 말씀하셨다. 그들은 가는 도중에 몸이 깨끗하게 되었다(눅 17:11-14).

그들이 멀리서 외쳤을 때 예수님이 고쳐주신 게 아니었습니다. "제사장에게 가라"라고만 하셨고 이에 그들이 순종하여 달려가다가 치료됨을 얻었습니다. 여기서 "제사장에게 가라"라는 것은 현대적으로 해석하면 의사의 완치 증명서를 가지러 가라는 것입니다. 제사장의 확인서를 받아야 치료가 됐음이 증명되어 마을 안으로 들어갈 수 있기 때문입니다. 만약 고쳐진 것을 보고 가려고 했다면 그들은 지금도 그 질병으로 고생하고 있었을 것입니다.

'기적은 순종할 때만 나타납니다.' 여리고 성에서도 여섯 번 돌다 말았으면, 나아만 장군도 6번만 물에 들어갔다가 나왔다면 기적은 없었을 것입니다.

그리고 순종의 끝인 응답이 내가 바랬던 것이 아니더라도 그걸 감사로 받아들이는 것이 순종입니다. 모든 것을 통찰하시는 하나님은 우리가 전혀 못 보는 것도 보시고 우리가 전혀 생각지 못하는 것도 다 통찰하시는 분입니다. 순종으로 받아들일 때 하나님은 더 좋은 것으로 우리에게 주십니다.

> 너는 범사에 여호와 하나님을 인정하라. 그리하면 네 길을 인도하시리라 (잠 3:6).

많은 사람은 하나님의 인도를 열심히 갈망하면서도 막상 그 응답이 자기에게 이로우면 응답했다고 받아들이고, 이롭지 않으면 응답이 아니라고 모른 체 하는 경우가 많습니다. 성령님의 인정을 받고 영원한 도움을 얻기 위해서는 그 인도하시고 가르치는 길이 당장에는 내게 달든 쓰든 또 쉽든 어렵든지 간에 무조건 받아들이고 순종하는 자세가 절대로 필요합니다.

6) 고난의 이유에 관한 해명을 기대하지 말라

성경을 자세히 읽어 보면 아브라함, 야곱, 요셉, 욥, 모세 등 성경 속의 많은 믿음의 선배들이 수없이 많은 고난 속에서 살아왔는데 하나님은 그들이 당하는 고난에 대해 왜 그런 고난을 겪어야 하는지를 미리 그들에게 설명해 주신 적이 거의 없습니다.

욥의 경우가 대표적인데 우리가 완성된 성경을 갖고, 처음부터 나중까지 꿰뚫어 보니 하나님이 뜻하시는 원래의 선한 의도를 다 알고 있지만, 당사자인 욥은 전혀 그 고난의 이유도 모른 채 당하여 매우 힘들어하는 모습을 우리는 보고 있습니다. 물론, 나중에 욥은 그 이유를 다 알게 되듯이 우리도 그 당시에는 그 이유를 몰라도 나중에는 하나님의 깊은 뜻을 다 알게 됨을 기억하여야 할 것입니다.

여기서 우리가 깊이 생각해서 배워야 할 게 하나 있습니다. 그 위대한 믿음의 선배들에게도 해명하지 않으신 하나님이 지금 우리에게 우리가 당하는 고난에 대해 특별히 설명해 주실 것인가 라는 것입니다. 답은 간단합니다. 아닙니다. 우리에게도 똑같이 해명하지 않으십니다. 따라서 우리는 우리가 살아가면서 부딪치는 여러 가지의 이해하지 못할 고난이나 어려움, 그리고 우리 주위의 많이 이해하지 못할 부조리에 대해 하나님의 해명을 들으려는 헛된 노력을 더 이상 해서는 안 된다는 것입니다.

주의할 점은 믿음의 대선배들에게도 그 이유에 대해 해명해 주지 않으신 하나님이 나같이 약소한 자에게 해명해 주시겠나 하고 체념하지는 말아야 합니다. 체념은 불신앙의 하나이기 때문입니다. 오히려 적극적 태도로 임해야 합니다.

> 하나님! 이 고난이 왜 내게 임했는지 저는 모르겠습니다. 그러나 그 모든 것을 주관하시는 하나님이 내게 필요한 것이어서 주셨다는 것을 믿기에 받아들이겠습니다. 그러나 나의 연약한 믿음으로는 이를 감당해 나갈 수가 없습니다. 지금 이 시간 이 고난을 감당할 만한 믿음을 허락해 주시옵소서. 그리고 정녕 이를 감당할 수가 없을 때 주님의 약속대로 피할 곳을 허락해 주시옵소서. 예수그리스도 이름으로 기도합니다.

바로 이러한 기도가 믿음의 기도요, 하나님이 기뻐하시는 순종의 삶입니다. 하나님은 우리가 믿음으로 한 단계 밟았을 때 곧이어 그 다음 단계로 인도하시는 하나님이십니다.

7) 순종은 이해하지 못할 고난이라도 감사로 받아들이는 자세다

히브리어로 순종이란 말에는 돼지우리를 맨 발로 걸어간다는 의미가 있습니다. 유대인들에게 돼지는 부정한 동물인데 그 속을 맨발로 걸어간다는 것은 보통 문제가 아닐 것입니다. 믿음으로 살아가면서 꽃길을 원하지만, 현실적으로는 여러 어려움에 부딪칠 때가 많을 것입니다. 이러한 경우에 자기에게 다가온 이해하지 못할 고난에 대해 '왜, 내게 그 고난이 일어나야 하지' 하고 그 고난의 이유에 대해 하나님의 해명을 기대하지 말고, 고난을 그냥 받아들여야 합니다.

예컨대, 나의 인생에서 하나님의 뜻이 무엇인지를 알기 위해, 특히 어렵고 힘든 환경에 처하게 됐을 때 그 이유를 알게 해 달라고 기도한 적이 누구에게나 있을 것입니다. 사실 나를 향한 하나님의 뜻을 확실히 알 수 있다면 다른 헛된 수고나 갈등을 더 이상 겪지 않고 그 뜻대로 열심히 살아갈 수 있을 터인데도 하나님은 여전히 침묵을 지키시어 안개 속을 걷는 것과 같은 경우가 많을 것입니다.

어떤 경우에는 하나님은 우리가 생각하고 바라는 대로 일을 행해 주시기보다는 우리의 상식과 판단을 벗어난 일들을 더 마주치게 함으로써 오히려 더 큰 안개 속을 걷는 것과 같은 때도 있을 것입니다. 우리는 그러한 역경에 처할 때마다 '왜, 내게 이런 일이' 하면서 그 이유를 알려고 기도하고 금식하며 열심히 부르짖지만, 하나님은 여전히 그 이유에 대해서 어떤 해명도 없이 침묵을 지키고 계신다는 점에서 우리를 더 어렵고 힘들게 만들 때도 많습니다.

이 경우 현실의 고난을 직면하면서 지금은 그 이유를 알 수 없지만 언젠가는 하나님의 깊은 뜻을 알 수 있을 것이라는 믿음 속에(하나님을 사랑하고 그분의 계획대로 부르심을 받은 사람들에게는 결국 모든 일이 유익하게 된다는 것을 우리는 알고 있습니다〈롬 8:28〉) 무조건 다가온 고난을 인정하고, 받아들인 다음에, 그 현실에 적응해 나갈 수 있는 지혜와 믿음의 능력을 위하여 하나님께 간절한 마음과 끈질김으로 기도해야 합니다.

능숙한 선장은 폭풍우를 만났을 때 폭풍에 반항하여 거슬러 항해 하지도 않고, 절망하지도 않습니다. 오히려 폭풍이 부는 방향을 따라 같이 항해해 나갑니다. 현실을 받아들이고 거기에 적응해 나가십시오. 역경을 피할 수 없는 현실로 인정하고 받아들이기 시작하게 되면 저절로 불평과 원망의 소리가 사라지게 되면서 그 자리에는 간절한 간구의 기도의 소리가 자리 잡게 합니다.

그리고 이처럼 입에 쓴 것을 받아들이고 적응해 나가는 자세가 바로 하나님이 기뻐하시는 순종의 자세이기 때문에 곧이어서 하나님의 다른 상급이 임하게 합니다. 하나님은 순종의 사람에게 더 응답하신다는 사실을 잊어서는 안 됩니다.

> 조금 더 나아가 땅에 엎드려 이렇게 기도하셨다. 아버지, 할 수만 있으면 이 고난의 잔을 내게서 거두어 주십시오. 그러나 내 뜻대로 마시고 아버지의 뜻대로 하십시오〈마 26:39〈KLB〉〉.

> 예수님은 두 번째 가서서 아버지, 내가 마시지 않고는 이 잔이 내게서 떠날 수 없다면 아버지의 뜻대로 하십시오 하고 기도하신 후〈마 26:42〈KLB〉〉.

8) 성경에서의 축복 조건은 조건부이다

성경에서 축복의 조건을 보면 거의 모두가 조건부입니다. "믿으라. 그리하면…." "부르짖으라. 그리하면…." "대접하라." "주라." 우리는 하나님의 택함 받은 자녀로서 반드시 하나님의 약속하신 32,500가지의 축복을 받게 돼 있습니다. 그러나 이를 얻기 위해서는 먼저 하나님께 드려지는 것을 배워야 하며 그렇지 않을 때 그림의 떡에 불과할 것입니다.

오늘날 많은 사람이 신앙생활에서 큰 흥미를 갖지 못하는 것은 언제나 하나님 편에서 먼저 해 주시길 원하기 때문입니다. 언제나 "하나님께서 먼저 해주십시오"라고 기도하며 기다릴 줄만 알지 마음으로, 행동으로, 기도로써 하나님이 기뻐하시는 일(순종)들을 심지 않기 때문에 축복을 얻지 못하고 있는 것입니다. 그리고 이처럼 말씀에 순종하지 않으면서 오직 세상의 복만을 간구하는 신앙을 기복 신앙이라고 하는 것입니다.

9) 조건적 축복의 전제 조건: 먼저 주라

> 그런즉 네 기구 곧 전통과 활을 가지고 들에 가서 나를 위하여 사냥하여 나의 즐기는 별미를 만들어 내게로 가져다가 먹게 하여 나로 죽기 전에 내 마음껏 네게 축복하게 하라(창 27:3-4).

이삭이 에서에게 축복하기 위해 "나의 즐기는 별미를 만들어 내게로 가져다가 먹게 하여 나로 죽기 전에 내 마음껏 네게 축복하게 하라"라고 했는데 야곱이 중간에 가로채서 별미를 드리고는 축복받는 장면이 나옵니다. 매우 깊은 의미를 함축하고 있습니다. 하나님께서는 우리를 축복하시기 전에 별미를 받으신 것처럼 먼저 받기를 원하신다는 것입니다.

> 그러므로 무엇이든지 남에게 대접을 받고자 하는 대로 너희도 남을 대접하라 이것이 율법이요 선지자니라(마 7:12).

> 주라 그리하면 너희에게 줄 것이니 곧 후히 되어 누르고 흔들어 넘치도록 하여 너희에게 안겨 주리라 너희의 헤아리는 그 헤아림으로 너희도 헤아림을 도로 받을 것이니라(눅 6:38).

이 말씀들을 보면 구원받는 경우를 제외하고는 살아 있는 믿음은 하나님 편에서 출발하는 것이 아니라 우리 편에서 먼저 출발해야 함을 보여 주고 있습니다. 하나님께서는 우리가 받기를 기도하는 것보다는 먼저 내놓을 것을 원하십니다. 그래서 우리를 향해서 "먼저 주라"라고 말하고 계시는 것입니다. 그렇습니다. 하나님의 축복을 받기를 원한다면 조건을 달지 말고, 이유를 대지 말고 무조건 하나님의 말씀에 순종할 줄 알아야 합니다.

4. 간절함의 삶

1) 무엇보다 엎드리는 것부터 시작하라

어떤 경우에는 기도하긴 해야 할 터인데 무엇을 기도해야 할지 기도의 내용이 생각 안 날 경우가 있을 것입니다. 얽힌 문제가 너무 많거나 아니면 영적으로 침체해 기도에 관한 확신이 흔들릴 때 나타나는 현상입니다. 어떤 환경에서든 하나님과 우리가 연결된 통로는 오직 말씀과 기도밖에 없다는 것을 명심하면서 기도의 줄을 꼭 붙잡아야만 합니다.

이러한 상황에서는 회개부터 하고, 하나님의 의와 나라를 위해 기도하라는 등 기도에 관한 교과서적 충고에 부담을 가질 필요는 없습니다. 그 모든 전제 조건은 예수님의 제자로서 마땅히 행하여야 할 바이지만, 기도의 조건들로 나열한다는 것은 아주 믿음이 약한 초기의 신자들을 실족하게 만드는 것일 뿐입니다. 은혜 속에서 믿음이 자라면 누가 말려도 기쁨으로 하게 되는 것들입니다.

기도하는 데 있어 가장 중요한 내용들은 예수님이 행하신 많은 예화와 기적들, 예컨대, 소경 바디메오, 혈루병 여인, 백부장, 불의한 재판관과 가난한 과부 등에서 보듯이 갈급함과 끈질김, 그리고 강청함을 갖고 엎드리는 것입니다. 그저 기도 제목을 갖고 무조건 엎드리는 것부터 시작하십시오.

적절한 기도 내용이 생각이 안 나면 기도 내용까지 알려 달라고 떼쓰는 기도를 해야 합니다. 때가 되면 기도 가운데 임재하시는 성령님이 필요한 그 모든 것, 곧 회개는 물론, 기복 신앙인지 아닌지까지도 다 가르쳐 주십니다. 엎드리는 자만이 경험할 수 있는 기도의 신비한 세계에 접하게 됩니다. 지금이라도 엎드리십시오. 언제든 늦지 않았습니다.

2) 문제 해결의 지름길

가끔 예기치 못했던 어려운 문제로 인해 밤을 새워 가며 부르짖어야 할 경우가 있을 것입니다. 이 경우 기도 응답, 곧 문제 해결의 지름길로 가는 방법을 소개해 드립니다.

첫째, 가능하다면 앞부분의 〈회개의 삶〉 전부를 천천히 음미하십시오. 왜냐하면, 본문에는 왜 기도해야 하는지, 왜 응답이 더딘지 등에 대한 해답이 분명히 제시되고 있기 때문입니다.

둘째, 제6장의 "회개와 감사와 중보 기도문"을 읽어 나가면서 구체적으로 회개할 것은 철저히 회개하십시오. 그렇게 될 때 하나님과의 소통의 대로가 훤히 뚫리게 합니다.

셋째, 더 이상 두려워하거나 망설이지 말고, 또 주저하지 말고, 담대히 기도 제목을 갖고 나아가서 아버지 하나님께 끈질기게 그리고 간절히 부르짖으십시오. 반드시 응답이 옵니다. 이는 당신을 자녀로 택하신 만군의 여호와 하나님의 약속이기 때문입니다.

> 우리가 그 안에서 그를 믿음으로 말미암아 담대함과 확신을 가지고 하나님께 나아감을 얻느니라 (엡 3:12).

3) 기도 응답을 위한 제 일 순위는 간절함과 강청함으로 기도하는 것이다

우리의 아버지가 되시는 하나님은 사랑의 하나님이시요, 긍휼의 전능하신 하나님이십니다. 그래서 우리의 간구에 다 응답하시려 합니다. 응답받는 기도의 비결이란 게 그리 복잡하고 어려운 게 아닙니다. 절대로 기도를 어렵게 생각 마십시오. 어떤 형식도 내용도 절차도 필요 없습니다. 오직 간절함과 끈질김과 강청함만 갖고 계시면 합니다. 하나님을 알고 싶어하는 간절한 마음으로 엎드리십시오.

마태복음 1장은 예수님의 족보 이야기로써 여기에는 여자 이름이 넷이 나옵니다. 모두가 이스라엘인이 아닌 이방 여인들이고, 그렇다고 도덕적이거나 윤리적으로 뛰어난 사람들도 아니었습니다. 단 하나 그녀들은 온 힘과 열정을 다하여 예수님의 족보에 들어간 사람들입니다. 이처럼 간절한 열심은 귀한 결실을 보게 해줍니다.

흔히 믿음으로 기도해, 큰 믿음을 갖고 기도해, 믿음이 적어서 응답이 없는 거야 등을 말하곤 하는 데, 현실적 우리의 문제는 우리가 그러한 믿음을 갖고 싶다고 해서 가져지는 게 아니라는 것입니다. 맞습니다. 믿음은 오직 하나님이 주시는 선물이기에 우리 의지로 키울 수는 없는 문제입니다.

그럼 어떻게 해야 할까요?

결론은 간단합니다. 하나님의 선물이기에 하나님이 안 주시곤 배길 수 없도록 만들어야만 한다는 것입니다. 그 요령을 하나님은 성경의 여러 곳에서 친절히 보여 주고 계십니다.

소경 바디메오의 간절함, 12년간 혈루병으로 고생한 여인의 간절함, 예수님을 멀리서 따라오며 계속 치료해 주기를 외치는 나병환자들의 간절함, 두로지방에서 귀신 들린 딸을 가진 이방 여인의 간절함, 회당장 야이로의 딸을 위한 아비의 간절함, 중풍병자 친구를 위하여 지붕까지 뚫은 친구들의 간절함, 불의한 재판관과 과부의 비유에서 억울함을 호소하는 과부의 간절함 등에서 보듯 예수님이 행하신 많은 기적과 치유 그리고 비유 등을 살펴볼 때, 우리는 중요한 핵심 단어 하나를 찾아낼 수가 있습니다. 그것은 하나님의 은혜에 대한 갈급함, 간절함과 끈질김이 바로 그것입니다.

> 하나님의 은혜로 여러분은 그리스도를 믿어 구원받았습니다. 그것은 여러분의 힘으로 된 것이 아니라 하나님의 선물입니다(엡 2:8).

간절함은 하나님의 은혜를 얻는 중요한 비결일 뿐 아니라 부흥 운동의 시발점이다.

많은 예에서 보듯 예수님의 부어 주실 은혜에 대한 우리의 간절함은 우리의 절박한 기도에 대한 기도 응답의 지름길이면서 역사상 놀라운 부흥 운동의 시발점이 되어 왔습니다. 역사상 이런 부흥의 현장을 보면 공통점이 있는데 그것은 무엇보다 하나님의 임재를 사모하며 간절하게 기도하는 자들을 통해 하나님의 능력이 나타났다는 것입니다. 뉴잉글랜드 지방에서 대부흥 운동을 일으켰던 죠나단 에드워즈는 이처럼 말했습니다.

> 하나님은 부흥을 주시기를 원한다. 그것은 간절히 사모하는 곳에 부어 주시는 것이다.

대부분은 책에서도 설교에서도 부흥 운동의 시초로 회개 운동을 언급합니다. 물론, 회개는 개인적 경우이든 집단적 경우이든 부흥 운동에는 반드시 따라오는 과정이지만 회개 과정이 부흥 운동의 시발점이 아닙니다. 개인이든 집단이든 변화와 은혜를 위해 간절한 기도 속에서 하나님의 은혜를 구해 나갈 때, 성령의 강림이 임하시면서 동시에 성령이 주시는 회개가 강하게 일어납니다.

왜냐하면, 성령님은 시기와 질투와 분노와 다툼과 정욕 등으로 가득 찬 우리의 심령 속에 그대로 들어와 거하실 수가 없기에 성령님이 우리 속에 거하시기 위해 성령님 스스로 우리의 심령을 청소하시게 되는데, 이것이 간절한 기도 속에서 성령님의 응답으로 회개의 영이 임하시는 모습입니다. 근세기에 들어와서 세계 도처에서 일어난 대부흥 운동의 시작은 성령의 임재를 간절히 사모하는 데서 시작됐습니다.

4) '간절하다'의 의미

이는 한자어로, '지성스럽고 절실하다. 곧 절실하게 지성을 다한다'라는 뜻인데, 신앙적으로 기도 행위와 연관해서 이해 쉬운 이미지로 표현하자면 '죽기 아니면 살기로 기도하는 것'으로 생각하면 그 뜻을 충분히 이해하게 되리라 생각됩니다.

(1) 사생결단(死生決斷)의 마음으로 기도하라

성경적, 영적으로 바른 기도는 출애굽기 30장에서 계시가 되고 있습니다. 하나님의 향단에는 소합향 나감향 풍자향에 유향을 섞어서 소금과 더불어 태워졌는데, 이 다섯 가지의 재료들이 기도의 특성들을 우리에게 보여 주고 있습니다. 이 모든 향은 뱀이나 전갈들을 막고 치료하기 위하여 사막 여행하는 사람들에게는 없어서는 안 되는 상비약입니다. 그러나 하나님은 이 향을 하나님께만 피우고 개인적 목적을 위해서는 사용치 못하게 했습니다. 오직 하나님만 바라보고 의지하라는 것입니다.

하나님께 분향되는 소합향과 나감향의 영적 의미는 하나님 없이는 살 수 없다고 눈물로 간절히 그리고 적극적으로 기도하라는 것인데 다른 의미로는 사생결단(死生決斷: 죽고 사는 것을 돌보지 않고 끝장을 내려고 함)의 마음으로 기도하라는 기도자의 자세를 의미합니다(더 자세한 내용은 본서의 제4장 〈기도의 삶〉에 수록된 하나님이 흠향하시는 기도에 있습니다).

대제사장도 분향을 드리다 실수하면 그 자리에서 죽었습니다. 매일 드려지는 기도이든 특정 기도 제목을 갖고 기도드렸든지 간에 지금 이 시간 그동안 자신의 기도에 임했던 마음의 자세에 대해 생각해 봐야 합니다. 기도에 대해 너무 고차원적이거나 규범적으로 교과서적인 것을 생각하지 마십시오. 하나님은 우리의 격식이나 외형을 보시지 않고 오직 마음만을 보시기 때문입니다.

'기도 들어주시면 좋고 안 들어주시면 다른 방법을 찾아봐야지'가 아니라 '하나님 없이는 내가 살 수 없습니다'라고 간절히 눈물로 기도드려져야만 합니다. 응답받는 성공적 기도라는 것이 다른 게 아닙니다. 담대하고, 강하게, 그리고 두려움 없이 끈질기고, 간절하게 기도하는 것을 말합니다.

5) 간절함은 결단의 각오에서 시작된다

사람은 누구나 부모의 곁을 떠나 성인이 되어 독립된 생활을 시작하게 되면 반드시 부딪치게 되는 게 '선택과 결단'의 과정입니다. 학교를 선택하고, 직장을 선택하고, 배우자를 선택하는 등 태어남과 죽음만 제외하면 우리의 인생은 살아가면서 마주치는 모든 문제에 임하여 선택과 결정의 과정으로 정의될 수 있습니다.

하나님이 택한 자녀도 같습니다. 하나님은 우리에게 자유의지를 주셨기 때문입니다. 해결하기 어려운 문제에 직면했을 때 우리는 선택과 결단의 순간에 임하게 됩니다. 이 문제를 하나님께 갖고 나갈 것인지, 아니면 하나님 없이 처리해야 할 것인지.

또. '하나님이 도와주시면 좋고 안 도와주시면 할 수 없지' 하는 경우도 생각해 볼 수 있을 것입니다. 이럴 때 간절한 마음이 나오지 않습니다. 여리고 성처럼 내 능력을 벗어나는 문제에 임하여 하나님만이 나를 살릴 수 있다는 처절한 마음을 갖고, 에스더처럼 기도 응답을 받기 위해서는 죽으면 죽으리라는 결단을 갖고 하나님께 나아갈 때 간절한 기도가 나오며 하나님의 영광을 대하게 합니다.

6) 간절함은 상대적인 것이 아니라 절대적이다

어느 정도 간절해야 하나님이 응답해 주실지에 대한 절대적 기준은 없습니다. 일반적으로 사람들은 다른 사람보다 내가 더 간절히 열심히 구하면 하나님께서 나의 기도에 먼저 응답하실 것으로 생각합니다. '선의의 질투'로 포장되는 이러한 경쟁의식은 결코 신앙생활에 도움이 되지 않습니다. 하나님은 다른 사람보다 더 큰 열심을 우리에게 찾으시는 것이 아니라, 바로 하나님께서 각자 개개인에게 정하신 기준을 통과하는 열심을 찾으십니다. 이러한 기준은 사람마다 그 믿음의 그릇이 다르듯이 모두 다릅니다.

하나님께서 어떤 사람을 더 귀하고 큰 일에 쓰시고자 하실 때에, 하나님께서는 그 사람에게 더 특별하고 간절한 마음을 요구하시기도 합니다. 많은 사람이 '응답받는 비결' 같은 것을 좋아하지만, 성경에는 어떤 특정 문제에 대해 응답받는 비결 같은 결정적 구절이 존재하지 않습니다. 어떤 사람들의 응답을 받은 신앙 간증이 참고할 사항은 될망정, 똑같이 나에게도 적용될 것이라고 기대해서는 안 됩니다. 하나님은 외모가 아니라 중심을 살피십니다. 그러므로 우리가 진정으로 돌아봐야 하는 것은, 다른 사람이 아니라 우리 자신 마음의 중심입니다.

우리 자신을 하나님이 바라시는 기준에 맞추고자 노력해야 합니다. 그것만이 하나님께 인정받는 유일한 길이기 때문입니다. 하나님이 우리에게 요구하시는 것은 목마른 사슴이 목숨을 걸고 물을 찾는 것과 같은 간절함입니다. 바로 온 힘과 마음과 정성으로 다해 하나님의 은혜를 찾는 간절함입니다. 그리할 때 반드시 하나님의 은혜가 임하게 합니다.

7) 강청함

'강청함'이란 사전적으로는 무리하게 억지로 청하다는 뜻이며, 원문으로 보면 '아나이데이아'(*ajnaivdeia*)인데, 이 단어는 헬라 문헌에서 매우 경멸적 의미를 담고 있으며, '집요함'으로 번역하기도 하고 '뻔뻔함'으로 번역하기도 합니다. 말하자면 어떤 비용을 치르더라도 요구를 관철하려고 부끄러움 없이 무례하게 요구하고 행동하는 것을 말합니다. 누가복음 11장 5절에서 13절까지 사용된 이 단어의 강조점은 '강청함' 곧 결코 단념하지 않는 태도로 염치없는 뻔뻔함으로 하나님께 나아가는 것에 있습니다. 그러나 누가복음 11장 5절에서 13절까지 비유의 핵심은 끈질김에만 있는 것이 아닙니다.

오늘 예수님의 비유에서 밤중에 찾아온 친구의 요구를 들어주는 결정적 동기는 친구에게 도움을 주고자 하는 마음 때문이 아니라 친구의 요구가 귀찮았기 때문입니다. 본 비유의 핵심은 누가복음 18장 1절에서 5절까지 한 과부가 불의한 재판장에게 자신의 원한을 풀어 달라고 끈질기게 요청하는 비유의 핵심과 비슷합니다.

> 예수께서 그들에게 항상 기도하고 낙심하지 말아야 할 것을 비유로 말씀하여 이르시되 어떤 도시에 하나님을 두려워하지 않고 사람을 무시하는 한 재판장이 있는데 그 도시에 한 과부가 있어 자주 그에게 가서 내 원수에 대한 나의 원한을 풀어 주소서 하되 그가 얼마 동안 듣지 아니하다가 후에 속으로 생각하되 내가 하나님을 두려워하지 않고 사람을 무시하나 이 과부가 나를 번거롭게 하

니 내가 그 원한을 풀어 주리라 그렇지 않으면 늘 와서 나를 괴롭게 하리라 하였느니라(눅 18:1-5).

이 말씀을 보면 불의한 재판관이 과부의 원한을 풀어 준 것은 과부를 도와주고자 하는 마음 때문이 아니었습니다. 과부가 계속해서 와서 자신을 번거롭게 하니까 귀찮아서 곧 그녀의 끈질긴 요청에서 벗어나기 위해서 그녀의 요청을 들어주는 것입니다. 누가복음 11장과 18장에서 다루는 이 두 비유는 기도에서 집요함과 끈질김을 주제로 다루고 있습니다. 예수님께서 상이한 두 비유의 주제를 끈질김으로 설정한 사실은 기도와 관련해서 이것이 그만큼 중요하기 때문입니다.

이 장에서 '어떻게' 또는 '어떠한 태도로' 기도하여야 하는가를 말씀하셨다면 그와 함께 또한, '어떠한 것'을 구하여야 하는가에 관하여도 가르쳐주고 계십니다. 바로 3절에서 매일 필요한 '육의 양식'(물질적 필요)으로부터 13절에서는 '좋은 것인 성령'까지 구하면 주시겠다고 약속하고 계십니다. 예수님께서는 그 택한 제자들이 물질적 필요는 물론, 신앙의 기본이 되는 성령의 능력까지도 필요한 모든 것을 구하며 살아갈 때마다 하나님께서 공급하여 주신다는 것을 가르쳐주고 계십니다.

그렇습니다. 말씀 그대로 하늘나라의 신령한 것에서부터 이 땅 위의 모든 것에 대해 하나님께 구하는 것을 잊어서는 안 됩니다. 하나님은 우리에게 영원토록 "아바, 아버지"라고 부르라고 요구하고 계시기 때문입니다.

> 우리에게 날마다 필요한 양식을 주소서. 우리가 우리에게 죄지은 사람들을 용서합니다. 그러니 우리의 죄도 용서해 주소서. 그리고 우리가 시험에 들지 않게 하소서. 예수님은 제자들에게 다시 말씀하셨다. 너희 중 어떤 사람에게 친구 하나가 있다고 하자. 그런데 그 친구가 한밤중에 찾아와서 여보게, 빵 세 개만 꾸어 주게. 한 친구가 여행 중에 나를 찾아왔으나 대접할 것이 없어서 그러

> 네 하고 말하면 그가 안에서 나를 괴롭히지 말게. 이미 문은 닫혔고 아이들과 나는 잠자리에 들었으니 지금 일어나 줄 수는 없네 하고 거절할 수 있겠느냐? 내가 너희에게 말하지만, 그가 비록 자기 친구라는 이유 때문에 일어나 주지는 않을지라도 그가 끈질기게 졸라대기 때문에 일어나 그에게 필요한 것을 줄 것이다. 그래서 내가 너희에게 말한다. 구하라. 그러면 받을 것이다. 찾아라. 그러면 찾을 것이다. 문을 두드려라. 그러면 열릴 것이다. 누구든지 구하는 사람은 받을 것이며 찾는 사람은 찾을 것이요 두드리는 사람에게는 열릴 것이다. 너희 중에 아들이 생선을 달라는데 생선 대신 뱀을 주며 계란을 달라는데 전갈을 줄 아버지가 있겠느냐? 악한 사람이라도 자기 자녀에게는 좋은 선물을 줄 줄 아는데 하물며 하늘에 계신 너희 아버지께서 구하는 사람에게 성령을 주시지 않겠느냐(눅 11:3-13).

내가 아는 어떤 분의 이야기입니다. 그분은 매우 어려운 환경 속에서도 믿음으로 살아 보려고 노력하고 있었습니다. 어느 날 우연히 기도에 대한 이야기를 나누던 중에 얼마나 기도에 힘을 쓰고 있느냐고 물었습니다. 그분이 답하기를 기도하려고 해도 자기가 자꾸만 기복적 기도를 하는 것만 같고, 또 자신의 살아가는 모습이 자기가 봐도 너무 한심해서 하나님이 내 기도에 응답해 줄 것 같지도 않아서 금방 멈추어 버린다고 했습니다.

바로 사탄이 우리의 양심을 이용해서 기도를 방해하고 있는 모습입니다. 기복 기도인지 아닌지의 판단은 오직 성령님이 하시는 것입니다. 자기 스스로 아니면 제3자가 그것을 판단한다는 것은 이미 심판주로서의 하나님의 자리를 차지하고 있는 교만의 죄를 범하는 것입니다.

구원의 확신을 가져 성령님이 내주하고 있는 자라면 그 문제에 대해 더 이상 염려할 필요가 없습니다. 왜냐하면, 성령님이 원치 않으시는 기도 제목은 어느 틈에 저절로 사라져 버리게 되기 때문입니다. 그러한 연유로 어떤 문제에 대해 간절한 소망을 품고 기도하던 중에 자기도 모르는 사이에 기도를 멈추게 되는 경우가 있습니다.

이때는 하나님이 원치 않으신다는 것을 깨닫고 더 이상 그 문제로 시간 낭비를 하지 마십시오. 그러나 어떤 경우에는 눈에 보이는 징조가 전혀 없는데도 기도할수록 간절한 소망이 더 생기는 경우가 있습니다. 이런 경우에는 중단하지 말고, 더욱더 기도에 힘써야 합니다.

8) 간절하고도 절실한 마음이 기도의 모습으로 나타나는 경우

(1) 눈물의 기도(간절함의 대표적 표현)

눈물의 기도는 하나님이 가장 흠향하시는 기도입니다. 눈물이란 자신의 가슴속에 들어 있는 한(恨), 고통, 슬픔이 가득 차서 더 이상 주체할 수 없을 때 밖으로 흘러넘치는 것입니다. 눈물은 사람의 가장 깊은 진심을 드러냅니다. 가장 확실한 감정을 나타내는 자기의 표현입니다. 감사의 눈물이든, 고난 속 슬픔의 눈물이든, 아니면 가슴이 저려서 나오는 회개의 눈물이든 가슴 깊은 곳에서부터 방울방울 맺히는 눈물은 하나님이 가장 흠향하시는 가장 귀한 향기입니다

참된 신앙은 고통 중에서 발휘됩니다. 위대한 선지자 사무엘은 어머니의 간절한 눈물 기도의 소산이었습니다. 또한, 믿음의 위대한 사람 다윗처럼 많이 울었던 사람은 없습니다. 다윗에 의해 기록된 시편 대부분이 눈물의 기도문들입니다. 이제 하나님이 좋아하시는 기도가 어떤 기도인지 아셨을 것입니다. 하나님은 무엇보다 우리의 심령 깊숙한 데서 올라오는 간절하고도 갈급한 마음의 기도를 원하십니다. 모두가 무지개처럼 아름다운 삶을 살기 원합니다.

무지개! 얼마나 아름다운가요?

그런데 무지개는 꼭 비가 온 다음에만 뜬다는 것을 잊어서는 안 됩니다.

(2) 금식기도

간절함과 갈급함을 갖고 열심히 구하는 우리의 기도 모습 가운데 대표적인 것 중의 하나가 금식기도입니다. 영적 의미로는 목숨을 걸고 죽기 아니면 살기로 기도하라는 의미로 받아들여야 합니다. 사람이나 짐승이나 먹지 않으면 죽습니다. 더욱이 니느웨성의 사람들처럼 마시지도 않는다면 그 사막지대에선 3-4일이면 죽습니다. 응답받기 전에는 결코 멈추지 않을 것이며, 죽으면 죽으리라는 결단으로 기도해야 합니다. 지난 일을 생각해 보면 누구에게나 가끔은 에스더의 결단이 필요했던 적이 있었을 것 같습니다.

그 며칠간의 금식과 끈기의 고통을 외면한 결과 일생 두고두고 고통을 느끼며 사는 게 아닌지?
내 능력을 벗어난 문제가 나를 괴롭히고 있다면, 지금이 하나님을 다시 만날 기회가 아닌지?
금식하며 며칠을 고생하고 일생을 괴롭힐 모든 문제에서 해방되는 게 최고의 현명한 처신이 아닌지?

천국은 침노하는 자의 것입니다. 우리가 죽기로 달려가는 만큼만 하나님의 은혜가 도래합니다. 결코 잊어서는 안 됩니다.

(3) 새벽기도

이른 새벽에 더 쉬고 싶은 마음을 달래며 강대상 앞에 나아와 엎드림은 하나님 은혜에 대한 간절한 마음의 아름다운 모습입니다. 창세기부터 계시록까지 성경 66권은 오직 기도하는 자들의 이야기입니다. 비록 현실은 캄캄하게 보이고, 절망적으로 보일지라도 무릎을 꿇은 자들에게 하늘 문은 반드시 열려 왔습니다. 규칙적 기도 생활, 그것도 하루를 시작하는 새벽 제단을 쌓는 것은 하나님이 가장 기뻐하시는 모습일 것입니다.

새벽은 이스라엘 백성에겐 구원의 때였습니다. 새벽에 그들은 애굽에서 나왔고, 새벽에 갈라졌던 홍해가 다시 합해져서 죽이려고 달려드는 애굽 군대를 수장시켰고(출 14:24), 바라던 가나안 땅을 앞두고, 새벽까지 모두 요단강을 건넜고(삼하 17:22), 예수님은 수시로 새벽에 한적한 곳에서 기도하셨고(막 1:35), 또한, 여자들이 부활을 목격한 것도 새벽에 예수의 무덤을 찾아갔을 때였습니다.

(4) 무릎 꿇고 기도하기

> 무릎을 꿇고 하늘을 향해 손을 높이 들고 기도하던 솔로몬은 이 모든 기도를 마치고 여호와의 제단 앞에서 일어나(왕상 8:54).

> 예수께서 저희를 떠나 돌 던질 만큼 가서 무릎을 꿇고 기도하여(눅 22:41).

평시에도 엎드림은 최고의 존경과 경배의 표시입니다. 전쟁터에서 포로가 정복자에게 무릎을 꿇는 것은 목숨까지도 맡긴다는 의미입니다. 똑같이 하나님 앞에 무릎을 꿇는다는 것은 전능자의 긍휼에 목숨까지도 맡긴다는 전적 신뢰의 표현이며, 또한, 자신을 최대한 낮추는 자세입니다. 따라서 무릎을 꿇고 기도하는 자는 하나님이 바라시는 겸손한 자로 살아가는 자입니다.

어떤 환경에서도 될수록 하나님 앞에 무릎을 꿇고 기도드리십시오. 의자에 앉아서 또는 다른 자세의 기도로는 마음의 간절함을 다 담을 수가 없기 때문입니다. 사생결단의 마음으로 기도에 임할 때 자연적으로 무릎을 꿇고 기도하게 됨을 깊이 마음에 새겨 두십시오. 흔히 외형보다 마음이 중요하다고 자기를 합리화시키기도 하지만, 외적 모습에서 그 내적 모습의 상태가 나타나는 것이 일반적입니다. 동서고금을 막론하고 무릎을 꿇는다는 것은 삶과 죽음까지도 맡긴다는 최고의 존경과 겸손의 자세임을 기억해야 합니다.

> 그러므로 하나님의 능하신 손 아래서 겸손하라 때가 되면 너희를 높이시리라 (벧전 5:6).

(5) 부르짖는 기도

> 여호와여 내가 주께 부르짖으오니 나의 반석이여 내게 귀를 막지 마소서 주께서 내게 잠잠하시면 내가 무덤에 내려가는 자와 같을까 하나이다. 내가 주의 지성소를 향하여 나의 손을 들고 주께 부르짖을 때에 나의 간구하는 소리를 들으소서 (시 28:1-2).

> 너는 내게 부르짖으라 내가 네게 응답하겠고 네가 알지 못하는 크고 비밀한 일을 네게 보이리라 (렘 33:3).

① 부르짖는 기도, 곧 통성기도는 가장 성경적 기도다

한국의 거의 모든 교회는 보통 매 금요일 밤에 통성으로 기도드리는 모임을 합니다. 어떤 분들은 소리 내어 기도하는 것을, 더더욱 큰 목소리로 방언 기도하는 것에 이질감을 느껴, 하나님이 귀머거리냐, 왜 그처럼 소리 지르냐고 흉을 보며 그러한 모임을 싫어하기도 하는데, 주님의 이름을 소리 내어 부르며 기도하는 모습이 성경에 자주 나오며, 또 성경적 기도라는 것을 알아야 합니다.

② 누구든지 주의 이름을 부르는 자는 구원을 얻으리라

바울은 로마서 10장에서 "누구든지 주의 이름을 부르는 자는 구원을 얻으리라"라는 요엘 선지자의 말씀을 인용하여 복음을 전했습니다.

> 네가 만일 네 입으로 예수를 주로 시인하며 또 하나님께서 그를 죽은 자 가운데서 살리신 것을 네 마음에 믿으면 구원을 받으리라. 사람이 마음으로 믿어 의에 이르고 입으로 시인해 구원에 이르느니라. 성경에 이르되 누구든지 그를 믿는 자는 부끄러움을 당하지 아니하리라 하니 유대인이나 헬라인이나 차별이 없음이라 한 분이신 주께서 모든 사람의 주가 되사 그를 부르는 모든 사람에게 부요하시도다. 누구든지 주의 이름을 부르는 자는 구원을 받으리라(롬 10:9-13).

마음으로 믿은 결과는 의(義)요, 입으로 시인한 결과는 구원입니다. "의롭게 되기를 원한다면, 하나님의 의를 얻기를 원한다면 주 예수를 마음으로 믿어야 하고, 구원받기를 원한다면 주 예수의 이름을 불러 그를 시인해야 한다"라고 말하고 있습니다. 마음만으로 믿는 것에 끝나지 않고, 반드시 예수님이 나의 구세주라는 것을 입술로 시인해야 합니다.

성경은 주님을 부르는 것이 주님의 은혜를 누리는 길임을 밝히 계시하고 있습니다. 꼭, 부르짖지 않더라도 소리 내어 주 예수의 이름을 부르는 것이 더 은혜롭다는 의미입니다. 주님을 부르는 것은 단순히 그분께 기도하는 것과는 다릅니다. 주님께 기도하는 것은 소리 없이 할 수 있지만, 주님을 부르는 것은 그분께 외치거나 들리도록 말하는 것이 필요합니다.

'부르다'라는 말은 헬라어로 사람을 자극하고, 사람의 이름을 부르는 것을 의미합니다. 적극적으로 내게 관심을 돌리게 하라는 의미입니다.

③ 부르짖는 기도의 예

창세기 4장 26절에 인간이 최초로 기도했다는 "불렀더라"라는 히브리어 단어는 부르짖음을 의미합니다.

신명기 4장 7절은 주님이 "그를 부를 때마다 우리에게 가까이하신다"라고 말하고, 시편 145편 18절은 "여호와께서는 자기를 부르는 모든 자 곧 신실하게 자기를 부르는 모든 자에게 가까이하시는도다"라고 말씀하십니다.

시편 18편 6절과 118편 5절에서 다윗은 환난과 고통 중에 주님을 불렀고, 시편 50편 15절에서 주님은 "환난 날에 나를 부르라"라고 말씀하시며, 시편 86편 5절은 "주는 선하사 사유(赦宥)하기를 즐기시며 주께 부르짖는 자에게 인자함이 후하니이다"라고 말하고 있습니다.

시편 116편 3절과 4절은 "사망의 줄이 나를 두르고 음부의 고통이 내게 미치므로 내가 환난과 슬픔을 만났을 때에 내가 여호와의 이름을 부르기를 여호와여 주께 구하오니 내 혼을 건지소서 하였도다"라고 말하며, 같은 시편 13절은 "내가 구원의 잔을 들고 여호와의 이름을 부르며"라고 말합니다. 구원의 잔을 들기 위해, 즉 주님의 구원에 참여하고 누리기 위해 우리는 주님의 이름을 불러야 한다고 하고 있습니다.

예레미야애가 3장 55절부터 57절까지 예레미야는 깊은 구덩이, 곧 지하 감옥에서 주님의 이름을 불렀습니다. 우리는 영적 지하 감옥이나 구덩이, 혹은 어떤 억눌림 안에 있을 때마다 주님의 이름을 부르고, 우리가 주님의 이름을 부를 때, 그분이 우리에게 가까이 오시며, 이로써 우리 속에 있는 모든 고통과 아픔과 억눌렸던 것들에서 해방된다는 것을 의미합니다.

이사야 12장 4절과 6절은 주님의 이름을 부르는 것이 "소리를 높이고 부르짖는 것"임을 보여 주고 있습니다. 예레미야애가 3장 55절과 56절도 같은 것을 계시하고 있습니다. 즉, 주님의 이름을 부르는 것은 "주님께 부르짖는 것"이라는 것입니다.

또, 다윗은 "내가 주님을 불렀으며 나의 하나님께 부르짖었다"라고 말했는데 주님을 부르는 것은 그분께 부르짖는 것입니다.

또, 예레미야 33장 3절에 "너는 내게 부르짖으라 내가 네게 응답하겠고 네가 알지 못하는 크고 비밀한 일을 네게 보이리라"라고 말했는데, 이 말씀에서 너는 내게 조용히 기도하라 하시지 않고 분명 "부르짖으라"라고 말씀하고 있는 것입니다.

이사야 58장 9절에 "네가 부를 때에는 내가 응답하겠고 네가 부르짖을 때에는 내가 여기 있다 하리라"라고 말씀하십니다.

④ 큰 소리로 부르짖으라

구약성경의 선지자들, 사도들, 예수님 자신도 골방에 들어가 말 그대로 조용히 기도한 사례는 성경에 없습니다. 엘리야는 무릎 사이로 머리가 들어갈 정도로 간절히(이것은 너무나 온 힘을 다해 기도하므로 창자가 꼬이는 고통 때문에 그렇게 된 것이라고 합니다) 부르짖어 기도했고, 모세도 장막에서 하나님께 부르짖어 기도했고, 선지자 다니엘은 기도하면 정적들이 그것을 꼬투리 잡아 죽일 것을 알면서도 창문을 열고 예루살렘을 향해 세 번씩 기도했다고 했습니다. 베드로도 지붕 위에 올라가서, 바울은 바닷가에서 등등. 그리고 결정적으로 예수님은 산에서 들에서 기도하셨고, 겟세마네 동산에서는 그 추운 새벽에 땀이 땅에 떨어지는 핏방울같이 될 정도로 힘쓰고 애써 간절히 기도하셨다(눅 22:44)고 나옵니다.

> 예수께서 힘쓰고 애써 더욱 간절히 기도하시니 땀이 땅에 떨어지는 피방울 같이 되더라 (눅 22:44).

그 외에도 신구약에 수없이 부르짖어 기도하라고 기록돼 있습니다.

> 너는 내게 부르짖으라 내가 네게 응답하겠고 네가 알지 못하는 크고 은밀한 일을 네게 보이리라 (렘 33:3).

⑤ 기도할 때는 그 상황에 맞는 기도가 필요하다

환자가 병원에 들어가는 데는 두 개의 문이 있습니다. 일반적 환자는 정문으로 들어가서 접수실에서 모든 서류에 수속하고 차례를 기다립니다. 또 다른 문은 응급실 문(emergency)입니다. 이 경우에는 서류 수속도 하지 않고, 이름도 물어보지 않고 우선 사람을 살리려고 온 힘을 다합니다. 온 힘을 다한 뒤 의식이 돌아오면 그때에야 비로소 서류 수속을 밟곤 합니다.

다시 말해서, 보통의 일상적 기도와 긴급할 때의 기도 모습이 다르다는 것입니다. 이처럼 기도할 때도 그 상황에 맞는 기도가 필요합니다. 갈급하고 급박한 일이 있을 때는 부르짖는 기도가 더욱 필요할 것입니다. 선지자 엘리야가 갈멜산에서 바알을 섬기는 자들과 대결할 때 하나님께 골방에 들어가서 조용히 구하지 않았습니다. 오히려 하나님의 영광을 나타내기 위해서 모두 앞에서 큰 소리로 외쳐 기도했습니다. 또 다니엘은 이렇게 부르짖어 기도했습니다.

> 주여 들으소서, 주여 용서하소서, 주여 들으시고 행하소서, 지체지 마시옵소서 (단 9:19).

이것이 주여, 삼창 기도의 유래이기도 합니다. 한마디로 상황에 맞춰서 조용한 기도를 해야 할 때도 있고, 절박한 상황에서는 부르짖을 때도 있어야 하는 것입니다. 기도는 다른게 아닙니다. 예수님의 이름에 힘입어서 하나님과 '대화'하는 것입니다. 사람이 대화할 때 그 상황에 따라 말투의 변화가 있는 것과 같습니다.

그 누가 결혼식 같은 자리에서 큰소리로 통성으로 기도하겠습니까?

그러나 당장 큰 위기가 닥쳤을 때나 예를 들어 물에 빠져 죽어가는데 골방에서 하듯이 조용히 "하늘과 땅을 지으신 전능하시고 무소부재 하시고 신묘막측하신 우리 주 하나님이여… 제가 죽어가오니… 하나님 저를 살려 주시옵소서…."

누가 이렇게 기도하겠습니까?

그럴 급박한 위기 때는 "주여!!! 나를 살려주소서" 하며 절박하게 부르짖는 것입니다.

⑥ 바디매오의 외침

여리고의 소경 바디매오의 부르짖음을 상상해 보십시오. 눈이 보이지 않는 바디매오가 지나가는 예수님과 제자들의 대화하는 소리를 듣고, 예수님을 부릅니다. 아주 목 놓아 "다윗의 자손 예수여!!! 예수여"하고 부릅니다. 예수님이 자기를 제발 돌아봐 주기를 아주 간절히 부르짖었습니다. 바디매오가 만약 그렇게 애절하게 부르짖지 않았다면 이방인의 지역이었던 그곳에서 예수님은 그에게 이적을 베푸시지 않으셨을 것입니다.

우리는 여기서 하나님께서 왜 부르짖으라 하셨는지 생각해 봐야 합니다. 단순히 크게 소리를 지르는 것이 기도의 본질은 아닙니다. 부르짖는 기도의 본질은

첫째, 낮고 상한 심령으로,
둘째, 애통하는 마음으로,
셋째, 눈물로,
넷째, 간절한 마음으로 주님 앞에 엎드리라는 의미입니다.

그러한 기도에 하나님께서는 은혜와 긍휼로 응답하십니다. 잊지 마십시오. 우리가 간절한 마음으로 달려가는 만큼 하나님도 그만큼 달려 나오십니다.

또 다른 의미로는 온 힘으로 기도에 집중하라는 것입니다. 조용히 묵상기도 하는 때에는 잡생각과의 싸움이 더 잦습니다. 그러나 온 힘으로 소리질러 기도할 때는 기도에만 전념하게 합니다. 인생의 어려운 고비에서 하나님이 내 인생에 개입하게 할 것인지, 아니면 내가 알아서 해결할지의 전환점에서 내가 부르는 이름이 그걸 처리하시게 합니다. 운전하면서, 걸으면서, 수시로 나직이 주 예수의 이름을 부르시는 습관을 지니십시오. 정말 그분이 필요할 때, 아주 가까이서 함께 걷고 있는 그 분을 보게 될 것입니다.

가끔은 아무도 없는 교회에서, 아니면 깊은 산속에서 마음껏 부르짖는 기도의 시간을 가져 보십시오.

살아가면서 가정에서, 일터에서, 세상살이에서 이런 소리, 저런 소리, 이런 모양, 저런 모양으로 마음에 한이 맺히는 일들이 얼마나 많겠습니까?

그런 상황에서 기도한답시고 조용히 묵상기도 해서 마음에 쌓여 있는 수많은 한이 풀리겠습니까?

때로는 우리의 가슴 깊이 가득 담겨 있는 한을, 어려움을, 눈물들을 마음껏 하나님께 터트리는 것도 필요합니다. 심리적인 면에서도 그 해소 효과가 크지만, 하나님께 더 절박한 마음으로 우리의 깊은 한을 얘기할 수 있기 때문입니다. 구세군을 창립한 윌리엄 부스에게 누군가가 물었습니다.

> 당신이 기도 응답을 받는 비결이 무엇입니까? 나는 기도할 때마다 나의 목숨을 걸고 간절히 부르짖습니다.

그렇습니다. '사생결단'의 마음으로 기도했다는 것입니다.

(6) 인내의 끈질긴 기도(예, xx일 작정기도)

살아가면서 겪는 어려움들이 어찌 한두 가지뿐이겠습니까?

문제는 언제 해결될지, 어떤 방법으로 이루어질지 우리는 아무것도 모른다는 것입니다. 그런데도 흔들리는 마음을 부둥켜안고 여전히 기다린다는 것은 하나님 은혜에 대한 갈급한 마음의 아름다운 모습입니다. 인내라고 해서 무작정 기다리는 것만이 능사가 아닙니다. 하나님의 때를 묵묵히 기다리면서도 계속 구하고, 찾고, 문을 두드려야 합니다.

이러한 간절함은 내가 할 수 있다고 생각하거나, 또 별문제가 아니라고 생각될 때는 나오지 않습니다. 내가 불가능하다고 생각할 때 나오며, 그 문제가 생사존망에 관계된다고 생각될수록 더욱 간절해집니다. 그러기에 문제가 클수록 두려워할 것이 아니라 오히려 내게 향하신 하나님의 영광을 만날 때가 됐다고 생각하며 담대히 기도해야 합니다.

이처럼 어려운 고난에 처하게 됐을 때에는 예컨대, 사흘 동안, 일주일 동안, 삼십 일 동안 또는 백 일 동안 동일한 기도 제목을 갖고, 될수록 정해진 시간에 기도한다는' XX일 작정기도'와 같은 인내의 끈질긴 기도가 필요합니다.

(7) 간절함은 죽기 아니면 살기로 기도하는 것이다

> 하나님이여 사슴이 시냇물을 찾기에 갈급함 같이 내 영혼이 주를 찾기에 갈급하니이다(시 42:1).

사슴은 짝짓기 시즌에 이르면 몸에서 큰 향기가 나오는데 이때 사슴의 몸은 본능적으로 많은 물을 찾는다고 합니다. 그러나 3-4일 내로 물을 찾지 못하면 사슴은 죽는다고 합니다. 사슴이 물을 찾는다고 함은 목마름 해소 정도가 아니라 죽기 아니면 살기로 찾는 것을 의미합니다.

우리의 기도도 이와 같아야 합니다. 약간의 위안과 용기는 짧고 피상적 기도를 통해 얻어질 수 있을지는 몰라도 끊임없이 희망과 용기를 주는 힘은 계속적이고도 쉬지 않는 간절한 기도에서 나온다는 것을 알아야 합니다. 쉬지 않고 타는 불이 물을 덮게 하고 밥이 되게 하는 것처럼 쉬지 않는 기도는 반드시 변화를 가져다 줍니다. 절망에서 소망으로, 실패에서 성공으로, 약함에서 강함으로, 무능이 유능으로, 미련함이 지혜로움으로 변화될 수 있는 축복의 기회임을 기억하시기를 바랍니다.

① 성경에 나타나는 간절함의 예

㉮ 얍복강 가의 야곱

> 야곱은 홀로 남았더니 어떤 사람이 날이 새도록 야곱과 씨름하다가 자기가 야곱을 이기지 못함을 보고 그가 야곱의 허벅지 관절을 치매 야곱의 허벅지 관절이 그 사람과 씨름할 때에 어긋났더라. 그가 이르되 날이 새려 하니 나로 가게 하라 야곱이 이르되 당신이 내게 축복하지 아니하면 가게 하지 아니하겠나이다. 그 사람이 그에게 이르되 네 이름이 무엇이냐 그가 이르되 야곱이니이다. 그가 이르되 네 이름을 다시는 야곱이라 부를 것이 아니요 이스라엘이라 부를 것이니 이는 네가 하나님과 및 사람들과 겨루어 이겼음이니라(창 32:24-28).

㉯ 엘리야의 기도

> 아합이 먹고 마시러 올라가니라 엘리야가 갈멜산 꼭대기로 올라가서 땅에 꿇어엎드려 그 얼굴을 무릎 사이에 넣고(왕상 18:42).

톰슨 성경 주석에는 황홀경에 입신한 자의 자세라고 여겨진다고 했지만, 어떤 전문 의사에 의하면 창자가 극도로 꼬이는 아픔을 느낄 때 그런 자세가 나온다고도 합니다. 울부짖으며 너무 부르짖다 보면 창자가 꼬이는 것과 같은 통증을 느끼면서 저절로 그러한 자세가 나오며, 더 심하게 될 때면 위장에서 위액인 노란 물이 나오기도 한다고 합니다.

그렇습니다. 엘리야가 부럽다면 엘리야처럼 창자가 꼬이도록 죽기로 기도하면 되고, 다윗이 부럽다면 다윗처럼 아침에도, 낮에도, 밤에도 침상이 젖도록 눈물을 뿌리며 간절하게 기도하면 합니다. 하나님의 은혜를 구하는 데 있어 복잡하고 모호하게 알 필요가 없습니다. 성경 말씀 그대로, 믿음의 선배들 모습 그대로 따라가시면 됩니다.

㉰ 에스더

> 당신은 가서 수산에 있는 유대인을 다 모으고 나를 위하여 금식하되 밤낮 삼일을 먹지도 말고 마시지도 마소서 나도 나의 시녀로 더불어 이렇게 금식한 후에 규례를 어기고 왕에게 나아가리니 죽으면 죽으리이다(에 4:16).

"죽으면 죽으리라"라는 결단을 갖고 사흘 밤낮으로 먹지도 마시지도 말면서 기도해 보십시오. 어떤 어려운 문제에도 하나님은 꼭 응답해 주십니다.

㉱ 니느웨 사람들

> 니느웨 사람들이 하나님을 믿고 금식을 선포하고 높고 낮은 자를 막론하고 굵은 베 옷을 입은지라. 그 일이 니느웨 왕에게 들리매 왕이 보좌에서 일어나 왕복을 벗고 굵은 베 옷을 입고 재 위에 앉으니라. 왕과 그의 대신들이 조서를 내려 니느웨에 선포하여 이르되 사람이나 짐승이나 소 떼나 양 떼나 아무것도 입

에 대지 말지니 곧 먹지도 말 것이요 물도 마시지 말 것이며 사람이든지 짐승이든지 다 굵은 베 옷을 입을 것이요 힘써 하나님께 부르짖을 것이며 각기 악한 길과 손으로 행한 강포에서 떠날 것이라. 하나님이 뜻을 돌이키시고 그 진노를 그치사 우리가 멸망하지 않게 하시리라 그렇지 않을 줄을 누가 알겠느냐 한지라 (욘 3:5-9).

㈎ 소경 바디메오

저희가 여리고에 이르렀더니 예수께서 제자들과 허다한 무리와 함께 여리고에서 나가실 때에 디매오의 아들인 소경 거지 바디매오가 길가에 앉았다가 나사렛 예수시란 말을 듣고 소리 질러 가로되 다윗의 자손 예수여 나를 불쌍히 여기소서 하거늘 많은 사람이 꾸짖어 잠잠하라 하돼 그가 더욱 심히 소리 질러 가로되 다윗의 자손이여 나를 불쌍히 여기소서 하는지라. 예수께서 머물러 서서 저를 부르라 하시니 저희가 그 소경을 부르며 이르되 안심하고 일어나라 너를 부르신다 하매 소경이 겉옷을 내어버리고 뛰어 일어나 예수께 나아오거늘 예수께서 일러 가라사대 네게 무엇을 하여주기를 원하느냐 소경이 가로되 선생님이여 보기를 원하나이다. 예수께서 이르시되 가라 네 믿음이 너를 구원하였느니라 하시니 저가 곧 보게 되어 예수를 길에서 좇으니라 (막 10:46-52).

그 당시의 겉옷은 큰 재산으로 3대까지 물려받으며 입을 정도였으며 입으면 옷이지만 또 펼치면 이불이 될 정도로 귀히 쓰였고 비싼 물건이었습니다. 그런데 이런 물건을 팽개치며 뛰어 일어 설 정도면 얼마나 눈을 뜨고 싶은 열망이 간절했는지 모르겠습니다.

또 장님이 뛰면 어디로 뛰겠습니까?

주위에는 사람이 많았을 터인데도 부딪치거나 넘어져 다칠 염려도 생각지 않고 물불 가리지 않고 뛰어가는 모습을 보십시오. 오늘날 이처럼 뛰어가는 마음, 불타는 마음이 점점 사그라져 가서 예배 참석도, 봉사도, 전도도 마지 못해 하는 것만 같은 경우가 너무나도 많은 것 같습니다. 모두 가 다 예수님을 그리워하는 뜨겁고 사모하는 마음이 사라져서 그런 것입니다.

㈐ 불의한 재판관과 과부

> 예수께서 그들에게 항상 기도하고 낙심하지 말아야 할 것을 비유로 말씀하여 이르시되 어떤 도시에 하나님을 두려워하지 않고 사람을 무시하는 한 재판장이 있는데 그 도시에 한 과부가 있어 자주 그에게 가서 내 원수에 대한 나의 원한을 풀어 주소서 하되 그가 얼마 동안 듣지 아니하다가 후에 속으로 생각하되 내가 하나님을 두려워하지 않고 사람을 무시하나 이 과부가 나를 번거롭게 하니 내가 그 원한을 풀어 주리라 그렇지 않으면 늘 와서 나를 괴롭게 하리라 하였느니라. 주께서 또 이르시되 불의한 재판장이 말한 것을 들으라. 하물며 하나님께서 그 밤낮 부르짖는 택하신 자들의 원한을 풀어 주지 아니하시겠느냐 내가 너희에게 이르노니 속히 그 원한을 풀어 주시리라. 그러나 인자가 올 때에 세상에서 믿음을 보겠느냐 하시니라 (눅 18:1-8).

㈑ 겟세마네 동산의 예수

> 예수께서 힘쓰고 애써 더욱 간절히 기도하시니 땀이 땅에 떨어지는 핏방울같이 되더라 (눅 22:44).

하나님이신 예수님의 기도도 저처럼 간절하신데 우리가 무엇이관데 그저 그런 평이한 기도로 하나님의 응답을 바라는 것입니까?

㋐ 모세

> 그러나 이제 주님께서 그들의 죄를 용서하여 주십시오. 그렇게 하지 않으시려면, 주님께서 기록하신 책에서 저의 이름을 지워 주십시오(출 32:32).

㋓ 바울

> 나의 형제 곧 골육의 친척을 위하여 내 자신이 저주를 받아 그리스도에게서 끊어질지라도 원하는 바로라(롬 9:3).

(8) 문제만 고하라

여기서 깊이 생각해야만 할 것이 하나 있습니다. 우리는 보통 하나님 앞에 우리의 문제만이 아니라 우리가 생각하고 희망하는 문제 해결책까지 들고 나가 그대로 응답해 달라고 기도합니다. 이것은 올바른 기도가 아닙니다. 문제 자체만 하나님께 고하고, 그에 대한 응답은 철저하게 하나님의 뜻에 맡기는 기도가 올바른 기도입니다. 또 그것을 믿음이요, 순종이라고 부릅니다.

이사야서에 보면 히스기야 왕이 똑같은 일을 당하고 있습니다. 산헤립의 군대가 이스라엘을 포위하곤 "지금 항복 안 하면 너희를 멸절시킨다"라고 최후통첩을 보내왔습니다. 그때 히스기야는 작전을 짜지도 않고, 계획을 세우지도 않았고, 그렇다고 어떡하면 그 상황을 돌파할 수 있을까 고민하지도 않았습니다. 산헤립의 편지를 들고, 성전에 올라가 하나님 앞에 그저 엎드렸습니다.

요한복음 2장에 보면 가나안의 혼인 잔치에서 포도주가 떨어졌을 때도 마리아는 어떤 계획도 없이 그저 예수님 앞에 가라고만 했습니다.

오병이어의 사건에서도 빌립은 인간의 계산으로 먹일 수 없다고 봤지만, 안드레는 어떤 계산도 없이 소년의 보리떡 다섯 개와 고기 두 마리를 들고 주님 앞에 나왔는데, 결국 오천 명을 먹이고도 열두 광주리가 남았습니다.

살아가노라면 싫든 좋든 우리는 여러 가지 어려움에 부딪치게 합니다. 그때마다 문제의 해결책을 고하며 그대로 들어 주시길 바랄 때가 많습니다. 이는 영적으로 성숙한 신앙인의 자세가 아닙니다. 그때마다 문제만 고하고 그 응답이 내가 바라던 모습과 다를지라도 감사로 받아들이고 적응해 나가는 자세가 하나님께 칭찬받는 믿음의 자세요, 순종의 자세입니다.

(9) 하나님의 기도 응답은 하나님의 영광을 위해 사용돼야 한다

하나님이 기도 응답의 축복을 주실 때는 반드시 이유가 있다는 것을 알고 두려운 마음으로 관리해야 합니다. 어렵게 하나님의 축복을 얻은 뒤에 방심해서 지내다가 사탄의 유혹에 사로잡힌 자들이 너무 많기 때문입니다. 우리는 그 모든 눈에 보이는 축복의 관리인에 불과하다는 것을 잊어서는 안 됩니다. 그 모든 것이 주인은 한 분 '여호와 하나님'이십니다. 되풀이됩니다. 하나님이 기도 응답을 주실 때는 하나님의 증인이 되어 간증으로 전도하고 물질을 나누는 등, 이웃에게도 그걸 잘 사용하라고 주시는 것입니다.

성경에는 물질에 관한 기록이 수두룩하게 나옵니다. 개인적 삶에서도 그렇지만 하나님의 나라를 전도하고 하나님의 사역을 이루기 위해서도 물질이 필요하다는 것을 잘 아시기 때문입니다. 물질의 축복을 받았지만, 그것들이 자기만을 위해 쓰이게 될 때 복의 흐름은 멈추게 됩니다. 왜냐하면, 물질의 축복을 성경에서는 하나의 은사로 봅니다. 은사란 하나님의 기쁨을 위하여, 하나님의 일을 하기 위하여 특정인에게 특별히 주어지는 것입니다. 따라서 그 목적을 상실하게 되면 하나님이 회수해 가실 수도 있다는 것을 명심해야 할 것입니다.

6 인내의 삶: 끈기

1) 인내심을 갖고 끈질기게 기도하라: 인내의 기도

직장의 문제, 가정의 문제, 질병의 문제, 인간관계에서 겪는 어려움 등, 살아가면서 겪는 어려움들이 어찌 한두 가지뿐이겠습니까?

문제는 언제 해결될지, 어떤 방법으로 이루어질지 우리는 아무것도 모른다는 것입니다. 그러나 오직 한 분 하나님만은 알고 계시기에 우리에겐 신실하신 하나님을 믿으며, 끈질기게 하나님 안에서 기다린다는 인내의 믿음이 절실히 요구됩니다.

성경에서 나타나고 있는 인내의 중요성은 이루 말할 수가 없습니다. 왜냐하면, 인내를 통해 우리가 겸손과 순종의 자녀로 변해갈 뿐 아니라, 하나님의 생각과 그 응답의 시간이 우리가 생각하는 것과 다른 것이 대부분이기 때문입니다. 보편적으로 미래의 모든 것을 통찰하시는 하나님의 생각과 응답의 때가 늦는 경우가 일반적인데도, 인간의 조급함 때문에 끝까지 기다리지 못하고 자신의 판단으로 성급히 일을 처리해서 하나님의 영광을 못 볼 때가 더 많은 것 같습니다.

하나님 응답의 사인은 빌립보서 4장 7절 말씀입니다. 빌립보서 4장 7절의 말씀처럼 하나님의 평강이 여러분의 마음과 생각을 완전히 점령할 때까지 끈질기게 기도해야 합니다. 응답이 지체되는 것은 거절되는 것이 아닙니다. 누구나 기다림을 좋아하지 않습니다. 성경의 많은 믿음의 선배 중에서 인내하는 믿음 없이 하나님의 영광을 대한 인물은 거의 없습니다.

인내, 곧 기다림은 언제나 힘이 듭니다. 날이 가고 몇 주일, 또 몇 달이 지나도록 기도에 응답이 없을 때, 우리는 하나님이 나를 저버린 게 아닌가 하는 절망감에서 기도를 잃어버리게 될 수도 있습니다. 그러나 하나님은 신실하셔서 끝까지 응답을 기다리며 끈기 있게 기도하는 사람에게 확실한 약속의 응답을 주십니다.

> 그리하면 모든 지각에 뛰어난 하나님의 평강이 그리스도 예수 안에서 너희 마음과 생각을 지키시리라(빌 4:7).

> 보라 인내하는 자를 우리가 복되다 하나니 너희가 욥의 인내를 들었고 주께서 주신 결말을 보았거니와 주는 가장 자비하시고 긍휼히 여기는 자시니라(약 5:11).

2) 자갈밭, 옥토밭

저녁과 아침 사이에는 언제나 긴 어둠의 터널이 있습니다. 그런데 너무 많은 사람이 이 긴 터널의 중간에서 넘어져서 아침의 기쁨을 보지 못하는 경우가 많습니다. 인내란 분명 어렵고 힘이 듭니다. 그러나 반드시 아침은 온다는 것을 생각해야 합니다. 성경에선 자갈밭, 옥토밭 등 밭에 대한 이야기와 비유가 많이 나옵니다. 물론, 밭과 같은 부동산은 그때나 지금이나 재산의 중요한 수단일 뿐 아니라, 또 그때는 먹는 게 중요한 시대여서 밭은 아주 중요한 개념이었습니다.

그러나 예수님이 밭에 대한 비유를 말씀하실 때는 의외의 더 중요한 이유가 있었습니다.

들에 있는 밭이나 황무지 같은 밭에서 우리가 곡식을 얻기 위해서는 어떻게 해야 하는가요?

그대로 씨만 뿌린다고 되는 게 아닙니다. 우리 손으로 직접 피와 땀을 흘리며 자갈을 치우고, 또 가시넝쿨을 제거하며, 열심히 파내고 가꾸어야만 옥토가 됩니다. 또 아무리 좋은 옥토라도 게을러서 그냥 놔두면 어느덧 들짐승이 뛰노는 황무지가 되고 마는 법입니다.

우리의 신앙도 이와 똑같습니다. 자기 훈련과 인내의 과정이 없이는 결코 믿음이 자라지 않는 데도 많은 사람이 자기의 피와 땀을 흘리지 않으면서 거저 하나님의 축복만을 받으려고 하는 것 같습니다. 또 옥토를 가꾸는 데 하루, 이틀 개간해서는 안 될 것입니다. 피와 땀을 흘리며 가끔은 돌멩이에 발이 깨지고, 가시넝쿨에 찔릴지라도 결코 경작을 중단해서는 안 될 것입니다. 성경 전체를 통해서도, 하나님은 언제나 준비하는 일을 더 하셨습니다.

하나님은 이스라엘을 40년 이끌기 위해 모세를 80년 준비케 하셨고, 예수님은 3년 반의 활동을 위해 30년을 준비하셨습니다. 따라서 그분의 자녀들은 하나님을 믿으며, 하나님 안에서 그때를 기다리는 인내의 믿음을 결코 거부해선 안 될 것입니다. 그 고난의 세월 속에서 언젠가는 하나님의 깊은 뜻이 반드시 나타나기 때문입니다.

오래 참고 견딘다는 '인내'는 헬라어로 마크로 뒤메오라고 합니다. 이는 용광로에서 쇠를 달굴 때, 그 쇠가 불을 참고 견딘다는 뜻입니다. 용광로 속의 쇠가 얼마나 뜨거운지 아실 것입니다. 또 그 뜨거운 용광로에 들어가 있는 이유는 대장장이의 뜻대로 아름다운 작품을 만들기 위해 쇠를 담금질하기 위한 것입니다.

한자로는 참을 인(忍) + 견딜 내(耐)입니다. 여기서 '참을 인' 자를 풀어보면 마음 심(心)+칼 도(刀)로 어떤 일을 당할 때 마음속으론 칼로 심장을 도려내는 것같이 굉장한 고통을 느끼면서도 겉으론 하나님만 바라보고, 의지하며, 평안을 갖고 참는 것을 '인내의 믿음'이라고 합니다.

누구나 기다림을 좋아하지는 않을 것입니다. 어떤 사람에게는 기다림은 고통이요, 허비요, 무가치하고, 무의미한 것으로 여겨질 수도 있을 것입니다. 그러나 그 시간은 하나님이 사람을 쓰실 때 가장 귀중한 기간으로 꼭 없어서는 안 될 필요한 시간이기에 "여호와 앞에 잠잠하고 참아 기다리라"

(시 37:7)라는 말씀을 기억하면서, 하루, 이틀, 한 달, 두 달, 1년, 2년을 계속 인내하다 보면 언젠가는 반드시 황무지가 옥토로 변할 것입니다.

구원은 순식간에 이루어 지지만 하나님의 사람으로 변화하는 데는 시간이 걸립니다. 하나님이 이스라엘 백성을 애굽에서 끌어내시는 데는 하룻밤밖에 걸리지 않았습니다. 그러나 이스라엘 백성에게서 애굽을 도말시키는 데는 무려 40년이라는 긴 세월이 걸렸습니다.

콩나물을 키워 보셨나요?

콩나물에 물을 주면 다 빠져나가는 것 같지만 그 순간에도 콩나물은 소리 없이 자라고 있답니다. 열매를 얻기 위해선 오랜 시간의 인내가 필요합니다.

> [예화]
>
> 어떤 교회가 가뭄으로 고통받을 때마다 전 교인이 철야하고 금식하며 기도했고, 그 결과 언제나 비가 왔다는 소식을 듣고, 한 사람이 그 교회를 찾아가 그 기적에 대해 담임 목사님한테 물었다. 담임 목사님은 담담히 대답했다. "예, 우리는 비가 올 때까지 열심히 기도한답니다." 어려운 시간을 보내고 계실 믿음의 형제여! 이 말씀들을 꼭 기억하시며 살아가십시오.

우리의 때가 아니라, 하나님의 때가 되면 우리의 뜻이 아니라, 하나님의 뜻에 따라 반드시 그 흘리는 눈물을 닦아 주실 것입니다. 그리고 하나님의 영광을 보게 될 것입니다.

3) 끈질김

사전적으로는 쉽게 단념치 않고 끈질기게 견디어 나가는 것을 의미하는데, 위의 강청함에서 일부 설명되고 있습니다.

성 어거스틴은 이런 말을 했습니다.

> 고통은 똑같으나, 고통당하는 사람은 똑같지가 않다. 똑같은 고통 속에서도 불신자는 하나님을 비방하고 모독하며 원망하나, 믿음의 자녀는 고통 속에서도 하나님의 뜻을 찾으며 하나님께 기도와 찬양을 드린다.

다시 말해서, 어떤 사람이 무슨 고통을 당하느냐가 문제가 되는 게 아니라, 그 고통을 어떻게 받아들이냐에 따라 그 나머지 인생이 승리 된 삶이냐, 아니면 패배 된 삶으로 종결되느냐가 신자와 불신자의 차이라는 것입니다.

4) 성경에 나타난 끈질긴 기도의 예

- 창세기 18장 23절: 의인 50인이 10인이 될 때까지 끈질기게 매달림.
- 출애굽기 33장 1절에서 23절: 동행을 거부하시는 하나님께 끈질기게 기도.
- 창세기 32장 22절: 얍복강 가의 야곱, 한밤에 시작해서 동이 틀 때까지 천사의 다리를 꼭 붙들고 매달림.
- 열왕기상 18장 42절에서 44절: 창자가 꼬일 정도로 비가 오도록 끈질긴 기도.
- 열왕기하 2장: 갑절의 영감을 얻기 위한 엘리사의 끈질김.
- 열왕기하 4장 30절: 수넴 여자와 엘리사.
- 이사야 62장 6절, 7절: 끈질기게 부르짖으라.
- 누가복음 11장 5절: 밤중에 찾아온 친구를 위한 떡 세 덩이.
- 누가복음 18장 1절: 불의한 재판관과 과부.
- 누가복음 22장 44절: 겟세마네 동산에서의 예수님 기도.

- 마가복음 7장 24절: 수로보니게 여인.
- 마가복음 10장 46절: 소경 바디메오 등등.
- 잠언 8장 17절: 나를 간절히 찾는 자가 나를 만날 것이다.
- 시편 34편 6절: 부르짖으매 모든 환난에서 구원하셨도다.
- 히브리서 10장 38절: 뒤로 물러가면 내 마음이 기뻐하지 아니 하리라.

5) 감사 신앙(에벤에셀의 하나님)

이런 인내의 시간을 잘 견디어 나갈 방법이 〈감사 신앙의삶, 예배의 삶〉이라는 제목으로 다음 페이지에서 이어지고 있습니다. 이 주제는 성공적 신앙생활을 위해서 매우 중요한 주제입니다. 왜냐하면, 하나님이 우리를 돌보시는 주요 목적이기 때문입니다.

7. 감사 신앙의 삶, 예배의 삶

1) 감사 신앙(에벤에셀의 하나님)

인내, 곧 기다림은 언제나 힘이 듭니다. 날이 가고 몇 주일, 또 몇 달이 지나도록 기도에 응답이 없을 때, 우리는 하나님이 나를 저버린 게 아닌가 하는 절망감에서 기도를 잃어버리게 될 수도 있습니다. 그러니 하나님은 신실하셔서 끝까지 응답을 기다리며 끈기 있게 기도하는 사람에게 확실한 약속의 응답을 주십니다.

이런 인내의 시간을 잘 견디어 나갈 방법을 소개해 드리겠습니다. 시편 도처에서 그 해결책이 보입니다. 언젠가 다윗에 의해 기록된 시편의 내용들을 묵상하는 가운데에 커다란 은혜를 얻어 소위 감사 신앙이란 주제를 만들고 스스로에게 적용하며 오늘날까지 큰 은혜 속에 살아왔습니다. 다윗은 역경에 처해 기도할 때마다 언제나 하나님이 옛날에 베풀어 주신 은혜를 회상하며 감사를 드린 뒤에 지금의 곤경도 처리해 주시길 간절히 기도하고 있습니다.

이러한 기도는 여러 면에서 아주 유익합니다. 우선은 과거에 함께 해 주신 하나님이 지금도 여전히 함께하시며 도와주실 것을 자신에게 확신시킴으로써 두려움을 떨쳐 낼 수 있을 뿐만 아니라, 하나님으로 하여금 그 약속의 언약을 기억시키게 하는 효과도 있기 때문입니다. 그렇습니다. 그런 절망적인 상태에서 우리가 할 수 있는 것은 다윗을 비롯한 믿음의 선배들이 그랬던 것처럼 과거에 누렸던 축복을 되새기면서 우리가 경험했던 하나님의 모든 사랑에 초점을 맞추어서 하나님에 대한 신뢰를 쌓아 나가는 훈련이 매우 중요합니다.

지금까지의 기도 응답이 기록된 '감사 노트'를 활용하여 하나님께 감사드리는 것, 곧 감사 신앙, 체험 신앙을 이야기하고 있는 것입니다. 은혜를 기억해 내며 감사드리는 순간순간마다 하나님을 향한 신뢰가 쌓이기 시작하다가 어느 순간부터 서서히 두려움이 사라지고 감사와 믿음의 담대함이 나타나게 합니다. 흔히 인간은 망각의 존재라고 합니다. 잘 잊어 버린다는 것입니다.

그런데 현실적으로 볼 때 기억해야 할 것은 잊어버리고 잊어버려야 될 것들은 두고두고 기억한다는 데 문제가 있습니다. 예컨대, 인간관계에서 원한 같은 문제는 잊어버릴수록 더 좋은 것인데 오히려 조상까지 올라가며 복수의 칼날을 가는 반면 감사한 일들은 금방 잃어버린다는 것입니다. 그래서 기도 응답이 기록된 감사 노트가 필요한 것입니다.

2) 감사 신앙은 하나님이 우리를 돌보시는 목적에 부합하는 신앙이다

하나님의 인간 창조의 목적은 이사야서에 기록된 것처럼 하나님의 영광을 위한 것입니다. 하나님의 영광을 위한 삶의 근본은 하나님이 주신 은혜에 감사드리는 것이며, 이것을 공적으로 제도화한 것이 예배입니다.

살아가기 바쁜 평상시에 어떻게 하나님께 감사드리며 살 수 있겠습니까?

그러나 구원받은 것을 비롯한 수많은 감사 요인을 기록한 감사 노트를 갖고 있다면 가끔 시간을 내어 조용한 곳에서 하나씩 읽어 나가는 습관을 지녀 보십시오. 하나님께 감사드림은 하나님의 영광을 높여 드리는 귀한 예배의 자세입니다. 곧이어 영육 간에 말할 수 없는 은혜의 바람이 불어옴을 느낄 수 있습니다. 흔히 듣는 이야기처럼 감사가 감사를 불러온다는 것을 체험하게 될 것입니다.

3) 감사 노트는 하나님에 대한 신뢰감을 높인다

신뢰감은 하루아침에 생각이나 입으로 얻어지는 것이 아닙니다. 실제적 체험이 쌓여가면서 신뢰감이 높여지는 것입니다. 미국의 어느 유명 목사님의 간증입니다. 그분의 다 헤어진 성경책 속에 보면 수많은 말씀 위에 강조(highlight)가 표시돼 있었는데 그 옆에는 노력하다, 증명하다(try, prove)라는 글씨가 쓰여 있었습니다.

누군가가 왜 그런 표를 하셨냐고 물어봤더니 그가 이렇게 대답했습니다.

"노력하다(try)는 그 말씀대로 행했다는 의미이고, 증명하다(prove)는 그 말씀 그대로 이루어졌다는 표시입니다."

소위 여기서 이야기하는 기도 응답 표시의 감사 노트가 그것입니다. 사람은 망각의 존재여서 잘 잊어버립니다. 인간관계에서도 열 가지 잘 해줘도 마지막에 한 가지라도 잘 안 해 주면 그전의 고마운 것은 다 잊어버리고 마지막 한 가지로 인해 섭섭하게 생각합니다.

하나님과의 관계도 그렇습니다. 평상시 받은 것 헤아리며 감사하다가도 마지막 한 개가 응답이 지체되거나 다른 것으로 응답하면 순식간에 불평불만으로 변하는 게 죄 된 인간의 본성입니다. 430년이란 긴 노예 생활 끝에 하나님의 놀라운 이적을 열 가지나 보면서 출애굽했지만, 그 감사 기간은 마라의 쓴물에 닿기까지 단 사흘이었습니다.

> 모세가 홍해에서 이스라엘을 인도하매 그들이 나와서 수르 광야로 들어가서 거기서 사흘 길을 행하였으나 물을 얻지 못하고 마라에 이르렀더니 그곳 물이 써서 마시지 못하겠으므로 그 이름을 마라라 하였더라. 백성이 모세를 대하여 원망하여 가로되 우리가 무엇을 마실까 하매(출 15:22-24).

응답이 더디어서 염려와 두려움이 올 때마다, 또 평상시에도 과거에 함께 해 주신 하나님 사랑의 징표인 감사 노트를 읽어 가노라면 어느 순간에 하나님의 부드러운 손길을 느끼게 됩니다.

만군의 여호와 하나님이 그처럼 나를 사랑하심을 느끼는데 어떻게 두려움이 계속 우리를 에워쌀 수 있겠습니까?

훈련이 필요합니다. 왜냐하면, 우리가 달려가는 만큼 하나님도 달려오시기 때문입니다.

4) 감사란 이미 받은 것을 받았다고 고백하는 것이다

감사란 이미 받은 것을 받았다고 고백하는 것이지, 내일의 응답까지 미리 염려할 필요는 없습니다. 감사 노트에 기록된 응답받은 것들을 읽어 나가면서 과거의 그 어려움 속에서도 지켜 주신 하나님이 여전히 살아 계시고, 또 앞으로도 영원하실 터인데, 내가 왜 미리 염려해야 하는가 하고 묵상하는 시간을 가지십시오. 예컨대, 하나님이 처음 찾아오셨을 때와 같이 큰 체험이나 다른 놀라운 기적들을 갖고 있다면 이것들을 먼저 기억하도록 하십시오.

그때의 놀라운 은혜들을 기억하면서 하나님께 흔들리는 믿음을 고백하며, 하나님의 도우심을 간절히 구해 나가게 될 때, 어떤 모습으로든 성령님의 역사하시는 은혜를 꼭 체험하게 될 것입니다. 성령의 은혜를 체험하게 되면 제일 먼저 마음의 생각이 긍정적으로 바뀌게 합니다. 마음이 새로워지면 이에 따라 입술의 말도 바뀌며 삶을 대하는 모습이 밝게 변하게 합니다.

어떤 경우에도 감사의 조건을 찾아내서 감사를 드리는 법을 배우십시오. 하나님의 인간 창조 목적이 우리로부터 감사를 받기 위해서입니다. 현실적으로는 지금 당장 피눈물을 흘리고 있는 환경에 처해 있는데도 불구하고 하나님께 감사드릴 때, 그 감사를 받으시는 하나님은 결코 빈손으로 우리를 돌려보내지 않으십니다. 그러한 환경에서의 감사는 더 큰 감사를 불러옵니다.

5) 에벤에셀의 하나님을 기억하라

인생의 광야에서 우리를 만나주시며 우리를 선한 길로 인도하시는 하나님의 인도하심을 받기 위해서는 반드시 우리 마음속의 불평과 원망의 마음을 다스려야 합니다. 이러한 불평과 원망의 마음은 광야에서 우리를 만나 주시는 하나님을 바라보지 못하게 하고, 하나님이 예비하신 은혜의 길로 가지도 못하게 할 뿐 아니라, 우리 자신을 불행의 울타리에 가두어 우리의 삶을 퇴보시켜 버립니다.

이러한 마음을 다스리기 위해서는 하나님으로 인한 감사와 긍정의 마음을 갖는 것이 제일 급선무일 것입니다. 감사 신앙, 곧 과거에 내게 임하셨던 하나님의 은혜를 기억하는 과정에서 우리는 에벤에셀의 하나님을 만나게 합니다. 귀한 열매를 얻기 위해선 오랜 시간의 인내가 필요하다는 것을 잊어서는 안 됩니다.

6) 하나님 인간 창조의 목적

> 무릇 내 이름으로 일컫는 자 곧 내가 내 영광을 위하여 창조한 자를 오게 하라 그들을 내가 지었고 만들었느니라(사 43:7).

> 이 백성은 내가 나를 위하여 지었나니 나의 찬송을 부르게 하려 함이니라(사 43:21).

하나님 인간 창조의 목적은 하나님이 영광 받으시기 위해서입니다. 우리가 이 땅 위에 태어나서 살아가며 존재하는 이유가 오직 하나, 하나님의 영광을 위해서라는 것입니다. 과연 지금 이 시간 우리가 얼마나 하나님의 영광을 위해 살아가고 있는지 자신을 돌아봐야 하겠습니다. 가장 큰 문제는 하나님의 영광을 위해 살아가는 삶이 어떤 삶인지를 잘 모르고 있다는 것입니다.

> 나 여호와가 이르노라 이스라엘 족속아 이 토기장이의 하는 것같이 내가 능히 너희에게 행하지 못하겠느냐 이스라엘 족속아 진흙이 토기장이의 손에 있음 같이 너희가 내 손에 있느니라(렘 18:6).

토기장이가 토기를 만들 때는 그 사용 용도가 정해져 있습니다. 그런데 그 그릇이 주어진 사명을 제대로 이행치 못할 때 토기장이는 그 그릇을 깨서 버리게 합니다. 지금 이 시간 하나님께 왜 내게는 하나님의 축복이 임하시지 않느냐고 항의하기보다는 지금 내가 하나님이 원하시는 모습으로 살아가고 있는지, 하나님의 영광을 위해서 최선을 다하고 있는지에 대해 자신을 돌아봐야 하겠습니다.

7) 하나님이 영광 받으시는 경우

그렇다면 하나님은 언제 영광 받으시는가?

어떠한 부담을 갖고 생각할 필요는 없습니다. 자신의 결단에 따라서는 성령님의 도우심을 받으며 쉽게 행해질 수 있는 일들이기 때문입니다. 성경의 모든 기록이 하나님의 영광을 위해 기록된 것입니다. 그렇다고 그 모든 내용을 이행한다는 것은 처음부터 불가능한 것이고 하나님도 기대치 않으실 것입니다. 그러나 성경에서 깊이 찾다 보면 그 핵심 내용들을 찾을 수가 있습니다. 성경의 많은 내용에서 특별히 중요한 것을 택하면 다음 세 3가지로 요약될 수 있습니다.

첫째, 감사로 제사 드릴 때(시 50:23)
둘째, 베풀고 나누는 삶, 기독교의 황금률
셋째, 하나님께 부르짖을 때(시 50:14-15.)

8) 구약에서 절기를 주신 이유

> 너희는 이 일을 규례로 삼아 너희와 너희 자손이 영원히 지킬 것이니 너희는 여호와께서 허락하신 대로 너희에게 주시는 땅에 이를 때에 이 예식을 지킬 것이라. 이후에 너희 자녀가 묻기를 이 예식이 무슨 뜻이냐 하거든 너희는 이르기를 이는 여호와의 유월절 제사라 여호와께서 애굽 사람을 치실 때에 애굽에 있는 이스라엘 자손의 집을 넘으사 우리의 집을 구원하셨느니라 하라 하매 백성이 머리 숙여 경배하니라. 이스라엘 자손이 물러가서 그대로 행하되(출 12:24-28).

구약에는 오순절, 유월절, 맥추절, 초막절, 수전절, 부림절 등 수많은 절기를 주셨습니다. 절기를 주신 이유가 출애굽기에 나와 있습니다. 많은 절기를 주신 단 하나의 이유가 과거에 하나님께서 베푸신 많은 은혜를 기억하여 하나님께 감사의 제사로 영광을 돌리고, 계속 하나님을 기억하라는 의도입니다.

그러나 신약에 들어와서는 이러한 절기가 없습니다. 그것은 우리가 모두 하나님 앞에 나아가 간절히 은혜를 구할 때 성령님께서 모든 것을 기억나게 하시며, 감사할 수 있는 신앙생활을 할 수 있기 때문입니다.

> 보혜사 곧 아버지께서 내 이름으로 보내실 성령 그가 너희에게 모든 것을 가르치시고 내가 너희에게 말한 모든 것을 생각나게 하시리라(요 14:26).

9) 공중 예배는 감사가 제도화된 것이다

예수님이 우리를 위해서 십자가에서 보혈을 흘리셨고, 그로 인해 우리가 구원을 얻게 됐는데, 그 구원의 은혜가 기쁘고, 감사해서 하나님을 높이는 기도, 찬양, 말씀, 헌물 등의 모든 행위가 바로 '예배'로 나타나는 것입니다. 그리고 이처럼 택함 받은 자들의 하나님을 향한 감사가 공적으로 제도화된 것이 주일 예배와 같은 공중 예배입니다.

이런 예배는 오직 하나님의 택하심을 받아 구원받고, 그 안에 성령님을 모신 사람만이 드릴 수 있기에 예배를 드릴 수 있다는 자체만으로도 얼마나 큰 축복인지 모릅니다. 이런 면에서 예배에서 가장 중요한 것은 설교나 헌금이나 찬양 등이 아닙니다. 내가 하나님 구원의 은혜에 대해 얼마나 감사하며 나가느냐에 달려 있다고 하겠습니다.

말씀 몇 마디에 은혜받았다는 얘기는 삼가야 합니다. 예배의 주인공은 내가 아니라 오직 하나님이시기 때문입니다. 내가 은혜받았느냐는 부차적 문제일 뿐입니다. 결론적으로 예배를 잘 드린다는 것은 하나님을 매우 기쁘시게 하는 일이요, 영광을 돌리는 매우 중요한 행위입니다.

(1) 예배의 초점은 하나님 한 분이다

여하튼 예배에서 가장 중요한 사실은 예배의 초점, 목적, 영광의 대상이 오직 하나님 한 분만이라는 사실입니다. 교회당이란 건물 속에서, 주일을 지켜, 신자들이 모여, 좋은 찬양으로, 좋은 말씀으로, 의식을 치른다고 해서 다 예배가 아니라는 사실을 꼭꼭 기억해야만 될 것입니다. 사람 중심이 아니라, 오직 하나님 중심으로, 하나님께 만 영광이 돌려질 때 참 예배가 이루어진다는 것입니다.

(2) 사람 중심의 예배

오늘날 가장 큰 문제는 하나님께만 참된 영광이 돌려져야 하는데, 오히려 신자들의 종교적 욕구인 사람들의 은혜가 더 중심으로 자리 잡고 있어 예배드리려고 간다는 말이 은혜받으러 간다는 말과 동일시되어 버렸다는 것입니다. 이처럼 너무도 잘못된 인식이 우리 모두에게 극히 정상인 양 각인되어 버렸는데, 그 이유는 한국 교회 자체가 하나님의 사람보다는 교회의 양적 성장을 위해 교회당의 사람으로 만든 결과라고 생각됩니다.

그렇다고 하나님께 영광 돌린다는 말과 은혜받는다는 말이 아무 상관이 없다는 것은 아닙니다. 근본적으로 차원이 다르다는 얘기입니다. 진정한 예배가 드려지면 은혜는 당연히 따라오지만, 은혜를 받았다고 해서 진정한 예배가 드려졌다고 할 수는 없다는 것입니다. 다시 말해서, 하나님께 진실한 감사로서 참된 영광을 돌리는(드림) 사람에게는 자연스럽게 하나님으로부터 주어지는 선물(들음)이 있는데, 이게 은혜라는 것입니다.

(3) 하나님께만 영광을 돌리는 예배

오늘날 우리 주위의 형편은 어떤가요?

은혜 지상주의가 범람해서 은혜의 세속화가 이루어졌기에 처음부터 하나님의 영광이 아니라 사람의 은혜에 초점을 맞추고는, 예배의 처음부터 마지막까지 예배에 참여한 사람들의 영적 만족에 초점을 맞추고 있습니다. 사실 우리 대부분이 그런 것을 바란 결과이지만. 그러나 이제는 우리 모두 반성해야 하겠습니다. 우리의 예배의 주체가 우리 자신의 갈급한 은혜를 구하기보다는 오직 하나님께만 영광이 돌려질 수 있도록 기도해야만 하겠습니다. 그리고 그렇게 행해질 때 부수적으로 우리의 갈급한 은혜가 채워집니다.

10) 감사 신앙을 회복하라

살다 보면 어떤 때는 너무도 힘들고 어려워서 하나님이 과연 나와 함께하고 계신가, 도대체 내 기도를 듣고 계신 것인가 하는 등, 기도는커녕 신앙생활 자체가 버거울 때도 있을 것입니다. 인생의 어둠 속에서 영혼의 어두운 밤을 헤쳐 나갈 때는 억지로 감사하려고 하지 마십시오. 그때는 종이와 연필을 들고 조용한 방을 찾아가서 과거에 나에게 행하셨던 하나님의 은혜를 종이에 다 기억하며 기록하는 시간을 가지십시오. 쓰는 그 시간부터 성령의 역사가 임하는 것을 알게 합니다.

하나씩 써 나가는 과정에서 우리는 이제껏 내 힘으로 살아온 게 아니라 알게 모르게 하나님께서 도와주셨다는 사실을 기억하게 되고, 그 과거에 함께 해주신 하나님이 오늘 이 어려움 속에서도 여전히 함께하고 계신다는 것을 기억하게 될 때, 우리는 현실의 어려움을 훌훌 털어내고 계속 감사하는 믿음을 갖고 계속 걸어가게 합니다.

다시 말해서, 감사 신앙이란 우리로 하여금 과거에서부터 지금까지 구원해 주시고, 인도해 주신 하나님의 은혜를 다시 기억하곤, 그 감사하는 마음을 다시 추린 뒤에 불확실한 내일에 대해서도 하나님을 믿고 계속 나아가자(keep going)는 의미입니다. 이처럼 과거에서 오늘까지 지켜주신 하나님을 기억하고, 그 에벤에셀의 하나님이 여전히 오늘도, 내일도 보호해 주실 것을 생각해 나갈 때, 내일에 대한 두려움은 자연히 사라지게 합니다.

11) 과거의 어려움과 은혜를 기억하라

> 겸손하라, 하나님이 높여 주신다 (벧전 5:6).

겸손은 신앙의 최고 덕목입니다. 우리 주위의 많은 사람이 초기의 어려움 속에서는 금식하며 철야하며 열심히 신앙생활 하다가 배부르고 등 따습기 시작하면서부터 어느 틈에 타락해 버린 경우가 많이 있습니다. 미국이나 한국의 내로라하는 타락된 목사들을 본보기 삼아야 합니다. 매일의 기도의 자리에서 어려웠던 시절을 기억해 보면서 초심의 자리로 돌아가서 겸손해져야 합니다.

또한, 우리의 일상생활에서 아주 작은 일에도 감사할 줄 알아야 하며, 나아가서 좋은 일뿐만 아니라 내가 이해하지 못하는 험한 인생길조차도 다 하나님의 뜻이 있음을 알고 범사에 감사하며 살아가는 삶이 하나님의 영광을 위해 사는 삶, 곧 형통의 삶이라고 성경은 가르치고 있습니다.

제4장
하나님이 돌보시는 방법
(하나님은 우리를 어떻게 인도하시는가?)

    우리의 삶은 매 순간 크고 작은 일들을 끊임없이 결정하며 살아야 하는 삶입니다. 결혼, 직장, 학교, 교회 등 수많은 일에 관해 결정해야만 합니다. 그럴 때마다 누구나 하나님의 뜻에 일치되는 최상의 결정을 내리고 싶어 할 것입니다. 문제는 하나님의 인도하심에 대한 지식이 없어서 혼란에 빠지거나 자기 생각을 하나님이 주시는 메시지로 받아들여서 잘못 걸어가게 된다는 것입니다.

    우리가 하나님을 아는 지식이 극히 제한적인 결과 때문에 하나님의 인도하심에 대해서 명확하게 알고 살아가는 신자들이 그리 많지 않습니다. 그러다 보니 하나님의 은혜와 섭리 안에서 살고 있으면서도 하나님이 돌보고 계신 것에 대해서 의식하지 못한 채 살아가는 경우가 많이 있습니다. 이런 연유로 인해 뜨겁지도 차지도 않은 신앙생활을 하게 됩니다. 제4장에서는 이 주제와 관련된 여러 문제를 살펴볼 것입니다.

    신앙은 머리로만 알아서는 안 되며, 직접 만져보고, 듣고, 보는 등 우리의 가슴으로 느껴야만 힘이 되고 용기가 나오게 되는 것인데, 가슴으로는 느끼지 못하면서 단지 머리로만 믿으려고 하니 언제나 의심만 생기고, 기쁨이 없으며, 낙망과 좌절, 불신이 따라오는 것입니다. 가슴으로 느낀다는 것은 은혜의 직접적 체험을 말합니다. 물론, 우리의 주관적, 개인적 체험이 '하나님이 존재하신다'라는 객관적 진리를 결코 대신할 수는 없지만, 우리가 직접적 체험을 못 할 때는 그것은 나의 이야기가 아니라 남의 이야기로 끝날 수가 있으므로 우리는 은혜의 체험이 영적으로 오든, 환경적 변화로 오든 간에 응답받는 법을 꼭 알아야 합니다.

1. 하나님은 어떻게 우리를 돌보시는가?

1) 먼저 하나님의 뜻을 알라

어떠한 계획이 세워지면 먼저 그에 대한 하나님의 뜻을 알아야 합니다. 하나님의 뜻을 알면 길이 보이기 시작하기 때문입니다. 무엇보다 기도의 자리에 나아가서 우리의 계획이 하나님이 기뻐하시는 계획인지 물어야 합니다(롬 12:1-2). 우리가 보기에 하나님을 기쁘시게 하는 일인 것 같아도 하나님이 보시기에는 그렇지 않을 수가 있기 때문입니다.

하나님의 뜻임을 확신한 뒤 일을 수행하는 과정에서도 수시로 성령님을 의지해 기도하면서 성령님의 이끄심대로 제대로 가고 있는지를 계속해서 확인해야 합니다. 우리가 하나님의 인도하심을 바라고 기다린다면 어떤 것을 미리 결정하거나 어떤 것을 먼저 선호하지 말아야 합니다.

많은 그리스도인이 하나님의 뜻을 묻기보다는 하나님께 자신이 결정한 선택을 이루어 달라고 기도하고 있습니다. 어떤 문제가 중요하거나 긴급할 때는 하나님께 나오기 전에 이미 많이 생각하고 오기 때문에 하나님의 뜻에 온전히 집중하지 못할 수 있습니다. 이러면 우리의 생각과 마음이 하나님보다 앞서기 때문에 하나님의 온전한 인도를 얻기가 힘이 듭니다. 그러므로 하나님의 인도하심을 받으려면 철저히 내 뜻과 내 계획을 내려놓고, 문제만 올려야 합니다.

　대부분은 인간은 본능적으로 자기중심적 이기주의, 세속적 허영, 평안의 추구 등 세속적 사고에 영향을 받아 처음부터 결정된 방향으로 마음이 기운 상태에서 하나님의 뜻을 구하는 경우가 많습니다. 이런 경우, 주관적 느낌이나 확신을 절대화하게 되는데, 그런 주관적 경향 자체가 하나님보다는 자기 욕심인 경우가 많습니다. 그러므로 우리가 하나님의 인도하심을 구하기 전에 자기 욕심이 작용하지 않았는지 철저하게 분별해야 합니다. 그렇지 않을 때 온갖 힘을 다해도 불치의 병이 치료되거나 오병이어의 기적과 같이 놀라운 기적들을 경험하지 못하게 될 것입니다.

(1) 하나님의 뜻을 알기 위한 전제 조건들

　우리가 하나님의 뜻을 잘 깨닫지 못하는 것은 하나님께서 분명히 말씀하지 않으시기 때문이 아닙니다. 하나님은 우리에게 하나님의 뜻을 명확히 보여주셨습니다. 단지 몇 가지의 전제 조건이 이루어져야만 합니다. 제3장에서 이에 대해 더 자세히 다루었습니다.

　첫째, 하나님의 음성을 들을 수 있다는 사실을 믿어야 합니다. 소위 믿음을 가져야 한다는 뜻인데, 하나님은 어떤 경우에도 믿음이 없는 곳에서는 일을 안 하십니다. 하나님께서 지금도 말씀하시고, 우리가 그 말씀을 들을 수 있다는 사실을 확실히 믿으셔야 합니다.

　둘째, 하나님과 나 사이에 가로막혀 있는 죄의 담벼락을 무너뜨려야만 합니다. 기도 많이 한다고 하나님의 인도를 받는 것이 아닙니다. 죄로 인해 하나님과의 담벼락이 생기면 우리의 기도가 상달할 수도 없고, 하나님의 응답을 들을 수도 없기 때문입니다.

　셋째, 간절한 마음으로 구해야 합니다.
간절한 마음으로 구한다는 것은 온 힘으로 기도하는 것을 말하며, 간절한 마음의 대표적 표현이 마태복음 22장 37절입니다.

> 예수께서 이르시되 네 마음을 다하고 목숨을 다하고 뜻을 다하여 주 너의 하나님을 사랑하라 하셨으니 이것이 크고 첫째 되는 계명이요 (마 22:37).

넷째, 내 삶의 목적의 첫 순위가 하나님을 기쁘게 하기 위함인지 확인해야 합니다. 내가 살아가는 삶의 제일 순위가 나의 행복을 위해서가 아니라 하나님의 영광을 위한 것인지를 분명히 해야 합니다.

요셉은 애굽에 종으로 팔려 가고 감옥에도 끌려갔지만, 그 모든 순간에 하나님이 싫어하시는 것은 무슨 일이 있어도 거절하고 항상 하나님이 기뻐하시는 일을 했습니다. 하나님을 기쁘시게 하며 살았더니 결국 하나님께서 요셉의 미래를 다 이루어 가셨습니다.

다윗도 마찬가지입니다. 그는 사울 왕의 미움을 받아 억울한 일도 많았고, 여러 번 죽을 고비도 넘겼습니다. 그러나 매 순간 하나님께서 기뻐하실 일만 생각했습니다. 그래서 사울 왕을 죽일 수도 있었지만 죽이지 않았던 것입니다. 하나님이 그것을 더 기뻐하시리라 여겼기 때문입니다. 그러자 하나님께서 다윗의 미래를 만들어 가셨습니다.

우리는 내일 일은 모르지만, 오늘 어떻게 살아야 하는지 그것만큼은 명확히 알 수 있을 것입니다. 그와 같이 오늘을 하나님의 뜻대로 살면 하나님은 반드시 내일의 일도 열어 주실 것입니다. 하루를 시작하기 전에, 또는 하루를 끝낸 후에는 홀로 있는 시간을 만들어서 제6장의 〈십계명에 따른 회개와 감사와 중보의 기도문〉을 조용히 묵상해 보십시오. 놀랍게 변화되는 모습을 볼 수 있게 합니다.

2) 하나님의 돌보심은 받는 상황에 따라 다르다

하나님의 돌보심을 이해한다는 것이 너무 어렵습니다. 어떤 때는 하나님의 인도하심이라는 생각을 들 때가 있고, 어떨 때는 하나님의 인도하심이 아닌가 하는 생각이 들 때도 많이 있을 것입니다. 그러나 중요한 것은 하나님의 돌보심은 우리의 입장이 아니라 하나님의 관점에서 보아야 한다는 것입니다. 왜냐하면, 우리를 돌보아 주시며 인도하시는 분은 우리가 아니라 하나님이시기 때문입니다.

요한복음에서 주님과 우리와의 관계를 잘 표현하고 있는 단어가 있습니다. 주님은 우리의 목자이시고, 우리는 그분의 양이라는 표현입니다. 그래서 양인 우리가 목자이신 예수님의 돌보심을 받는 것은 당연합니다.

성경에서 하나님이 믿음의 사람들을 인도해 가시는 방식을 보면서 우리는 깨닫는 바가 많이 있을 것입니다. 성경에 나오는 믿음의 사람들은 모두가 살아가면서 한 번 이상은 하나님의 인도하심을 경험했는데 그 방법이 다양하다는 것입니다. 사람에 따라, 환경에 따라, 그리고 돌보심을 받는 믿음의 사람들의 태도에 따라 너무나도 다양하기 달라지기 때문에 어떻게 보면 하나님의 돌보시는 방식이 어떤 형식이나 틀, 또는 공식이라는 것이 없다고 해도 과언이 아닐 것입니다.

예컨대, 어떤 사람들에게는 하나님께서 직접 말씀을 해 주셨고, 또 어떤 사람들에게는 기도하는 가운데 환상을 보여 주시기도 하고, 어떤 사람들에게는 꿈으로 보여 주시기도 했을 뿐만 아니라 선지자들을 통해서 말씀하시기도 했습니다. 지금으로는 말씀을 선포하는 목회자를 통해서, 또는 어떤 사람들에게는 질병을 주셔서, 또 어떤 사람들에게는 어려움을 주셔서 하나님의 뜻을 보여 주시는 경우도 있습니다. 이처럼 하나님의 인도하심을 받는 상황은 다 다릅니다. 그러나 보편적 공통점을 찾을 수가 있는데 간절한 기도를 통해서만 돌보심의 역사가 나타난다는 것입니다.

(1) 하나님의 평강이 우리의 마음과 생각을 점령할 때까지 기도하라
(빌 4:7)

오순절 성령강림 이후에는 성령님은 보편적으로 기도를 통해서 우리에게 말씀하십니다. 우리가 기도할 때 성령님께서 우리의 마음을 통해서 말씀하십니다. 하나님께서 기도 응답을 주시는 방법에는 직접 계시나 현몽, 성경 말씀, 또는 주변 환경 변화 등이 있습니다. 또한, 시간이 지난 다음 기도한 것이 이뤄질 때 기도 응답을 받았다는 것을 알 수도 있습니다.

그러나 많은 경우, 기도한 것이 실현되기도 전에 마음의 평안과 확신이라는 방법으로 기도가 응답이 됐다는 것을 알 수 있을 때가 있습니다. 빌립보서 4장 7절의 말씀처럼 기도 제목을 놓고 계속 기도를 하다 보면 어느 틈에 마음이 평안해지고, 더 기도하지 않아도 된다는 확신이 마음속을 꽉 채우는 것을 알 수 있을 때가 있습니다. 성령께서는 우리와 달리 육체를 지닌 분이 아니어서 소리가 있는 말씀으로 우리에게 말씀하시지 않고 마음의 평안과 확신이 들게 하는 생각으로 기도에 응답하시는 것입니다.

모든 지각에 뛰어나신 하나님이 근심과 걱정으로 요동치는 우리의 심령 속에 말할 수 없는 평안의 마음을 주시는데 어떻게 불안해할 수 있겠습니까?

하나님의 음성은 우리의 생각과는 다르다는 사실을 분명히 알아야 합니다. 성령님께서 말씀하실 때는 마음속 깊은 곳에서 말할 수 없는 감동이나 감격, 그리고 평안함과 더불어 삶에 대한 확고한 자신감이 생깁니다. 그것은 우리 스스로 지어낸 생각이나 스스로 만들어 내는 감정과는 전혀 다르므로 체험해 보지 못한 사람들은 이 말이 이상하게 들릴 수도 있겠습니다. 자기 생각을 하나님의 음성으로 착각할 때 우리의 마음은 그리 편치 못합니다. 그것은 그저 스스로 자신을 위로하고자 만들어낸 가짜 평안이기 때문입니다.

성령의 음성을 들었을 때 주시는 평안함은 하늘에서 주시고, 세상이 줄 수 없는 그러한 신비한 평안입니다(요 14:27). 하나님과 깊은 교제 없이 살아갈 때, 때로는 자신이 생각하는 것을 마치 하나님께서 우리에게 말씀하시는 것으로 착각할 수도 있으며, 무의식적으로 자기 생각과 하나님의 음성을 일치시키려는 경향이 나타나기도 합니다. 그래서 과연 하나님의 뜻인지, 아닌지에 대해서 확실한 판단과 확신이 서지 않을 때는, 하늘의 하나님께 하나님의 온전하신 뜻을 알게 해 달라고 간절히 기도해야 합니다.

(2) 언제까지 기도해야 하는가?

> 하나님의 평강이 우리의 마음과 생각을 점령할 때까지(빌 4:5-7).

이 말씀이 이루어질 때까지, 간절히 기도해야 합니다. 우리의 모든 문제(기도 제목)에 대한 기도 응답의 대표적 말씀(해답)입니다. 하나님의 평강이 우리의 마음과 생각을 점령하여 확신이 들 때까지 간절히 기도해야 합니다. 구원받은 사람들에게는 성령님이 그 안에 계십니다. 그래서 성령님을 거슬러 일을 하려고 하면 우리 마음에 평안이 사라져 버립니다. 우리의 하나님은 평강의 하나님이시기 때문입니다. 그러므로 어떤 것을 선택했을 때 마음에 평안한 마음이 있으면 그것이 하나님의 뜻일 가능성이 큽니다.

> 나 여호와가 말하노라 너희를 향한 나의 생각은 내가 아나니 재앙이 아니라 곧 평안이요 너희 장래에 소망을 주려 하는 생각이라(렘 29:11).

> 그리하면 모든 지각에 뛰어난 하나님의 평강이 그리스도 예수 안에서 너희 마음과 생각을 지키시리라(빌 4:7).

절망적 벼랑끝에서 기도할 때 성령님께서 평안함을 주신다면 그것은 걱정하지 말라는 신호이며 염려하지 말라는 권고입니다. 이 평안함을 맛보게 되면 현재의 절망적 현실이 전혀 보이지 않고, 뜬구름을 타는 듯 이상한 소망과 기쁨이 생기게 합니다. 간절한 마음으로 기도하는 중에 이러한 하늘의 평안함을 맛보게 된다면, 우리가 그토록 괴로워하며 고통당하고 있는 문제가 반드시 해결됩니다.

다시 말해서, 평안할 수 없는 중에서도 평안한 마음을 가질 수 있는 것은 하나님이 우리의 문제를 해결해 주시겠다는 응답의 증표라는 것입니다. 그러나 평안한 마음이 든다고 해서 전부가 다 하나님의 뜻은 아닙니다. 반드시 하나님의 말씀을 통해 하나님의 인도하심에 대한 길을 제시받아야 하고, 간절한 기도를 통해 하나님의 뜻인지 아닌지를 분별해야 합니다(시 119:105).

> 너의 행사를 여호와께 맡기라 그리하면 네가 경영하는 것이 이루어지리라
> (잠 16:3).

3) 하나님이 우리를 인도하시는 일반적 방법 네 가지

하나님은 하나님이 택하셨고, 하나님을 사랑하는 백성들의 삶 속에 직접 개입하셔서 우리를 인도하시기를 원하십니다. 하나님이 그 택한 백성(제1장 〈하나님을 사랑하는 자〉 참조)을 하나님이 목적하시는 곳으로 인도하시는 데는 여러 가지 접근법이 있습니다. 신학자들은 하나님이 우리를 인도하시는 방법을 일반적으로 허락, 방해, 방향, 결정의 4가지로 정의했습니다. 이 방법들을 이해하는 것은 매우 중요하기에 요점만 간단히 설명하겠습니다.

(1) 허락

하나님은 우리가 가는 길과 하는 일이 하나님이 뜻하신 바와 일치할 때는 그대로 내버려두십니다. 하나님이 원하시는 길로 가기에 허락하신다는 말입니다. 하나님의 이러한 인도 방법을 안다면 만사가 내가 원하는 대로

순조롭고 형통할 때 내가 잘하는 것이라고 교만에 빠지지 않고 하나님이 허락하셔서 그런 것이라는 겸손함과 모든 것을 하나님께 감사를 돌리는 믿음의 자세를 가져야 합니다.

(2) 방해

하나님은 어떤 때는 우리가 하고자 하는 일을 막으심으로써 우리를 하나님이 원하시는 길로 인도하시기도 합니다. 인간적 눈으로 볼 때 가장 좋게 보이는데도 막으신다면, 이렇게 해도 저렇게 해도 막혀서 할 수 없이 다른 길을 찾도록 우리의 길을 방해하시는 것도 하나님이 우리를 인도하시는 방법입니다.

예를 들면, 제1장 〈우연처럼 다가오는 하나님의 돌보심〉에서 예를 든 노령의 목사님 차를 벼랑끝에서 갑자기 멈추게 해서 사고가 나지 않게 방해하신 것이나, 사도 바울이 아시아에서 선교하려고 애를 썼는데 길이 다 막혔을 때, 마게도니아 사람이 환상 중에 나타나 와서 도와달라고 하는 것을 보고 성령의 지시하심으로 깨닫고, 마게도니아로 가게 되는데, 이것이 유럽 전체가 복음화되는 유럽 선교의 길을 열게 된 것입니다.

하나님의 이러한 인도 방법을 이해한다면 어떤 일이 우리 뜻대로 되지 않는다고 좌절하거나 하나님을 원망하지 말고, 다시 생각해야 합니다. 이러한 상황에서는 이것이 하나님의 뜻이 아니라는 것을 생각하고 내가 가야 할 길을 보여달라고 간절히 기도해야 합니다. 이러한 하나님의 인도 방법을 알게 되면 실패해도 낙심하거나 좌절하지 않게 되며, 이어서 하나님이 원하시는 길로 가게 될 때 형통의 역사가 일어나는 것을 보게 합니다.

(3) 방향

어떤 때는 하나님이 허락하신 것도 아니고 그렇다고 좋지 못한 일임에도 막지 않고 내버려두었다가 마지막에 가서 그 방향을 바꾸어 놓으셔서 하나님이 원하시는 더 큰 일을 이루는 방법으로 인도하시는 경우가 있는데, 그것을, 방향을 바꾸는 것이라고 합니다.

대표적 예가 요셉의 경우입니다. 요셉의 형들이 요셉을 팔았는데 하나님이 좋은 일이라고 허락하신 것이 아니며, 나쁜 일임에도 막지도, 방해하지도 않으셨습니다. 그러나 그렇게 함으로써 나중에 요셉이 애굽의 총리가 됐고 7년간의 기근에 잘 대비하여 애굽의 백성만이 아니라 인근의 백성들과 아버지와 집안 형제를 살리는 역사를 이루게 되었습니다.

또한, 바울과 실라가 감옥에 갇힌 것은 그들이 갇히려고 의도한 것이 아닙니다. 그러나 결과적으로 간수와 그의 가족이 구원을 얻는 상황으로 인도되었습니다(행 16:24-34). 이것은 바울의 계획이 아니라 하나님의 계획이었습니다. 하나님은 종종 이렇게 즉, 우리가 계획하지 않은 상황으로 주권적으로 명하시고, 상황을 만드셔서 하나님이 원하시는 방향으로 우리를 인도하십니다. 하나님이 그것을 원하셔서 다른 데로 가는 길을 막으시고 인도하심은 우리의 의식 작용과는 무관하게 이루어집니다.

전화위복(轉禍爲福. 재앙과 근심, 걱정이 바뀌어 오히려 복이 됨)이란 말이 있습니다. 이 경우와 똑같이 사용되는 말이라고 할 수 있겠습니다. 하나님이 이렇게도 인도하신다는 하나님의 돌보심의 섭리 방법을 이해한다면 이 세상에 난무하는 악과 부조리에도 불구하고 하나님이 더 크신 선을 이루려고 하시는구나 하며 참고 기다릴 수 있게 되며 또한, 여러 가지 부조리와 불의로 인해 불신앙의 유혹에 빠져서는 안 될 것입니다.

(4) 결정

하나님이 근본적으로 우리를 향하신 목적이 있습니다. 우리를 구원하시려는 하나님의 큰 결정은 이미 이루어졌고, 또 변함이 없다는 것입니다. 따라서 우리를 구원하시려는 하나님의 은혜 안에서 우리에게 자유를 주셨기 때문에 우리는 일상생활의 대부분을 신앙의 양심에 따라 사물을 판단하면서 자유롭게 행동할 수가 있게 됐습니다.

그러므로 예컨대, 오늘 저녁은 뭘 먹을까 하는 아주 사소하고도 일상적 일들까지 구속받으면서 하나님의 뜻이 어떻게 되는가 하며 두려워 떨며 살아갈 필요는 없다는 것입니다. 진리가 너희들을 자유케 하리라는 말씀처럼 예수 안에서 얻는 선물은 자유함입니다. 하나님의 이러한 인도 방법을 받아들이면 자유로운 신앙생활을 할 수 있습니다.

4) 하나님의 인도하심은 크게 두 가지로 나뉜다

앞에서 언급된 4가지는 하나님의 인도하시는 일반적 방향을 나타내고 있습니다. 여기서는 하나님의 인도하심은 구체적으로 나누어 보려고 합니다. 먼저 다음처럼 크게 두 가지로 나누어 볼 수 있습니다.

첫째, 내부적 증거를 통한 하나님의 인도, 즉 성령님의 인도하심.
둘째, 외부적 수단을 통해서 인도하시는데, 이에는 성경 말씀을 통해서, 주위 환경의 변화를 통해서, 그리스도인의 조언을 통해서, 기타(영음으로, 꿈으로, 환상으로 등).

(1) 내부적 증거인 성령님의 인도하심

첫째, 성령님의 인도를 받는 생활이란 규칙적 기도 생활을 통하여 우리의 심령 속에 살아 계신 성령님과 끊임없는 교통 속에 살아가는 것을 말하는데, 구약시대에서는 하나님께서 직접 나타나셔서 인도하시고, 말씀을 주셨기 때문에 하나님의 뜻을 분별하기가 지금에 비해 비교적 쉬웠습니다.

예컨대, 광야 생활에선 불기둥, 구름기둥만 바라보고 따라가면 됐고(출 13:21-22; 민 9:15-23), 어떤 문제의 Yes, No를 결정할 때도 Yes와 No를 뜻하는 우림과 둠밈을 여호와 면전에 던져 결정하거나(민 27:18-23; 삼상 14:36-41; 23:9-12; 28:6), 또는 제비뽑기(수 7:14-18; 민 27:18-23; 삼상 10:19-21)를 하면 됐습니다.

또 아브라함, 모세, 여호수아, 엘리야, 사무엘, 기드온 등 여러 조상과는 대화를 나누기도 했습니다. 물론, 신약에 들어와서도 사도행전에 보면 하나님께서는 천사를 통하시거나(행 27:23), 또는 환상을 통해(행 10:3, 17, 19; 16:9, 10) 인도하시는 것과 같은 특이한 방법을 통해서 역사하시는 때도 있지만, 오늘날에는 보편적으로 성령님을 통해서 우리를 인도하시기 때문에 우리는 무엇보다도 성령의 충만함을 간구해야 하며, 또 성령님의 음성에 귀 기울이는 방법을 배워야 합니다.

둘째, 성령님의 음성에 귀 기울인다고 해서 성령님께서 우리를 인도하실 때 우리가 들을 수 있게 청각적 소리로써 외부에서 우리에게 말씀하시는 것은 아니고, 우리의 심령을 통해서 말씀하시는 것을 의미합니다.

예컨대, 우리가 결정하기 어려운 어떤 문제에 직면했을 때, 그 문제에 따르는 장단점을 고려하면서 오랜 시간에 걸쳐서 기도하게 되면 어느 순간에 이르러서는 우리의 심령 속에 말할 수 없는 강한 충동이 일어나면서 강권적으로 어떤 행위나 진로를 선택하게 하시는 경우가 있는데, 이처럼 심령 상에 나타나는 성령으로 인한 감동은 기도하면 할수록, 하나님의 은혜를 갈망하면 할수록 더욱더 강하게 역사하시는 게 일반적입니다.

그러나 어떤 경우에는 기도하면 할수록 내부적 확신이 약해질 때가 있는데, 이는 성령님이 원하시는 길이 아니기 때문에 설령 그 일이 하나님께 그리고 자기에게 매우 유익하게 보일지라도 반드시 단념해야 합니다.

① 성령의 음성을 어떻게 구별할 것인가?

> 육신의 생각은 사망이요 영의 생각은 생명과 평안이니라 (롬 8:6).

전화를 받을 때, 그 전화를 걸어온 사람이 가족이거나 가까운 친구일 때는 그들의 음성을 금방 알아듣게 합니다. 왜냐하면, 그들의 목소리에 친숙하기 때문입니다. 만약 어쩌다 한 번씩 걸려 오는 사람의 전화라면, 그 사람의 목소리를 식별하는 데 어려움을 겪을 것입니다.

마찬가지로 다양한 통로를 통해서 우리에게 말씀하시는 성령님의 음성은 때론 장애물로 인해 혼란스러울 수도 있지만 결국은 한 음성입니다. 우리가 성령님의 음성을 듣는 일에 친밀해진다면, 다양한 통로를 통해 한 음성으로 말씀하시는 성령님의 음성을 아주 쉽게 들을 수 있게 됩니다.

그러나 이처럼 주님의 음성을 듣는 일에는 반드시 훈련이 필요합니다. 에덴동산에서 추방된 우리의 몸은 하나님의 음성을 듣지 않고 사는 일에 익숙해져 버려서 하루아침에 음성을 들을 수는 없습니다. 수많은 시간을 주님의 음성을 듣는 일에 투자해야 합니다. 매 순간 새로운 환경에 처하여 선택의 갈림길에 설 때마다 마음속으로 '주님! 어떻게 할까요' 하고 묻는 습관을 지녀야 합니다. 처음에는 아무 소리가 안 들리는 것이 극히 정상적입니다. 그런데도 계속 묻고 또 묻다 보면 조금씩, 조금씩 그리고 아주 작게, 희미하게 들리기 시작합니다.

사람을 통해서든지, 환경을 통해서든지, 설교를 통해서든, 성경을 읽는 중에, 혼자 찬양을 부르던 중에. 묵상하는 과정 등에서 하나님은 반드시 말씀하십니다. 그때마다 무릎을 꿇고, 감사 기도를 드리십시오. 감사는 하나님께 영광을 돌리는 귀한 행위일 뿐만 아니라, 감사는 더 큰 감사를 불러오기 때문입니다.

마귀도 "광명의 천사"로 가장해서 우리를 미혹합니다(고후 11:14). 그러므로 영적 체험을 했다고 다 하나님께서 주시는 것이 아니라 하나님의 음성인지 마귀의 음성인지를 분별해야 합니다. 마귀는 우리 생각에 하나님과 원수가 되는 생각을 넣어 줍니다(마 16:23; 요 13:2; 롬 8:7-8; 갈 5:19-21).

여기서 특히 주의할 사항이 하나 있는데, 그것은 우리 인간의 마음은 본능적으로 쉬운 것을 택하길 원하고, 세상 것을 좋아하며, 스스로 자기합리화시켜 자기가 자기 자신을 속이는 경향이 있으며, 사탄은 이 틈새를 잘 이용하기 때문에, 언제나 자기 심령의 소리와 사탄의 유혹 음성과 성령님의 음성을 잘 구별할 줄 아는 훈련을 쌓아야 합니다.

성령님은 그 어떤 경우에도 결단코 우리를 성경의 가르침과 반대로 우리를 인도하시는 경우가 없어서, 우리가 어떤 문제를 갖고 열심히 기도하는 가운데, 성경의 말씀(십계명)과 일치하고, 성령님께서 심령에 깊은 감화와 감동을 주시고, 그로 인해 응답의 확신과 기쁨이 샘솟듯 넘치면 이는 성령님의 허락입니다.

② 내부에서 울려 나오는 양심의 소리와 성령님의 음성과의 구별

하나님의 피조물 가운데서 오직 인간만이 양심을 갖고 있지만, 사람의 양심은 시간과 장소, 그리고 문화적 차이에 따라 서로 달라지기 때문에, 양심 그 자체가 하나님의 음성은 아닙니다. 그러나 우리의 양심이 끊임없이 성령님의 가르치심을 받아들이고 순종한다면, 우리의 양심은 점차로 하나님의 뜻을 분별케 해 주는 데에 매우 큰 도움이 되기 때문에, 우리는

하나님의 인도를 구함에 있어서 매일매일의 삶 속에서 양심의 소리에도 귀 기울이는 훈련을 해야 합니다.

누구든 예수님을 구주로 영접한 순간부터 성령님은 이미 내 속에 들어와 계십니다. 그런데 우리의 마음속에는 성령님의 소리는 물론, 세상의 소리인 사탄의 소리, 자기의 소리(자기 감정에 좌우돼서는 성령님의 소리로 착각하는 경우가 많다) 등 수많은 소리가 나오고 있기 때문에, 이 중에서 특별히 주님의 소리를 알아내기 위해서는 우리는 끊임없이 하나님의 말씀을 익히고, 주님과의 대화인 기도에 힘써야 우리는 비로소 주님의 음성을 듣게 됨을 알아야 합니다.

③ 기도 응답은 무조건 받아들이라 (순종)

> 너는 범사에 여호와 하나님을 인정하라. 그리하면 네 길을 인도하시리라 (잠 3:6).

많은 사람은 하나님의 인도를 열심히 갈망하면서도 막상 그 응답이 자기에게 이로우면 응답했다고 받아들이고, 이롭지 않으면 응답이 아니라고 모른 체 하는 경우가 많습니다. 확실히 그 응답이 하나님으로부터 온 것이라면 달든 쓰든 받아들여야 합니다. 왜냐하면, 잠언에 하나님께서는 우리가 순종하여 믿음의 첫걸음을 내디딜 때 둘째 계단도 보여 주시겠다고 말씀하셨기 때문인데, 달든 쓰든 성령님의 음성에 순종의 자세로 전진해 나갈 때에 홍해가 갈라지고, 요단강이 둘로 나누어졌음을 명심해야 합니다.

예를 들면, 아브라함은 노령에도 불구하고 명령을 받자마자 아무런 변명도, 항의도 없이, 미래의 위험이 가득 보이는데도, 살 바를 모르면서도 고향을 떠나는 순종을 보였을 때 하나님의 축복을 받았고, 반면, 사울은 아말렉 족속과의 전쟁에서 얻은 노획물을 탐하여 다 멸절시키지 않았다가 그 자신과 후손이 멸절됐습니다(삼상 15:17-23). 사실 이 경우 이성적으로 보면 사울이 옳습니다.

짐승에게야 무슨 죄가 있겠습니까?

오히려 하나님의 백성들이 그걸 소유하고, 그중 제일 좋은 놈을 골라 하나님께 드리면 하나님도, 백성들도 모두에게 좋을 텐데도, 하나님의 생각은 인간과 달랐습니다.

어떤 경우에는 마음속에 어떤 거룩한 영적 부담이 계속 올 때가 있을 것입니다. 이런 경우에는 꼭 순종해 봐야 합니다. 지금 계속 떠 오르는 생각이 하나님이 주신 것인가 아니면 내 생각이 아닌가 하는 의심이 들 때도 일단은 순종하는 게 좋습니다. 왜냐하면, 시행착오를 겪으면서 하나님의 음성과 자기 생각을 구별하는 지혜가 얻어지기 때문입니다. 어쩌면 우리가 하나님의 음성을 잘 못 듣는 가장 큰 이유가, 정말 못 듣는 게 아니고 순종할 마음이 없기 때문인지 모릅니다. 그러므로 어떤 마음을 주시든지, 그것이 죄를 향해 가는 길이 아니라면 즉시 순종함으로써 하나님의 음성을 들을 수 있어야겠습니다.

만약에 순종의 결과 일이 잘 풀리면 그것이 하나님의 음성이었다는 것을 확인할 수 있습니다. 그렇다고 일이 잘 안 풀린다고 해서 하나님의 음성이 아닌 것도 아닙니다. 일이 안 풀리고 길이 막혀서 이게 아니냐고 생각이 들 때 위에서 언급한 방향의 경우처럼 다른 길이 열려 있는 경우도 많습니다. 그것은 단지 내가 미처 못 보았을 뿐입니다. 그래서 일단 순종하여 나가는 게 매우 중요합니다.

(2) 외부적 수단을 통한 하나님의 인도

하나님은 우리 속에 내주하시는 성령님을 통해서 늘 인도하시는 중에 뜻을 더욱 확실케 하고 강력하게 하려고 외부적 증거들을 사용하시기도 합니다. 이러한 연유로 인해 어떤 문제에 임하여 외부적 증거가 아무리 강하게 나타나고, 그것이 나에게 매우 유익하게 보일지라도 심령 속에 들리는 성령님의 감동이 약하다면 하나님의 뜻이 아니므로 포기해야 합니다.

우리가 살아가면서 어떤 문제를 놓고 기도할 때마다 곧바로 성령님이 응답을 주신다면 얼마나 우리의 인생길이 편할까 하고 생각도 되지만 현실을 보면 유감스럽게도 아무리 기도해도 내 심령 속에 팍 와닿는 성령님의 감동이 없는데도 불구하고 주위 환경은 강권적으로 어떤 길을 선택하도록 강요되는 경우도 있습니다. 나중에 좀 더 설명되지만, 이 또한, 환경을 통한 하나님의 인도이기 때문에 어떠한 두려움이나 의심 없이 하나님께서 인도하시고 있다는 확신의 믿음을 갖고 곧장 걸어가야만 합니다(시 23편).

① 하나님은 오직 있는 것만을 들어 쓰셨다

우리 주위를 돌아보면, 의외로 샤머니즘적 신앙을 가진 자들이 많습니다. 자기 나름대로 기도를 열심히 하다 보면, 하늘에서 뭔가 툭 떨어지겠거니 하는 기적과 이사를 바라는 사람들이 의외로 많다는 것입니다. 복 받기를 원하면서 아무런 노력 없이 하늘에서 뭔가 툭 떨어지기를 원하는 것은 무(無)에서 유(有)를 원하는 것으로, 이는 성경과 하나님의 질서를 모르는 자세입니다. 물론, 하나님은 전능하신 분으로 무(無)에서 유(有)를 창조하시지만, 성경을 보면, 천지창조 때 태초의 경우를 떠나서는 무(無)에서 유(有)를 창조하신 경우 외에는 오직, 있는 것을 들어 쓰셨습니다.

광야에서 만나의 공급 경우도 전혀 무(無)가 아니라, 이슬이 변한 것, 오병이어의 기적도 떡 다섯 개와 고기 두 마리에서, 엘리야의 굶주림도 까마귀를 통해서(떡이 하늘에서 떨어질 수도 있었겠지만), 엘리야 시대의 사렙다 과부의 밀가루를 통해서, 엘리사 시대의 선지자 아내의 기름병을 통해서 등 무수한 기적적 일들.

이는 무엇을 의미하는 것인가요?

애초 천지창조부터 하나님은 완벽하게 인간의 필요한 모든 것을, 인간을 위해 다 만들어 놓으셨다는 것입니다. 결국 하나님의 응답은 주위 환경이나 이웃 등 외부적 수단들을 통해서 오기에 열심히 기도하고 노력하면서, 주위 환경의 변화 등에 세밀한 관심을 가져야만 할 것입니다.

② 성경 말씀을 통한 하나님의 인도

성령님은 우리에게 다양한 방법을 통해서 말씀하시지만 결국 우리에게 보여 주시고 말씀하시려는 의도는 분명하므로, 우리는 여러 가지 방법으로 말씀하시는 성령님의 음성을 종합적으로 이해하고 분석하는 법에 익숙해져야 합니다. 성경은 우리가 하나님의 음성을 들을 수 있는 가장 기본적이고 중요한 통로입니다. 성경은 시대를 초월하여 모든 환경과 장소의 사람들을 향한 하나님의 뜻을 잘 보여 주고 있으며, 우리는 다양하고 복잡한 모든 문제에 대해 말씀하시는 하나님의 일반적이고 보편적 뜻을, 성경을 통해서 분명하게 알 수 있습니다.

따라서 우리가 매일 규칙적으로 성경을 종합적으로 공부하면서 꾸준하게 읽고 묵상하며 이해해 나갈 때 우리는 하나님의 생각과 의도를 파악할 수 있게 합니다. 또한, 매일 성경을 묵상할 때 우리가 하나님의 마음과 뜻을 이해할 뿐만 아니라 그 속에서 나에게 말씀하시는 그분의 구체적 음성을 들을 수가 있게 합니다.

성령님은 우리에게 꿈과 예언, 그리고 환상을 통해서도 말씀하실 수도 있겠지만 결국 이러한 모든 신비한 방법들도 모두 성경이라는 가장 보편적 통로를 통해 이해되고 분석되어야 합니다. 그런데 문제는 성경이 삶의 구체적 문제와 상황에 대한 모든 해결 방안을 제시하는 것은 아니라는 것입니다. 그것은 하나님께서 "이렇게 해라. 저렇게 해라"라는 식으로 구체적으로 말씀하시지 않기 때문입니다. 어떤 신학자는 "성경은 나침반이기는 하지만, 약도는 아니다"라고 말했습니다. 다시 말해서, 성경은 동, 서, 남, 북 방향은 제시하지만, 그 길을 구체적으로 지시하지는 않습니다.

> 하나님의 말씀은 살았고 운동력이 있어 좌우에 날선 어떤 검보다도 예리하여 혼과 영과 및 관절과 골수를 찔러 쪼개기까지 하며 또 마음의 생각과 뜻을 감찰하나니(히 4:12).

> 내 백성이 나를 알지 못하여 망한다. 네가 제사장이라고 하면서 내가 가르쳐준 것을 버리니, 나도 너를 버려서 네가 다시는 나의 성직을 맡지 못하도록 하겠다. 네 하나님의 율법을 네가 마음에 두지 않으니, 나도 네 아들딸들을 마음에 두지 않겠다(호 4:6).

여기서 나를 알지 못하다는 것은 하나님을 아는 지식이 없다는 뜻입니다. 대부분의 문제 경우에는 성경에 하나님의 뜻을 우리에게 미리 계시하고 계시기 때문에 그러한 문제를 갖고 일부러 하나님의 응답을 구하려고 기다려선 안 될 터인데도, 의외로 많은 사람이 하나님의 말씀에 대한 명확한 지식이 없으므로 하나님이 뭘 원하시는지도 몰라서 두리뭉실한 기복적 기도에 머물 경우가 많고, 또 당연히 순종해야 할 제목들을 기도의 제목으로 알고 허구한 날 응답 없는 기도하는 경우가 적지 않습니다.

기도란 하나님의 말씀을 검으로 사용하는 것입니다. 말씀의 검을 잡지 않으면 하나님의 뜻에 합당한 힘 있는 기도가 될 수 없습니다. 따라서 하나님의 인도를 바라는 자는 무엇보다도 하나님의 말씀에 대한 명확한 이해와 지식을 갖추어야 합니다. 성경 66권의 요약이 바로 십계명입니다.

쉬운 예로, 비신자와의 결혼문제로 고민할 때, 고린도후서 6장 14절에 보면, 너희는 믿지 않는 자와 멍에를 같이 하지 말라 하셨고, 형제가 궁핍에 빠져 있는 걸 보면 마땅히 도우라고 하셨는데, 이때 도우리까, 말리까 하고 기도함은 우매한 일입니다. 또 그리스도인 간의 불화에 대해선 상대방의 잘못에서 비롯됐더라도 먼저 자신이 그에게로 찾아가서 화해를 청하라고 마태복음 5장 23절에 분명히 기록돼 있는데도, 억울함을 갚아 달라고 기도함도 불경스러운 일일 것입니다. 이러한 예들은 응답을 바라는 기도 제목이 아니라, 우리가 당연히 이행해야 하는 순종의 제목들입니다.

③ 주위 환경을 통한 증거

성령님께서는 어떠한 내적 확신이 없이 강권적으로 주위 환경을 변하게 하여 인도하시기도 하지만, 대부분은 먼저 내적 확신을 주시고, 이를 확실시하기 위해서 외부적 환경을 변화시키시기도 합니다. 다시 말해서, 열심히 기도하는 가운데 기도한 그대로 환경 변화가 오기도 하지만(기도 응답), 보통은 우리의 심령 속에, 응답에 대한 확신이 먼저 오고, 다음에 그에 따르는 환경 변화가 옵니다.

또 간혹 하나님께선 우리가 잘못된 길을 가는 것을 막기 위해서 주위 환경을 조절하시기도 합니다. 예컨대, 병에 걸리게 하시거나, 사업이 어렵게 하시는 등 주위 환경을 변화시켜서 우리가 그분이 선택하신 길과는 반대되는 길로 나가는 것을 막으시기도 합니다. 이런 의미에서 하나님의 자녀에게 찾아오는 예기치 못한 어려움은 고난이 아니라, 하나님이 나와 이야기하고 싶다는 콜링(신호)으로 받아들여져야 합니다. 그런 연유로 우리 믿는 자들에게는 어떠한 어려움도 있을 수가 없고, 오직 기도 제목만이 있다는 확신을 갖고 살아가야만 합니다.

그리고 어떤 때는 하나님께선 그 자녀들을 그 자녀들이 바라는 안락한 환경과는 정반대로 인도하시기도 합니다. 예컨대, 하나님께선 복음을 확산시키고자 기독교 박해를 통해서 교회를 예루살렘으로부터 각 처로 흩어지게 하셨는데, 세계 복음화의 시작이 오히려 박해를 통해서 이루어진 것을 보면 하나님의 역사하시는 섭리는 인간으로서는 도저히 상상조차 할 수 없습니다. 따라서 우리는 만군의 여호와 하나님이 내 아버지임을 믿는다면, 현실적으로 우리의 기대와는 어긋나는 환경이 나타나더라도 결국은 우리를 위한 하나님의 신실하신 보호임을 굳게 믿고 나가야 하며, 나아가서는 하나님께선 우리를 위하여 우리가 기대하고 갈망했던 것보다 더 좋은 것을 예비하고 계심을 믿어야만 합니다.

그런데 문제는 사탄도 부분적으로는 그러한 능력을 행할 수도 있기에 주위 환경의 변화가 반드시 하나님의 뜻만을 가르치는 것일 수 없다는 것입니다. 따라서 지금 변화된 환경이 과연 하나님의 뜻인지, 아닌지에 대해서 확실한 판단과 확신이 서지 않을 때는, 하나님께 하나님의 온전하신 뜻을 알게 해 달라고, 그리고 하나님의 평강이 우리의 마음과 생각을 점령할 때까지(빌 4:5-7) 간절히 기도해야 합니다. 이 말씀은 우리의 모든 문제(기도 제목)에 대한 기도 응답의 대표적 말씀(해답)입니다.

언제까지 기도해야 하는가?

하나님의 평강이 우리의 마음과 생각을 점령할 때까지입니다.

그래서 어떤 문제가 있다면 작정기도든 금식 기도든 본문 말씀같이 확신이 올 때까지 죽기 살기로 매달려야지, 하루, 이틀 기도하다 말고 제풀에 멈추어선 안 됩니다. 그래서 기도하되 '끝장을 보는 기도, 소나무를 뽑는 기도'가 필요하며, 이런 기도만이 하나님의 응답을 받습니다.

④ 표적과 이사에 대해서

과연 믿음의 확신을 위해서 하나님의 뜻을 표적과 이사로써 계시해 주시길 간구하는 태도는 옳은 태도인가에 대해서는 여러 이론이 있습니다. 결론적으로 말해서 하나님께서는 당연히 표적을 통해서도 하나님의 인도하심을 나타내실 수도 있지만, 확신을 위하여 표적을 구한다는 것은 성령님이 항상 내주하심을 믿지 못하는 영적으로 미성숙한 상태임을 나타내고 있는 것이기 때문에 우리는 표적과 이사보다는 오직 하나님의 말씀 속에서 믿음의 성장이 커지도록 노력해야 합니다.

물론, 구약에서는 표적을 구하는 경우가 많이 나옵니다. 예컨대, 아브라함의 늙은 종이 이삭의 아내를 구할 때 하나님께 표적을 구했고(창 24:12-14), 기드온은 하나님께서 자신을 들어 쓰심을 확신코자 두 번이나 이슬을 내리는 표적을 구했고(삿 6:36-40), 요나가 타고 있던 배의 선원들은 폭풍의 원인을 알고자 제비를 뽑기도 했습니다(욘 1:7).

신약에서는 사도행전 1장 23절에서 26절까지 교회의 직분자를 뽑기 위해 단 한 번 하나님의 표적을 구하는 경우가 나오는데, 그것도 오순절 성령강림 이전의 일이며, 성령강림 후에는 표적을 통해 하나님의 뜻을 발견하고자 간구하는 예가 단 한 번도 없음을 명심해야 합니다. 왜냐하면, 표적이란 우리 가운데 성령께서 강림하시지 아니했던 때 하나님의 인도하심의 한 방법에 불과하지, 오늘날에는 성령께서 우리 가운데 임재해 계시기 때문에 표적이라는 증거가 더 이상의 하나님의 인도하심에 있어서의 정상적 방법이라고는 할 수 없기 때문입니다.

요한복음 12장 37절에 보면 사람들은 막상 이적을 봤지만 믿지 않았습니다. 물론, 지금도 하나님은 특별한 일을 위해서, 또는 연약한 영혼을 격려하시기 위해서 다른 방법으로 여의치 못할 때는 우리의 간구가 없는데도 하나님이 미리 보여 주시기도 하고, 때로는 우리가 하나님께 간구할 수도 있겠지만, 오직 표적과 이사만을 중요시한다는 것은 시간과 노력을 낭비하는 미성숙한 상태임을 알아야 합니다.

요컨대, 주위 환경의 변화라고 해서 언제나 하나님의 뜻을 대변하지 못한다는 것을 알아야 하며, 또 환경을 지배하시는 하나님께서는 그 자녀들이 환경의 노예가 아니라 그 지배권에 참여하시길 원하시기 때문에, 우리는 오직 간절한 기도를 통해서 얻을 수 있는 우리 속에 내주하시는 성령님의 인도와 하나님의 말씀 속에서 어떤 확실한 환경의 표징이 없더라도 하나님을 믿는 믿음으로 굳건히 곧장 앞으로 걸어야 합니다.

⑤ 그리스도인 상호 간의 조언

하나님은 모든 만물 속에 "하나님 자신을 계시해 두셨다"라고, 로마서에 말씀하고 계시기 때문에 하나님의 음성은, 환경과 사건 그리고 사람을 통하여도 들을 수도 있습니다. 그러므로 자연 만물만 주의 깊게 살펴보아도 하나님의 살아 계심과, 임재를 느낄 수 있는 경우가 많습니다.

하나님은 전쟁을 통하여, 질병을 통하여, 실패를 통하여, 상처를 통하여, 사고를 통하여, 험난한 고난을 통하여도 말씀하십니다. 영적으로 민감한 사람은 주변에서 일어나고 있는 크고 작은 모든 일을 그냥 넘기지 않고 그 속에서 하나님의 음성을 들으려고 애씁니다. 성경은 그리스도인들이 각기 지체의 역할을 감당하는 한 몸으로서의 상호의존, 상호협력할 것을 강조하고 있으며, 그리스도 형제들의 조언은 경험치 못한 세계를 다른 각도로 살펴볼 수 있는 수단으로서, 우리의 의사결정에 많은 도움을 줍니다.

⑥ 예언에 대해서

혹자는 우리 성경에서 번역된 '예언'이란 단어는 약간 잘못된 번역이고, 대신 말한다는 '대언'이란 말이 맞다 하는데, 어쨌든 이는 하나님께서 주신 말씀을 단지 반복해서 전해 준다는 의미입니다.

예언도 물론, 하나님의 인도하시는 방법의 하나이지만, 신약시대에서는 일단 의심을 품고 대해야 합니다. 왜냐하면, 구약시대에서는 예언자들을 통한 예언으로 하나님의 인도가 나타남이 일반적이지만, 신약시대에서는 개개인 모두에게 성령님을 통해서 하나님께서 직접적으로 계시해 주시길 원하시지, 다른 사람을 통해서 계시하시지 않기 때문에 이런 행위에 대해서는 일단 의심을 품고 대처해야만 합니다. 사탄이 제일 많이 사용하는 수단이기도 합니다.

⑦ 기타

이 외에도 영음으로(행 9:4), 꿈으로(마 27:19), 환상(행 10:3-16) 등 특수한 방법으로도 인도하시는데, 그 모든 인도의 수단이 성경의 테두리 내에서만 이루어 짐을 알아야 합니다. 어떤 경우에도 성경에서 이야기하지 않는 것은 과감히 버리십시오. 사탄의 유혹입니다.

5) 하나님의 침묵이 지속될 때

아무리 기도해도 성령님의 음성도, 주위 환경의 변화도 없이 하나님은 여전히 침묵을 지키시어 갈 길을 전혀 모를 때가 신앙생활에서 제일 큰 고비가 되는 경우일 것입니다. 믿음이란 기도와 말씀을 통해서 성장하고, 기도란 하나님의 응답을 전제로 하는 것인데, 아무리 기도해도 하나님의 응답을 전혀 못 느낀다면, 누구나 당연히 말씀에 대한 신뢰나 확신을 잃게 될 것이며, 이에 따라 기도 생활도 형식적 의식이 되어버리며, 또 믿음은 저하돼 버리고 말 것입니다. 살다 보면 어떤 때는 너무도 힘들고 어려워서 하나님이 과연 나와 함께 하고 계신가, 도대체 내 기도를 듣고 계신 것인가 하는 등, 기도는커녕 신앙생활 자체가 버거울 때도 있을 것입니다.

중세기의 영성계의 거봉인 성 요한은 이런 경우를 "영혼의 어두운 밤"(the darkness of the spirit)이라고 했습니다. 이스라엘 민족이 가나안을 가기 위해 광야를 거친 것처럼 우리도 하나님께 합당한 자로 만들어지기 위해서는 반드시 우리의 삶 속에서 광야의 길을 거쳐야 합니다. 이를 위해서 우리는 하나님의 말씀과 그 뜻을 분명히 알고 (호 4:6), 인내의 기도에 매달려야 합니다.

종종 하나님께선 믿음을 연단시키고자 고난을 허용하시기도 하며, 또 어떤 경우에는 아무리 기도해도 하나님의 뜻임을 나타내는 확실한 환경의 증거나 내적 확신을 주시지도 않은 채, 어떤 길을 계속 걸어가게끔 강권합니다. 이러면, 미래의 불확실성으로 인한 이러지도, 저러지도 못하는 가운데 결정을 못 내려서 현 상태에서 주저하며 머뭇거리는 경우가 많습니다.

(1) 이러한 경우 성경의 가르침을 요약하면 다음과 같습니다

① 성령님께서 나와 동행하고 계신다는 확신을 갖고(이게 믿음이다),
② 그 모든 조건을 성경 말씀(요약된 말씀, 십계명)에 비추어 본 뒤,
③ 간절한 기도를 통한 성령님의 인도하심에 따라(그래서 꾸준한 기도 생활이 필요하다. 언제까지? 하나님의 평강이 마음과 생각을 완전히 점령할 때까지⟨빌 4:7⟩),
④ 그 어떠한 주저함도 없이, 죽으면 죽으리라는 믿음으로(진실함과 믿음이 없는 기도에는 결코 응답하지 않으시며, 두려움은 불신앙이다),
⑤ 곧장 앞으로 계속 나가라(Keep going).

갈 바를 모르면서도 하나님을 믿고 무작정 걸어 나갔던 아브라함처럼 믿음을 갖고 계속 걸어 나가는 것이 믿음입니다. 여기서 주의할 것은 믿음 속에서, 기도를 통한 확신을 갖고, 그리고 또 계속 기도하면서 움직이라는 뜻이지, 기도 없이, 오직 믿습니다 하면서 밀어붙이는 게 믿음이 아닙니다. 어떤 경우에도 하나님보다, 성령님보다, 기도보다 앞서서는 안 됩니다.

왜냐하면, "사람이 마음으로 길을 계획할지라도 그 걸음을 인도하시는 자는 여호와시니라"라고 잠언 16장 9절에서 말씀하신 것처럼, 우리가 믿음을 갖고 계속 간절한 마음으로 기도하면서 걸어가면 설령 우리가 어긋난 길로 들어서더라도 하나님께선 주위 환경을 변화시키시어 우리의 진로

를 바로 잡아 주실 것이기 때문에, 하나님의 확실하신 인도의 증표를 기다리다면서 무작정 기다림으로써 세월을 허송해선 안 된다는 것입니다.

예컨대, 항구에 배를 정박한 채 방향을 바꾼다는 것은 매우 힘이 들지만, 항해 중일 때는 신속히 방향을 바꿀 수 있는 것처럼, 현실은 어둠이 너무 깊게 깔려 있어 어디로 가야 할지도 모르고, 아무리 기도해도 확실한 하나님 인도의 확신이 없더라도 두려워 말고, 하나님을 믿는 믿음을 갖고, 계속 성령님의 도우심을 간구하면서, 곧장 앞으로 나갈 때, 하나님께선 반드시 선한 길로 우리를 인도하신다는 것이 성경의 가르침입니다.

지금 조용히 한 번 지나온 일들을 돌이켜 보십시오. 그 당시에는 그 문제를 결정하는 데 있어서 두려움이 있었고, 망설였고, 하나님의 인도하심에 대한 확신도 매우 엷었음에도 결국엔 하나님께서 우리를 올바른 길로 인도해 주셨음을 발견하게 될 것입니다.

(2) 선택의 어려움과 이행에 따르는 위험

믿음으로 살아가면서도 우리는 항상 선택의 어려움과 이행함에 따르는 위험에 부딪치기도 합니다. 선택의 어려움은 이것으로 할 것인가, 아니면 저것으로 할 것 인가처럼 무엇을 처음 선택할 때 반드시 따라오는 어려움(위험)을 말하며, 그리고 선택은 했지만, 선택한 것을 수행할 때 또 다른 위험이 당연히 따르게 되는데, 이것이 이행에 따르는 위험입니다. 한마디로 인생 자체가 위험이 따르는 것이라고 할 수 있습니다.

예컨대, 여호수아 3장에 보면 법궤를 멘 제사장들이 하나님이 안 도와주시면 요단강에 빠져 죽을지도 모르는 위험 가운데서도 어쩔 수 없이 발을 물속에 들여놓아야만 했던 위험부담을 생각해 볼 수 있습니다. 그러나 이렇게 죽을지 살지 앞길을 전혀 모르는 상황에서도 하나님을 믿는 믿음을 갖고 죽으면 죽으리라는 담대한 믿음으로 발을 내딛고 곧장 앞으로 전진했을 때, 요단강은 기어코 갈라지고 말았습니다.

만약 "요단강이 갈라지는 것을 봐야 믿고 건너가겠습니다" 했다면, 아마 그들은 지금도 요단강 앞에 서서 기다리고 있을 것입니다. 우린 흔히 "내 눈으로 봐야 믿겠습니다"라고 말하지만, 하나님은 "믿어 봐라, 그러면 보게 될 것이다"라고 말합니다.

또 창세기에도 보면 아브라함이 이삭을 바칠 때도 하나님이 저를 다시 살려 주실지는 아무도 모르는 상황이었지만, 믿음으로 담대히 바쳤을 때는 다시 사는 기적이 나타났습니다. 결론적으로 인간의 계산으로 될까 말까, 들어줄까 안 들어줄까 하고 이치를 따지지 말고, 흥하든 망하든 모든 것을 맡기고 계속 나가라는 것입니다. 사실 이게 신실하신 하나님을 향한 믿음입니다. 현실적으로도, 이 사업을 하면 흥할 것인지, 망할 것인지, 또는 병에 걸려서 위험한 수술을 해야 할지, 말아야 할지 등 여러 가지 선택의 어려움과 그에 따르는 이행의 위험 등이 우리를 괴롭히지만, 우리는 그 어떤 것에 대해서도 그 결과를 모른다는 데서 미래에 대한 두려움을 느끼는 것입니다.

(3) 그러나 성경은 이에 대해 분명히 대답하고 계신다

① 성령님께서 나와 동행하고 계신다는 확신을 갖고(이게 믿음이다),
② 그 모든 조건을 성경 말씀(요약된 말씀, 십계명)에 비추어 본 뒤,
③ 간절한 기도를 통한 성령님의 인도하심에 따라(그래서 꾸준한 기도 생활이 필요하다. 언제까지? 하나님의 평강이 마음과 생각을 완전히 점령할 때까지〈빌 4:7〉),
④ 그 어떠한 주저함도 없이, 죽으면 죽으리라는 믿음으로(진실함과 믿음이 없는 기도에는 결코 응답하지 않으시며, 두려움은 불신앙이다),
⑤ 곧장 앞으로 계속 나가라(keep going).

이렇게 나갈 때, 홍해가 갈라지고, 요단강이 둘로 나뉘는 기적이 임한다는 것입니다. 인생의 먼 길을 걸어가다 보면 우리의 걸음에 불확실할 때도 많고, 장애물이 가로 놓여 있는 때도 있었지만, 그런데도 하나님의 인도하심에는 추호도 어긋남이 없으시다는 것을 믿고 걸어 나가는 자세가 하나님이 귀히 여기시는 믿음의 모습입니다.

(4) 인내로 기도하라

언제나 기도할 때 들어주신다는 확신을 갖고 끈질기게 매달려야 합니다. 안 들어 주시면 어떡하나 하고, 안 들어 주실 경우의 대비책을 마련하면서 기도함은 하나님을 불신하는 기도요 요동하는 믿음이요, 또 전념으로 집중하지도 못하는 기도입니다. 응답이 지체되는 것은 거절되는 것이 아닙니다. 누구나 기다림을 좋아하지 않습니다.

어떤 사람에게 기다림은 고통이요, 허비요, 무가치하고 무의미한 것으로, 더욱이 약속 없이 기다린다는 것은 절망과 회의의 소용돌이 속으로 침몰당하기 쉬운 인생의 위기일 수도 있을 것입니다. 그러나 하나님은 신실하셔서 끝까지 응답을 기다리며 끈기 있게 기도하는 사람에게 확실한 약속의 응답을 주십니다.

> 보라 인내하는 자를 우리가 복되다 하나니 너희가 욥의 인내를 들었고 주께서 주신 결말을 보았거니와 주는 가장 자비하시고 긍휼히 여기는 자시니라 (약 5:11).

(5) 섭리 신앙(형통〈SUCCESS〉의 신앙)

섭리 신앙은 하나님은 언제나 변함없이 선하시고, 지혜로우시고, 능력 있으시고, 공의로운 분이시며, 비록 지금은 내가 이해할 수 없는 일이라고 할지라도 만사는 하나님께 달려있으며, 지금 내가 처해 있는 일들이 내 뜻대로 안 되는 것은 내 뜻이 하나님의 뜻에 합당하지 않거나 아니면 하나님이 더 좋은 것을 주려고 하신다는 것을 믿는 신앙을 섭리 신앙이라 하며, 진정한 그리스도인은 그러한 섭리 신앙을 가져야만 합니다.

우리 일상생활에서 말하는 형통과 성경에서 말하는 형통은 전혀 다릅니다. 세상에서 말하는 형통은 모든 일이 자기 뜻대로 잘 이루어지게 되는 것을 말하지만, 성경에서는 내가 전혀 예상치 못하거나, 이해하지 못한 채 어떤 역경에 처해 있을 때라도 나와 늘 함께하시는 하나님의 뜻대로(내 뜻대로가 아니라) 이루어져 가고 있다고 믿고 살아가는 사람을 형통한 사람이라고 말하고 있습니다.

성경에서 형통한 사람으로 기록된 사람은 오직 요셉뿐입니다. 창세기 39장에 무려 3번이나 언급되고 있습니다. 피를 나눈 형들에 의해 팔려 노예로 살게 되었는데도 형통한 자라고 하셨고, 더더욱 하나님의 말씀 따라 정직하게 살려고 간음의 죄를 피한 결과가 하나님의 칭찬이 아니라 전혀 빛을 볼 수도 없는 지하 감옥에 갇히게 되었는데도 성경은 "요셉의 범사에 형통케 하셨다"라고 기록되고 있습니다.

사실 그렇습니다. 우리가 보기에 아무리 불합리하고 해결하기 불가능한 문제일지라도, 또 현실적으로 내게 너무 불공평하게 돌아가는 것 같을지라도, 그 모든 일이 내 삶의 주관자이시며, 전능하신 하나님의 나를 위한 전체 계획의 한 과정으로 진행되고 있다고 믿고(이를 하나님의 구속사적 섭리론적 신앙관이라고 부른다), 하루하루 주어진 일에 최선을 다하며 고난 자체까지도 하나님의 섭리로 받아들여 감사하며 살아가는 사람에게 이 세상의 어떤 고난이 그를 넘어뜨릴 수 있겠습니까?

이 형통한 사람의 본질을 마음속 깊이 담고 살아가게 된다면 우리를 둘러싼 많은 어려움을 긍정적으로 받아들이게 합니다.

"지금 내가 처해 있는 인간관계의 갈등도, 육체적, 물질적 어려움들도 나는 지금, 이 어려움들을 이해하지 못할지라도 내 하나님이 여전히 나를 지켜보시고 있고, 모두가 다 하나님의 나를 위한 깊은 섭리 속에서 이루어지는 것들이기에, 나는 다 감당할 수 있다," 마음으로 이렇게 크게 외치며 받아들이기 시작하면 어려움들이 하나씩 사라지게 돼 있습니다. 그 모든 어려움을 하나님의 섭리로 생각하면서 받아들이기 시작하면 하나님이 감당할 힘을 주셔서 더 이상 어려운 문제로 남게 되지 않습니다. 앞으로는 어떤 어려운 일이 닥쳐와도 전처럼 이를 피하게 해 달라고 기도하지 마시고 이 어려움이 하나님의 뜻이라면 지금은 내가 이해하지 못하지만, 받아들이겠사오니 이를 감당할 힘을 달라고 간절히 기도드려야 합니다.

형통이란 말은 히브리어로 짜라흐 곧 번영케 하셨다는 의미인데, 어떤 어려움 속에서도 하나님의 깊은 섭리가 있음을 믿어, 좌절커나 낙망치 않고, 하루하루 최선을 다해 살아갈 때 결국은 형통하게 된다는 것입니다. 다시 말해서, 하나님을 믿는 인내의 결과는(요셉의 경우에서 보듯) 언젠가는 형통이라는 말입니다. 이러한 하나님의 인도 섭리를 믿는다면 우리는 어떤 일을 바라거나 행할 때라도 그 일 때문에 조바심 내거나 불안할 필요가 없을 것입니다. 일이 뜻대로 안 된다고 낙심하거나 좌절하거나 원망하지 않고 인내할 수 있기 때문입니다.

> 너희 염려를 다 주께 맡기라 이는 그가 너희를 돌보심이라(벧전 5:7).

결론적으로 우리의 삶은 하나님이 돌보고 계시기에 염려하지 말고, 모든 것을 하나님께 맡기고. 늘 순종과 평안함 가운데 살라는 것이 섭리 신앙이며, 이러한 믿음을 가진 사람은 자동으로 미래의 염려로부터 자유를 얻게 합니다.

2. 성령 충만의 삶

1) 하나님의 영, 성령이 강조되는 이유

> 보혜사 곧 아버지께서 내 이름으로 보내실 성령 그가 너희에게 모든 것을 가르치시고 내가 너희에게 말한 모든 것을 생각나게 하시리라(요 14:26).

험한 인생을 살아가면서 하나님을 향한 우리의 신앙이 우리의 삶에 어떠한 힘과 도움과 소망을 줄 수 없다면 그 신앙은 죽은 신앙이요, 죽은 종교일 뿐입니다. 오해하지 말 것은 그렇다고 우리의 신앙이 현실을 중시하고 이를 위해 존재한다는 것을 강조하려는 게 아닙니다. 살아 있는 역동성 있는 신앙이 되기 위해서는 그 신앙이 마땅히 우리에게 힘과 용기도 줄 수 있어야 한다는 것인데, 그러한 모든 일을 처음부터 끝까지 주관하시고 인도하시는 분이 성령님이십니다.

중생, 곧 다시 태어나서 구원받는 것부터 동행해서 인생의 긴 여정을 거쳐 저세상에서 하나님을 만나기까지 동행하시는 분이 성령님이십니다. 신앙생활에서 성령이 강조되는 이유는 기독교 자체가 성령의 이야기요, 성령의 역사이기 때문입니다.

교회의 시작은 오순절 날 마가 다락방에서 120명의 문도가 열심히 기도하는 가운데 성령이 임하시어 시작됐습니다. 예수님의 탄생부터, 부활하심, 칭의, 성경의 기록, 양자의 칭호, 전도, 예수의 권능, 중생의 믿음, 기도를 도우심, 기적을 행하게 하심, 세례를 받게 하심 등 기독교 신앙의 모든 요소의 바탕에는 반드시 성령의 역사가 개입되고 있기에 성령님의 존재를 부정함은 불신앙 자체입니다.

(1) 사도행전에서의 성령의 임재

성령님은 대부분 기도의 자리에 임하시는데 그 외도 그냥 그 자리에 앉아 있다고만 해서 임하시는 게 아니고 우리의 갈급한 심령 곧, 하나님을 향하여 달려가는 열심의 정도에 따라 성령님이 임하십니다. 구체적이고 핵심적 요인은 하나님을 향한 열심 또는 간절함을 바탕으로 한 말씀과 기도의 두 가지입니다.

마틴 루터는 성령님은 말씀이란 수레를 타고 오신다고 했습니다. 그러나 공짜로 그 수레에 태워 주시지는 않습니다. 구원받는 것과는 구별하시기를 바랍니다. 말씀 공부할수록 우리가 타고 갈 수레가 더 화려해질 수는 있지만, 결코 무임승차를 할 수는 없습니다.

천국은 침노하는 자의 것이라고 했습니다. 죽기 아니면 까물어치기로, 혼신의 힘을 다해 기도하고 기도해야 합니다. 교회를 시작게 하시고, 전혀 상상할 수도 없는 천국을 확신케 하시는 등 엄청난 일들을 이루시는 성령님께 더욱 가까이 가기 위해서는 기도에 더욱더 열심을 내야 합니다. 다른 방법은 없습니다.

- 간절한 마음으로 기도할 때: 예, 사도행전 2장 외 다수.
- 간절한 마음으로 말씀을 들을 때: 예, 고넬료의 식구들이 말씀을 들을 때(행 10:44).
- 간절한 마음으로 성경을 읽을 때: 예, 에디오피아의 내시가 성경을 읽을 때(행 8:27).
- 간절한 마음으로 찬송할 때: 예, 바울과 실라가 감옥에서 기도하고 찬미할 때(행 16:25).

2) 성령이 하시는 일(성령의 사역)

성령이 하시는 일은 크게 외적 사역과 내적 사역 두 가지로 나누어 볼 수 있습니다. 외적 사역은 능력이 외부로 나타나서 귀신을 쫓아내거나, 질병을 몰아내어 치유하고, 방언하고, 마귀의 세력을 멸하는 등, 외적으로 우리가 그 사역을 볼 수가 있습니다. 성령의 내적 사역은 우리의 심령을 변화시켜서 우리 안에 예수 그리스도의 제자로서 예수의 모습이 드러나게 만들고, 또 성령의 열매를 맺게 만드는 사역을 말합니다.

> 하나님의 말씀은 살았고 운동력이 있어 좌우에 날선 어떤 검보다도 예리하여 혼과 영과 및 관절과 골수를 찔러 쪼개기까지 하며 또 마음의 생각과 뜻을 감찰하나니(히 4:12).

성령의 내적 사역을 구체적으로 열거하면 다음과 같습니다.

- 모든 것을 가르치시고, 기억나게 하신다(요 14:26).
- 죄에, 의에, 심판에 대해 책망하신다. 죄로 어두워진 심령 속에 회개와 회심의 필요를 깨닫게 하신다(요 16:8-11).
- 진리로 인도하신다. 하나님의 말씀을 깨닫게 하고, 깨달은 진리에 따라 살 수 있도록 능력을 주신다(요 16:13).
- 위로하신다. 갈급한 마음으로 문제를 갖고 기도할 때, 찬송할 때, 위로의 말씀을 읽어 나갈 때 위로하신다.
- 교회 활동을 주관하시고, 전도할 때, 또한, 교회에 다양한 은사를 주신다(행 9:31).
- 그 외에 기적을 행하심, 거듭나게 하심(중생), 기쁨을 주심, 하나님의 자녀임을 증거하심 등.

3) 성령이 일하시는 본질적 사명

> 보혜사 곧 아버지께서 내 이름으로 보내실 성령 그가 너희에게 모든 것을 가르치시고 내가 너희에게 말한 모든 것을 생각나게 하시리라(요 14:26).

여기서 나타난 것처럼 성령이 일하시는 본질적 사명은 하나님을 올바로 아는 지식이 자라게 도와주신다는 것입니다. 성령님은 모든 것을 가르치시고 기억나게 하십니다. 여기에서 모든 것은 우리 일상생활의 시시콜콜한 것이 아니라, 예수에 대한 모든 것을 말하며, 또 가르치시고는 말씀이 완전히 이해되고 깨닫게 하신다는 것입니다. 그래서 우리가 기도할 때, 성경을 읽을 때, 말씀을 들을 때, Q.T.할 때, 깨닫고 느껴지는 것은 우리의 지혜와 지식이 아니라, 성령님의 도우심을 알아야 합니다. 박사학위를 아무리 많이 갖고 있을지라도 성령님의 도우심 없이는 결코 말씀을 깨달아 믿지 못합니다.

(1) 기억나게 하시고

하나님의 말씀을 알고 있다는 사실과 기억나게 한다는 것은 전혀 다른 개념입니다. 예컨대, 마태복음 28장 1절에서 7절까지(천사가 말하길 그의 말씀하시던 대로) 언제 말씀하셨나 하면, 마태복음 26장 31절과 32절에 주님은 살았을 때 "부활하심"과, "갈릴리로 가서 기다리라"라고 하셨습니다. 그래서 그들은 알고 있었지만, 예수 그리스도의 죽음과 그에 따른 핍박으로 인해 혼란한 상태에 놓여 있어 기억을 못 하고 있었는데, 천사가 와서 이를 기억 나게 깨우쳐 주셨습니다. 바로 여기에 성령님의 사역들이 나타나고 있습니다.

실제적 예를 들면, 역경이나 어려운 시기에서 우리가 어찌할 바를 모른 채 그저 간절히 "주님, 도와주세요"라고 외칠 때, 성령님은 우리가 평상시 쭉 공부해 와서 알고는 있었지만, 잊어버린 성경 말씀을 기억나게 하심으로 위로하시고, 격려하시고, 용기를 주시며 우리의 길을 인도해 주시는 경우가 있습니다. 따라서 평상시 말씀 읽기를 소홀히 해서 아는 게 없으면 성령님이 꺼낼래야 꺼낼 것이 없게 됩니다.

4) 감사 신앙

성령님의 사역 중 기억나게 하시는 사역은 매우 중요합니다. 왜냐하면, 여기서 진실로 감사하는 신앙이 나오게 되기 때문입니다. 은혜(Grace)와 감사(Gratitude)가 동일 어원을 가진 것처럼 감사하다(thank)는 생각하다(Think)에서 나왔습니다. 하나님의 은혜를 기억하는 데서 하나님을 향한 감사가 시작됐다는 것입니다. 따라서 하나님께 감사드린다는 것은 하나님의 인간을 창조하신 목적, 곧 하나님께서 영광을 받게 되신다는 것을 의미하고 있습니다. 본 내용은 이미 제3장 〈감사 신앙의 삶〉에서 자세히 기술되었습니다.

하나님의 우리를 돌보시는 목적

> 무릇 내 이름으로 일컫는 자 곧 내가 내 영광을 위하여 창조한 자를 오게 하라 그들을 내가 지었고 만들었느니라 (사 43:7).

> 이 백성은 내가 나를 위하여 지었나니 나의 찬송을 부르게 하려 함이니라 (사 43:21).

하나님의 인간 창조 목적은 하나님이 영광 받으시기 위해서입니다. 우리가 이 땅 위에 태어나서 살아가며 존재하는 이유가 오직 하나, 하나님의 영광을 위해서라는 것입니다. 과연 지금 이 시간 우리가 얼마나 하나님의 영광을 위해 살아가고 있는지 자신을 돌아봐야 하겠습니다. 가장 큰 문제는 하나님의 영광을 위해 살아가는 삶이 어떤 삶인지를 잘 모르고 있다는 것입니다.

그렇다면 하나님은 언제 영광 받으시는가?

성경의 모든 기록이 하나님의 영광을 위해 기록된 것이지만, 그중에서 특별히 중요한 것을 택하면 다음 3가지로 요약될 수 있습니다. 이미 기술된 것이지만 성공적 신앙생활을 위해선 반드시 기억해지고 행해져야 하기에 다시 반복되어 기술됩니다.

첫째, 감사로 제사 드릴 때 공중 예배는 감사가 제도화된 것입니다(시 50:23). 예수님이 우리를 위해서 십자가에서 보혈을 흘리셨고, 그로 인해 구원을 얻게 됐는데, 그 구원의 은혜가 기쁘고, 감사해서 하나님을 높이는 기도, 찬양, 말씀, 헌물 등의 모든 행위가 바로 예배로 나타나는 것입니다.

그리고 이처럼 택함 받은 자들의 하나님을 향한 감사가 공적으로 제도화된 것이 주일 예배와 같은 공중 예배입니다. 이런 예배는 오직 하나님의 택하심을 받아 구원받고, 그 안에 성령님을 모신 사람만이 드릴 수 있기에 예배를 드릴 수 있다는 자체만으로도 얼마나 큰 축복인지 모릅니다. 결론적으로 예배를 잘 드린다는 것은 하나님을 매우 기쁘시게 하는 일이요, 영광을 돌리는 매우 중요한 행위입니다.

둘째, 베풀고 나누는 삶, 기독교의 황금률

> 너희는 세상의 소금이니 소금이 만일 그 맛을 잃으면 무엇으로 짜게 하리요 후에는 아무 쓸데 없어 다만 밖에 버리워 사람에게 밟힐 뿐이니라. 너희는 세상의 빛이라 산 위에 있는 동네가 숨기우지 못할 것이요 사람이 등불을 켜서 말 아래 두지 아니하고 등경 위에 두나니 이러므로 집안 모든 사람에게 비치느니라. 이같이 너희 빛을 사람 앞에 비치게 하여 저희로 너희 착한 행실을 보고 하늘에 계신 너희 아버지께 영광을 돌리게 하라(마 5:13-16).

하나님은 우리가 가정에서, 직장에서, 교회에서, 세상에서 빛과 소금으로 살아가라고 하고 있습니다. 다 아시다시피 빛과 소금으로 살아간다는 것은 외적 종교적 열심이 아니라 내적 변화, 곧 겸손을 바탕으로 한 삶을 말하며, 이러한 자세를 밑바탕으로 세상에 이로운 자들로 우리가 살아갈 때, 세상 사람들은 하나님께 영광을 돌리게 되고 하나님은 이를 기뻐 받으십니다. 이는 또한, 로마서 12장 1절의 산 제물(산 제사)로 사는 삶이 된다고 하고 있습니다.

> 그러므로 형제들아 내가 하나님의 모든 자비하심으로 너희를 권하노니 너희 몸을 하나님이 기뻐하시는 거룩한 산 제사로 드리라 이는 너희의 드릴 영적 예배니라(롬 12:1).

셋째, 하나님께 부르짖을 때

> 감사로 하나님께 제사를 드리며 지극히 높으신 자에게 네 서원을 갚으며 환난 날에 나를 부르라 내가 너를 건지리니 네가 나를 영화롭게 하리로다(시 50:14-15).

생각할수록 흥미로운 말씀이 아닙니까?

> 어려움을 당했을 때 나를 찾으라. 내가 너를 도와줄게. 왜냐하면, 그것은 나의 즐거움이요, 기쁨이기 때문이다.

그렇다면 어려움이 없을 때도 기도에 힘을 쓴다면?
기도 자체가 하나님께 영광을 돌리는 행위임을 명심해야 합니다.

5) 성령의 인치심을 받으라

> 오순절 날이 이미 이르매 저희가 다 같이 한곳에 모였더니 홀연히 하늘로부터 급하고 강한 바람 같은 소리가 있어 저희 앉은 온 집에 가득하며 불의 혀같이 갈라지는 것이 저희에게 보여 각 사람 위에 임하여 있더니 저희가 다 성령의 충만함을 받고 성령이 말하게 하심을 따라 다른 방언으로 말하기를 시작하니라(행 2:1-4).

성령의 인치심을 받지 않고는 진정한 신앙생활이 불가능합니다. 교인은 될 수 있을지라도 진정한 그리스도인은 될 수가 없다는 것입니다. 성령의 인치심을 받으면 제일 먼저 "바람 같은 소리가 있어"의 말씀처럼 하나님의 소리가 들리기 시작합니다. 귀가 열린다는 것입니다. 그래서 하나님의 말씀이 제대로 들리게 됩니다. 그 다음에는 "저희에게 보여"의 말씀처럼 눈이 열려서 하나님의 나라가 보이기 시작합니다. 영적 눈이 열린다는 것입니다. 그래서 전에는 보지 못했던 것들이 보이게 되고, 깨닫게 되고, 변화되기 시작합니다.

그렇기에 우리가 구할 것은 무엇보다 성령의 인치심, 곧 성령이 우리의 심령 속에 임재하실 것을 간절히 간구해야 합니다. 그래야만 귀가 열리고 영적 눈이 열리기 때문입니다. 교회를 그처럼 오래 다니고도 전에 비하여 변화된 모습이 보이지 않는다면 아직 성령님의 인치심을 받지 못한 것입니다.

6) 성령의 임재 훈련을 위한 전제 조건

고기도 살아 있는 활어를 그대로 잡아서 먹으면 짜지 않지만, 이미 죽어 있어서 소금으로 간을 해 놓은 고기는 그대로 먹을 수는 없는 법입니다. 마찬가지로 영적으로 살아 있을 때는 악하고 두려운 생각이 들어오지 않지만, 영적으로 죽어 있을 때는 두려움의 영이 서서히 침투해 우리를 함몰시킵니다. 그래서 성령이 충만한 생활을 유지하게 해야만 하는 것입니다.

연구 결과에 의하면 사람은 보통 하루에 20,000번 정도의 이런저런 생각을 하는데 그중 15퍼센트는 긍정적 생각이지만 무려 85퍼센트는 부정적 생각들이고 이런 것들이 연결돼서 우리를 두려움에 빠지게 한다고 합니다. 이처럼 내일에 대한 두려움의 생활은 대다수의 사람에게는 극히 일상적으로 다가오는 일입니다.

그러나 성령이 충만한 사람에게는 두려움을 느낄 공간이 없기에 성령님과 늘 동행하는 삶을 살아야 합니다. 일상생활에서 늘 함께하시는 성령님의 존재를 느끼고 체험하는 훈련을 쌓기 위해서는 매일 꾸준히 하나님 말씀을 읽어 나가면서, 다음 사항을 꼭 지키셔야 합니다.

(1) 회개의 습관화

성령님은 결코 추한 곳에 임하지 못하시기에 무엇보다 마음의 곳간을 청소해야 합니다. 회개하고 되풀이하고, 회개하고 되풀이하고, 무의미하게 여겨지겠지만 그래도 계속해야 합니다. 쇠가 쇠를 날카롭게 하지만, 때론 쇠가 쇠를 무디게 하기도 하기 때문입니다. 그냥 지나가면 반드시 죄감각이 무디어집니다. 기도 시작 전에 그 자리에 인도해 주신 하나님께 감사 기도와 함께 반드시 알게 모르게 지은 죄들의 용서를 구해야 합니다.

(2) 갈급함

> 내가 생명수 샘물을 목마른 자에게 값없이 주리라 (계 21:6).

오직 목마른 자만이 생명수 샘물을 얻을 수 있는 것처럼 성령님은 우리가 달려가는 만큼만 달려오십니다. 꼭 성령과 동행하려는 열정과 끈질김을 가지십시오. 성령님은 우리의 믿음 이상으로 역사 안 하십니다. 다시 말해서, 성령님은 우리의 열심만큼만, 끈질김만큼만 역사하십니다.

> 내 아들 솔로몬아 너는 네 아비의 하나님을 알고 온전한 마음과 기쁜 뜻으로 섬길지어다 여호와께서는 뭇 마음을 감찰하사 모든 사상을 아시나니 네가 저를 찾으면 만날 것이요 버리면 저가 너를 영원히 버리시리라(대상 28:9).

이 말씀처럼 하나님의 사랑은 무조건적이면서도 조건적입니다. 우리가 찾으면 만날 것이고, 우리가 버리면 하나님도 우리를 버리십니다.

(3) 감사할 줄 아는 사람

감사로 드리는 제사가 하나님께 영광 돌린다고 기록돼 있습니다. "하나님은 촛불에 감사드릴 때 등불을 주시고, 등불에 감사드릴 때 태양빛을 주신다"라는 말이 있습니다. 이것이 감사가 감사를 불러오는 이유입니다. 기도도 자기 의지로 하는 게 아닙니다.

기도 자리에서도 먼저 이 자리를 마련해 주신 데 관하여 감사드리고, 말씀 읽다가 깨달아 은혜가 오면 성령님의 역사인 줄 알고, 마음속으로 '성령님, 감사합니다' 하는 등 감사하는 것을 습관화해야 합니다. 또 슬프고, 외롭고, 답답해서 찬송할 때 평안이 오고, 위로를 느낀다면 이도 성령의 역사이기에 성령님께 감사하고 고마움을 느끼는 습관을 길러야 합니다.

성경 66권의 요약은 10조문의 십계명이고, 이를 더 요약하면 "하나님을 사랑하고, 이웃을 사랑하라"인데, 하나님을 사랑하라는 의미는 다른 표현으로 고마움을 표현하라. 곧, 감사할 줄 아는 사람이 되라는 것이고, 인간을 사랑하라는 계명의 첫 계명은 낳아 주시고 길러 주신 부모님께 효도, 감사하라는 의미입니다. 부모님에 대한 효도와 더불어 평상시 우리의 삶 속에서도 이웃에게 고마운 것은 고맙다고 감사할 줄 아는 사람이 돼야 합니다.

이것이 복된 하나님의 자녀로 살아가기 위한 가장 기본 조건입니다. 낳아 주고 길러 주신 눈에 보이는 부모님을 사랑 못하는 자는 눈에 보이지 않는 하나님을 결코 사랑하지도 못할 뿐만 아니라 그가 힘써 일한 어떤 노력도 하나님은 인정하지 않으십니다.

(4) 성령의 음성에 따르는 사람 (순종. 행함)

예를 들어서, 살아가는 과정에서 자기 마음속에 이렇게 살아서는 안 되는데 하며 자신을 책망하는 소리가 들리면(의에 대한 책망) 이에 따라야 하며, 성령님의 그 책망의 소리에도 감사드릴 줄 알아야 합니다.

7) 일상생활에서 느끼는 성령의 임재 훈련

성령님은 일상생활에서 아주 평범하게 다가오십니다. 따라서 어떤 기적, 병 고침, 뜨거운 체험(물론, 이것도 성령의 역사다)처럼 눈에 보이는 것에서만 성령의 임재를 느끼려고 하지 말고, 앞에서 언급된 성령의 내적 사역의 은혜 내용들을 경험할 때마다 그 순간 마음속으로 성령님의 임재를 느끼면서 "성령님, 감사합니다"라고 감사드리는 훈련을 자꾸 하다 보면 자기도 모르는 사이에 믿음도 크게 자랄 뿐만 아니라, 구하지도 않은 놀라운 축복도 얻게 됩니다.

오늘날 우리 대부분의 문제점은 하나님의 존재를 인정하면서도, 하나님이 지금도 우리 가운데에 계시며 우리를 위하여 일하시려고 열심을 내신다는 것을 믿지 않고 있다는 점입니다.

그 주요인이 하나님이 지금 내 곁에 계시다는 성령의 임재성을 못 느껴서 그런 것인데, 성령님의 인격성을 깊이 인지하고, 그분의 존재를 느끼고 체험하는 훈련을 쌓게 되면 얻어집니다. 이 모든 과정은 말씀의 토대 위에 열심히 기도하는 것이며 다른 방법은 없습니다. 또한, 회개나, 매달리는 열심이나, 감사드리는 모든 과정과 행위가 다 기도의 내용들입니다. 이처럼 말씀을 사모하며 기도를 계속해 나가다 보면 언제부터인가 성령님이 곁에 계신 느낌, 곧 성령의 임재를 느끼게 되며 그때쯤이면 걸어가면서, 일하면서 또는 운전하면서 등 언제 어디서고 성령님과 대화하는 게 낯설지 않고 익숙하게 됩니다.

8) 말씀을 사모하는 마음을 가지라

> 7월 1일에 모든 이스라엘 백성들은 일제히 수문 앞 광장에 모여 율법학자 에스라에게 여호와께서 모세를 통해 이스라엘 백성에게 주신 율법책을 가져와 읽어 달라고 하였다. 그곳 수문 앞 광장에서 새벽부터 정오까지 그것을 읽어 주었으며 백성들은 모두 귀를 기울이고 주의 깊게 들었다. 모든 사람들이 다 볼 수 있도록 에스라가 강단에 높이 서서 그 책을 폈을 때 백성들은 일제히 일어섰다. 에스라가 위대하신 하나님 여호와를 찬양하자 모든 백성들은 손을 들고 "아멘! 아멘" 하며 응답하였다. 그러고서 그들은 얼굴을 땅에 대고 엎드려 여호와께 경배하였다. 에스라가 그 율법책을 읽을 때 레위 사람 예수아, 바니, 세레뱌, 요사밧, 하난, 블라야는 백성들 가운데 서서 그 뜻을 해석하여 낭독하는 것을 백성들이 이해할 수 있도록 하였다. 백성들이 그 율법의 말씀을 듣고 울기 시작하자(느 8:1-8).

이 말씀은 오늘날처럼 주일 설교하는 내용이 아닙니다. 에스라는 고대 히브리어로 기록된 말씀을 읽었고, 레위인들은 그것을 백성들이 사용하는 일상 언어로 풀어서 쉽게 간단히 설명해 주는 정도였을 뿐이었습니다. 그런데도 근 6시간 동안 앉지도 않고 먹지도 않고 일어선 채로 율법을 들으면서 말씀을 깨달아 울고 있습니다.

말씀을 사모하는 마음이 그리고 그 말씀의 위력이 얼마나 놀라운지 모르겠습니다. 지금, 이 순간 우리의 마음을 돌아봐야 할 것입니다. 예배에도, 말씀에도 무기력하고 무감동한 심령 위에 어떻게 하나님의 영광이, 성령의 은혜가 임할 수 있겠는지 회개해야 합니다.

3. 기도의 삶

1) 성경에서 가장 많이 언급되는 구절은 기도이다

성경은 하나님의 인간에 대한 모든 내용을 축소 축약된 하나님의 언어로 1,600여 년에 걸쳐 40명의 전혀 다른 시대, 환경, 성격의 사람들에 의해 기록됐습니다. 따라서 여기서 빈번하게 자주 나온다는 것은 하나님이 그만큼 중요하게 여기신다는 증거가 되는데, 성경에서 가장 많이 언급되는 구절은 '기도'에 관한 내용으로 무려 33,000번이 나오고, 두 번째는 "축복의 말씀"이 32,500번, 세 번째는 "약속의 말씀"이 7,000번이 나오고 있습니다. 우리가 기도한다는 것은 하나님이 그처럼 원하시는 일이요, 기뻐하시는 일이라는 것을 마음에 깊이 새기면서 기도의 자리에 임해야 합니다.

2) 기독교 신앙의 두 주춧돌 – 말씀과 기도

신앙의 두 주춧돌은 '기도'와 '말씀'으로, 끊임없이 다가오는 시험을 이기며 축복된 신앙생활을 하기 위한 길은 오직 말씀과 기도밖에 없습니다. 말씀은 하나님이 우리에게 주신 것이고, 기도는 우리가 하나님께 드리는 것으로 어느 하나만으로는 결코 완전한 신앙생활을 할 수 없습니다. 예수님이 사탄과의 싸움에서 사용하신 무기는 오직 하나님의 말씀뿐이었습니다.

사탄이 하와에게 먼저 유혹한 것에 대해서는 많은 해석이 나올 수 있지만, 분명한 것은 창세기 2장 16절과 17절에 아담에게는 말씀을 주셨지만, 하와에게는 직접 주신 적이 없습니다. 그래서 사탄이 이 틈을 노린 것입니다.

흔히 말씀의 능력, 말씀의 능력하면서 그저 말씀 공부하고, 읽기만 하면 능력이 되는 줄 알지만, 현실은 결코 그렇지 않습니다. 아무리 영양 좋은 음식을 먹더라도 우리의 몸속에서 에너지로 변하지 않는다면 아무 의미가 없는 것처럼, 말씀이 우리의 삶에 에너지가 되기 위해선 혼신의 기도가 필요합니다. 그래서 말씀과 기도를 신앙생활의 두 주춧돌이라고 하는 것입니다. 성경에 천사의 등장이 많지만, 예수님과 관련해서는 두 번 나오는데 모두 기도와 관계가 있습니다. 즉, 40일 금식 기도 후와 겟세마네 동산에서 혼신의 기도에 힘을 쓰실 때입니다.

3) 광야를 지나면서 필요한 것 – 나침반과 물

(1) 나침반 – 말씀

인생은 광야라는 사막을 건너는 것입니다. 광야는 텅 비어 있어 보이는 것이 아무것도 없습니다. 또한, 하루에도 몇 번씩 모래폭풍이 휩쓸고 가면 없던 산이 생기고 골짜기가 새로 파이는 등, 항상 지형이 변해서 지도도 소용이 없습니다. 광야에서 필요한 것은 지도가 아니라 나침반입니다.

나침반은 영원하신 하나님 말씀을 의미합니다. 하나님의 감동으로 된 성경은 교훈과 책망과 바르게 함과 의로 교육하기에 유익할 뿐만 아니라 어떤 환란 속에서도 우리에게 위로와 소망을 주시면서 하나님이 내시는 길을 볼 수 있게 해 줍니다.

> 하나님의 말씀은 살았고 운동력이 있어 좌우에 날선 어떤 검보다도 예리하여 혼과 영과 및 관절과 골수를 찔러 쪼개기까지 하며 또 마음의 생각과 뜻을 감찰하나니 (히 4:12).

하나님의 말씀에는 놀라운 파워가 있어 우리 안에 깊이 감춘 온갖 더러운 죄악과 위선을 다 들추어내어 온전한 자로 세워지게 할 뿐 아니라, 세상 지배자인 사탄 마귀에게 대적하여 쳐부수는 놀라운 힘이 있습니다. 예수님의 40일 금식 후에 곧바로 찾아온 마귀의 시험을 이긴 것은 오직 하나님 말씀만이었습니다.

이스라엘 민족이 적들이 우글거리는 가나안으로 가기 위해 요단강을 건널 때 제일 앞에 세운 것은 법궤, 곧 하나님 말씀입니다. 그들이 여리고 성을 공격할 때도 강력한 무기를 든 용맹한 군인들이 앞장선 것이 아닙니다. 여호와 하나님의 법궤를 가운데 에워싸고 그저 돌기만 한 것입니다.

뉴욕 맨하탄에 있는 최고층 빌딩들은 태풍이 불면 좌우로 크게 흔들리지만, 결코 넘어지지 않습니다. 그 기반이 단단한 바위로 돼 있기 때문입니다. 일본 도쿄에 있는 임패리얼 호텔(Imperial Hotel)은 그 기초공사만 무려 2년 동안 했고 수많은 비용이 들어서 건축 과정에 수많은 사람이 비난했지만, 설계자는 요동치 않고 4년 만에 공사를 끝냈습니다. 몇 년 후 1923년 동경 대지진 때 건물의 2/3가 무너지고 수십만 명의 사상자가 발생했는데 이 호텔은 피해가 없었다고 합니다.

> 그러므로 누구든지 나의 이 말을 듣고 행하는 자는 그 집을 반석 위에 지은 지혜로운 사람 같으리니 비가 내리고 창수가 나고 바람이 불어 그 집에 부딪히되 무너지지 아니하나니 이는 주초를 반석 위에 놓은 연고요 나의 이 말을 듣고 행치 아니하는 자는 그 집을 모래 위에 지은 어리석은 사람 같으리니 비가 내리고 창수가 나고 바람이 불어 그 집에 부딪히매 무너져 그 무너짐이 심하니라 (마 7:24-27).

(2) 물 - 기도

사막을 여행하는 데는 물이 가장 중요합니다. 햇볕이 사정없이 내리쬐는 그 무더운 곳에서 물 없이는 3-4일 버티기가 불가능합니다. 신앙생활에서 물은 성령의 도우심을 의미하며 성령님의 임재는 언제나 대부분 기도의 자리에 임하십니다. 기도가 우리의 신앙생활에서 얼마나 중요한 위치에 있는지 이루 말할 수 없습니다.

하나님의 자녀로 택함 받은 자들에게 기도는 하나님과 소통(대화)하는 가장 중요한 일인데도 소홀히 여겨지고 있는 게 오늘의 슬픈 현실입니다. 믿는 자들 개개인의 생활 속에서도 기도가 많을수록 축복도 가장 많았고, 교회 안에서도 기도의 불길이 왕성할수록 세상을 향한 파워가 가장 컸습니다.

오늘날 너무도 많은 그리스도인이 기도하지 않습니다. 하나님의 도움 없이 홀로 살아가는 게 힘들다고 하면서도 이런저런 변명을 내세우며 하나님 앞에 엎드리지를 않습니다.

사무엘 선지자는 기도 안 하는 것을 죄라고 하셨고, 하나님이시면서도 인간의 몸으로 오신 예수님은 기도가 필요 없으신 분인데도 아침에도, 낮에도, 저녁에도, 심지어는 밤을 새우시기까지 땀방울이 핏방울같이 되도록 기도에 열심을 내셨습니다.

혼신의 기도를 통하여 주님의 권능을 체험한 자라야 모래 위에 쌓았던 믿음이 반석 위의 단단한 믿음으로 변화되어 어떠한 바람과 풍랑 속에서도 흔들리지 않는 굳건한 믿음이 되며, 그렇게 될 때 주님의 손길을 의심 없이 믿고, 신앙의 승리를 얻게 합니다. 기도한다는 것 자체만으로도 매우 축복된 길을 가는 것이며, 또 그렇게 살아가는 것이 얼마나 행복한 인생의 여정인지를 깊이 알아야 합니다.

4) 신앙생활은 결국 기도 생활이다

신앙생활은 결국 기도 생활을 말합니다. 기독교 2,000년 역사는 기도의 역사입니다. 기도의 최고 목적은 하나님의 영광을 위함이며, 역사상 위대한 기도가 위대한 역사를 만들어 왔습니다. 기도는 하나님과 인간의 대화로 영혼의 호흡이며, 하나님의 놀라운 축복을 받아낼 수 있는 유일한 통로입니다. 기도는 믿는 자들의 특권이요, 무기인 동시에 의무이기도 합니다. 기도는 초자연적 삶의 용기와 무서운 인내력을 줍니다.

따라서 기도는 살아 있는 신앙생활의 부수적인 것이 아니라 필수적입니다. 믿음의 사람들의 열매가 없는 생활의 근본적 원인은 기도 생활의 퇴보에 기인합니다. 잘 믿는다는 것은 잘 기도한다는 것으로 기도 생활이 발전해야 믿는 자의 신앙도 발전합니다. 기도를 배우는 길은 기도밖에 없는 것처럼 하나님을 잘 아는 길도 기도밖에 없습니다.

육체적 노동도 땀이 필요하지만, 영적 노동인 기도는 더 많은 땀과 시간이 필요합니다. 쉬지 않고 타는 불이 물을 덥게 하여 밥이 되는 것처럼 쉬지 않는 기도만이 영적으로, 환경적으로 반드시 변화를 불러옵니다. 하나님은 기도하는 자를 쓰실 뿐만 아니라 기도를 통하여 기적을 낳게하십니다. 그래서 어떤 어려움이 다가오더라도 기도만은 포기해선 안 됩니다.

(1) 기도의 중요성

① 기도하는 사람은 기적을 믿는 사람들이다

기도하는 사람은 하나님의 기적을 믿는 사람들입니다. 보이지도, 들리지도, 잡을 수도 없는데도 더욱 불가능하게 보이는 것들을 가능하게 하신다고 믿을 수 있다는 것이 바로 하나님의 기적을 믿는 사람들입니다.

인생을 고해의 바다라고 합니다. 인생은 우리가 원하든 원치 않든 간에 고생길이라는 의미입니다. 누구나 꽃길을 바랄 수는 없어도 평탄한 길을 가려 하지 일부러 고생길로 가려는 사람은 아무도 없을 것입니다. 그런데도 종국에는 인생은 고해의 바다였구나 하고 이구동성으로 인정하게 되는 것이 우리의 현실입니다. 그러나 여기 기쁜 소식이 하나 있습니다. 꽃길이나 평탄한 길까지는 몰라도 우리의 연약한 무릎에 힘을 주시고 우리의 상처 난 손을 감싸안으시면서 무거운 짐을 함께 져 주시는 주님이 곁에 계시다는 것입니다.

주님의 도우심이 필요하십니까?

그렇다면 곁에서 기다리고 계시는 주님께 간절한 기도로 도움을 청하십시오. 그러면 삽니다.

② 위대한 기도가 위대한 역사를 만든다

기도의 최고 목적은 하나님의 영광을 위함이며, 역사상 위대한 기도가 위대한 역사를 만들어 왔습니다. 하나님은 기도하는 자를 쓰실 뿐만 아니라 기도를 통하여 기적을 낳게 하십니다. 기도는 하나님과 인간의 대화로 영혼의 호흡이며, 하나님의 놀라운 축복을 받아낼 수 있는 유일한 통로입니다. 기도는 믿는 자들의 특권이요 무기인 동시에 의무이기도 합니다. 기도는 초자연적 삶의 용기와 무서운 인내력을 줍니다.

따라서 기도는 살아 있는 신앙생활의 부수적인 것이 아니라 필수적입니다. 기도의 본질은 우리의 간구에 대한 응답이 아닙니다. 그것은 기도를 통해 하나님과의 만남, 곧 교제가 본질이며. 부차적으로 우리의 간구에 대한 기도 응답입니다. 하나님을 아는 길은 기도밖에 없으며 기도는 이 지상에서 제일 큰 무기입니다. 기도는 최악의 상황을 최상의 상황으로 바꾸는 기적을 낳기 때문에 하나님의 위대한 일을 계획하는 사람은 먼저 기도의 영역에서 누구보다 앞서야만 합니다. 왜냐하면, 위대한 기도가 위대한 역사를 만들기 때문입니다.

성경에 나타난 수많은 믿음의 사람, 지금도 우리 주위에서 하나님의 큰 일들을 행하고 있는 수많은 믿음의 일꾼은 언제나 기도에 능한 사람이었습니다. 기도가 무엇인지, 기도의 능력이 어떠한지를 충분히 설명할 수 있는 사람이 아니라 직접 하나님 앞에 무릎을 꿇고 기도하는 사람들에게서 하나님의 능력이 나타나곤 했습니다.

기도의 어머니는 기도의 자식을 낳습니다. 기도하는 법은 어머니의 무릎에서 배워야 합니다. 어머니의 무릎에서 배운 기도는 큰 능력의 사람이 되게 합니다. 사사 시대를 마감하고 선지자 시대를 연 사람은 한나가 기도로 낳은 사무엘입니다. 그는 기도의 의미를 처음으로 정립시켜 놓은 기도의 사람이었습니다. 즉 기도하기를 쉬는 것 자체가 바로 죄(삼상 12:23)라고 했습니다.

③ 기도 응답, 곧 신앙 체험은 하나님 말씀의 신뢰성을 높인다

오늘날 가장 큰 문제는 많은 사람이 기도하는 법에 대해서는 잘 알고, 열심히 기도하면서도, 그 기도에 대한 응답, 즉 하나님이 어떻게 우리를 인도하시는지는 잘 모르고 있다는 점입니다. 기도의 주목적이 하나님과의 대화로서 하나님의 뜻을 헤아리는 데 있다는 것에 대해 이론을 나타낼 수는 없을 것입니다. 부차적으로는 우리의 처한 어려운 사정을 아뢰고, 그것의 해결책 곧, 기도 응답을 얻는 것이라고 하겠습니다.

하나님으로부터 문제 해결을 위한 기도 응답을 얻는다는 것은 우리의 신앙생활에서 결정적 역할을 하므로 아주 중요한 것입니다. 이러한 기도를 기복 신앙이라고 단정하는 사람은 기도의 응답을 받아 본 적이 없거나 기도를 모르는 인본주의적 신앙인이라고 할 수 있겠습니다.

그리스도인들은 신앙의 체험 생활에서 힘을 얻게 될 뿐만 아니라, 더 능력 있는 신앙인이 될 수 있으며, 또한, 신앙의 체험 생활은 하나님 말씀에 대한 신뢰심을 더욱 강하게 하고 하나님에 대한 의존을 더욱 두껍게 하므로 신앙 세계에 대해 다양한 지식을 갖는 것도 중요하지만, 현실적 신앙 체험이 기초하지 아니한 지식은 무능할 뿐입니다.

우리에게 기도 응답, 곧 은혜의 체험은 철저히 주관적이며 개인적 사건이지만, 이 시간에도 살아 계신 하나님이 이 땅과 저세상의 모든 것을 통치하시며 주관하고 계시다는 사실은 객관적 진리입니다. 물론, 우리의 주관적, 개인적 체험이 '하나님이 존재하신다'는 객관적 진리를 결코 대신할 수 있는 것은 아니지만, 우리가 직접적 체험을 못 할 때는 그것은 나의 이야기가 아니라 남의 이야기로 끝날 수가 있고, 하나님과 교제하고 동행하고 매사에 하나님을 신뢰하는 생활에서는 전혀 보지도 듣지도 못하면서 믿는 믿음이 경험과 증거에 의해서 더욱 단단한 믿음이 합니다.

따라서 우리는 체험, 곧 기도 응답이 영적으로 오든, 환경적 변화로 오든 간에 기도 응답을 받는 법, 곧 하나님이 우리를 인도하시는 방법을 꼭 알아야만 합니다. 응답을 많이 가질수록 어떤 환경에서도 흔들리지 않지만, 응답의 기회가 없을수록 환경에 따라 쉽게 흔들리다가 넘어져서 결국은 일어나지 못하게 합니다.

㉮ 엘리야의 믿음

갈멜산에서 엘리야는 제단 둘레에 도랑을 만들고 그 도랑에 물을 가득 채웠다고 했는데 자연법칙으로는 물이 흐르는 곳에는 결코 불이 침범할 수가 없습니다. 그럼에도 물을 가득 채운 데서 엘리야의 하나님에 대한 대단한 믿음을 볼 수 있게 합니다. 즉 인간의 힘으로는 불가능하지만, 여호와 하나님의 능력은 자연법칙과 이성을 초월하여 무엇이든 할 수 있다는 믿음을 보여 주고 있습니다. 잘못하면 그 자리에서 맞아 죽을 수도 있는 처지였는데도 그는 자연법칙까지 무시하며 여유만만했습니다.

무엇이 그를 이처럼 강하게 했을까요?

전에도 그는 인간의 힘으로는 불가능하지만, 여호와 하나님의 능력은 자연법칙과 이성을 초월하여 무엇이든 가능케 하신다는 기도 응답들을 체험해 봤기에 이처럼 강한 것입니다.

> 엘리야는 우리와 똑같은 사람이었지만 비가 오지 않게 간절히 기도하자 3년 6개월 동안이나 비가 내리지 않았습니다(약 5:17).

성경은 분명 엘리야도 우리와 같다고 하는 데에 대해서 우리는 무슨 토를 달아야 하겠습니까?

그런데 현실적으로는 너무도 기도 응답의 체험이 적다는 데서 약한 믿음이, 약한 신앙이 나오고 있는 것입니다.

④ 기도는 우리의 운명을 바꾼다

브루스 윌킨스 목사님의 저서 『야베스의 기도』는 전 세계적으로 무려 2,000만 권 이상이나 팔린 베스트셀러 중의 베스트셀러입니다.

왜 그렇게 많이 팔렸을까요?

단도직입적으로 말해서 복 많이 받아 운명을 바꾸고 싶어서입니다.

사실 이 땅 위의 어느 누가 복 받기를 원치 않겠습니까?

그런데 그 책이 그처럼 많이 팔리고, 또 그 책을 부적처럼 갖고 다니며 하루에도 수없이 그 내용을 암송하며 살아가는 데도 현실적으로 복 받았다고 간증하는 사람이 별로 없는 게 현실입니다.

이어지는 〈응답받는 기도의 조건〉에서 자세한 설명이 이어지지만, 성경 속의 야베스는 우리에게 아주 귀한 기도 한 절을 남겨주고 있습니다. 그의 어머니가 그를 낳을 때 얼마나 힘들게 낳았는지 "고통 중에서 낳았다"라는 뜻에서, 야베스라고 불렀습니다. 이름만 들어도 고통, 슬픔 속에서 자란 야베스가 얼마나 서럽게 자랐는지 상상이 합니다. 비록 그가 어머니한테는 사랑을 받지 못했지만, 하나님께서는 그를 귀중한 자, 존귀한 자 나아가서 기적을 일으키는 자, 유별나게 뛰어난 자로 여기셨고, 역대상에서 그렇게 많은 사람의 이름 가운데 이렇게 특별하게 기록하게 되는 것은 우리에게 많은 도전을 주고 있습니다.

고대 중동인들은 우리나라 사람들과 똑같이 이름에 의해 운명이 결정되며 그래서 운명을 바꾸는 데는 개명을 해야 한다고 믿을 정도로 이름 작명을 아주 귀히 여겼습니다. 그런데도 역대상의 기록자는 하나님이 고통을 주셨다는 이름을 가진 야베스가 이름의 뜻과는 관계없이 하나님께 간구함으로써 복 받게 된 사실을 기록함으로써 진실한 기도의 위력은 우리의 운명까지도 바꿀 수 있음을 기록하고 있습니다.

⑤ 기도 자체가 위대한 사역이며, 우리의 모든 것을 바뀌게 한다

시중에 널리 보급된 야베스의 기도에 관해 저술된 많은 책을 읽어 보면 야베스의 기도 내용을 깨알처럼 분석해 놓은 책들이 많았습니다. 물론, 그 내용을 분석해서 그대로 따라 하는 것도 중요하겠지만 태양을 가르치는 손가락 끝만 볼 줄 알 뿐 정작 태양을 바라보며 그 빛을 받아들이고 느낄 줄을 모르는 게 아닌가 하고 걱정이 될 때가 많았습니다.

야베스의 기도에서 가장 중요한 것은 그가 기도한 내용이 아니라 그가 '기도하였다'라는 것, 곧 그는 기도의 사람이었다는 것입니다. 야베스는 어두운 환경 가운데 있었으나 기도하는 일로 인해 영광스러운 사람이 되었습니다. 기도에서 가장 중요한 것은 '기도하는 것' 자체입니다. 우리는 흔히 무언가 일을 도모하고자 할 때마다 기도로 준비하자고 합니다. 큰 일을 도모할수록 작정기도니, 금식기도니 하며 기도도 더 커집니다. 맞습니다. 기도로 준비해야 합니다.

그러나 한 가지 중요한 사실을 잊어서는 안 됩니다. 그것은 기도는 더 위대한 일을 준비하기 위한 것이 아니라 '기도 자체가 더 위대한 사역'입니다. 사람이 할 수 있는 최후의 일은 기도입니다. 그런데 아이러니하게도 사람이 할 수 있는 최고의 일 또한, 기도입니다. 인생이 내 계획, 내 마음대로 된다면 얼마나 얼마나 좋을까 하고 생각해 보지만 결코 그렇게 되지 않는 것이 인생입니다. 그러나 기도란 내 계획, 내 힘을 내려놓고, 하나님의 뜻과 능력을 의지하는 것입니다. 야베스는 하나님 안에서 꿈꾸었고 기도하였습니다. 그의 기도는 그의 삶을 바꾸었고, 하나님은 역대상 말씀을 통해 우리에게 야베스의 기도를 가르치고 계십니다.

오늘날 너무 많은 사람이 기도하지 않습니다. 과학 문명의 발달로 바벨탑보다도 더 높이 쌓인 인간 지성이 우상처럼 떠받들어지는 이 시대에서 도덕적, 윤리적 타락과 불신앙이 하나님을 향하여 거대한 가로막을 만들어 하나님을 믿고 의지하는 기도를 이상하게 만들었기 때문입니다. 그러나 기도해야 합니다. 야베스처럼 하나님이 인도하시는 존귀하고 풍성한 삶이 되기를 원하신다면 꾸준히 기도해야 합니다. 기도는 우리의 모든 것을 바꾸어 주기 때문입니다.

⑥ 기도는 존귀하고 귀중히 여김을 받는 자가 되게 한다

야베스가 왜 그처럼 귀중한 사람이 되었을까요?

야베스가 그처럼 하나님께 높임을 받을 수 있었던 근본적 이유는 그의 집안 내력이나 노력 때문이 아니라, 그는 기도하는 사람이었기 때문입니다. 기도한다는 것은 겉으로 보기엔 별 힘도 안 보이고 그렇게 대단한 일처럼 안 보일 수도 있습니다. 그러나 기도를 통해 전능하신 하나님의 도우심이 그 기도하는 사람의 삶에 임하기 때문에 그는 존귀한 자요, 귀중한 자가 됩니다.

이 끝을 전혀 알 수 없고 어디로 흘러가는지도 모르는 이 암흑의 세대에서 요즘 답답하고 우울한 생각들이 많이 나올 것입니다. 더더욱 인생의 모든 것들이 꼬이기만 하고 앞이 전혀 보이지 않는다는 절망적 생각도 하게 될 것입니다. 그렇게 생각될 때마다 그 자리에 그냥 머물러 있지 말고 간절히 기도해야 합니다. 우리에게는 천하 만물을 말씀만으로 창조하신 만군의 여호와 하나님이 계시며, 우리는 그분을 하나님 아버지라고 부르고 있기 때문에 긍휼과 자비의 하나님께 무릎을 꿇고 원하는 것들을 온 힘으로 그리고 신실한 마음으로 끝까지 기도해야 합니다.

성경에 나타난 믿음의 선배들은 한결같이 기도의 사람이었습니다.

- 노아가 방주에서 나오자마자 한 것은 기도의 제단을 쌓았습니다.
- 아브라함과 야곱도 가는 곳마다 기도의 제단을 쌓았습니다.
- 모세도 시내산에서의 40주야를 포함해 매일 성막에서 기도드렸습니다
- 엘리야는 갈멜산에서 뜨거운 기도를 드렸습니다.
- 기드온은 아말렉과 싸울 때 기도하여 승리했습니다.
- 삼손도 그 마지막 순간을 돌기둥 사이에서 간절히 기도하여 복수에 성공했습니다.
- 사무엘은 기도하지 않는 게 죄라 했습니다.
- 다윗의 기도 내용은 시편의 절반이나 차지하고 있습니다.
- 히스기야는 그 자신이 병이 들었을 때와 앗수르의 침공에 대항하여 기도했습니다.
- 에스더와 유대민족은 민족의 생존을 위해 사흘 금식기도 했습니다.
- 다니엘은 목숨의 위험을 무릅쓰고 기도했습니다.
- 니느웨성의 모든 백성은 물까지 마시지 않는 금식기도 하여 멸망치 않았습니다.
- 에스라도 고레스 때 성전 건축을 위해 기도했습니다.

성경의 모든 위인은 기도의 사람이었으며, 이를 통해 그들은 하나님의 구원 은혜를 입었습니다. 무엇보다도 기도가 가장 필요 없으실 하나님이

신 예수님이 40일 금식기도뿐 아니라 수시로 습관적으로 기도하셨습니다.

> 예수께서 나가사 습관을 좇아 감람산에 가시매 제자들도 좇았더니(눅 22:39).

기도가 우리의 신앙생활에서 얼마나 중요한 위치에 있는지 이루 말할 수 없습니다. 기도한다는 것 자체만으로도 매우 축복된 길을 가는 것이며, 또 그렇게 살아가는 것이 얼마나 행복한 인생의 여정인지 기억해야 합니다.

⑦ 기도하는 자에게는 하나님이 믿음의 눈을 열어 주신다

하루하루 과학 문명이 발달할수록 우리의 일상생활이 더 편해지는 것이 아니라 오히려 더 방향을 알 수 없는 혼돈의 세계로 빠져들어 가는 것만 같은 세상입니다.

> 오호라 나는 곤고한 자로다. 이 흑암의 세계에서 누가 나를 건져낼 수 있으랴 (롬 7:24)

저절로 이런 탄식이 나오는 요즘입니다. 그러나 칠흑같이 어두운 흑암의 세계일지라도 기도하는 자에게는 하나님이 믿음의 눈을 열어 주십니다. 바울과 실라가 찬양과 기도드릴 때 옥문이 열린 것처럼, 엘리야와 바울이 기도드릴 때 죽은 자가 살아나는 것처럼, 성경의 수많은 이적과 기사가 기도 속에 이루어졌음을 명심하면서 기도에 대한 기대감을 잔뜩 느끼고, 기도의 자리에 임해야 합니다. 바라는 것이 없다면 이루어지는 것도 없습니다.

⑧ 기도는 바른 신앙생활의 기초다

올바른 신앙생활을 하기 위한 필수 요소는 말씀, 기도 그리고 베푸는 삶(행함)입니다. 기도 없이 하나님을 아는 지식만으로는 현실의 삶 속에서 언젠가는 분명히 어떤 한계에 이르게 되며, 하나님을 아는 지식 없는 기도만으로도 잘못된 길로 빠지게 됩니다. 따라서 올바른 신앙생활을 위해서는 반드시 말씀과 기도 그리고 삶에서의 행함이 반드시 병립되어야만 합니다.

중국 선교사인 허드슨 테일러는 이런 말을 남겼습니다.

> 연주가 끝난 다음에는 피아노 조율을 하지 않습니다. 무슨 일을 하기 전에 기도부터 하십시오. 보통은 자기가 할 일 다 해보고, 정 못 하겠으면 기도하는 데, 무슨 일을 하든 먼저 기도부터 하십시오. 이것이 올바른 신앙생활의 자세입니다.

원칙적으로 기도를 주제로 공부하려면 기도, 믿음, 성령도 같이 해야 합니다. 왜냐하면, 기도, 믿음, 성령은 불가분의 관계로 거의 동일한 의미로 받아들여지기 때문입니다. 믿음과 기도는 상관적이고 동일시됩니다. 왜냐하면, 기도는 믿음을 표시하고 있는데, 그것은 믿음이 없는 기도는 하나님이 말씀하시는 참 기도가 아니기 때문입니다.

이러한 믿음의 성장은 말씀에 순종하는 만큼 자라며, 말씀 따라 살아가는 순종의 삶은 죄 된 인간의 본능으로는 거의 불가능하고, 오직 성령님과 더불어 살아나갈 때만 이루어지며, 또 우리의 심령 속에 임재하시는 성령님은 끊임없는 기도와 말씀 속에 이루어지는 것이기 때문에, 믿음 좋은 사람은 순종의 사람을 말하고, 순종의 사람은 또한, 성령이 충만한 사람을 말하며, 또 성령이 충만한 사람은 기도하는 사람을 말하고 있습니다. 이처럼 기도는 바른 신앙생활을 이루어 가는 데 필요한 것이며, 본서를 주의 깊게 읽어 나가는 가운데 저절로 그 모든 연관관계를 깨닫게 될 것입니다.

⑨ 기도는 택함 받은 자의 특권이다

무엇보다 기도는 아무나 할 수 있는 게 아니고 하나님께 택함 받은 선택자만이 드릴 수 있다는 것을 알아야 합니다. 불신자는 기도하지도 않을뿐더러 하나님이 받지도 않으십니다. 그 이유는 간단합니다. 기도를 들으시는 분은 성령님이시고 성령님은 오직 구원받은 자에게만 임하시기 때문입니다. 거듭 이야기합니다.

구원의 믿음이 따르지 않는 기도는 아무리 오래 해도 하나님이 받지 않으십니다. 이런 연유로 인해 기도의 자리에 나가실 때 아무런 생각 없이 나가지 마시고 '나는 전능자의 택함 받은 자'라는 사실을 깊이 인식하시며 나가십시오. 기도의 자리가, 기도에 임하는 자세가 더욱더 새로워집니다.

⑩ 기도는 눈에 보이는 믿음의 증거다

하나님의 수많은 은혜의 기적은 오직 하나님을 향한 믿음 위에서만 역사하시지, 믿음 없이는 역사하시지 않습니다. 그런데, 기도하는 행위 자체만으로도 하나님을 향한 큰 믿음의 증거가 될 뿐만 아니라, 하나님을 향한 무한 감사와 영광을 드리는 수단이 됩니다. 그렇습니다. 기도 내용, 기도 종류, 기도 형식, 기도 시간 등에 관계없이 하나님 앞에 엎드린다는 기도 행위 자체만으로도 매우 큰 영적 의미가 있음을 명심해야 합니다.

첫째, '엎드린다'라는 것은 하나님의 임재를 확신하는 자만이 할 수 있는 행위다. 하나님의 속성은 전능, 전지, 편재, 영원, 불변, 신실, 긍휼 등으로 표현됩니다. 이러한 하나님의 여러 특성 중에서 시간과 공간을 초월하여 영원불변하시며, 전능하신 하나님이 지금 내 앞에 계신다고 믿는 자만이 엎드릴 수 있습니다. 불신자들은 하나님이 살아계신다고 믿는 믿음이 없기에 결코 엎드릴 수가 없습니다.

기도할 내용이 생각나지 않더라도, 또 오랜 시간 기도 못 하더라도 엎드리는 것만으로도 믿음의 큰 증거가 됩니다. 왜냐하면, 하나님의 실존을 느끼는 자만이 엎드릴 수 있기 때문입니다.

제가 아는 어떤 분이 고민을 털어 놓았습니다. 기도하고 싶은데 기도가 안 나온다는 것이었습니다. 혼잣말하는 것처럼 쑥스럽다는 것입니다.

왜 쑥스럽습니까?

대화의 대상도 없이 혼자서만 말하는 것같이 느껴져서 그런 것입니다. 그러면서도 그분은 일주일에 한 번씩 저녁마다 한국에 계신 가족과는 1시간씩 전화한다고 합니다. 눈에 안 보이지만 전화선 너머로는 가족이 있다는 것을 알기에 한 시간씩 해도 시간이 모자라는 것입니다.

그래서 그분께 권면했습니다.

"하나님이 살아 계신 것을 못 느끼기 때문에 기도할 수 없는 것입니다. 만사 제쳐 놓고 하나님을 만나게 해 달라고 간절히 기도드리십시오. 반드시 성령님이 찾아오십니다."

그렇습니다. 엎드린다는 것은 내 기도를 들으실 하나님 앞에 계시다는 것을, 하나님의 실존을 믿는 증거입니다. 이게 믿음이요, 제일 큰 복입니다.

둘째, 엎드린다는 것은 하나님의 능력 곧 하나님의 전능, 전지, 긍휼을 인정하는 것입니다. 많은 경우, 삶의 한계에 이른 절망 속에서 "나는 할 수 없으나 하나님은 하실 수 있습니다"라는 고백 속에 하나님의 긍휼을 구하며 엎드립니다. 보이지도, 들리지도 않는데도 하나님께 구하고 있다는 것은 하나님의 절대적이며 전능하신 능력에 대한 믿음이 없이는 불가능한 일들입니다.

오늘날 교회와 신자들의 가장 큰 문제점은 하나님의 존재는 믿으면서도 하나님의 능력을 믿지 못하고 있다는 깃입니다. 지금도 역사하시는 하나님의 능력을 믿지 못하기에 기도의 자리에 설 줄을 모르고, 기도하는 자들이 사라져 가기에 세상의 빛과 소금이 돼야 할 교회가 그 맛을 잃어버렸으며, 그 결과는 우리가 지금 겪고 있는 혼돈과 어둠의 세상입니다.

⑪ 기도는 겸손의 표시다

베드로전서에 나타나듯이 하나님은 겸손한 자를 높이시고 교만한 자를 대적하십니다. 교만한 자는 하나님 없이도 살 수 있다고 생각하기에 결코 하나님 앞에 나가지 않습니다. 성경에서 겸손의 뜻은 인간관계에서 상대를 높이고 나를 낮추는 데서 한 걸음 더 나아가서 "하나님 없이도 살 수 있다"가 아니라, "하나님 없이는 살 수 없습니다"라고 빌며 애원하는 것을 말합니다.

평시에도 엎드림은 최고 존경의 표시입니다. 전쟁터에서 포로는 정복자에게 무릎을 꿇고, 목숨까지도 맡깁니다. 하나님 앞에 무릎을 꿇는다는 것은 전능자의 긍휼에 목숨까지도 맡기는 전적 신뢰의 표현이며, 또한, 자신을 최대한 낮추는 자세입니다. 따라서 기도하는 자는 하나님이 바라시는 겸손한 자로 살아가는 자입니다. 그러한 의미에서 되도록 하나님 앞에 무릎을 꿇고 기도드리십시오. 외형보다 마음이 중요하다고 하지만, 외형적 모습에서 그 내적 모습의 상태가 나타나기 때문입니다. 동서고금을 막론하고 무릎을 꿇는다는 것은 삶과 죽음까지도 맡긴다는 최고의 존경과 겸손의 자세입니다.

> 그러므로 하나님의 능하신 손 아래서 겸손하라 때가 되면 너희를 높이시리라 (벧전 5:6).

⑫ 기도는 하나님께 영광을 돌리는 행위이다

하나님의 인간 창조의 목적은 '하나님의 영광'을 위해서입니다. 시편 50편에 하나님께 부르짖을 때 하나님은 영광 받으신다고 하셨습니다.

> 감사로 하나님께 제사를 드리며 지극히 높으신 자에게 네 서원을 갚으며, 환난 날에 나를 부르라 내가 너를 건지리니 네가 나를 영화롭게 하리로다 (시 50:14-15).

생각할수록 흥미로운 말씀입니다.

"어려움을 당했을 때 나를 찾으라, 내가 너를 도와주마. 왜냐하면, 그것은 나의 즐거움이요, 기쁨이기 때문이다."

그렇다면 어려움이 없을 때도 기도에 힘을 쓴다면 어떨까요?

기도는 하나님이 매우 기뻐하는 모습이요, 기도 자체가 하나님께 영광을 돌리는 행위임을 명심해야 합니다. 흔히 기도하면, 구하는 것이 전부로 생각하는데 이는 잘못된 생각입니다. 하나님께 구함은 기도의 작은 부분일 뿐입니다. 중세기 때 기도원 수도승들의 기도문을 보면 기도의 대부분은 아버지 하나님의 은혜에 대한 감사와 찬양, 그리고 하나님에 대한 사랑의 고백이 대부분을 차지하고 있습니다.

기도(prayer)와 찬양(praise)은 어원이 같습니다. 바로 기도를 통해 하나님께 찬양과 감사로 영광을 돌리고 있습니다. 이제 기도의 자리에 설 때마다 나는 전능자의 택함을 받은 자이며, 또 이 순간은 하나님에 대한 나의 믿음을 보여 드리는 자리이며, 또한, 이 자리가 하나님께 영광 드려지는 자리라는 것을 깊이 인식하며 기도의 자리에 귀중히 임하셔야 합니다. 그러면 기도드리는 그 자리가 더 귀하게 느껴질 것입니다.

⑬ 기도는 하나님이 가장 중요시하는 내용이다

성경은 하나님의 인간에 대한 모든 내용을 축소·축약된 하나님의 언어로 1,600여 년에 걸쳐 40명의 전혀 다른 시대, 환경, 성격의 사람들에 의해 기록됐습니다. 따라서 여기서 빈번하게 자주 나온다는 것은 하나님이 그만큼 중요하게 여기신다는 증거가 됩니다.

성경에서 가장 많이 언급되는 구절은 "기도"에 관한 내용으로 무려 33,000번이 나오고, 두 번째는 "축복의 말씀"이 32,500번, 세 번째는 "약속의 말씀"이 7,000번 나옵니다. 우리가 기도한다는 것은 하나님이 그처럼 원하시는 일이요, 기뻐하시는 일이라는 것을 마음에 깊이 새기며 기도의 자리에 임해야 합니다. 하나님은 능력 있는 자보다 기도하는 자를 찾으십니다. 하나님을 기쁘게 하면 결코 빈손으로 돌려보내시지 않습니다.

⑭ 기도는 약속된 복을 받는 길이요, 하나님의 명령에 순종하는 일이다

현실적으로 구원받기 위해 신앙생활하시는 이는 적을 것입니다. 왜냐하면, 대부분 이미 구원받은 자들이기에 예배의 자리에 참석하게 되는 것이기 때문입니다. 그렇습니다. 신앙생활하는 이유는 구원에 대한 감사도 있지만 대부분은 만복의 근원인 하나님께 영육 간의 복을 구하려 함일 것입니다.

그런데 복을 구하려는 노력 자체가 기도의 하나인데, 구하려는 노력도 없이, 좀 더 나아가서 "기도하라"는 하나님의 명령에 거역하면서까지 어떻게 하나님으로부터 약속된 복을 구할 수 있겠습니까?

기도는 약속된 복을 받는 길이요, 하나님의 명령에 순종하는 길입니다.

⑮ 기도는 순종의 첫걸음이다

모두가 순종의 중요성을 잘 알고 있습니다. 순종은 하나님의 말씀대로 사는 것으로 성경에는 "....하라, ...하지 말라"라는 명령형의 구절이 무려 36,500개나 나온다고 합니다. 유대 전승에 의하면 율법에는 365개의 금지조항과 248개의 부칙이 있다고 합니다. 그 말씀에 모두 다 순종하려면 그 말씀들을 다 알아야 하는데, 그 수많은 말씀이 무슨 내용인지조차 다 알지 못하기에 처음부터 순종은 불가능한 것이었습니다. 그래서 하나님은 친절하게 그걸 요약해서 주셨는데 그게 십계명입니다.

그러나 죄 된 인간의 본능으로는 그걸 지킬 수가 없습니다. 그러나 하나님을 기쁘게 해드리고, 하나님으로부터 칭찬을 받기 위해서는 반드시 우리가 지켜야 하는데, 그 시작이 바로 기도 생활입니다. 왜냐하면, 기도는 전술한 대로 성경 66권을 통해 하나님께서 수없이 강조하시는 내용일 뿐만 아니라, 기도를 통해 성령님과 교통하며 살아가는 자에게는 말씀대로 살아가는 게 고역이 아니라 즐거움으로 변하기 때문입니다. 순종으로 하나님을 기쁘게 해드리십시오. 기도는 순종의 첫걸음이요, 모든 하나님 말씀에 순종하는 힘의 원천이 됩니다. 기도 없이는 결코 하나님 말씀에 따라 살 수가 없습니다.

⑯ 기도는 영혼의 호흡이다

헬라어로는 '프뉴마'라고 하는데, 목숨이라는 의미가 있습니다. 사람이 호흡하지 않으면 죽는 것과 같이, 기도하지 않는 영혼은 죽은 영혼이라는 의미입니다. 다른 어떤 은사로도 기도를 대신하지 못하며, 영혼의 건강을 유지할 수 없습니다. 흔히 말씀을 영의 양식, 전도로 대표되는 행함, 곧 순종은 영의 운동, 기도는 영의 호흡으로 표현됩니다.

인간의 경우에 비교해 볼 때, 운동을 안 하더라도 양식과 호흡을 멈추게 되면, 인간은 곧 죽게 됩니다. 반면에, 양식이 제공되고, 호흡이 원활하다면, 운동을 안 하더라도 죽지는 않습니다. 그러나 우리가 흔히 보듯 현대인의 많은 질병이 운동 부족으로 야기되고 있다는 것을 인식한다면, 운동을 소홀히 할 수는 없을 것입니다. 육신의 건강과 마찬가지로 영적 건강과 생존을 위해서는 양식(말씀), 호흡(기도), 운동(순종, 행함)이 필요합니다.

⑰ 기도는 하나님을 진정 사랑한다는 사랑의 징표다

성경 66권의 총요약은 십계명이며, 제1-4계명은 하나님 사랑, 제5-10계명은 인간 사랑, 곧 "하나님을 사랑하고, 이웃을 사랑하라"(Love for GOD, love for people)가 성경 66권의 요약입니다.

하나님의 인간 창조의 목적은 하나님의 영광을 위해서, 쉽게 말해서 하나님만을 사랑하라고 인간을 만드셨습니다. 우리 인간이 하나님을 진실로 사랑하게 되면, 하나님은 기뻐하시면서, 우리에게 성령을 선물로 주십니다. 그리고 그 성령님의 인도에 따라 살아가는 삶, 곧 성령 충만한 삶을 살아가게 될 때 성령의 9가지 열매는 자연히 열리게 됩니다. 결국 성령 충만한 삶이란 우리가 하나님을 얼마나 사랑하고 있느냐에 달려 있다고 하겠습니다.

따라서 신앙생활에서 승리하기 위해서는 자기 자신이 지금 얼마나 하나님을 사랑하는지를 알아야 하며, 또 하나님을 더 사랑하는 법을 배워야 합니다. 첫 출발이 잘못될 때, 후속 처리가 매우 힘든 것처럼, 많은 신자도 이와 같습니다.

신자가 된 뒤, 이전과는 다르게 변화되기 위해 노력하는데, 그 초점을 하나님 사랑하는 것을 먼저 배우기보다는 고린도전서 13장이나 갈라디아서 5장의 성령의 열매에 초점을 맞추어 그처럼 살려고 노력하는 경우가 많습니다. 소위 인간 사랑에 먼저 주안점을 두는 것입니다. 이러면 노력과 애씀이 많아도 그 결과는 거의 없는 게 일반적입니다. 왜냐하면, 죄 된 인간의 본성으로는 인간 스스로의 의지만으로 그렇게 살아간다는 것은 너무 어렵기 때문입니다.

그러나, 성령이 내 삶을 지배하는 삶 곧, 성령 충만한 삶에서는 인간의 힘으로는 불가능한 그것들이 오히려 즐거움으로 기꺼이 행하게 됩니다. 그래서 성령 충만한 삶을 살기 위해서는 인간 사랑(love for people)에 첫 포커스를 맞추기보다는 하나님 사랑(love for god)에 첫 단추가 맞추어져야 하고 그것이 이루어질 때, 하나님이 선물로 부어 주시는 성령이 주시는 힘으로 자연히 인간 사랑이 이루어지게 됩니다. 따라서 올바른 신앙생활을 위해서는 하나님을 사랑하는 것에 첫 초점을 맞추어야 합니다.

하나님을 얼마나 사랑하고 계시나요?

사랑이란 단어 자체가 추상적인 단어여서 어떤 계량적 수치로 나타낼 수는 없지만, 하나님을 사랑하는 모습도 결국은 인간끼리 사랑의 모습과 비슷하기에, 여기서 인간관계에서 사랑의 특징을 우리의 신앙생활에 적용해 보려고 합니다.

기독교의 근본은 '사랑'이며, 사랑의 특징은 '자꾸 보고 싶고'(매일매일 말씀을 사모함), '자꾸 말하고 싶고 또는 함께 있고 싶고'(대화, 기도), '상대방의 기쁨을 위하여 자꾸 주고 싶은 것'(봉사, 베품 등 하나님이 원하시는 일들을 행함, 순종)입니다.

  하나님과의 관계에서나 인간관계에서 사랑이 식으면 제일 먼저 나타나는 현상이 서로 간에 대화가 끊기게 된다는 것입니다. 그런 의미에서 하나님과의 대화, 곧 기도는 과거가 아니라 지금 이 시간 하나님을 사랑하는 자들만이 드릴 수 있는 사랑의 징표입니다. 만약 이런 모습이 없다면 자기의 신앙을 점검해 봐야 합니다. 분명히 사랑이 식어 있습니다.

⑱ 성령님은 기도의 자리에 임하신다

  오늘날 교회의 시작은 오순절 날 120 성도가 모여 열심히 기도드릴 때, 성령님이 임하셔서 교회가 시작됐습니다. 또한, 우리의 대부분은 천국 입성을 확신하며 살고 있습니다. 성경에서는 계시록과 다른 곳에서 언급된 몇 구절이 전부일 뿐 우린 결코 본 적도 없고, 그래서 그려질 수도 없고, 상상할 수가 거의 없는데도 마치 친숙히 본 것처럼, 갈 것을 확신하며 살아가고 있습니다.

  어떻게 해서 우리가 천국을 그처럼 사모하며 이 자리에 앉게 됐습니까?

  그것은 우리의 이성, 지성, 노력, 경험 등에 의해서가 아닙니다. 그것은 우리 안에 계신 성령님이 그걸 알게 하시고 확신하게 해 주셔서 그런 것입니다. 동정녀 마리아를 통한 예수님의 탄생도, 성경의 기록도, 그 외의 헤아릴 수 없이 많은 일들이 성령님의 개입 없이는 이루어질 수 없을 정도로 성령님은 우리 신앙의 중심에 우뚝 서 있습니다.

  이처럼 중요한 성령님이 우리의 삶 속에 임재하여 같이 걸어가 주시는 방법은 오직 두 가지, '말씀과 기도'입니다. 마틴 루터는 성령님은 말씀이란 수레를 타고 오신다고 했습니다. 그러나 공짜로 그 수레에 태워주시지는 않습니다. 구원받는 것과는 구별하시기를 바랍니다. 말씀 공부를 많이 할수록 우리가 타고 갈 수레가 더 화려해질 수는 있지만, 결코 무임승차를 할 수는 없습니다.

천국은 침노하는 자의 것이라고 했습니다. 혼신의 힘을 다해 기도하시고 기도해야 합니다. 교회를 시작하게 하시고, 전혀 상상할 수도 없는 천국을 확신케 하시는 등 엄청난 일들을 이루시는 성령님께 더욱 가까이 가기 위해서는 기도에 더욱 열심을 내야 합니다. 유감스럽게도 기도 이외의 다른 방법은 없습니다.

⑲ 기도는 기적을 일으킨다

바울과 실라가 찬양과 기도를 드릴 때 옥문이 열린 것처럼, 엘리야와 바울이 기도드릴 때 죽은 자가 살아나는 것처럼, 성경의 수많은 이적과 기사가 기도 속에 이루어졌음을 명심하면서 기도에 대한 기대감을 잔뜩 느끼고, 기도의 자리에 임하셔야 합니다. 바라는 것이 없다면 이루어지는 것도 없음을 알아야 합니다. 서기 400년경 영성계의 거봉이라는 성 요한 크리소스토모는 이렇게 말했습니다.

> 기도만큼 값진 것은 없습니다. 기도는 불가능한 것을 가능케 하고, 어려운 것을 쉽게 해줄 뿐만 아니라, 기도하는 사람이 죄에 떨어진다는 것은 불가능합니다.

C.S.루이스가 옥스퍼드대학교에서 강의할 때의 이야기입니다. 학교에서 '기도'에 관한 강의 끝냈을 때, 한 학생이 질문했습니다.

"선생님, 기독교에서 흔히 말하는 기도 응답이란 게 우연의 일치가 아닙니까?"

이에, C.S.루이스는 웃으며 이렇게 답했습니다.

"그럴지도 모르죠. 그러나 중요한 것은 기도를 멈추는 순간, 그 우연의 일치도 사라져 버린답니다."

⑳ 기도는 믿는 자에게 능치 못할 일이 없게 하신다

우리는 모두 중생한, 하나님으로부터 태어난 자들입니다. 따라서 믿음의 대소는 있을지라도 모두가 믿음을 갖고 있습니다.

누가복음에 예수님은 분명 "믿는 자에게는 능치 못할 일이 없느니라" 하셨는데, 무엇이 잘못된 것이 아닐까요?

우리는 분명 하나님을 믿는 자들인데, 현실의 삶 속에선 능한 일보다 능치 못할 일들이 더 많으니, 분명 우리의 믿음에 문제가 있습니다.

무슨 문제인지 생각해 보셨나요?

> 그 날 예수께서 물으시되 너희가 무엇을 저희와 변론하느냐 무리 중에 하나가 대답하되 선생님 벙어리 귀신 들린 내 아들을 선생님께 데려왔나이다. 귀신이 어디서든지 저를 잡으면 거꾸러져 거품을 흘리며 이를 갈며 그리고 파리하여 가는지라 내가 선생의 제자에게 내어쫓아 달라 하였으나 저희가 능히 하지 못하더이다. 대답하여 가라사대 믿음이 없는 세대여 내가 얼마나 너희와 함께 있으며 얼마나 너희를 참으리요 그를 내게로 데려오라 하시매 이에 데리고 오니 귀신이 예수를 보고 곧 그 아이로 심히 경련을 일으키게 하는지라 저가 땅에 엎드러져 굴며 거품을 흘리더라. 예수께서 그 아비에게 물으시되 언제부터 이렇게 되었느냐 하시니 가로되 어릴 때부터니이다. 귀신이 저를 죽이려고 불과 물에 자주 던졌나이다. 그러나 무엇을 하실 수 있거든 우리를 불쌍히 여기사 도와주옵소서. 예수께서 이르시되 할 수 있거든이 무슨 말이냐 믿는 자에게는 능치 못할 일이 없느니라 하시니 곧 그 아이의 아비가 소리를 질러 가로되 내가 믿나이다 나의 믿음 없는 것을 도와주소서 하더라. 예수께서 무리의 달려 모이는 것을 보시고 그 더러운 귀신을 꾸짖어 가라사대 벙어리 되고 귀먹

> 은 귀신아 내가 네게 명하노니 그 아이에게서 나오고 다시 들어가지 말라 하시매 귀신이 소리 지르며 아이로 심히 경련을 일으키게 하고 나가니 그 아이가 죽은 것같이 되어 많은 사람이 말하기를 죽었다 하나 예수께서 그 손을 잡아 일으키시니 이에 일어서니라. 집에 들어가시매 제자들이 종용히 묻자 오되 우리는 어찌하여 능히 그 귀신을 쫓아내지 못하였나이까? 이르시되 기도 외에 다른 것으로는 이런 유가 나갈 수 없느니라 하시니라(막 9:15-29).

그렇습니다. 기도가 뒷받침 안 되는 믿음도 믿음이지만, 현실적으로는 그 힘이 없습니다. 현실적으로 역사하는 믿음이 되기 위해서는 반드시 간절한 기도가 따라야만 합니다. 만인에게 보편적 진리의 말씀인 로고스가 특정인에게 꽂혀 어떤 역사(예: 베드로가 물 위를 걸음)가 일어날 때 이를 레마라 하는데, 로고스가 레마로 바뀌는 과정에서 역사하시는 분이 성령님이시며 성령님은 간절한 눈물의 기도 속에서 크게 일을 일으키십니다.

㉑ 기도는 모든 것이 합력하여 선을 이루게 한다

우리가 기도할 때 하나님은 모든 고난과 악을 선으로 바꿔 주십니다. 그래서 성경은 "고난 당하는 자가 있느냐 저는 기도 할 것이요"라고 기록돼 있습니다.

> 너희 중에 고난 당하는 자가 있느냐 저는 기도할 것이요 즐거워하는 자가 있느냐 저는 찬송할지니라. 너희 중에 병든 자가 있느냐 저는 교회의 장로들을 청할 것이요 그들은 주의 이름으로 기름을 바르며 위하여 기도할지니라. 믿음의 기도는 병든 자를 구원하리니 주께서 저를 일으키시리라 혹시 죄를 범하였을지라도 사하심을 얻으리라. 이러므로 너희 죄를 서로 고하며 병 낫기를 위하여 서로 기도하라 의인의 간구는 역사하는 힘이 많으니라(약 5:13-16).

요셉이 주님과 늘 동행하여 걸어갈 때 하나님은 모든 악을 선으로 바꿔 주신 것처럼 우리 인생에서도 하나님께 기도할 때 악이 선으로 변하는 역사가 일어나게 됩니다. 그러기에 어떤 상황에서도 결코 낙심하지 말고, 끝까지 기도해야만 합니다.

㉒ 기도하면 하나님이 우리를 위해 일하신다

기도할 때 하나님은 우리를 위해 일하시기 때문에 우리는 승리하게 됩니다. "내가 일하면 내가 일할 뿐이지만, 내가 기도하면 하나님이 일하신다"라는 말이 있습니다. 바쁘고 복잡한 세상에서 기도하느라고 힘과 시간을 소모하는 어리석은 일 같지만, 기도는 우리의 작은 힘을 투자해서 만군의 여호와 하나님의 힘을 빌리는 위대한 일입니다.

> 모세가 손을 들면 이스라엘이 이기고 손을 내리면 아말렉이 이기더니 (출 17:11).

기도하니 하나님께서 전쟁의 현장에서 일하셨습니다. 전쟁의 승부가 기도에 달려 있었습니다.

㉓ 기도는 하나님의 계획조차 바꾸게 할 수 있다

> 가까이 나아가 가로되 주께서 의인을 악인과 함께 멸하시려나이까? 그 성 중에 의인 오십이 있을지라도 주께서 그곳을 멸하시고 그 오십 의인을 위하여 용서치 아니하시리이까? 주께서 이같이 하사 의인을 악인과 함께 죽이심은 불가하오며 의인과 악인을 균등히 하심도 불가하니이다. 세상을 심판하시는 이가 공의를 행하실 것이 아니니이까? 여호와께서 가라사대 내가 만일 소돔 성 중에서 의인 오십을 찾으면 그들을 위하여 온 지경을 용서하리라 (창 18:23-26).

하나님 본래의 계획은 50명이었습니다. 그러나 아브라함이 계속 '감히' 하며 하나님께 애걸하자 45인으로, 30, 20, 결국 10인으로까지 계획이 바뀌는 것을 볼 수 있습니다. 이 짧은 몇 구절 안에 우리는 응답받는 기도의 핵심 단어들을 찾아볼 수 있습니다. 간절함과 끈기 그리고 '감히'로 표현되는 강청함이 그것입니다.

㉔ 기도는 주님을 위한 사역의 원천이다

기도는 주님을 위하여 목숨을 바치기까지 하는 순교와 같은 사역의 원천입니다. 베드로의 예수 그리스도에 대한 사랑과 우리의 예수 그리스도에 대한 사랑을 비교하고 싶습니다.

목숨까지도 바칠 수 있는 사랑이 제일 큰 사랑이라면 누구의 사랑이 더 크겠습니까?

베드로는 주님과 더불어 3년 반을 같이 먹고 자며 살아갔기에 극히 인간적인 면으로만 볼 때 전혀 본 적도, 만져본 적도, 말해본 적도 없는 우리와 비교할 수가 없을 것입니다.

어디 그뿐이겠습니까?

수없이 나타나는 이적과 기사, 변화산에서는 유대인에게 있어 최고의 인물인 모세와 엘리야까지 보았고, 또 하늘로부터 하나님의 음성까지 들었습니다. 그러나 대제사장 가야바의 집 뜰에서 계집종의 말 한마디에 두려워 예수님을 부정하고 도망쳐 버렸습니다.

오늘날 우리는 어떤가요?

초대 교회 이후 엄청난 사람들이 기꺼이 순교해 왔습니다. 지금도 북한에서, 중국에서, 아프리카, 중동 등 여러 곳에서 오직 '예수의 이름만 부인하면' 목숨을 살려 준다는데도 기꺼이 죽음을 택하는 자들이 허다합니다.

전혀 본 적도, 말해 본 적도, 만져 본 적도 없는데도, 예수의 이름만 부인하면 살아나는데도 3년 반을 같이 살아가며 수많은 이적과 기사를 본 베드로보다 우리의 사랑이 더 커서 목숨까지도 버릴 수 있게 된 것일까요?

베드로에게도 변화가 일어난 것이 부활하신 예수님을 보고서인가요?

바닷가에서 주님이 구워 주신 고기를 먹으며 "네가 나를 사랑하느냐" 하며 세 번이나 질문을 받고 나서인가요?

아닙니다. 서서히 영향을 미쳤겠지만, 결정적 사건은 마가 다락방에서 120성도가 한마음으로 간절히 기도드릴 때, 성령이 임하신 뒤에 완전히 변화되었습니다.

㉕ 기도와 찬양은 기쁨과 평안을 가져다준다

기도와 찬양은 기쁨과 평안을 가져다주고, 몸과 마음의 건강을 증진해 줍니다. 1975년 하버드대학교의 내과 의사 허버트 벤손은 『긴장 완화 반응』이라는 베스트셀러작을 내놓았습니다. 연구 결과의 요지는 이렇습니다.

> 특정한 환자 그룹이 다른 환자들보다 긴장 완화 반응의 유익이 컸다. 그들은 한층 더 건강했으며 심지어 회복도 빨랐다. 그들은 종교적 사람들이었으며, 그들의 마음을 하나님께 고정했고, 그분과 친밀하다는 느낌을 말하는 사람들이었다.

전능하신 하나님의 사랑과 능력을 명상하는 사람들은 그렇지 않은 사람들보다 더 건강했다고 벤손 박사는 주장하고 있습니다. 그리고 벤손 박사는 계속해서 말했습니다.

> 우리의 유전적 청사진은 우리 본성 중의 무한한 절대적 부분을 믿게 만든다. 우리에게는 하나님을 위한 신경 구조가 있다.

성경은 이 말에 동의하는 내용이 있습니다.

> 이 백성은 내가 나를 위하여 지었나니 나의 찬송을 부르게 하려 함이니라 (사 43:21).

> 우리의 근육이 운동을 위해 형성되고, 우리의 심장이 저지방 음식물에 제대로 기능을 다하도록 설계된 것처럼, 우리 뇌에는 하나님을 찬양하는 신경 구조가 있다. 우리의 뇌는 찬양을 위해 특별히 고안되었다. 우리가 하나님을 찬양할 때 뇌의 전기 충격이 양성 화학 엔돌핀 생산을 촉진한다. 이런 엔돌핀은 건강과 생명을 주는 신체 화학 물질이다. 감사와 찬양의 정신보다 몸과 마음의 건강을 더욱 잘 증진하는 것은 없다.

이상이 벤손 박사의 주장을 요약한 것입니다.

우리는 하나님을 찬양하고, 기도하도록 창조되었습니다. 생명을 부여하고, 건강을 일구어내며, 건강을 자극하는 찬양과 기도로 우리 영혼을 가득 채워야겠습니다. 흔히, 그토록 바라는 '기쁨과 평안'이라는 것은 어떤 어려운 문제가 해결돼서 고통과 힘든 환경이 물러가고 그 자리에 대신 들어온다고 생각합니다. 물론, 현실적으로는 그게 가능할 수도 있지만, 영적 기쁨, 곧 하나님이 주시는 기쁨과 평안은 반드시 그렇지 않습니다.

성경 속의 많은 사건에서 이를 볼 수 있습니다. 사형 하루 전날인데도 감옥에서 깊은 잠에 빠져 있는 베드로도, 또 감옥에서도 찬양을 드리는 바울과 실라에서도 볼 수 있듯이 그들이 얻는 기쁨과 평안은 문제가 해결되어 고통이 사라진 다음에 오는 대용물이 아니었습니다. 고통은 그대로 남아 있는데도 찾아오는 기쁨과 평안이었습니다. 그것은 오직 신실하신 하나님을 향한 기도와 찬양 속에서만 이루어집니다.

㉖ 기도는 범죄를 막아 준다

존 번연은 『천로역정』에서 이렇게 말합니다.

> 말을 많이 하기보다는 기도를 많이 하는 것이 낫다. 기도는 죄를 막아준다. 기도하지 않으면 죄가 우리를 막는다. 기도하는 마음은 금이나 은보다 더 귀하다. 그러므로 자주 기도하라. 기도는 우리의 영혼의 호흡이요, 우리 영혼의 방패요, 또한, 우리의 영적 무기로, 하나님께 드려지는 가장 아름다운 제사이며, 사탄을 물리치는 채찍이다.

그렇습니다. 기도하는 자에게 있어 범죄한다는 것은 불가능합니다. 성령님이 거기 계셔서 막고 있기 때문입니다.

㉗ 기도하면 문제를 해결할 지혜를 주신다

하나님은 우리가 기도할 때 문제를 해결할 지혜를 주십니다. 많은 경우 하나님은 우리가 기도할 때 하나님이 그 문제를 다 알아서 직접 개입해서 해결해 주시는 게 아닙니다. 문제의 본질을 정확히 보게 하시며, 또한, 해결할 지혜와 방법을 주시면서 담대한 용기까지 주셔서 문제를 해결하게 해 주십니다.

아브라함 링컨은 수시로 기도하기를 즐겼습니다.

> 나는 어려울 때마다 무릎을 꿇고 기도한다. 나는 문제를 해결할 충분한 지혜가 없지만 기도하고 나면 언제나 특별한 지혜가 머리에 떠오르곤 한다.

㉘ 기도는 예배에서 가장 중요한 위치에 놓여 있다

기도는 하나님께 드려지는 제사(예배)의 전 과정 중에서 가장 중요한 위치에 놓여 있습니다. 성경에는 많은 믿음의 위인이 나옵니다. 구약에서 대표적 인물 두 사람을 꼽으면 아브라함과 야곱입니다. 많은 사람 중에서 '…조상'이란 명칭을 받은 사람은 오직 두 사람뿐입니다.

아브라함은 믿음의 조상, 야곱은 이스라엘의 조상. 두 사람은 전혀 다른 시대, 판이한 성격을 가졌는데도 공통점이 하나 있었습니다. 그들은 가는 곳마다 제단을 쌓았다는 것입니다. 다른 무엇을 하기 전에 제일 먼저 하나님께 제사를 드렸다는 것입니다. 오늘날의 말로 표현하면 '감사의 예배'를 드렸다는 것입니다.

노아도 150일 동안 방주에 갇혔다가 나왔을 때도 음식을 해 먹거나, 집을 지은 게 아닙니다. 나오자마자 제사를 지냈습니다. 구약에서의 제사에는 반드시 희생제물이 따르나, 예수님이 우리를 위해 이미 희생제물이 되셨기에 신약에서는 예배라 불리는데, 결국 같은 의미로 생각하면 됩니다.

한국에 있을 때 제사를 지냈던 기억들이 있을 것입니다. 지방마다 약간의 차이는 있지만 대부분 하루 종일 음식을 장만한 뒤, 초저녁부터 차례상을 준비하고, 꼭두새벽에 예식이 시작되는데, 그 제사의 절정은 문중의 대표가 조상의 은덕을 기리는 내용과 후손들의 안녕을 비는 내용들이 잘 다듬어서 쓰인 제문을 다 읽고서, 촛불에 제문을 태운 뒤에, 제를 드렸던 술 그릇에 제문을 태우고 남은 재를 넣고서는, 밖으로 나와, 재를 담은 술을 지붕 위에 뿌립니다. 제문이 하늘로 올라가라는 의미입니다. 계시록에도 나오듯 하늘로 올라가는 우리 기도의 향연이 예배 과정의 정점이듯이 재를 담은 술을 지붕 위에 뿌리는 것이 제사의 정점이었습니다.

여기서 유의해야 할 사항은 한국에서의 제사 때 아무나 제문을 읽을 수 있는 것이 아닙니다. 오직 문중의 대표 한 사람만이 제문을 읽었고, 구약에서도 대제사장 한 사람만이 지성소에 들어갈 수 있었습니다. 이제는 예수님의 보혈 공로에 힘입어 예수님을 나의 구원자로 영접해 드린 자는 누구나 지성소에 들어가게 됐습니다. 그렇다고 그 자리가 가볍게 여겨져서는 안 됩니다. 오히려 더 무겁고 귀하게 여겨져야만 합니다. 왜냐하면, 기도의 자리에 설 때마다 기도자는 제사장(만인 제사장)으로써의 신분으로 하나님을 뵙게 되는 것이기 때문입니다.

구약에서 대제사장은 성전에 들어가기 전에 반드시 정결 의식을 갖추었습니다. 그런 의미에서 우리도 기도의 자리에 들어서자마자 알게 모르게 지은 모든 죄를 회개하는 정결 의식을 갖추어야만 하며, 내 가정을 위해, 내 교회를 위해, 내 일터와 내가 살아가는 이 땅을 위해 제사장으로서, 중보자로서 하나님으로부터 거룩한 부담을 갖고 기도해야 합니다.

㉙ 기도는 고난의 끝을 알리는 신호다

모든 인생에 삶의 어려움들이 여러모로 찾아옵니다. 어떤 이에게는 잠시 잠깐 사소한 일처럼 지나갈 수도 있고, 다른 이에겐 죽는 날까지 어려움 속에서 헤어나오지도 못하고, 다른 이에겐 자신도, 집안도 풍비박산이 되어버리는 경우가 있습니다. 많은 고난 당하는 사람들을 보면 그들이 느끼는 고통은 그 고난 자체의 아픔보다는 과연 그 고난이 언젠가는 끝이 날 것인지, 아니면 영원히 계속될 것인지 그 끝을 전혀 모른다는 데서 두려움을 느끼고 극단적 선택을 하기도 합니다.

불신자의 경우라면 우리가 언급할 필요가 없겠지만, 하나님이 택한 자녀에게는 분명히 그 고난의 끝을 알 수 있는 징조가 나타나게 됩니다. 인생의 바닥의 징조가 나타난다는 것입니다. 바닥이란 아주 중요한 의미가 있습니다. 왜냐하면, 더 이상 내려갈 곳이 없으니, 이제는 치고 올라갈 일만 남았기 때문입니다.

많은 경제학자는 온갖 자료를 이용하여 하강, 바닥, 상승의 경제지표를 발표합니다. 인생의 고난 속에서도 고난의 바닥의 징조가 나타납니다.

무엇일까요?

그것은 하나님 앞에 모든 것을 다 내려놓고 간절한 눈물로 무릎을 적시면서 살아가게 된다는 것입니다. 맞습니다. 고난의 정도가 클수록 처절한 기도의 사람이 됩니다. 폭포수처럼 떨어지는 눈물로 무릎을 적시며, 내 힘으로 살아갈 수 없다고 전능자 앞에 엎드리게 될 때, 이미 고통의 바닥이 끝난 징조입니다. 이때의 기도란 세상 것에 대한 간구의 기도가 아닐 것입니다. 자기 자신을 내려놓게 되는 자신의 체념을 바탕으로 나타나는 깊은 회개와 변화의 기도가 주를 이루게 되는데, 어쩌면 하나님이 고난을 주신 목적일 수도 있습니다.

엎드리는 순간부터 그 모든 무거운 짐이 하나님 앞으로 옮겨지게 됩니다. 그래서 기도하는 자에게 있어서는 인생에서 가장 큰 위기의 때가 바로 인생의 전환점이 된다는 것입니다. 아직도 자기 힘으로 살려는 사람은 기도를 하지 않습니다. 그런 유형의 사람에게는 기도 이전에는 고난의 바닥을 기대할 수가 없을 것입니다.

㉚ 기도는 모든 문제 해결의 열쇠다

> 너는 내게 부르짖으라, 내가 네게 응답하겠고 (렘 33:3).

> 네가 부를 때에는 내가 응답하겠고, 네가 부르짖을 때에는 내가 여기 있다 하리라 (사 58:9).

어려운 일을 만났을 때, 간절히 부르짖어 기도하십시오. 하나님께서 해결책을 보여주십니다.

㉮ 모세

> 모세가 홍해에서 이스라엘을 인도하매 그들이 나와서 수르 광야로 들어가서 거기서 사흘 길을 행하였으나 물을 얻지 못하고 마라에 이르렀더니 그곳 물이 써서 마시지 못하겠으므로 그 이름을 마라라 하였더라. 백성이 모세를 대하여 원망하여 가로되 우리가 무엇을 마실까 하매 모세가 여호와께 부르짖었더니 여호와께서 그에게 한 나무를 지시하시니 그가 물에 던지매 물이 달아졌더라 (출 15:22-25).

여기에서 보듯이 애굽에서 나와 사흘 만에 마라에서 쓴 물을 만나자, 이스라엘 민족은 원망하고 있는데, 모세는 하나님께 부르짖으며 기도하고 있습니다. 이 모습은 바로 우리의 모습입니다. 이스라엘 민족은 지금까지 놀랍고 경이로운 기적과 이적으로 인도하여 주시는 하나님의 은혜를 잊어 버린 채 지금 당장 눈앞에 가로막힌 홍해와 광야라는 현실 앞에서는 좌절하여 불평과 원망을 쏟아 내고 있습니다. 그러나 모세는 똑같은 현실 앞에서 절망적 현실을 바라보지 않고, 하나님을 바라보며 부르짖어 기도하고 있습니다. 그리고 기도할 때, 하나님은 그 해결책을 보여 주시는 장면입니다.

기도하기 전에도 마라의 쓴 물 앞에는 나무가 있었습니다. 그러나 보이지 않았습니다. 부르짖어 기도할 때 성령이 우리에게 임하시면서 감추었던 것들이 보이기 시작했고 깨달아지기 시작한 것입니다. 그렇습니다. 우리가 직면한 많은 문제의 해결책들이 멀리 있는 것이 아닙니다. 그때마다 엎드리면 보이기 시작하고 깨닫게 됩니다. 기도는 모든 문제 해결의 열쇠입니다.

25절에 "나무를 물에 던지라"라고 하십니다. 그에 순종해서 물에 던지니 쓴물이 단물이 되었습니다. 만약 나무가 무슨 소용 있나 해서 물에 던지지 않았다면 기적은 나타나지 않았을 것입니다. 하나님의 응답 방법이 나의 이해와 상식을 벗어나는 것 같더라도 이에 순종해서 나갈 때 기적이 나타나는 것을 보여 주고 있습니다.

㈏ 하갈

> 아브라함이 다음날 아침 일찍 일어나 빵과 물 한 가죽 부대를 가져다가 하갈의 어깨에 메어 주고 아들과 함께 내보내니 하갈이 그곳을 떠나 브엘세바 광야에서 방황하였다. 가죽 부대에 물이 떨어지자 하갈은 아들을 떨기나무 아래에 두고 100미터쯤 떨어진 곳에 가서 주저앉아 자식이 죽는 것을 차마 볼 수 없다며 목 놓아 울기 시작하였다. 하나님이 그 아이의 우는 소리를 들으셨다. 그래서 하나님의 천사가 하늘에서 하갈을 불러 말하였다. "하갈아, 무슨 일이냐? 두려워하지 말아라. 하나님이 저 아이의 울음소리를 들으셨다. 너는 일어나 아이를 일으켜 세우고 위로하라. 내가 그의 후손을 큰 민족이 되게 하겠다." 하나님이 하갈의 눈을 밝히시자 그녀는 샘물을 보고 가서 가죽 부대에 물을 채워다가 아이에게 주어 마시게 하였다(창 21:14-19).

하갈은 언약의 자손 가문으로부터 쫓겨난 사람이지만 그녀가 광야에서 울며 기도할 때 하나님은 그녀의 눈을 열고, 샘물을 보게 하셨습니다. 이 땅 위의 어떤 사람이든지 하나님의 섭리에서 제외된 사람은 없습니다. 간절하고도 애통하는 기도 속에서 하나님 긍휼의 은혜를 맛볼 수 있다는 사실이 얼마나 우리를 감격하게 만드는지 모르겠습니다.

㈐ 야곱

> 그러고서 야곱은 이렇게 기도하였다. "내 할아버지 아브라함의 하나님, 내 아버지 이삭의 하나님 여호와여, 주께서는 전에 나에게 '네 고향 네 친척에게 돌아가거라. 내가 너에게 은혜를 베풀겠다' 하고 말씀하셨습니다. 나는 주께서 나에게 보여 주

> 신 모든 자비와 신실하심을 조금도 감당할 수 없습니다. 내가 지팡이 하나만 가지고 이 요단을 건넜는데 지금은 두 떼를 이루었습니다. 내가 주께 간절히 기도합니다. 나를 내 형 에서의 손에서 구해 주소서. 그가 와서 나와 내 처자들을 칠까 두렵습니다. 주께서는 '내가 너에게 은혜를 베풀어 네 후손을 셀 수 없는 바다의 모래처럼 많게 하겠다'라고 말씀하셨습니다(창 32:9-1).

여기서 야곱은 우리가 알아들을 수 있는 말로 정확하게 대화하듯 기도하고 있습니다. 그리고 자신의 상황을 있는 그대로 꾸밈없이 말하고 있습니다. 그뿐만 아니라, 자신의 상황과 만난 어려움을 통한 자신의 두려움을 육신의 아버지에게 말하듯 말하고 있습니다. 이처럼 무엇을 구하고 있는지 구체적이고 명확하게 기도해야 합니다.

또 본문의 기도 내용을 보면 야곱의 절박감이 보입니다. 간절히 기도해야 합니다. 또한, 야곱은 벧엘에서 만난 하나님이 약속하신 말씀을 붙잡고 두 번이나 꺼내며 간절히 기도하고 있습니다. 하나님은 신실하신 하나님이십니다. 신실하다는 것은 거짓말을 안 한다는 것입니다. 성경에 기록된 약속의 말씀을 붙잡고 간절히 기도하셔야 합니다. 요점은 구체적이고, 명확하게, 간절한 마음으로, 약속의 말씀을 붙잡고 기도해야 합니다.

라 한나

> 이때 한나가 그에게 말하였다. "제사장님, 나를 기억하시겠습니까? 나는 제사장님이 여기서 지켜보는 가운데 기도하던 여자입니다. 내가 아들 하나만 달라고 기도했더니 여호와께서 이 아이를 주셨습니다(삼상 1:26-27).

눈물로 간절히 기도한 결과 기적적으로 잉태한 사건들이 성경의 여러 군데서 찾아볼 수가 있습니다. 사라가 이삭을 잉태한 것(창 21:1-2), 리브가가 야곱과 에서를 잉태한 것(창 25:21), 라헬이 요셉을 잉태한 것(창 30:22), 마노아의 아내가 삼손을 잉태한 것(삿 13:3-24), 신약에 들어와서는 엘리사벳이 세례 요한을 잉태한 것(눅 1:24), 마리아가 예수님을 잉태한 것 등입니다. 모두는 처해 있는 사정을 분명히 아뢰며, 간절히 기도했습니다.

(마) 사무엘

> 사무엘에게 이르되 당신은 우리를 위하여 우리 하나님 여호와께 쉬지 말고 부르짖어 우리를 블레셋 사람의 손에서 구원하시게 하소서 사무엘이 젖 먹는 어린 양을 취하여 온전한 번제를 여호와께 드리고 이스라엘을 위하여 여호와께 부르짖으매 여호와께서 응답하셨더라 사무엘이 번제를 드릴 때에 블레셋 사람이 이스라엘과 싸우려고 가까이 오매 그 날에 여호와께서 블레셋 사람에게 큰 우뢰를 발하여 그들을 어지럽게 하시니 그들이 이스라엘 앞에 패한지라 (삼상 7:8-10).

사무엘은 우상숭배에 빠져있는 이스라엘을 미스바로 모이게 합니다. 목적은 회개하기 위해서입니다. 미스바로 모인 이스라엘 백성은 물을 모아 여호와 앞에 붓고 그 날 종일 금식하게 합니다.

예수님이 40일 금식기도를 마치고 영적으로 충만해 있을 때 곧바로 사탄이 시험을 걸어 온 것처럼 하나님의 사람들이 영적으로 중요한 일을 할 때는 반드시 사탄의 역사가 있게 됨을 유의해야 합니다. 이스라엘이 모였다는 소식을 들은 블레셋은 군대를 결성하여 미스바 쪽으로 올라오기 시작하자 이스라엘은 두려워 떨게 됩니다. 이에 백성들은 사무엘에게 쉬지 않고 기도해 달라고 부탁했습니다.

사무엘이 어린 양 하나를 가져다 하나님께 번제로 드린 후 기도하기 시작하자 하나님께서 블레셋 진영에 큰 천둥소리를 일으켜 혼란에 빠지게 했고, 혼란에 빠진 블레셋은 이스라엘에 패하게 됐습니다. 사무엘은 승리를 주신 하나님을 높이며 미스바와 센 사이에 기념 돌을 세우며 이렇게 불렀습니다. '에벤에셀', 즉 여호와께서 여기까지 우리를 도우셨다.

㈎ 엘리야

> 여호와여 내게 응답하옵소서 내게 응답하옵소서 이 백성으로 주 여호와는 하나님이신 것과 주는 저희의 마음으로 돌이키게 하시는 것을 알게 하옵소서 하매 이에 여호와의 불이 내려서 번제물과 나무와 돌과 흙을 태우고 또 도랑의 물을 핥은지라(왕상 18:37-38).

본문 말씀에 보면 제단 둘레에 도랑을 만들고 그 도랑에 물을 가득 채웠다고 했는데 자연법칙으로는 물이 흐르는 곳에는 결코 불이 침범할 수가 없습니다. 그럼에도 물을 가득 채운 데서 엘리야의 하나님에 대한 대단한 믿음을 볼 수 있게 합니다. 즉 인간의 힘으로는 불가능하지만, 여호와 하나님의 능력은 자연법칙과 이성을 초월하여 무엇이든 할 수 있다는 믿음을 보여 주고 있습니다.

물과 불은 상극입니다. 물이 있는 곳에는 불이 붙지 않습니다. 그런데도 일부러 물을 부음은 하나님의 초자연적 능력에 대한 기대입니다. 이 불이 자연적으로 발생한 불이 아니라는 것은 번제물과 나무뿐만 아니라 돌과 흙도 태웠으며 도랑의 물까지 증발시킨 사실이 입증하고 있습니다. 보통 기도는 한 번의 서술로 끝나는데 여기서는 기도를 두 번 되풀이하고 있습니다. 그만큼 절박함을 갖고 부르짖고 있습니다.

㉳ 솔로몬

> 나의 하나님 여호와여 주께서 종으로 종의 아비 다윗을 대신하여 왕이 되게 하셨사오나 종은 작은 아이라 출입할 줄을 알지 못하고 주의 빼신 백성 가운데 있나이다 저희는 큰 백성이라 수효가 많아서 셀 수도 없고 기록할 수도 없사오니 누가 주의 이 많은 백성을 재판할 수 있사오리이까 지혜로운 마음을 종에게 주사 주의 백성을 재판하여 선악을 분별하게 하옵소서. 솔로몬이 이것을 구하매 그 말씀이 주의 마음에 맞은지라 (왕상 3:7-10).

솔로몬은 얼마든지 자신의 유익을 위하여 구할 수 있었고 또한, 하나님은 그것을 들어 주실 텐데도 불구하고 솔로몬은 자신의 유익보다 왕으로서 백성들을 위하여 송사를 구별할 수 있는 지혜를 구하였기에 하나님은 흡족해하셨습니다. 주님이 원하시는 것을 먼저 구해야 합니다. 주님이 원하시는 기도를 해야 합니다. 주님은 솔로몬에게 지혜와 함께 부와 영광도 주셨습니다. 땅의 것을 구하면 하늘도 땅의 것도 다 잃지만, 하늘에 것을 구하면 하늘의 것도 땅의 것도 다 얻게 됩니다.

㉼ 엘리사

> 하나님의 사람의 수종드는 자가 일찌기 일어나서 나가보니 군사와 말과 병거가 성을 에워쌌는지라 그 사환이 엘리사에게 고하되 아아, 내 주여 우리가 어찌하리이까 대답하되 두려워하지 말라 우리와 함께한 자가 저와 함께한 자보다 많으니라 하고 기도하여 가로되 여호와여 원컨대 저의 눈을 열어서 보게 하옵소서 하니 여호와께서 그 사환의 눈을 여시매 저기 보니 불말과 불병거가 산에 가득하여 엘리사를 둘렀더라 (왕하 6:15-17).

엘리사는 그러한 환경에서도 두려워하지 않았습니다. 왜냐하면, 보통 사람들은 보지 못했으나 엘리사 같은 믿음의 사람, 기도의 사람은 하나님이 곁에 있는 것을 보게 되기 때문입니다. 또 그가 사환을 위해 기도하니 하나님은 사환의 눈을 열어 주셨습니다. 사환이 보는 눈은 육신의 눈으로, 육신의 눈으로 볼 때는 전혀 도움의 손길을 느낄 수가 없었지만, 엘리사의 도움으로 영적 눈으로 볼 때는 하나님의 만군 천사가 우리를 돕고 있는 것을 볼 수가 있었습니다. 기도하는 자의 눈은 영적 눈입니다. 캄캄한 속에서도 하나님의 임재를 볼 수 있는 영안을 갖게 됩니다.

㉝ 히스기야

> 우리 하나님 여호와여 원컨대 이제 우리를 그 손에서 구원하옵소서 그리하시면 천하 만국이 주 여호와는 홀로 하나님이신 줄 알리이다 하니라. 아모스의 아들 이사야가 히스기야에게 기별하여 가로되 이스라엘 하나님 여호와의 말씀이 네가 앗수르 왕 산헤립 까닭에 내게 기도하는 것을 내가 들었노라 하셨나이다(왕하 19:19-20).

> 그즈음에 히스기야가 병들어 죽게 되니 아모스의 아들 선지자 이사야가 나아와 그에게 이르되 여호와께서 이같이 말씀하시기를 너는 네 집에 유언하라 네가 죽고 살지 못하리라 하셨나이다. 히스기야가 얼굴을 벽으로 향하고 여호와께 기도하여 가로되 여호와여 구하오니 내가 주의 앞에서 진실과 전심으로 행하며 주의 목전에서 선하게 행한 것을 추억하옵소서 하고 심히 통곡하니 이에 여호와의 말씀이 이사야에게 임하니라 가라사대 너는 가서 히스기야에게 이르기를 네 조상 다윗의 하나님 여호와께서 이같이 말씀하시기를 내가 네 기도를 들었고 네 눈물을 보았노라 내가 네 수한에 십오 년을 더하고 너와 이 성을 앗수르 왕의 손에서 건져내겠고 내가 또 이 성을 보호하리라. 나 여호와가 말

> 한 것을 네게 이룰 증거로 이 징조를 네게 주리라. 보라 아하스의 일영표에 나아갔던 해 그림자를 뒤로 십 도를 물러가게 하리라 하셨다 하라 하시더니 이에 일영표에 나아갔던 해의 그림자가 십 도를 물러가(사 38:1-8).

히스기야는 생명이 붙어 있긴 했지만, 병을 고쳐질 희망은 전혀 없었습니다. 많은 학자에 의하면 그의 나이는 38세 정도였다고 합니다. 아직 인생의 많은 경험을 하지 못한 상태에서 갑자기 죽음을 선고받은 것입니다. 얼마나 큰 절망이었겠습니까?

그러나 그는 먼저 얼굴을 벽으로 향하고 여호와께 기도했습니다. 벽을 바라봤다는 것은 성전을 향한 벽으로 오직 하나님만 바라보겠다는 결단입니다. 절망 앞에 섰을 때, 더 이상 다른 길이 없을 때, 모든 문이 닫혀있을 때, 히스기야는 하나님만 바라보기로 작정한 것입니다. 히스기야는 심히 통곡했습니다. 히스기야의 눈물은 영혼에 쌓였던 오물을 씻어내어 영혼을 순수하게 만들어 주었습니다.

다윗의 눈물이 그랬고, 에스라의 눈물이 그랬고, 예레미야의 눈물이 그랬습니다. 그래서 스펄전 목사님은 성도의 "눈물은 천국 가는 고속도로이다"라고 말했습니다. 기도의 결과 히스기야는 15년을 더 살게 됩니다. 하나님께서 히스기야 왕의 진실한 눈물의 기도에 응답해 주신 것입니다.

㉧ 야베스

> 야베스가 이스라엘 하나님께 아뢰어 가로되 원컨대 주께서 내게 복에 복을 더하사 나의 지경을 넓히시고 주의 손으로 나를 도우사 나로 환난을 벗어나 근심이 없게 하옵소서 하였더니 하나님이 그 구히는 것을 허락하셨더라(대상 4:10).

야베스의 기도에서 가장 중요한 것은 그가 기도한 내용이 아니라 그가 '기도하였다'라는 것, 그는 기도의 사람이었다는 것입니다. 야베스는 어두운 환경 가운데 있었으나 기도하는 일로 인해 영광스러운 사람이 되었습니다. 기도에서 가장 중요한 것은 '기도하는 것' 자체입니다. 우리는 흔히 무언가 일을 도모하고자 할 때마다 기도로 준비하자고 합니다. 큰 일을 도모할수록 작정기도니, 금식기도니 하며 기도도 더 커집니다. 맞습니다. 기도로 준비해야 합니다. 그러나 한 가지 중요한 사실을 잊어서는 안 됩니다. 그것은 기도는 더 위대한 일을 준비하기 위한 것이 아니라 기도 자체가 더 위대한 사역입니다.

그는 하나님 안에서 꿈꾸었고 기도하였습니다. 그의 기도는 그의 삶을 바꾸게 하였고, 하나님은 역대상 말씀을 통해 우리에게, 야베스의 기도를 가르치고 계십니다. 야베스처럼 하나님이 인도하시는 존귀하고 풍성한 삶이 되기를 원하신다면 꾸준히 기도해야 합니다. 기도는 우리의 모든 것을 바꾸어 주기 때문입니다.

㉮ 제사장 사가랴

> 천사가 일러 가로되 사가랴여 무서워 말라 너의 간구함이 들린지라 네 아내 엘리사벳이 네게 아들을 낳아 주리니 그 이름을 요한이라 하라 (눅 1:13).

유대 사회에서는 아들이 없는 것이 최대의 불행으로 간주했습니다. 심지어는 죄에 대한 형벌이라고까지 생각하기도 했습니다. 그러므로 요한이 태어나리라는 천사의 말은 그 부모에게 다시없는 기쁨이었을 것입니다. 그뿐만 아니라, 요한의 탄생은 온 이스라엘의 기쁨이기도 했습니다. 왜냐하면, 그는 말라기 이후 400년 동안이나 하나님의 계시를 들을 수 없었던 이스라엘 백성에게 메시아의 길을 예비할 선지자였기 때문이었습니다.

- 수로보니게 여인
- 소경 바디메오
- 불의한 재판관과 과부
- 가버나움에서 온 관원
- 초대 교회 성령강림 등

하나님의 자녀로 택함 받은 자들에게 기도는 하나님과 소통(대화)하는 가장 중요한 일인데도 소홀히 여겨지고 있는 것이 현실입니다. 성경 속의 "질그릇 속의 보배"라는 비유처럼 교회만 나온다고 하나님이 피할 길을 주시고, 섭리하시며, 기적적으로 살려주시지는 않습니다. 하나님은 질그릇 같은 인생들 위에 만군의 여호와 하나님의 택한 자녀로서 보배를 주셨지만, 그것은 아직 다듬어지지 않은 돌멩이 같은 원석일 뿐입니다. 하나님을 향한 열심으로 말씀을 배우고, 기도해 나갈 때, 별 볼 일 없는 자연석이 아름다운 다이아몬드로 변하게 됩니다.

㉛ 기도는 형통한 사람으로 인도한다

성경에서 형통한 사람으로 기록된 사람은 오직 요셉뿐입니다. 창세기 39장에 무려 3번이나 언급되고 있습니다. 피를 나눈 형들에 의해 팔려 노예로 살게 되었는데도 형통한 자라고 하셨고, 더더욱 하나님의 말씀 따라 정직하게 살려고 간음의 죄를 피한 결과가 하나님의 칭찬이 아니라 전혀 빛을 볼 수도 없는 지하 감옥에 갇히게 되었는데도 성경은 "요셉의 범사에 형통케 하셨다"라고 기록되고 있습니다.

우리 일상생활에서 말하는 형통과 성경에서 말하는 형통은 전혀 다릅니다. 세상에서 말하는 형통은 모든 일이 자기 뜻대로 잘 이루어지게 되는 것을 말하지만, 성경에서는 내가 전혀 예상치 못하거나, 이해하지 못한 어떤 역경에 처해 있을 때라도 나와 늘 함께하시는 하나님의 뜻대로(내 뜻대로가 아니라) 이루어져 가고 있다고 믿고 살아가는 사람을 형통한 사람이라고 말하고 있습니다.

사실 그렇습니다.

우리가 보기에 아무리 불합리하고 해결하기 불가능한 문제일지라도, 또 현실적으로 내게 너무 불공평하게 돌아가는 것 같을지라도, 그 모든 일이 내 삶의 주관자이시며, 전능하신 하나님의 나를 위한 전체 계획의 한 과정으로 진행되고 있다고 믿고서는 고난 자체까지도 하나님의 섭리로 받아들여 감사하며 하루하루 주어진 일에 최선을 다해 살아가는 사람에게 이 세상의 어떤 고난이 그를 넘어뜨릴 수 있겠습니까?

따라서 형통의 길을 가고 싶다면 해결하기 어려운 문제가 다가올 때마다 이를 피하게 해 달라고 기도하지 말고, 다음 내용처럼 기도 내용을 바꾸어야 합니다. "주님, 이 어려움이 하나님의 뜻이라면 지금은 내가 이해하지 못하지만, 받아들이겠사오니 이를 감당할 힘을 주십시오"라고 기도해야 합니다.

㉜ 기도하는 자에게 절망이란 단어는 없다

기도하는 자는 어떤 문제, 어떤 환경에서도 '절망'이란 단어를 사용해선 안 됩니다. 왜냐하면, 그것은 전능하신 하나님을 불신하는 단어이기 때문입니다. 절망이란 단어는 사전적으로 바라볼 것이 없게 되어 모든 희망을 끊어 버리는 상태를 말합니다.

인간적으로 볼 때 아무리 절망적 문제일지라도 우리가 전능하신 하나님 앞에 무릎을 꿇고 간절히 기도드리는 순간, 그 문제는 이미 기도 제목은 바뀌어서 하나님께 이전 되어버립니다. 그래서 이제는 그 문제는 나의 문제가 아니라 전능하신 만군의 여호와 하나님의 문제가 되어 버렸기에 기도자는 그 문제로 더 이상 고민하고 절망할 필요가 없게 된다는 것입니다.

너는 내게 부르짖으라. 내가 네게 응답하겠고 (렘 33:3).

> 너희 염려를 다 주께 맡겨 버리라. 이는 저가 너희를 권고하심이니라 (벧전 5:7).

예레미야서에서 기도하면 응답하시겠다고 하셨으며, 베드로전서에서 말씀하시는 "다 맡겨 버리라"라는 단어는 헬라어 의미로는 쓰레기를 버리듯 미련 갖지 말고, 버리라는 의미가 있습니다. 쓰레기를 버려 놓고 아쉬워서 찾아가는 사람은 아무도 없을 것입니다. 이처럼 모든 기도에 다 응답하신다고 하시며, 걱정하지 말라고 말씀하고 계신데 현실의 우리의 모습을 보면 전혀 다른 모습입니다.

기도 응답이 너무 오래 지체되거나 아예 없기도 하고, 또 기도하면서도 염려는 염려대로 다 하고 있는 것이 지금의 우리 모습입니다. 그 이유는 단 하나입니다. 하나님이 우리의 죄로 인해 막힌 담벼락으로 인해 우리의 기도를 듣지 못하고 계셔서 그런 것입니다. 그래서 철저한 회개가 필요한 것입니다. 하나님과의 대화의 통로가 활짝 열려진 기도자에게는 절망이란 단어가 필요치 않습니다.

㉝ 환난 날에 부르짖음은 하나님이 기뻐하시는 일이다

성경적으로 볼 때 우리가 구하는 것이 정욕이 아닌 것으로, 자기가 해결할 수 없는 근원적 문제를 해결하기 위해서거나, 또는 더 많은 은혜 생활을 위하여 영육 간의 복을 구하는 것은 결코 샤머니즘이라고 하지 않습니다. 성경은 오히려 어려움에 부닥쳐 하나님께 부르짖는 것을 기뻐하신다고 기록돼 있습니다.

> 감사로 하나님께 제사를 드리며 지극히 높으신 자에게 네 서원을 갚으며 환난 날에 나를 부르라 내가 너를 건지리니 네가 나를 영화롭게 하리로다 (시 50:14-15).

> 그러므로 우리가 긍휼하심을 받고 때를 따라 돕는 은혜를 얻기 위하여 은혜의 보좌 앞에 담대히 나아갈 것이니라(히 4:16).

또 무엇보다도 중요한 것은 우리의 구원인 예수님께서 우리가 열심히 구하고, 찾고, 두드리기를 원하고 계시기 때문입니다.

> 내가 또 너희에게 이르노니 구하라 그러면 너희에게 주실 것이요 찾으라 그러면 찾을 것이요 문을 두드리라 그러면 너희에게 열릴 것이니(눅 11:9).

보통은 전제 조건이 먼저 나오지만 여기서는 곧바로 "구하라"라고 나오고 있습니다. 왜냐하면, 우리는 하나님의 자녀로 "아바, 아버지"에게 어떠한 전제 조건도 없이 곧바로 구할 자격이 있기 때문입니다. 따라서 하나님의 보좌 앞에 담대히 나와 복 받기를 원하는 것을 샤머니즘이라 한다면 그걸 가르쳐주시고 격려해 주시는 예수님은 순식간에 샤머니즘의 왕이 되어 버리는 모순에 빠지게 합니다.

세상의 어떤 인생도 복 받기를 원치 않는 자는 없을 것입니다. 누구나 탈 없이 평온하게 그리고 넉넉하게 살고 싶어 합니다. 인간은 본질에서 복 받기를 원하는 존재입니다. 하나님은 조건 없이 인간을 사랑하지만, 인간의 사랑은 조건적입니다. 또한, 그게 인간의 본질입니다.

역사에 길이 남을 성인이나 순교자들도 죽으면 천국에 간다는 보장을 전제 조건으로 하는 것이지, 아무것도 없다면 순교라는 단어 자체가 존재하지 않을 것입니다. 따라서 인간의 삶의 조건에서 복을 구하는 마음을 무시하라는 것은 하나님이 부여하신 인간의 본질적 욕구를 깨트려 버리는 것입니다. 함부로 그런 이야기들을 해서는 안 될 것입니다.

환난 날은 물론, 평상시에도 간절히 기도하는 자세로 살아가야 합니다. 그 기도가 정욕에 쓰려는 기복 신앙인지 아닌지조차도 기도 중에 은밀히 임하시는 성령 하나님이 다 가르쳐 주십니다. 시편의 말씀처럼 환난 날에 부르짖음은 하나님이 기뻐하시는 일입니다.

그렇다면 평상시에도 부르짖음은 하나님이 더 기뻐하시리라는 생각이 들지 않습니까?

이제 기도가 신앙생활에서 얼마나 중요한 위치에 있는지 살펴봤듯이, 기도한다는 것 자체만으로도 얼마나 축복된 길을 가는 것인지, 또 그렇게 살아가는 것이 얼마나 행복한 인생의 여정인지 알게 되었으리라 믿습니다.

(2) 간헐적, 일시적 기도가 아니라 계속하는 습관적 기도를 하라

누가복음 11장을 보면 예수님께서 기도에 대해서 계속해서 설명하고 있습니다. 5-8절에서는 강청하는 기도, 곧 우리가 어떤 자세로 기도해야 하는가를 강조했지만 반면에, 9-13절에서는 기도에 응답하시는 하나님의 선하고 신뢰할 수 있는 성품을 강조하고 있습니다. 탈무드에서는 기도를, 문을 두드리는 것으로 표현합니다.

본문의 "구하라," "찾으라," "두드리라"라는 말을 헬라 원문으로 보면 현재형으로 되어 있습니다. 이것은 기도하는 것이 간헐적이거나 일시적으로 하는 것이 아니라 계속해서 하는 습관적 기도를 의미하고 있으며 그런 자들에게 그 기도가 응답 된다고 하고 있습니다. 곧 "구하는 이마다 받을 것이요, 찾는 이가 찾을 것이요, 두드리는 이에게 열릴 것이니라"라고 했습니다. 여기서 예수님께서 기도에 대해서 가르쳐 주신 내용의 요지는 구약에도 나타납니다.

너희는 여호와를 만날 만한 때에 찾으라. 가까이 계실 때에 그를 부르라 (사 55:6).

너희는 내게 부르짖으며 와서 내게 기도하면 내가 너희를 들을 것이요 (렘 29:12).

(3) 기도에는 반드시 응답이 온다

성경에 기록된 말씀에 기도하면 반드시 응답이 온다고 했는데 현실의 삶 속에서는 열심히 기도하는 데도 응답이 적은 경우가 많을 것입니다. 그 이유에 대해서는 여러 가지를 열거할 수가 있겠지만, 대부분 탐심을 갖고, 자기의 뜻을 이루기 위해서만 기도하기 때문이라고 할 수 있습니다. 물론, 처음 신앙생활 할 때는 하나님께 졸라대는 기도를 할 수도 있겠지만, 신앙 연륜이 깊어질수록 나의 뜻을 이루기 위해 졸라대는 것보다는 나의 뜻을 죽이고 하나님의 뜻을 이루기 위한 바른 기도에 들어가야 할 것입니다.

기독교가 처음 들어간 나라에는 상상치 못할 기적과 이사가 많이 일어나지만, 시간이 갈수록 사람들의 열정도 식어가면서 차지도 뜨겁지도 않은 신앙이 되어버리는 경우가 많습니다. 유럽에서 미국으로, 그리고 한국 등 아시아로, 지금은 아프리카로 흘러 들어가는 기독교의 흐름을 보면 알 수 있는 사실입니다. 개인에게도 그렇습니다. 신앙 연륜이 쌓일수록 처음의 뜨거운 열정이 오히려 퇴보해 버리는 모습들이 무서울 뿐입니다.

본서에 저술된 내용들을 깊이 음미하면서 삶 속에 잘 적용해 나가게 되면 응답하는 기도들로 인해 하나님께 더 큰 영광을 돌리게 될 것입니다. 'No'도 분명히 응답입니다. 과거와 현재와 미래의 모든 일을 통찰하시는 하나님은 더 좋은 다른 길로 인도해 주실 것이기 때문입니다.

시중에는 수백 권의 기도에 관한 책들이 있습니다. 만약에 그 책들을 다 읽는다면 기도에 대한 지식은 충만해질 것입니다. 그러나 현실적으로는 아무 일도 일어나지 않습니다. 또 어떤 사람들처럼 야베스의 기도문을 각 방에 있는 거울에 붙여두어 하나님의 보호와 축복을 아는 지식이 가득하더라도 그러한 지식이 우리를 지켜주지도 않을 것입니다. 우리가 스스로 직접 할 수 있는 일들이야 당연히 이루어지겠지만, 우리의 능력을 넘어서는 기적은 일어나지 않는다는 것입니다.

지금 기적의 은총을 바라십니까?

그렇다면 지금 지니신 그 모습 그대로 한 시간이라도 직접 간절한 마음으로 엎드려 보십시오. 성령님이 더 많은 것을 가르쳐 주십니다. 기도의 위력은 야베스처럼 우리의 운명까지도 바꿔 줍니다. 그러나 응답받는 기도가 되기 위해서는 몇 가지 필요한 조건이 있습니다.

응답받는 기도의 조건은 다음과 같습니다.

① 예수님을 나의 구세주로 영접해야만 한다(구원받은 자)

기도는 아무나 할 수 있는 게 아니고 하나님께 택함 받아 성령이 내주하고 있는 자녀들만이 드릴 수 있다는 것임을 명심해야 합니다. 불신자는 기도하지도 않을뿐더러 하나님께서 받지도 않으십니다. 거듭 이야기하지만, 구원의 믿음이 따르지 않는 기도는 아무리 오래 해도 하나님이 받지 않으십니다. 이유는 간단합니다. 기도를 들으시고 그 일을 행하시는 분은 성령님이신데, 성령님은 오직 택함 받은 자에게만 임하시기 때문입니다.

그렇다고 모두가 이러한 전제에 부담을 가질 필요는 없습니다. 불신자일지라도 하나님을 인식하고, 믿고, 의지하고 싶어 간절히 부르짖는 가운데 중생의 거듭남 사건이 임하며, 동시에 성령님의 인침을 받는 경우도 많기 때문입니다. 기도하시기 전에 간절한 마음으로 성령님의 내주와 인도하심을 바라는 것이 제일 순위입니다.

② 성령님께서 나와 동행하고 계신다는 확신을 가지라(믿음을 가진 자)

성경은 믿음이 없는 기도에는 역사하지 않는다고 분명히 기록하고 있습니다.

> 그들이 믿지 않으므로 거기서는 기적을 많이 베풀지 않으셨다 (마 13:58).

하나님의 수많은 은혜의 기적은 오직 하나님을 향한 믿음 위에서만 역사하시지, 믿음 없이는 역사하시지 않습니다. 여기서 우리는 간혹 오해에 빠지는 경우가 있습니다. 얼핏 생각하면 이러한 전제 조건의 의미가 기도하는 그 시간에 하나님이 내 곁에 계시며, 또한, 내 모든 기도에 응답해 주신다는 확고한 믿음을 가져야 하는 것으로 받아들이기 쉽습니다.

물론, 그러한 믿음을 갖고 있다면 매우 좋겠지만 그처럼 좋은 믿음을 갖고 있는 사람이 얼마나 되겠습니까?

그래서 많은 사람이 '난 믿음이 약해서 기도해도 안 들어 주실 거야' 하는 함정에 빠져서 아예 기도할 생각도 안 합니다. 사탄이 그러한 생각을 부어주고 있습니다.

㋲ 하나님 앞에 엎드리는 것만으로도 큰 믿음의 증표다

기도 내용, 기도 종류, 기도 형식, 기도 시간 등에 관계없이 하나님 앞에 엎드린다는 기도 행위 자체만으로도 매우 큰 영적 의미를 가져서 하나님을 향한 믿음의 증거가 된다는 것을 기억하십시오. 그리고 이 위에 하나님 없이는 죽는다는 갈급함과 간절한 마음을 갖고 끈질기게 기도하십시오. 이게 하나님이 요구하시는 믿음의 다른 표현입니다.

잊지 마십시오. '하나님만이 나를 살릴 수 있다는 처절한 마음과 하나님 없이는 죽는다는 갈급함과 간절한 마음을 갖고 끈질기게 부르짖는 것'이 바로 하나님이 원하시는 믿음의 직설적, 또 다른 표현입니다.

소경 바디매오는 이전에는 전혀 본 적도, 들은 적도 없는 분이신 예수님이 그 마을을 지나가신다는 소문을 듣고는 눈을 뜨기 위하여 갈급한 마음으로 온갖 장애를 뚫고, 예수님께 나아갔습니다. 이처럼 간절하고도 갈급한 마음으로 나갈 때 하나님은 반드시 우리가 요구하는 대로가 아니라, 현재와 미래를 통찰하시며 모든 것을 주관하시는 하나님의 방법대로 반드시 역사하십니다. 왜냐하면, 이것은 하나님의 문서화된 약속이기 때문입니다.

㉯ 지금도 기적은 일어난다

엘리사 시대에는 문둥병자가 많았습니다. 그러나 그들 중에 하나님께서 병을 고쳐 주실 것이라는 확신을 가진 사람은 한 사람도 없었습니다. 그러나 이웃 아람 나라의 나아만 장군은 엘리사를 만나면 하나님의 능력으로 병을 나을 것을 믿고 찾아와 나았습니다. 예수님께서도 유일하게 주님이 사신 나사렛에서는 기적을 베풀지 않았습니다. 왜냐하면, 사람들은 기대를 걸지 않았기 때문입니다. 믿음이란 일면 하나님께서 불가능을 가능으로 바꿀 수 있다는 것을 믿는 것이라고 말할 수 있겠습니다.

오늘날 많은 사람이 하나님의 기적은 더 이상 나타나지 않는다고 말합니다. 맞습니다. 하나님의 기적을 본다는 것은 꿈같은 일이 되어 버렸습니다.

그때의 하나님이 지금도 동일하신 하나님이신데 왜 기적을 볼 수 없게 됐을까요?

하나님께서 우리에게 내려주신 말씀들을 잘 분석해 보면 기적 같은 은혜들이 나타날 수 있는 핵심적 내용들이 도처에 널려 있습니다. 바로 본서에서 그것들을 제시하고 있는 것입니다.

③ 하나님과 나 사이를 가로막고 있는 죄의 담벼락을 없애라(회개하라)

> 여호와께서 능력이 부족하여 너희를 구원하지 못하는 것이 아니며 귀가 둔하여 너희 부르짖는 소리를 듣지 못하는 것이 아니다 너희 죄가 너희를 하나님과 분리해 놓았기 때문에 그가 너희를 외면하고 너희 부르짖음에 귀를 기울이시지 않는 것이다(사 59:1-2).

간절한 우리의 부르짖음에도 하나님이 듣지 못하고 계신다면 얼마나 낙망이 크겠습니까?

시기, 이기, 질투, 분노 등의 옛사람의 마음을 갖고 기도를 드려서는 안 됩니다. 왜냐하면, 성령님은 결코 추한 곳에 임하지 못하셔서 우리의 기도를 듣지 못하시기에 응답이 전혀 없게 되기 때문입니다. 그래서 무엇보다 마음의 곳간을 청소해야 합니다. 어떤 분은 회개하고 또 회개를 되풀이하고, 또 회개하고 되풀이하고. 이러한 행위들이 무의미하게 여겨지겠지만 그래도 계속해야만 합니다.

쇠가 쇠를 날카롭게 하지만, 때론 쇠가 쇠를 무디어지게 하기 때문입니다. 그대로 지나가면 반드시 죄 감각이 무디어진다는 것입니다. 출애굽기에 예시된 성소 예물들은 모두 다 크기의 사이즈가 예시돼 있지만 더러워진 손을 씻는 물두멍만은 사이즈가 규정돼 있지 않습니다. 무한대로 사죄의 씻음을 의미하고 있습니다.

마틴 루터는 이렇게 말했습니다.

> 신자의 생애 전체는 회개의 과정이다. 기도 시작 전에 의식적으로 하나님께 알게 모르게 지은 죄들의 용서를 구하십시오.

어떤 경우에는 의식적 수준을 지나 우리의 간절하고 애통한 마음으로 드리는 회개가 필요할 경우도 있을 것입니다. 왜냐하면, 하나님께서는 결코 이유 없이 우리의 기도를 거절하지 않으시기 때문입니다. 하나님은 우리의 과거를 다 알고 계시며, 현재의 간구를 거절하시는 이유가 과거에 있을 수도 있기 때문에, 매일매일의 삶 속에서 알게 모르게 지은 모든 죄를 털어내는 규칙적 기도의 시간을 갖는 게 그래서 더욱 중요한 것입니다.

우리의 의식적 회개일지라도 그걸 인도하시는 분은 성령님이심을 아셔야 합니다. 죄 된 인간의 속성으로는 의식적이든 무의식적이든 죄를 고백하기가 어렵기 때문입니다. 그러기에 성령님의 인도하심을 깨닫고 감사드리는 시간을 같이 가지십시오. 하나님의 영광을 위해 창조된 인간이 하나님께 드리는 감사는 하나님을 기쁘게 하시며, 하나님은 감사가 더 많은 감사를 불러 올 수 있도록 역사하십니다.

㉮ 신발을 벗으라

> 주께서 모세에게 이렇게 말씀하셨습니다. '네가 선 곳은 거룩한 땅이다. 신을 벗어라〈행 7:33〈KLB〉〉.

> 하나님이 그에게 말씀하셨다. "더 이상 가까이 오지 말아라. 네가 선 곳은 거룩한 땅이다. 신을 벗어라〈출 3:5〈KLB〉〉.

> 그때 여호와 군대의 총사령관이 여호수아에게 "너는 신을 벗어라. 네가 선 곳은 거룩한 땅이다" 하고 말하였다. 그래서 여호수아는 그대로 하였다〈수 5:15〈KLB〉〉.

신발을 벗는다는 것의 의미에 대해서는 여러 의견이 나올 수 있겠지만, 신발은 원죄로 더럽혀진 땅을 두루 다니며 인간이 저지른 죄의 흔적이 남아 있음을 상징합니다. 신발을 벗는 행위는 같은 맥락에서 하나님 앞에 깨끗한 모습으로 서는 것을 상징합니다. 절대적 선인 하나님 앞에 서는 인간은 반드시 자신이 지은 죄를 회개하여야 합니다. 성경에서 최고로 뛰어난 믿음의 사람인 모세도 여호수아도 하나님의 일을 하기 위해 하나님 앞에 섰을 때 제일 먼저 행한 일이 신발을 벗는 일, 곧 회개였습니다.

㉯ 만인 제사장

구약에서는 대제사장 한 사람만이 지성소에 들어갈 수 있었습니다. 이제는 예수님 보혈의 공로에 힘입어 예수님을 나의 구원자로 영접한 자는 누구나 지성소에 들어가게 됐습니다. 그렇다고 그 자리가 가볍게 여겨져선 안 됩니다. 오히려 더 무겁고 귀하게 여겨져야만 합니다. 그것은 기도의 자리에 설 때마다 기도자는 제사장(만인 제사장)으로서의 신분으로 하나님을 뵙게 되는 것이기 때문입니다.

구약에서 대제사장은 성전에 들어가기 전에 반드시 정결 의식을 갖추었습니다. 그런 의미에서 우리도 기도의 자리에 들어서자마자 알게 모르게 지은 모든 죄를 회개하는 정결 의식을 갖추어야만 하며, 내 가정을 위해, 내 교회를 위해, 내 일터와 내가 살아가는 이 땅을 위해 제사장으로서써, 중보자로서 하나님으로부터 거룩한 부담을 갖고 기도해야 합니다.

㉰ 십계명을 통한 회개 훈련은 놀라운 영적 운동이다

기독교 신앙에서 회개의 중요성은 이루 말할 수 없습니다. 신앙생활은 전능하신 하나님과 동행하는 삶입니다. 이를 방해하는 것은 오직 하나, 죄입니다. 죄의 담이 하나님과 우리 사이를 막아 하나님께서 들려주시는 음성을 듣지 못하게 하고, 또 우리의 간절한 간구함이 하나님께 상달되는 것도 막아 버리게 합니다.

"회개해야지, 회개해야지" 하면서도 무엇을, 어떻게 해야 하는지도 모르고 있습니다. 그 결과, 만군의 여호와 하나님이 십자가에 피 흘려 죽으시기까지 우리를 사랑하시는 그 놀라운 은혜를 제대로 누릴 줄 몰라 불신자와 똑같이 세상일에 허덕이다 세상을 떠나 버리고 있는 것입니다.

제3장, 세6장에서 기술되고 있는 〈십계명을 통한 회개 훈련〉은 놀라운 영적 운동입니다. 이를 충실히 수행할 때 나타나는 영적 은혜는 매우 많습니다. 무엇보다 하나님과의 소통의 대로가 훤히 뚫립니다. 하나님의 음성을 들

고, 우리의 간구함을 전하는 기도가 그렇게 즐거울 수가 없게 합니다.

또한, 십계명을 통한 회개의 순간들이 바로 하나님이 말씀인 성경 66권의 내용을 충실히 따른 것이 되는데, 우리는 이를 '순종의 삶'이라고 부르고 있습니다. 하나님이 기뻐하시는 사람이 바로 말씀에 순종하는 사람입니다. 열거된 죄 된 모습들이 하나하나 벗겨져 나가면서 그 빈 곳에는 성령의 은혜가 채워지기 시작하는데 어느덧 우리의 모습도 전과 비교할 수 없도록 변화된 영적 성숙인으로 살아가게 합니다.

④ 그 기도 제목이 성경 말씀, 곧 하나님의 뜻에 합당한 지를 확인하라

하나님의 뜻에 합당한지를 확인하라고 해서 그 기도 제목의 내용을 일일이 성경 말씀에 대조해 보라는 뜻이 아닙니다. 성경에 분명히 "하라, 하지 말라"라고 명시돼 있는 경우를 제외하고는 하나님의 뜻이 분명히 기록돼 있지 않을 경우가 많습니다. 이럴 때 하나님이 어떻게 말씀하시는지 귀를 기울여야 합니다. 기도 제목을 하나님 앞에 내놓고는 성령님의 음성에 귀 기울인다고 해서 성령님께서 우리를 인도하실 때 우리가 들을 수 있게 청각적 소리로써 외부에서 우리에게 말씀하시는 게 아닙니다. 우리의 심령을 통해서 말씀하시는 것을 의미합니다.

㉮ 성경 말씀을 통한 하나님의 인도

대부분 문제의 경우에는 성경에 하나님의 뜻을 우리에게 미리 계시하고 계시기 때문에 그러한 문제를 갖고 일부러 하나님의 응답을 구하려고 기다려선 안 될 터인데도, 의외로 많은 사람이 하나님의 말씀에 대한 명확한 지식이 없으므로 하나님이 뭘 원하시는지도 몰라서 두리뭉실한 기복적 기도에 머물 경우가 많고, 또 당연히 순종해야 할 제목들을 기도의 제목으로 알고 허구한 날 응답 없는 기도하는 경우가 적지 않습니다.

기도란 하나님의 말씀을 검으로 사용하는 것입니다. 말씀의 검을 잡지 않으면 하나님의 뜻에 합당한 힘 있는 기도가 될 수 없습니다. 따라서 하나님의 인도를 바라는 자는 무엇보다도 하나님의 말씀에 대한 명확한 이해와 지식을 갖추어야 합니다.

쉬운 예로, 비신자와의 결혼문제로 고민할 때, 고린도후서 6장 14절에 보면, "너희는 믿지 않는 자와 멍에를 같이 하지 말라 하셨고, 형제가 궁핍에 빠져 있는 걸 보면 마땅히 도우라"라고 하셨는데, 이때 '도우리까, 말리까'라고 기도함은 우매한 일입니다. 또 그리스도인 간의 불화에 대해 설령 상대방의 잘못이라도 먼저 자신이 그에게로 찾아가서 화해를 청하라고 마태복음 5장 23절에 분명히 기록돼 있는데도, 억울함을 갚아 달라고 기도함도 불경스러운 일일 것입니다. 이러한 예들은 응답을 바라는 기도 제목이 아니라, 우리가 당연히 이행해야 하는 순종의 제목들입니다.

> 너희는 믿지 않는 자와 멍에를 같이 하지 말라 의와 불법이 어찌 함께하며 빛과 어두움이 어찌 사귀며 (고후 6:14).

> 그러므로 예물을 제단에 드리다가 거기서 네 형제에게 원망 들을 만한 일이 있는 줄 생각나거든 예물을 제단 앞에 두고 먼저 가서 형제와 화목하고 그 후에 와서 예물을 드리라 (마 5:23-24).

㉯ 주위 환경을 통한 증거

성령님께서는 어떠한 내적 확신이 없이 강권적으로 주위 환경을 변하게 하여 인도하시기도 하지만, 대부분은 먼저 내적 확신을 주시고, 이를 확실시하기 위해서 외부적 환경을 변화시키시기도 합니다. 또 간혹 하나님께선 우리가 잘못된 길을 가는 것을 막기 위해서 주위 환경을 조절하시기도 합니다. 예컨대, 병에 걸리게 하시거나, 사업이 어렵게 하시는 등을 통해서 우리가 그분이 선택하신 길과는 반대되는 길로 나가는 것을 막으시기도 합니다. 이런 의미에서 하나님의 자녀에게 찾아오는 예기치 못한 어려움은 고난이 아니라, 하나님이 나와 이야기하고 싶다는 콜링(신호)으로 받아들여져야 합니다. 그런 연유로 우리 믿는 자들에게는 어떠한 어려움도 있을 수가 없고, 오직 기도 제목만이 있다는 확신을 갖고 살아가야만 합니다.

그리고 어떤 때는 하나님께선 그 자녀들을 그 자녀들이 바라는 안락한 환경과는 정반대로 인도하시기도 합니다. 예컨대, 하나님께선 복음을 확산시키고자 기독교 박해를 통해서 교회를 예루살렘으로부터 각 처로 흩어지게 하셨는데, 세계 복음화의 시작이 오히려 박해를 통해서 이루어진 것을 보면 하나님의 역사하시는 섭리는 도저히 상상조차 할 수 없습니다.

따라서 우리는 만군의 여호와 하나님이 내 아버지임을 믿는다면, 현실적으로 우리의 기대와는 어긋나는 환경이 나타나더라도 결국은 우리를 위한 하나님의 신실하신 보호임을 굳게 믿고 나가야 하며, 나아가서는 하나님께선 우리를 위하여 우리가 기대하고 갈망했던 것보다 더 좋은 것을 예비하고 계심을 믿어야만 합니다.

㉰ 하나님의 평강이 임할 때까지 기도하라

성령님은 그 어떤 경우에도 결단코 우리를 성경의 가르침과 반대로 우리를 인도하시는 경우가 없습니다. 예컨대, 우리가 결정하기 어려운 어떤 문제에 직면했을 때, 그 문제에 따르는 장단점을 고려하면서 오랜 시간에 걸쳐서 기도하게 되면 어느 순간에 이르러서는 우리의 심령 속에 말할 수 없는 깊은 감화와 감동을 주시며, 강한 충동이 일어나면서 강권적으로 어떤 행위나 진로를 선택하게 하시는 경우가 있습니다.

이처럼 그 기도 제목이 하나님의 뜻에 합당하여 하나님이 허락하시고자 할 때는 심령상에 나타나는 성령으로 인한 감동, 곧 응답 확신의 기쁨은 기도하면 할수록, 하나님의 은혜를 갈망하면 할수록 더욱더 강하게 역사하시는 게 일반적입니다. 그런데 문제는 사탄도 부분적으로는 그러한 능력을 행할 수도 있기에 주위 환경의 변화가 반드시 하나님의 뜻만을 가르치는 것일 수 없다는 것입니다.

따라서 지금 변화된 환경이 과연 하나님의 뜻인지, 아닌지에 대해서 확실한 판단과 확신이 서지 않을 때는, 하나님께 하나님의 온전하신 뜻을 알게 해 달라고 "하나님의 평강이 우리의 마음과 생각을 점령할 때까지"(빌 4:5-7) 간절히 기도해야 합니다. 이 말씀은 우리의 모든 기도 제목에 대한 기도 응답의 대표적 말씀이기에 꼭 기억하시고 지켜져야 합니다.

언제까지 기도해야 하는가요?

하나님의 평강이 마음과 생각을 완전히 점령할 때까지입니다(빌 4:7). 그러나 어떤 경우에는 기도하면 할수록 내부적 확신이 약해질 때가 있는데, 이는 그 기도 제목이 하나님의 뜻에 합당하지 않을 때 일어납니다. 이럴 때 성령님이 원하시는 길이 아니기 때문에 설령 그 일이 하나님께 그리고 자기에게 매우 유익하게 보일지라도 반드시 단념해야만 합니다.

여기서 특히 주의할 사항이 하나 있는데, 그것은 우리 인간의 마음은 본능적으로 쉬운 것을 택하길 원하고, 세상 것을 좋아하며, 스스로 자기합리화시켜 자기가 자기 자신을 속이는 경향이 있으며, 사탄은 이 틈새를 잘 이용하기 때문에, 언제나 성경 말씀을 기초로 자기 심령의 소리와 사탄의 유혹 음성과 성령님의 음성을 잘 구별할 줄 아는 훈련을 쌓아야 합니다.

중요하기에 다시 한번 더 반복합니다. 어떤 문제를 갖고, 언제까지 기도해야 하는가 하는 의문에 접하게 될 때, 하나님의 대답은 단 한 가지입니다. 하나님의 평강이 우리의 마음과 생각을 점령할 때까지 기도하고 기도해야 합니다. 작정기도든 금식기도든 결코 중간에 멈추어서는 안 됩니다. 하루, 이틀, 한 달이든 반드시 하나님의 때에 응답이 옵니다. 하루, 이틀 기도하다 말고 제풀에 멈추어선 안 됩니다.

꼭 내가 원했던 것과 다를지라도 응답은 응답이며, 하나님은 전지전능하십니다. 열심히 기도하는 가운데 기도한 그대로 환경 변화가 오기도 하지만, 보통은 확신이 먼저 오고, 다음에 그에 따르는 환경 변화가 옵니다.

⑤ 약속된 말씀을 붙잡고 기도하라

시편에는 150개의 시가 실려 있는데 거의 절반이 다윗이 기록한 것입니다. 다윗의 시들을 보면 네 가지의 공통점을 발견할 수 있습니다.

첫째, 하나님의 약속 말씀들을 기억하며 고백하고 있습니다. 성경에는 하나님의 약속 말씀이 무려 7,000번이나 기록돼 있습니다.

둘째, 과거에 하나님이 도와주셨던 일들을 다시 끄집어내어 하나님께 다시 기억하게 하고 있습니다, 소위 감사 신앙이 그것입니다.

셋째, 구체적으로 기도 제목을 명시하며 기도하고 있습니다. 막연하고도 추상적 기도는 피해야 합니다. 건강이면 건강, 물질이면 물질, 인간관계의 문제에서라면 거기서 필요한 기도 제목들을 조목조목 꺼내어 구체적으로 기도해야 합니다. 막연한 간구에는 막연하게 응답하시기 때문입니다. 회개 기도할 때도 똑같습니다. 두리뭉실하게 넘어가는 회개 기도는 결국 아무런 회개를 안 했다는 것과 똑같습니다. 본 책의 제6장에서 언급되는 것처럼 구체적으로 회개해야 합니다.

넷째, 과거에 도와주셨던 하나님이 미래에도 도와주실 것을 믿는 믿음으로 고백하고 있습니다다(Ebenezel & way maker).

첫째의 하나님 약속 말씀을 붙잡고 기도하고 있는 내용은 다윗의 시에서만 볼 수 있는 것이 아닙니다. 창세기 32장에서는 야곱이 하나님의 약속 말씀을 조목조목 끄집어내서 간구하고 있습니다. 성경 말씀은 만군의 전능하신 하나님과 택하신 그 백성과의 사이에 이루어진 문서화된 약속입니다. 따라서 기도할 때 관련되는 내용의 말씀을 찾아내서 읽으며 기도하게 되면 매우 확신에 찬 기도를 할 수 있습니다. 하나님께는 약속을 지키시라는 강청하는 기도이며, 자신에게는 그 약속을 재음미하며 힘을 얻는 시간이 되기 때문입니다. 따라서 평상시에 부지런히 말씀을 읽어야 합니다. 아는 게 없으면 끄집어낼 것이 없기 때문입니다.

> 그러고서 야곱은 이렇게 기도하였다. "내 할아버지 아브라함의 하나님, 내 아버지 이삭의 하나님 여호와여, 주께서는 전에 나에게 '네 고향 네 친척에게 돌아가거라. 내가 너에게 은혜를 베풀겠다' 하고 말씀하셨습니다. 나는 주께서 나에게 보여 주신 모든 자비와 신실하심을 조금도 감당할 수 없습니다. 내가 지팡이 하나만 가지고 이 요단을 건넜는데 지금은 두 떼를 이루었습니다. 내가 주께 간절히 기도합니다. 나를 내 형 에서의 손에서 구해 주소서. 그가 와서 나와 내 처자들을 칠까 두렵습니다. 주께서는 '내가 너에게 은혜를 베풀어 네 후손을 셀 수 없는 바다의 모래처럼 많게 하겠다'라고 말씀하셨습니다(창 32:9-12).

성경의 모든 인물은 우리와 별다른 사람들이 아닙니다. 야고보서 5장 17절에 "우리와 똑같은 성정을 가졌다"라고 말씀하고 계십니다. 그러기에 다윗이 할 수 있다면 우리도 할 수 있다는 것을 믿어야 합니다.

> 엘리야는 우리와 성정이 같은 사람이로되 저가 비 오지 않기를 간절히 기도한즉 삼 년 육 개월 동안 땅에 비가 아니 오고(약 5:17).

> 다시 기도한즉 하늘이 비를 주고 땅이 열매를 내었느니라(약 18:17).

둘째의 과거에 하나님이 도와주셨던 일들을 다시 끄집어내어 하나님께 다시 기억하게 하고 있는 것은 소위 '감사 신앙'을 이야기하는데 제3장에서 자세히 기술됐습니다.

⑥ 열심히 기도하라(갈급함, 간절함)

흔히 "믿음으로 기도해, 큰 믿음을 갖고 기도해, 믿음이 적어서 응답이 없는 거야" 등을 말하곤 하는 데, 현실적 우리의 문제는 우리가 그러한 믿음을 갖고 싶다고 해서 가져지는 게 아니라는 것입니다. 맞습니다. 믿음은 오직 하나님이 주시는 선물이기에 우리 의지로 키워질 수는 없는 문제입니다.

그럼 어떻게 해야 할까요?

결론은 간단합니다. 하나님의 선물이기에 하나님이 안 주시곤 배길 수 없도록 만들어야만 한다는 것입니다. 그 요령을 하나님은 성경의 여러 곳에서 친절히 보여 주고 계십니다.

소경 바디메오의 간절함, 12년간 혈루병으로 고생한 여인의 간절함, 예수님을 멀리서 따라오며 계속 치료해 주기를 외치는 나병환자들의 간절함, 두로 지방에서 귀신 들린 딸을 가진 이방 여인의 간절함, 회당장 아이로의 딸을 위한 아비의 간절함, 중풍병자 친구를 위하여 지붕까지 뚫은 친구들의 간절함, 불의한 재판관과 과부의 비유에서 억울함을 호소하는 과부의 간절함 등에서 보듯 예수님이 행하신 많은 기적과 치유 그리고 비유 등을 살펴볼 때 우리는 중요한 핵심 단어 하나를 찾아낼 수가 있습니다. 그것은 하나님의 은혜에 대한 갈급함, 간절함과 끈질김이 바로 그것입니다.

> 하나님의 은혜로 여러분은 그리스도를 믿어 구원을 받았습니다. 그것은 여러분의 힘으로 된 것이 아니라 하나님의 선물입니다(엡 2:8).

더 자세한 내용이 제3장 〈간절함의 삶〉에 수록돼 있습니다.

⑦ 곧장 앞으로 계속 걸어 나가라(keep going)

믿음의 길이란 전능하신 하나님을 믿는 믿음을 갖고 어떤 장애물에도 굴복하지 않고 계속 전진해 나가는 것입니다. 홍해의 기적에서 보듯 믿음의 길의 한 면은 얼핏 보면 위태위태하게 보이는 길일 수도 있습니다. 길고 넓게 뚫린 바닷길을 당장 급히 걸어가고 있는 현실에서, 뒤에서는 애굽 군이 언제 쳐들어올지 모르고, 또 옆으로는 둘로 갈라진 바닷물이 언제 넘쳐 덮일지 위태위태하기만 한데다, 막상 다 건너가도 앞에는 뭐가 또 기다리고 있는지 전혀 모르는 현실을 바라보면 믿음으로 걸어가는 우리의 삶이 더 위태위태하게 보인다는 것입니다.

그래서 많은 사람이 현재의 자기의 삶이 비전도 없는 그저 그런 삶이라는 것을 알면서도 단지 더 이상의 위험부담이 없다는 사실 자체만으로 안도하며 진취적 정신으로 모험심을 갖고 건너가기보다는 현실에 안주하려는 습성을 갖고 있습니다.

그러나 성경의 전체적 맥락을 볼 때 하나님은 끊임없이 그 자녀들에게 적극적, 긍정적, 도전적, 창조적, 능동적으로 계속 걸어가길 원하시며 그리고 우리가 그렇게 살아갈 때 하나님은 그 모든 것을 예비해 주신다고 했습니다. 다시 말해서, 믿음의 길은 전혀 알지 못하는 미지의 길을 걸어가는 것이지만, 멈추지 않고, 하나님만 믿고 계속 걸어갈 때 하나님은 그 모든 것을 예비해 주신다는 것입니다.

(4) 한 걸음씩 인도하시는 하나님

우리는 보통 어떤 어려운 문제가 앞을 가로막고 있으면 그 문제가 다 해결돼야 움직이던가, 아니면 준비가 다 돼 있던가, 또는 앞이 확실히 다 보여서 위험이 없어야 움직이려 하지 그 모든 게 여의치 않으면 마냥 그 자리에 머무르려는 습성이 있는데, 이러한 모습은 하나님이 그 자녀들에게 원하시는 방법이 아닙니다.

> 주의 말씀은 내 발에 등이요 내 길에 빛이니이다(시 119:105).

하나님의 인도 방법은 캄캄한 밤중에 등잔불을 들고 가는 것과 같습니다. 등잔불은 멀리 비추질 않습니다. 오직 한 발자국 앞만 비춥니다. 그러나 계속 움직이면 계속 비추며 인도해 줍니다. 그렇습니다. 아무리 우리 앞이 캄캄하게 보일지라도 우리가 믿음으로 한 단계 밟고 나가면 하나님은 그 다음 단계를 반드시 보여주신다는 것을 기억해야만 합니다.

(5) 안식 후 첫날, 무덤으로 가는 세 여인

> 안식일이 지나매 막달라 마리아와 야고보의 어머니 마리아와 또 살로메가 가서 예수께 바르기 위하여 향품을 사다 두었다가 안식 후 첫날 매우 일찍이 해 돋은 때에 그 무덤으로 가며 서로 말하되 누가 우리를 위하여 무덤 문에서 돌을 굴려 주리요 하더니 눈을 들어본즉 돌이 벌써 굴려졌으니 그 돌이 심히 크더라(막 16:1-4).

여기서 보면 지금 세 여인이 죽은 지 사흘이 된 예수님의 시신에 향을 발라주기 위해 무덤으로 가고 있습니다. 일반적으로 아무리 사랑했던 사람이라도 죽은 지 사흘 후의 시체를 꺼내어 그 온몸에 향을 바를 수 있는 사람은 거의 없을 것입니다. 그러나 이 여인들은 이제 그걸 하려고 가고 있습니다. 얼마나 예수님을 사랑했으면 그럴 수 있을는지. 우리는 이러한 사랑을 '믿음'이라고 불러도 되겠습니다. 그런데 이들에게 큰 문제가 하나 놓여있어 계속 걸어가면서도 이를 걱정하고 있습니다. 그것은 3, 4절에 기록된 대로 "심히 큰 돌을 누가 움직여 줄까" 하고 말입니다.

보통의 경우 우리는 이러한 자기 능력 범위를 초월하는 문제에 직면하게 되면 자기의 온갖 지식과 경험에 의지해서 "크레인을 불러라", "힘센 일꾼 몇 사람 불러라"하고 준비가 다 된 뒤 무덤으로 가려 할 것입니다.

때에 따라서 준비가 안 돼 있으면 될 때까지 마냥 기다리려는 사람도 있을 것이고, 어떤 사람은 지레 포기해서 돌아갈 사람도 있을 것입니다.

그러나 이 세 여인은 계속 그 문제에 대해 걱정하면서도 예수그리스도에 대한 사랑을 갖고, 다른 의미로 해석해서 믿음을 갖고서는 멈추지 않고 계속 그 문제 앞으로 다가갔는데 그 결과 어떤 현상이 나타났는가요?

눈을 들어본즉 돌이 벌써 굴려졌으니 그 돌이 심히 크더라(막 16:4).

무덤에 이르고 보니 문은 이미 열려 있었습니다. 바로 여기서 하나님이 우리에게 제시하시는 믿음의 길이 어떤 모습인지를 우리는 깨달아야 합니다.

(6) 응답받는 기도의 공통점

우리의 아버지가 되시는 하나님은 사랑의 하나님이시오, 긍휼의 전능하신 하나님이십니다. 그래서 우리의 간구에 다 응답하시려 합니다. 응답받는 기도의 비결이란 게 그리 복잡하고 어려운 게 아닙니다. 몇 가지만 명심하면 됩니다. 응답받는 기도의 필수 조건은 예수님을 구세주로 영접하여 성령님이 내재하는 자 소위 구원받은 자여야 하며, 그 충분조건은 간절한 갈급함과 끈질김(인내) 또는 강청함입니다. 그리고 이 간절함과 끈기 있는 기도 위에 결정적 요소가 하나 더 필요합니다.

간절한 마음으로 아무리 끈기 있게 기도할지라도 하나님과 나와의 소통의 통로가 막히어서 하나님께 기도가 상달되지 못한다면, 그 모든 수고가 헛된 일일 뿐이기 때문에 죄의 담벼락을 무너뜨려 소통의 대로를 뚫는 진실한 회개의 시간이 꼭 필요합니다. 이러한 요구사항을 충족시키고 계시는 석격자라며 하나님은 하나님의 방법으로 반드시 응답하십니다.

'Yes'만이 응답이 아닙니다. 'No'도 분명히 응답입니다. 이 경우 자기 생각보다 더 좋은 길이 마련되었음을 믿으십시오. 절대로 기도를 어렵게 생각 마십시오. 어떤 형식도 내용도 절차도 필요 없습니다. 오직 간절함과 강청함, 그리고 끈질김, 그 위에 간절한 회개 기도만 갖고 계시면 됩니다.

하나님을 더 알고 싶고, 은혜를 꼭 받고 싶은어 하는 간절한 마음으로 끈질기게 엎드리십시오. 반드시 응답이 옵니다. 간절함과 끈기로 부르짖고 있는데도 응답이 없다면 무엇보다도 자신을 돌아봐야 합니다. 분명히 하나님과의 사이에 죄의 담벼락이 가로막혀 있습니다. 최우선 순위로 성령님께 알게 모르게 지은 죄를 깨닫게 해 달라고 간절히 기도해야 합니다.

① 소경 바디메오 이야기

> 저희가 여리고에 이르렀더니 예수께서 제자들과 허다한 무리와 함께 여리고에서 나가실 때에 디매오의 아들인 소경 거지 바디매오가 길가에 앉았다가 나사렛 예수시란 말을 듣고 소리 질러 가로되 다윗의 자손 예수여 나를 불쌍히 여기소서 하거늘 많은 사람이 꾸짖어 잠잠하라 하되 그가 더욱 심히 소리 질러 가로되 다윗의 자손이여 나를 불쌍히 여기소서 하는지라. 예수께서 머물러 서서 저를 부르라 하시니 저희가 그 소경을 부르며 이르되 안심하고 일어나라 너를 부르신다 하매 소경이 겉옷을 내어버리고 뛰어 일어나 예수께 나아오거늘 예수께서 일러 가라사대 네게 무엇을 하여주기를 원하느냐 소경이 가로되 선생님이여 보기를 원하나이다. 예수께서 이르시되 가라 네 믿음이 너를 구원하였느니라 하시니 저가 곧 보게 되어 예수를 길에서 좇으니라 (막 10:46-52).

만약에 여기서 바디메오가 부르짖지 않았다면 예수님은 그냥 지나치셨을 것입니다. 그가 우리가 흔히 공부하는 믿음, 구원, 부활, 영생, 죄의 대속 등 믿음에 관한 성경 공부가 돼 있는 것 같지도 않고, 그가 아는 것은 오직 하나 예수 그리스도의 메시아 인정("다윗의 자손 예수여"의 부르짖음 속에는 은연중 메시아를 인정하고 있다)과 그로 인한 기적 행함을 믿은 것뿐인데도, 이 위에 그의 절박함과 끈질김이 더해졌을 때 기적이 나타나게 되었습니다. 소경 바디메오 이야기의 핵심은 갈급함과 끈기입니다. 이는 우리가 평시만이 아니라 위급상황에서의 기도에서 빠트려서는 안 될 가장 중요한 요소입니다.

② 혈루병 걸린 여인

> 이에 그와 함께 가실새쌔 큰 무리가 따라가며 에워싸 밀더라. 열두 해를 혈루증으로 앓는 한 여자가 있어 많은 의원에게 많은 괴로움을 받았고 있던 것도 다 허비하였으되 아무 효험이 없고 도리어 더 중하여졌던 차에 예수의 소문을 듣고 무리 가운데 섞여 뒤로 와서 그의 옷에 손을 대니 이는 내가 그의 옷에만 손을 대어도 구원을 얻으리라 함일러라. 이에 그의 혈루 근원이 곧 마르매 병이 나은 줄을 몸에 깨달으니라. 예수께서 그 능력이 자기에게서 나간 줄을 곧 스스로 아시고 무리 가운데서 돌이켜 말씀하시되 누가 내 옷에 손을 대었느냐 하시니 제자들이 여짜오되 무리가 에워싸 미는 것을 보시며 누가 내게 손을 대었느냐 물으시나이까 하되 예수께서 이 일 행한 여자를 보려고 둘러보시니 여자가 제게 이루어진 일을 알고 두려워하여 떨며 와서 그 앞에 엎드려 모든 사실을 여짜온대 예수께서 가라사대 딸아 네 믿음이 너를 구원하였으니 평안히 가라 네 병에서 놓여 건강할지어다 (막 5:24-34).

본 문에서 보면 예수님 주변에는 수많은 사람이 있었습니다. 정상적 사람들도 많았겠지만, 소문을 듣고, 기적과 이사를 보고 또 병 고침을 받기 위해 몰려든 병자들도 꽤 많았을 것입니다. "모여든 큰 무리"(마 5:21) 중에는 서로 밀치면서 예수님과 이리저리 부딪치고, 또 예수님의 옷을 스치고 지나간 사람도 무수히 많았을 터인데도 오직 한 사람만 치료받았습니다.

> 예수의 소문을 듣고 무리 가운데 섞여 뒤로 와서 그의 옷에 손을 대니, 이는 내가 그의 옷에만 손을 대어도 구원을 얻으리라 함일러라(막 5:27-28).

다른 많은 사람도 병 고침을 원했을 것입니다. 그런데 그녀만 은혜를 입었습니다. 그것은 병 고침을 위한 갈급함과 간절함이 그 누구보다도 더 컸기 때문입니다. 다른 사람들은 '설마 그런 기적이 일어 날려고, 고쳐 주면 좋고 안 고쳐줘도 손해 볼 것도 없으니 가보기나 하자'라는 마음으로 왔겠지만, 그녀만은 달랐습니다. 38년 동안의 고통은 상상 불허였을 것입니다. 그런데 마침 치료할 기회가 오자 '안 고쳐 주면 어떻게 하나'하는 의심은 전혀 없이 '오직 고쳐야만 한다'라는 각오로 가로막고 있는 수많은 사람을 헤치며 죽기 아니면 살기의 각오로 매달렸고 고침을 받았습니다.

하나님이 우리에게 원하시는 마음가짐을 잘 알아야 합니다. 주시면 좋고 안 주셔도 뭐 할 수 없지가 아닙니다. 죽기 아니면 살기로 매달리라는 것입니다. 현실적으로도 그렇습니다. 심성이 너무 착하고 연약해서 누구에게 무슨 부탁 하나 변변히 말할 줄 모르는 사람보다 조금은 기가 센(?) 사람들이 더 은혜롭게 신앙생활 하는 경우가 많습니다. 여기서 우리는 본서에서 자주 언급되는 '강청함'(아나이데이안)에 주목하셔야 합니다.

(7) 안 들어주시는 기도, 못 들으시는 기도

일반적으로 어린아이의 경우에는 부모가 먹여 주는 것을 비롯하여 모든 것을 챙겨 줍니다. 신앙생활에서도 똑같습니다. 신앙생활 초기에는 간절한 노력이 부족한데도 응답이 많습니다. 그러나 은혜 속에서 신앙이 성장해 나가면서 알곡을 먹게 되는 나이에 들어서게 되면서부터는 자신만이 아니라 이웃을 위해서, 세상을 위해서 '빛과 소금'으로 살아가야 하는데도 불구하고 여전히 신앙적으로 볼 때 미성숙한 어린아이처럼 우유만 먹으려고 하는 데서 갈수록 기도 응답이 적어지는 것입니다.

또한, 초기의 전적으로 매달리던 신앙적 열심도 어느덧 사라져 뜨겁지도 차지도 않은 신앙생활을 하게 되는 것도 요인입니다. 신앙 초기의 필요한 것들이 충족된 뒤에도 계속되는 자기만을 위한 열심은 오히려 자기의 정욕을 만족시키는 이기적, 기복적 기도로 응답이 없습니다.

기도를 몇 가지로 나누어 볼 수 있습니다. 하나님께서 들으시는 기도, 안 들어주시는 기도, 못 들으시는 기도입니다.

① 안 들어주시는 기도(정욕에 쓰려는 기도)

구하여도 받지 못함은 정욕으로 쓰려고 잘못 구함이니라 (약 4:3).

이 말씀같이 이기적, 정욕에 쓰려는 기도는 하나님께서 들으셨지만, 허락을 안 하시는 경우입니다. 오래 전의 이야기입니다. 여섯 사람 정도 모인 어떤 미팅에서 있었던 일입니다. 제가 리더로 섬기고 있었습니다. 돌아가면서 서로의 기도 제목들을 꺼내기 시작했습니다.

그때 모 집사님이 기도 제목을 꺼냈습니다. 이러한 이야기를 주고 받았습니다.

"제 사랑하는 남편이 허구한 날 고물차만 타고 다니는 게 너무 마음이 아파서 남편에게 벤츠를 선물하고 싶은 맘이 간절해서 이를 위해 기도하고 있는데 괜찮을까요?"

"아니 두 분이 직장생활을 하면서 충분히 수입이 있을 텐데 그냥 사시면 되잖아요."

"세 아이의대학교 학비, 집세, 이것저것 다 나가고 나면 남는 게 없어요. 그래서 하나님께 매달려 보려고요. 괜찮겠죠?"

"괜찮고, 아니고는 하나님이 판단하실 문제이기에 이렇게 해보세요. 하나님께 기도하되 왜 벤츠가 필요한지를 정확히 말씀드리며 간절히 기도드려 보세요. 하나님이 'OK' 하시면 벤츠보다 더한 것도 주시겠죠."

그리고선 한동안 잊어버리고 있었습니다. 6개월쯤 지난 어느 날 친교 시간에 마주 앉아 이야기할 기회가 있었습니다.

"아직도 그 기도 하세요?"

"아녜요. 두어 달 기도하다 말았어요. 기도할수록 마음에 자꾸 막히는 기분이 들어서요. 어쩜 내가 과시욕으로 구했던 것 같아요. 그 기도 제목 버리니 훨씬 맘이 편해졌어요."

어떤 기도 제목이든 하나님께 내어 보는 게 중요한 것 같습니다. 성령님이 원치 않으시면 스스로 버리든가 아니면 잊어버리게 하십니다. 자기가 먼저 판단하여 아예 기도조차 안 한다는 것은 더욱 나쁜 일입니다.

② 처음부터 못 들으시는 기도

어떤 경우에는 하나님이 처음부터 못 들으시는 기도가 있습니다.

> 여호와의 손이 짧아 구원치 못하심도 아니요 귀가 둔하여 듣지 못하심도 아니라. 오직 너희 죄악이 너희와 너희 하나님 사이를 내었고 너희 죄가 그 얼굴을 가리워서 너희를 듣지 않으시게 함이니 (사 59:1-2).

> 그러므로 예물을 제단에 드리다가 거기서 네 형제에게 원망 들을 만한 일이 있는 줄 생각나거든 예물을 제단 앞에 두고 먼저 가서 형제와 화목하고 그 후에 와서 예물을 드리라 (마 5:23-24).

> 너희가 사람의 과실을 용서하면 너희 천부께서도 너희 과실을 용서하시려니와 너희가 사람의 과실을 용서하지 아니하면 너희 아버지께서도 너희 과실을 용서하지 아니하시리라 (마 6:14-15).

이러면 아예 하나님이 처음부터 듣지 못하십니다. 따라서 개인기도든, 중보기도든, 회중기도든 간에 기도 또는 예배에서의 최우선 순위는 자신이 알게 모르게 지은 죄에 대해 돌아보는 회개와 참회의 시간을 꼭 가지셔서 하나님과의 사이에 가로막혀 있는 담벼락을 허물어야만 합니다.

> 너는 내게 부르짖으라 내가 네게 응답하겠고 네가 알지 못하는 크고 비밀한 일을 네게 보이리라(렘 33:3).

(8) 기도의 방해물들

오늘날 너무도 많은 그리스도인이 기도하지 않습니다. 홀로 살아가는 게 힘들다고 하면서도 너무 바빠서, 믿음이 너무 약해서, 기도할 줄을 몰라서, 기복 신앙인 것 같아서, 난 죄가 많아서 기도하려니 양심에 가책받아서 등 이런저런 변명을 내세우며 하나님 앞에 엎드리지를 않습니다.

바쁘다고 하면서도 먹을 것 다 먹고, 잘 것 다 자고, 놀러 갈 데는 다 갑니다. 아직은 하나님 도우심 없이도 살 만하다는 생각에 잡혀 있어서 그런 것입니다. 성경에서는 그러한 자를 "교만한 자"라고 하며 하나님이 아주 싫어하시는 자입니다. 이는 결단의 문제입니다. 이제는 결단을 내려야 할 때입니다. 세상은 마지막 심판의 때를 향해 달려가고 있습니다. 더 늦기 전에 '하나님 없이는 살 수 없다'라고 고백하며 기도해야 합니다.

> 그들이 헤엄치듯이 손을 뻗쳐 헤어 나오려고 하지만, 하나님은 그들을 누르시고 그들의 교만한 콧대를 꺾으실 것이며(사 28:11).

"믿음이 너무 약해서"라는 이유도 변명에 불과합니다. 성경에는 어느 정도의 믿음이 돼야 응답하시겠다는 기록이 없습니다. 구원의 확신을 갖는 자가 부르짖으면 응답하시겠다고 분명히 기록돼 있습니다. 아직 구원의 확신이 없다면 이 문제가 제일의 기도 제목이 되어 간절히 기도해야만 합니다.

> 너는 내게 **부르짖으라 내가** 네게 응답하겠고 네가 알지 못하는 크고 비밀한 일을 네게 보이리라(렘 33:3〈KRV〉).

흔히 "기도할 줄을 몰라서"라고 합니다. 어쩌면 기도에 관한 책들이 너무 많이 나와서 그런 것 같습니다. 하나님 앞에 기도할 때 별다른 격식을 차릴 필요가 없습니다. 우리가 기도할 때 아빠 혹은 아버지의 관계를 연상하면 됩니다. 다 큰 성인이 되어 "아버님"하고 부를 나이가 됐을 때는 어느 정도의 격식이 필요할 것입니다. 그러나 '아빠'라고 부르는 어린 시절에는 별다른 격식이 필요 없습니다.

시집간 딸이 친정집에 찾아와 친정어머니와 밤새워 도란도란하는 것을 연상하면 됩니다.

친 모녀간에 무슨 격식이 필요하겠으며 못할 말이 무엇이 있겠습니까?

천편일률적 기도에 관한 책이 너무 많습니다. 그러한 책들을 아무리 많이 읽어도 기도에 대한 지식은 늘어날지언정 기도의 사람이 되는 것은 아닙니다. 책 100권을 읽기보다는 1시간이라도 직접 엎드리는 것이 더 낫습니다. 성령님이 기도하는 법을 다 가르쳐 주시기 때문입니다. 어쩌면 날이 새도록 기도하는 맛을 주실 수도 있을 것입니다.

> 너희가 아들인고로 하나님이 그 아들의 영을 우리 마음 가운데 보내사 아바 아버지라 부르게 하셨느니라(갈 4:6).

"기복 신앙인 것 같아서" 하며 기도를 안 하기도 합니다. 이 경우에는 기도를 피하는 것은 아니지만 잘못된 성경 지식으로 기도를 쉬는 죄를 범하는 것이 됩니다.

> 나는 너희를 위하여 기도하기를 쉬는 죄를 여호와 앞에 결단코 범치 아니하고 선하고 의로운 도로 너희를 가르칠 것인즉(삼상 12:23).

성령이 내주하는 자에게는 정욕이나 이기적 목적으로 쓰려는 기도는 나오질 않습니다. 성령이 그런 기도 제목을 제거하기 때문입니다. 어떤 기도 제목이 기복인지 아닌지를 종국적으로 판단하실 분은 하나님이십니다. 그런데도 미리 판단함은 하나님 심판의 자리에 내가 올라가 있다는 의미입니다. 알게 모르게 하나님의 자리에 올라간 교만죄를 범하는 것입니다. 미리 판단치 마시고, 양심에 거리낌이 없는 정도라면 무조건 하나님 앞에 엎드리십시오. 성령님이 판단하셔서 버릴 것은 버리게 해 주십니다.

(9) 양심을 가장한 악한 영의 유혹

하나님은 우리가 항상 쉬지 않고 기도하는 것을 원하시지만 사탄은 우리의 기도를 막으려고 여러 가지 수단으로 방해합니다. 공포영화에서 보듯 무서운 분장을 하고 찾아오면 방어하기가 더 좋을 텐데 선한 양의 틀을 쓰고, 영적으로 다가오는 데는 속수무책으로 당할 때가 많습니다. 그중에서 가장 무서운 것은 우리의 양심을 가장하여 실족시키는 것입니다.

신자라면 누구나 응답받기를 원할 것입니다. 이를 위해서 제3장에서 항목별로 설명되고 있습니다. 하나님을 향한 기대가 없는 데서는 응답도 없다는 내용이 〈소망의 삶〉에서 기술되고 있고, 예수님은 믿지 않는 곳에서는 이적을 베풀지 않으셨는데 이러한 내용이 〈믿음의 삶〉에서 기술되고 있으며, 또 하나님과의 대화 통화를 유지하기 위한 죄의 문제가 〈회개의 삶〉에서 기록되는 등 제3장에서 거의 모든 기도의 방해 요소들이 기록됐습니다. 여기서는 양심을 가장한 악한 영의 유혹에 대해 살펴보겠습니다.

[어떤 간증]

오래전 샌프란시스코에서 있었던 이야기입니다. 교회에서 안내 봉사를 하고 있었습니다. 어느 주일날 40대 초반의 남자분이 예배에 참석하셨습니다. 예배 후 새신자 테이블에 안내해서 같이 식사를 나누며 많은 이야기를 나누었습니다. 그분은 시애틀에서 로스엔젤레스로 가는 길에 샌프란시스코에서 일박하고 주일 예배 참석 후 떠난다는 것이었습니다. 이야기 도중에 그분의 얼굴이 너무 어둡게 보여서 그 이유를 물었습니다. 매우 큰 영적 갈등 속에 처해 있었는데 그때는 나도 하나님을 처음 영접한 상태라 하나님을 아는 지식이 너무 적어 별다른 영적 조언을 못 드렸습니다. 그분은 건설 관계 노동일을 하시는 분이었는데 성격이 매우 열정적이면서도 거친 면이 많이 보였습니다. 성격 문제 혹은 가정 문제가 많았습니다. 여러 가지 갈등 속에 견디다 못해 근처 기도원에 들어가서 기도하는 가운데 하나님을 만나는 놀라운 체험을 했습니다.

그래서 얼마 동안은 변화된 그대로 잘 지냈지만, 슬슬 옛 근성이 나타나면서 허구한 날 부부싸움을 했답니다. 문제는 전에는 잘 느끼질 못했는데 하나님 만난 뒤로는 부부싸움 후유증이 너무도 크게 다가오더라는 것입니다. '분명 나는 하나님을 만났는데 왜 이처럼 사소한 일조차 참지 못하는가' 하는 너무도 큰 자괴감에 끊었던 술을 다시 마시기 시작했고, 그러면서 나는 하나님을 찾을 자격이 없는 녀석이요 하며 자포자기한 심정으로 목숨을 포기까지 하려고 했습니다.

그나마 걸리는 게 있어서 실행에 옮기지는 않았는데 그것은 어렸을 때부터 어머니를 따라 교회 다니면서 어머니가 해 준 기도 소리와 자기는 하나님을 만날 자격이 없다면서 하나님을 떠나려 했지만 뭔가 알 수 없는 끈이 자기를 꼭 붙잡아 매고는 놓아 주지를 않는다는 것이었습니다. 그래서 도저히 견딜 수 없어 로스엔젤레스에 사는 큰 형님을 찾아가서 새롭게 인생을 시작해 보려고 이렇게 길을 나섰다는 것이었습니다.

그러면서 그분이 내게 물었습니다.

"난 놀라운 체험을 했기에 분명 하나님이 살아 계신 걸 믿습니다.
그런데 난 왜 이처럼 옛날하고 똑같습니까?
양심상 너무 부끄러워서 하나님 하고 부를 수가 없습니다. 하나님이 나를 아직도 기억하고 계실지 의문입니다."

너무도 아쉽게도 그때는 너무 아는 게 없어 별다른 조언도 못 드렸던 기억이 아직도 선명합니다.

[나의 경험]

저도 똑같은 경험을 한 적이 있었습니다. 처음에는 하나님을 만나기만 하면 곧, 성령 체험해서 중생하게 되면, 내적으로는 도덕군자들처럼 성품이 확 바뀌어 거룩해지고, 외적으로도 기도 제목들이 다 이루어져 모든 어려운 일들이 싹 사라져 버리는 줄로만 알았습니다.

물론, 하나님이 나를 찾아오신 그 날 이후 처음 몇 달 동안은 글자 그대로 환상 속에서 사는 것만 같았습니다. 천상에서 사는 것 같은 생활도 어느 정도 시간이 지나가면서 전혀 미동조차 없이 차갑기만 한 현실이 피부로 느껴지기 시작했습니다. 병자들을 위해 온 힘으로 기도해 드렸지만, 병이 치료되는 것 같지는 않았고, 채워 지질 것이라고 믿었던 쌀독은 이미 바닥이 나서 하루하루 라면으로 연명해 나가게 됐는데, 그 라면 박스의 바닥도 조금씩 보이기 시작했고, 교회에서는 교회대로 내가 은혜받았다고 해서 왜 그렇게 시기하고 질투하며 시험에 들게 하는 사람들이 많은지….

무엇보다 힘들었던 것은 다 사라진 것 같았던 나의 좋지 않은 다혈질의 급한 성질과 옛사람의 성격들이 서서히 다시 살아나는 것을 보면서도 그걸 통제하고 싶은 마음도 의욕도 없어졌다는 것이었습니다.

그 당시에는 내일의 삶은 전혀 기대할 수 없고, 당장 오늘 하루를 어떻게 보낼 수 있나 하는 풍전등화 같은 생활이었기에, 우리 가족 모두 굶어 죽지 않고 살게 해 달라는 원초적 기도만 했습니다. 십자가 보혈이니, 구원의 감격이니, 영생이니 하는 말들은 먼 다른 나라 이야기같이만 들렸고, 삶에 대한 짜증은 짜증대로 한 아름 가득 지닌 채, 죽을 수도 살 수도 없이 비참하고 죽고 싶은 마음밖에 없었지만, "그래도 내가 살 수 있는 길은 하나님의 도움밖에 없어" 하며 이미 뻣뻣하게 굳어 버린 무릎을 억지로 쳐서 하나님 앞에 엎드리면, 기다렸다는 듯이 사탄이 굶주려 우는 사자처럼 나에게 달려들곤 했습니다.

양심을 가장한 악한 영의 유혹
야, 너 정말 하나님 만났어?
그런데 너 성질내는 것 보니 정말 하나도 안 변했네.
그런 꼴로 기도하면 하나님이 네 기도 들어 줄 것 같아?
야, 야, 사람이 된 다음에 기도해. 너 지금 사는 게 뭐야?

> 그처럼 기도해 왔지만, 생활은 더 어렵잖아. 자, 자, 포기해. 기도해 봤자야. 이젠 너 혼자 힘으로 살아봐....
> 이런 식으로 내 양심을 자극하면서 기도를 방해하는 것이었습니다.
> 그런데도 "이 줄을 놓치면 난 완전히 죽어" 하며 온 힘으로 기도하려고 안간힘을 쓰다가는 포기한 적도 여러 번 있었습니다.
> 감사한 것은 그런 환경 속에서도 말씀을 읽어 나가는 걸 게을리한 적은 없었는데, 어느 날 로마서 7장(옛사람과 속사람)을 읽어가는 과정에서 얼마나 큰 은혜와 용기를 얻었는지 모릅니다. 그 위대한 사도 바울도 평생 옛사람과 싸워왔는데 나같이 미약한 존재에겐 오죽하겠는가 라는 위로와 도전의 메시지였고, 그 말씀들이 나를 다시 살아나게 도와주었습니다. 그 후론 사탄이 기도를 방해하기 위해 시비를 걸 때마다 나는 이렇게 외쳤습니다.
> "그래, 난 부끄럽게도 아무것도 변한 게 없는 것 같아. 그런데도 예수님은 나를 위해 십자가에 매달리셨고 난 구원받았어. 난 이처럼 엉터리이지만 그래도 하나님은 날 사랑하는 것을 알아. 이젠 너에게 속지 않아. 만군의 하나님, 전능하신 여호와 하나님, 나를 위해 십자가에 달리신 예수의 이름으로 명한다. 사탄아 내게서 물러가라."(Chong Ho Kim, *My Lord, Ebenezel & Way Maker*)

사탄은 우리가 엎드리는 것을 제일 싫어합니다. 이를 위해 온갖 방법으로 훼방을 놓는데, 그중 가장무서운 것은 '우리의 양심'을 이용하여 우리를 낙심케 하여 기도를 포기하게 하는 것입니다. 제2장 〈중생〉에 관한 내용에서 이러한 관계가 자세히 기술되고 있으니 복습해야 합니다

> 너는 분향할 단을 만들지니 곧 조각목으로 만들되 장이 일 규빗, 광이 일 규빗으로 네모반듯하게 하고 고는 이 규빗으로 하며 그 뿔을 그것과 연하게 하고 단 상면과 전후좌우 면과 뿔을 정금으로 싸고 주위에 금테를 두를지며 금테 아래 양편에 금고리 둘을 만들되 곧 그 양편에 만들지니 이는 단을 메는 채를 꿸 곳이며 그 채를 조각목으로 만들고 금으로 싸고 그 단을 증거궤 위 속죄소 맞은편 곧 증거궤 앞에 있는 장 밖에 두라 그 속죄소는 내가 너와 만날 곳이며 아론이 아침마다 그 위에 향기

로운 향을 사르되 등불을 정리할 때 사를지며 또 저녁때 등불을 켤 때 사를지니 이 향은 너희가 대대로 여호와 앞에 끊지 못할지며 너희는 그 위에 다른 향을 사르지 말며 번제나 소제를 드리지 말며 전제의 술을 붓지 말며 아론이 일 년 일차씩 이 향단 뿔을 위하여 속죄하되 속죄제의 피로 일년 일차씩 대대로 속죄할지니라 이 단은 여호와께 지극히 거룩하니라(출 30:1-10).

여호와께서 모세에게 이르시되 너는 소합향과 나감향과 풍자향의 향품을 취하고 그 향품을 유향에 섞되 각기 동일한 중수로 하고 그것으로 향을 만들되 향 만드는 법대로 만들고 그것에 소금을 쳐서 성결하게 하고 그 향 얼마를 곱게 찧어 내가 너와 만날 회막 안 증거궤 앞에 두라 이 향은 너희에게 지극히 거룩하니라 네가 만들 향은 여호와를 위하여 거룩한 것이니 그 방법대로 너희를 위하여 만들지 말라 무릇 맡으려고 이같은 것을 만드는 자는 그 백성 중에서 끊쳐지리라(출 30:34-38).

4. 성경적 기도

삶의 현장에서 기도와 관련해서 나타나는 것 중의 하나가 기도하는 일꾼의 좋은 열매가 없을 때 공동체에 적잖은 절망과 실망감을 준다는 것입니다. 기도를 많이 하는 사람 중에 어떤 사람은 신앙적으로 독선적이며 교만한 사람이 되기도 하고, 또 어떤 사람은 신비주의자가 되기도 하며, 또 어떤 이들은 은사주의자가 돼서 교회를 시끄럽게도 합니다.

기도를 많이 한다고 해서 꼭 좋은 것만이 나타나는 것은 아닙니다. 기도하되 하나님이 기뻐하시는 성경적 기도를 해야만 좋은 기도의 열매가 맺히게 되어 결국은 자기 자신에게는 물론, 이웃들에게도 좋은 본이 될 것입니다. 기도에 관한 책이 많이 나와 있고 또 그 내용도 다양하지만, 가장 기본이 되는 것은 그것에 대해서 하나님은 어떻게 가르치고 있는지입니다.

출애굽기에서 귀한 은혜의 정보들을 주시고 계십니다. 출애굽기 1장에서부터 18장까지는 약속된 하나님 백성들의 애굽으로부터의 구원과 인도와 보호에 관한 말씀이고, 19장부터 마지막 장까지는 성별된 하나님의 백성이 어떻게 하나님과 동행하며 살아가야 하는지에 대한 말씀인데, 25장 이후에 나타나는 성막과 성소 그리고 성소 안 성물들의 제작에 대한 규례 속에서 하나님이 원하시는 기도의 모습이 어떤 것인지 알 수가 있습니다.

5. 성소의 기물들

성소에는 등잔대, 진설병 상, 분향단이 있었습니다. 등잔대는 남쪽에, 진설병 상은 북쪽에 서로 마주하게 두었고, 제사장이 하나님께 분향을 드리는 분향단은 성소 안의 휘장 바로 앞 중앙에 위치하게 했습니다.

> 제사장은 또 그 피를 여호와 앞 곧 회막 안 향단 뿔에 바르고 그 송아지의 피 전부를 회막문 앞 번제단 밑에 쏟을 것이며(레 4:7. 참고: 출 30:6; 40:5, 26).

> 솔로몬이 여호와를 위하여 쌓은 단 위에 해마다 세 번씩 번제와 감사제를 드리고 또 여호와 앞에 있는 단에 분향하니라(왕상 9:25).

이 말씀들에서 "여호와 앞에 있다"라고 기록하고 있습니다.
"분향할 제단"은 성막 뜰에 있는 번제단보다 크기는 작지만, 정사각에다 뿔이 있는 모양이 서로 닮았습니다. 그러나 그 기능은 각기 다릅니다. 번제단은 하나님과 화목하기 위해 여러 제물을 드리는 곳이고, 성소 안에 있는 분향단은 하나님과 화목하게 된 사람이 자신의 마음을 하나님께 올려드리는 곳입니다. 이런 의미에서 기도는 오직 구원받은 자들, 곧 택함 받은 자들만이 드릴 수 있다는 것이며, 또한, 여기에서 분향은 영적으로 승화된 번제이자, 번제의 완성이라고도 할 수 있습니다.

1) 분향단

"내가(하나님이) 너와 만날 곳"인 지성소 휘장 바로 앞, 즉 성소의 가장 깊숙한 곳에 두길 계시하고 있는데(시 141:2; 계 5:8; 계 8:3-4), 이는 하나님은 기도를 지극히 거룩하게 여기실 뿐만 아니라 한 마디도 놓치지 않으려고 언제나 우리에게 귀를 바짝 대고 계시는 것을 의미하고 있습니다.

그리고 제사장은 하루에 두 번 등잔대 등불을 관리할 때 분향단에서 향을 살라야 하는데, 매일 아침저녁으로 분향하라 하신 것은 택한 자녀들의 기도를 항상 들으시려는 마음이며, 또한, 우리가 자주 기도드리기를 원하시는 것입니다.

2) 분향단에서 사르는 향: 기도

분향단에서 사르는 향은 바로 성도의 기도를 상징합니다

> 책을 취하시매 네 생물과 이십사 장로들이 어린 양 앞에 엎드려 각각 거문고와 향이 가득한 금 대접을 가졌으니 이 향은 성도의 기도들이라 (계 5:8).

> 또 다른 천사가 와서 제단 곁에 서서 금향로를 가지고 많은 향을 받았으니 이는 모든 성도의 기도들과 합하여 보좌 앞 금단에 드리고자 함이라. 향연이 성도의 기도와 함께 천사의 손으로부터 하나님 앞으로 올라가는지라 (계 8:3-4).

이처럼 요한계시록에는 하나님의 보좌에 올라간 기도가 나오며, 열왕기하에도 히스기야의 기도가 하늘에 올라가 하나님께서 들으셨다고 나옵니다(왕하 19:20). 또 다니엘의 기도가 하늘에 올라가 하나님이 들으시고, 천사들을 보내셨다고 말씀하고 계십니다.

3) 향의 내용물: 기도의 내용

하나님은 출애굽 후 모세를 통해 율법을 주셨습니다. 성막을 건축하도록 하시고, 그 성막 안에 향단을 만들고 향을 사르도록 지시하셨는데 그 향단에 사르는 향은 특별하게 제조하게 하셨습니다. 이 향은 오직 하나님만을 위한 것이기에 이것을 "거룩한 향"이라고 말씀하셨습니다. 이 거룩한 향은 5가지의 재료로 만들도록 하셨는데 소합향, 나감향, 풍자향, 유향, 소금이 사용되었습니다(출 30:34-35). 유향과 소금은 보통 제사 드릴 때 항상 드리는 것들인데 부패를 방지하고 변질을 막아주는 역할을 합니다.

6. 하나님이 흠향하시는 기도의 특성

성경적 영적으로 바른 기도는 출애굽기 30장에서 계시가 되고 있습니다. 하나님의 향단에는 소합향, 나감향, 풍자향에 유향을 섞어서 소금과 더불어 태워졌는데 이 다섯 가지의 재료들이 기도의 특성들을 우리에게 보여 주고 있습니다.

1) 하나님은 소합향을 요구하십니다 (눈물의 기도, 간절함)

"소합"은 히브리어 '나타프'로 '물방울, 액체가 떨어지다,' '스며 나오다'라는 뜻이 있는데, 나무를 찌를 때 상처 난 곳에서 나오는 향기 때문에 붙여진 이름입니다. 소합향은 초록나무과에 속하는 나무로 소아시아에 분포된 낙엽송으로 높이가 약 10m 정도로 자랍니다. 소합향은 이 나무에서 방울방울 떨어지는 나무의 수액을 추출해서 모은 향입니다. 이 향은 사막 여행에서 사람들이 다쳤을 때 치료제로 사용하였습니다.

(1) 눈물의 기도는 하나님이 가장 흠향하시는 기도다

물방울은 눈물을 연상하게 합니다. 눈물이란 자신의 가슴속에 들어 있는 한(恨), 고통, 슬픔이 가득 차서 더 이상 주체할 수 없을 때 밖으로 흘러넘치는 것입니다. 눈물은 사람의 가장 깊은 진심을 드러냅니다. 가장 확실한 감정을 나타내는 자기 표현입니다. 감사의 눈물이든, 고난 속 슬픔의 눈물이든, 가슴이 저려서 나오는 회개의 눈물이든 가슴 깊은 곳에서부터 방울방울 맺히는 눈물은 하나님이 가장 흠향하는 가장 귀한 향기입니다.

(2) 눈물의 기도는 갈급한 기도다

영적으로 봤을 때 가슴이 터질 것 같은 고통 속에서 드려지는 갈급하고도 간절한 눈물의 기도가 소합향의 기도입니다. 참된 신앙은 고통 중에서 발휘됩니다. 위대한 선지자 사무엘은 어머니의 간절한 눈물 기도의 소산이었습니다.

> 한나는 마음이 괴로워 여호와께 기도하며 울고 부르짖다가 이렇게 서약하였다. "전능하신 여호와여, 이 여종을 굽어살피소서. 내 고통을 보시고 나를 기억하셔서 아들 하나만 주시면 내가 그를 평생토록 여호와께 바치겠습니다. 그리고 그의 머리도 깎지 않겠습니다(삼상 1:10-11).

또한, 믿음의 위대한 사람 다윗처럼 많이 울었던 사람은 없습니다. 다윗에 의해 기록된 시편 대부분이 눈물의 기도문입니다.

이제 하나님이 좋아하시는 기도가 어떤 기도인지 아셨을 것입니다. 하나님은 무엇보다 우리의 심령 깊숙한 데서 올라오는 간절하고도 갈급한 마음의 기도를 원하십니다.

(3) 아름다운 무지개가 뜨기 위한 조건

모두가 무지개처럼 아름다운 삶을 살기 원합니다. 무지개! 얼마나 아름다운가요?

그런데 무지개는 꼭 비가 온 다음에만 뜬다는 것을 잊어서는 안 됩니다. 무지개가 뜨기 위해서는 몇 가지의 조건이 충족돼야 합니다. 반드시 태양이 떠 있어야 하고, 공기 중에 수분(물기)이 충분해야 하며, 평지에서도 뜨지만, 산언덕, 산등성이에서 더 잘 뜹니다. 이를 영적으로 생각해 보겠습니다. 태양의 빛은 하나님의 자녀들에게 임하시는 성령의 은혜이며, 공기 중의 수분은 성도의 눈물의 기도를 말하며, 산등성처럼 인생의 굴곡이 심할수록 더 엎드리는 연단의 과정을 겪게 됨을 의미합니다.

> 눈물을 흘리며 씨를 뿌리는 자는 기쁨으로 거두리로다. 울며 씨를 뿌리러 나가는 자는 정녕 기쁨으로 그 단을 가지고 돌아오리로다 (시 126:5-6)

영국의 모대학교 연구소에서 발표한 〈눈물에 관한 연구〉를 소개합니다.

> 인간의 심리적 스트레스가 웃을 때마다 많이 해소된다는 것은 익히 다 아는 사실이지만, 반대로 우리가 눈물을 흘릴 때도 우리 마음속 깊이 쌓여 있는 스트레스의 70퍼센트가 눈물에 섞여 밖으로 사라져 버린다. 단, 그 눈물은 고통으로 인해, 아픔 때문에, 또는 감사해서, 또는 기쁨으로든, 자연적으로 흐르는 눈물일 때만 효과가 있지, 예컨대, 연극을 하면서 억지로 울거나, 양파 껍질을 벗길 때 흐르는 눈물 등 인위적 눈물의 경우엔 그 효과가 전혀 없다.

얼마나 놀라운 이야기입니까?

많은 연구에 의하면 온갖 병의 70퍼센트가 심인성, 곧 스트레스가 원인인데, 눈물을 흘리는 자체만으로도, 70퍼센트 곱하기 70퍼센트, 약 절반의 질병의 원인이 사라져 버린다니. 사실 우리가 흔히 경험하는 바도 그런 것 같습니다. 아프고 고통스러운 일을 당해서 실컷 울고 나면 마음이 개운해 진 적이 있었을 것입니다. 기쁘게 웃거나, 즐겁고 긍정적 맘으로 살아갈 때, 엔돌핀이 생성되면서 마음에 활기가 넘치는 것 같이, 우리가 통곡할 때도 마음속에 쌓였던 스트레스의 70퍼센트가 눈물과 더불어 사라져 버리기 때문에 개운해 짐을 느끼게 됩니다.

2) 하나님은 나감향의 기도를 요구하십니다(자아를 깨트리는 겸손과 끈질기게 매달리는 인내의 기도)

(1) 자아가 깨지는 겸손의 기도

"나감"은 히브리어 '쉘 헬레트'로 '껍질'이라는 뜻입니다. 나감 향은 조개껍질을 빻아 만든 향입니다. 잘게 빻으면 빻을수록 더 깊고 강한 향기를 얻게 합니다. 이 향은 사막 여행으로 힘이 들 때나, 신기루를 보게 될 때 진정제 역할로 많이 쓰였습니다. 나감향은 자신이 부서지면서 내는 향입니다.

조개껍질처럼 단단한 우리 자신을 부서뜨려서 가식과 위선의 두껍고 딱딱한 것을 빻게 되면 그때는 고통스럽겠지만 코코넛의 단단한 껍질이 깨어질 때 시원한 음료를 마실 수 있듯이, 자아가 깨어질 때 우리는 비로소 능력의 기도를 드릴 수 있게 합니다. 자아가 부서져서 고운 가루가 되는 기도는 회개의 기도이면서 겸손의 자세를 찾아가는 기도를 의미합니다.

(2) 고운 가루

> 여호와께서 모세에게 일러 가라사대 문둥병자의 정결케 되는 날의 규례는 이러하니 곧 그 사람을(레 14:1-2).

> 제 팔일에 그는 흠 없는 어린 수양 둘과 일 년 된 흠 없는 어린 암양 하나와 또 고운 가루 에바 십분 삼에 기름 섞은 소제물과 기름 한 록을 취할 것이요(레 14:10).

구약의 제사법들은 레위기에 나옵니다. 여기서 보면, 문둥병자가 '진 밖'에 있다가 병이 나아서 '진 안'으로 들어올 때 바치는 제물이 '고운 가루'입니다. 우리도 영적으로 문둥병자였으나, 예수님 보혈의 은혜로 구원받아 '진 안'에서 살게 됐기에 당연히 희생제물을 드려야 합니다.

그런데 '알곡' 그대로는 기름을 섞어, 반죽하여, 주님의 원하시는 모양의 떡을 빚을 수가 없기에 '나'라는 알곡 그대로 드려서는 안 되고, 나의 모든 교만, 아집, 이기, 불순종 등을 깨트린 '가루'로서 희생제물을 드려야만 합니다. 오늘날 많은 그리스도인 가정이 분열하고, 교회가 화목되기보다는 분쟁으로 나누어지는 것은 아직도 내가 깨져 '고운 가루'가 되지 않고 '알곡'으로 남아 있기 때문입니다.

(3) 교만한 자

인간의 죄는 교만으로부터 발생하는데, 교만한 자는 자기가 제일이라고 생각하여, 오직 '나'가 중심이 되고, 섬기기보다는 섬김을 받으려고 하고, 또 모든 것이 자기중심으로, 자기만 인정받으려 하다 보니 이것이 부인되거나, 자기에게 없는 달란트를 가진 사람에게 시기, 질투, 분노, 분쟁, 이간질 등을 일으켜서, 결국은 공동체인 교회의 연합을 깨트리게 합니다. 그뿐만 아니라 교만한 자들은 하나님 없이도 살 수 있다고 생각하기에, 하나님께 도움을 바라는 기도를 안 합니다. 그래서 하나님이 이런 자들을 미워하시는 것입니다. 교만은 패망의 선봉이지만 겸손한 자는 하나님이 높여 주십니다.

> 젊은 자들아 이와 같이 장로들에게 순복하고 다 서로 겸손으로 허리를 동이라 하나님이 교만한 자를 대적하시되 겸손한 자들에게는 은혜를 주시느니라(벧전 5:5).

> 교만은 패망의 선봉이요 거만한 마음은 넘어짐의 앞잡이니라(잠 16:18).

(4) 겸손

교만을 극복할 수 있는 것은 겸손입니다. 겸손이란 일반적으로 말해 상대를 높이고 나를 낮추는 것이지만, 성경에서는 이에 더하여 하나님 없이는 살 수 없다고 적극적으로 하나님께 매달리며 의지하는 것입니다. 구체적으로 성경에서는 자신의 한계를 깨닫는 자, 자신의 무가치함을 깨닫는 자, 자신의 죄악을 깨닫는 자를 말하는 데, 결국 나의 의로는 완전할 수 없다고 하나님께 매달리는 사람을 겸손한 사람이라고 합니다. 따라서 한편으로는 '하나님 없어도 살 수 있다'가 아니라 '하나님 없이는 살 수가 없습니다' 하며 적극적으로 끈기 있게 매달리는 기도를 요구하고 계십니다.

(5) 인내

겸손의 기도는 끈기, 곧 인내의 기도라고도 할 수 있습니다. 자기의 죄악과 무가치함을 깨닫고, 하나님 없이는 살 수 없다고 생각하기에 절대적으로 하나님께만 엎드리게 합니다. 얍복강 가의 야곱을 생각해 볼 수가 있습니다. 야곱은 결코 겸손한 사람이 아니었습니다. 그러나 자기를 죽이러 오는 에서의 군대를 마주치고는 자신의 한계를 뼈저리게 느끼고는 얍복강 가에서 가족을 다 보낸 한밤중에 시작하여 새벽에 이르러 응답이 올 때까지 식음을 전폐하며 끈질기게 엎드렸습니다.

성경에서 인내의 기도는 마냥 기다리는 걸 말하는 게 아닙니다. 야곱처럼 죽음의 공포를 가슴에 부둥켜안고 식음을 전폐하며 응답이 올 때까지 하나님 사자의 다리를 꼭 잡고 죽기로 매달리는 것을 의미합니다.

3) 하나님은 풍자향을 요구하십니다(회개의 기도)

(1) 풍자향은 죄를 해독하는 회개를 상징합니다

"풍자"란 '헬르베나'로 풍성하다, 기름지다는 뜻으로 히브리어 문자대로 해석하면 '하얀'이란 뜻입니다. 풍자향은 미나리과의 페룰라라는 식물에서 추출된 것으로 고무수지입니다. 아주 풍성한 향, 매우 짙은 향 재료입니다. 이 향료를 태우면 하얀 연기가 발산되며, 세 가지 향 중 가장 짙은 냄새가 납니다. 향이 강해서 다른 향과 섞이면 그 향을 강하게 하고 시체에 발라서 악취를 제거하고, 해충을 제거하고, 혈액순환을 촉진하며, 해독의 작용을 해서 풍자향은 죄를 해독하는 회개를 상징합니다. 우리의 기도가 능력의 기도가 되기 위하여 우리는 죄를 버리고 회개해야 합니다.

> 내가 나의 마음에 죄악을 품었더라면 주께서 듣지 아니하시리라(시 66:18).

회개라는 것은 죄를 슬퍼하고, 죄에서 떠나는 것을 의미합니다. 기도의 자리에 나갈 때마다 하나님과의 사이에 가로막고 있는 죄의 담벼락이 없는지 확인해야 합니다.

> 여호와께서 능력이 부족하여 너희를 구원하지 못하는 것이 아니며 귀가 둔하여 너희 부르짖는 소리를 듣지 못하는 것이 아니다. 너희 죄가 너희를 하나님과 분리해 놓았기 때문에 그가 너희를 외면하고 너희 부르짖음에 귀를 기울이시지 않는 것이다(사 59:1-2).

간절한 우리의 부르짖음에도 하나님이 듣지 못하고 계신다면 얼마나 낙망이 크겠습니까?

아무리 부르짖고, 봉사하고, 헌금을 많이 하더라도 그 마음에 탐욕과 이기와 증오와 미움, 질투, 시기, 정욕 등이 가득 차 있다면 응답이 전혀 오지 않습니다.

(2) 진정한 회개는 하나님의 선물이다

언제 어디서든, 시기, 이기, 질투, 분노 등 옛사람의 마음을 갖고 기도를 드려서는 안 됩니다. 왜냐하면, 하나님이 듣지 못하시기에 아무리 기도해도 응답이 전혀 없게 되기 때문입니다. 이 때문에 매일매일의 삶 속에서 알게 모르게 지은 시기, 이기, 질투, 분노, 분쟁 등 모든 죄를 털어내는 규칙적 기도의 시간을 갖는 게 그래서 더욱 중요한 것입니다. 의식적 회개도 필요합니다. 이것도 성령님의 도우심으로 하는 것이지만 철저히 회개하게 하기 위해서는 성령님이 주시는 은혜로 성령님과 더불어 하는 회개가 좋습니다. 왜냐하면, 진정한 회개는 하나님의 선물이기 때문입니다.

4) 넷째 향은 유향입니다(중보기도)

원어로는 '제사장' '중보하며 기도한다'라는 의미가 있습니다. 아라비아 사막에서 자생하는 유향나무 보스웰리아 세라타라는 식물에서 추출되는 향으로 치료제(렘 5:18)와 사체의 냄새를 제거(요 18:40)할 때 쓰입니다.

(1) 만인 제사장

원래 인간은 죄인이 된 후로 하나님께 직접 나갈 수가 없었습니다. 그래서 요즘처럼 직접 하나님께 회개 기도를 할 수가 없어서 제사장이 있었던 것입니다. 그때에는 하나님이 선택하신 제사장이 사람들을 대신해서 제물을 가지고 하나님께 나아가 그 사람들의 죄를 대신 고백하고 회개하는 제사를 지냈습니다. 이런 우리를 위해 예수님을 보내주셨고, 그분의 피로 우리는 죄로부터의 자유함과 하나님과의 관계를 회복할 수 있었습니다.

다시 말해서, 예수님의 대속의 은혜로 모두가 제사장이 되어 하나님 앞에 각자가 직접 분향을 드릴 수 있게 됐습니다. 즉, 예수님은 죄인인 우리와 유일신이신 하나님 사이에 다리가 되어 주신 것입니다. 여기서 타오르는 향은 우리가 하나님께 드리는 기도를 의미합니다.

> 오직 너희는 택하신 족속이요 왕 같은 제사장들이요 거룩한 나라요 그의 소유된 백성이니 이는 너희를 어두운 데서 불러내어 그의 기이한 빛에 들어가게 하신 자의 아름다운 덕을 선전하게 하려 하심이라(벧전 2:9).

(2) 중보기도자의 위치

따라서 중보기도자란 위치적으로 하나님과 사람 사이에 서서 사람의 죄로 인해 결렬된 틈 사이로 들어가 그곳을 막아서며 하나님의 긍휼을 구하는 자를 말하며, 인류 역사상 가장 대표적 모형은 하나님과 인간 사이에서 지금도 기도하고 계시는 예수님이시기에 중보기도자는 이러한 예수님의 마음을 갖고 기도해야 합니다.

중보기도의 대상은 대부분 불신자이지만 그 외에도 어떤 사람의 어려운 문제 등 나 개인의 문제가 아닌 문제를 내가 대신 하나님께 가지고 나아가서 하나님의 나라를 위하여, 불신 이웃을 위하여 하나님의 자비를 간구하는 모든 것이라고 할 수 있습니다.

5) 소금(그리스도의 의에 의지해서, 약속의 말씀을 붙잡고)

소합향, 나감향, 풍자향, 유향으로 향을 만든 후에 마지막으로 소금을 쳐서 성결하게 하였습니다(출 30:35). 소금은 그리스도의 의(공로)를 상징합니다. 구약의 제사에서는 제물마다 소금을 쳤습니다. 이것은 그리스도의 의만이 그 제사를 하나님께 열납되도록 만들 수 있다는 것을 의미하고 있습니다.

(1) 예수님의 이름으로 기도하라

기도를 상징하는 향에 소금을 친다는 것은 기도가 그리스도의 의(공로)를 통해 드려진다는 것을 의미하며 그래서 기도의 마지막은 반드시 "예수님의 이름으로 기도합니다"라고 끝내야 합니다. 예수님의 이름으로 기도하라고 하신 이유는 기도의 단순한 후렴구가 아니라 예수님께서 하나님과 사람 사이의 '유일한 중보자'가 되시기 때문에 땅에 있는 우리가 드리는 기도를 하늘에 계신 하나님 아버지께 올려드리는 유일한 방편이 됩니다.

하나님과 사람 사이의 유일한 중보자가 오직 예수 그리스도라는 우리의 고백을 담아서 "예수님의 이름으로 기도합니다"라고 중보 해 주시는 예수님의 이름으로 기도하면 하나님의 응답을 받습니다.

(2) 하나님 언약의 불변성

또한, 소금이 썩지 않게 하듯이 하나님의 언약은 결코 썩지 않고 변함이 없다는 언약의 불변성을 의미하고 있습니다. 소금은 불변하는 언약의 상징임과 동시에 부패를 방지하는 실제적 효력을 갖고 있기에 기도할 때 하나님의 언약인 약속의 말씀을 붙잡고 기도해야 합니다. 성경에는 하나님 "약속의 말씀"이 7,000번, "축복의 말씀"이 무려 32,500번이나 기록돼 있습니다. 언약의 말씀을 붙잡고 기도한다는 게 얼마나 중요한지 모릅니다.

이런 기도는 자신에게는 말씀을 되뇌는 과정에서 응답의 확신과 위로와 용기를 내게 할 뿐 아니라, 하나님께는 그 언약의 말씀을 하나님께 상기시키는 강청의 기도가 되기 때문입니다. 여기서 주의할 것은 하나님 약속의 말씀이 모든 사람에게 무조건 적용되는 것이 아닙니다. 그 약속이 이루어지도록 하는 어떤 조건들에 유의해야 합니다. 기본적으로 하나님만을 의지하며, 말씀대로 살아가려고 노력하는 자(순종하는 자)들에게만 이루어집니다.

6) 오직 하나님만 의지하라

이 모든 향은 뱀이나 전갈들을 막고 치료하기 위하여 사막 여행자에게는 없어서는 안 될 상비약입니다. 그러나 하나님은 이 향을 하나님께만 피우고 개인적인 목적으로 사용치 못하게 했습니다. 하나님은 이 향을 하나님 앞에서만 피우게 하시는 명령을 통하여 이스라엘이 자기를 지키시는 분이 하나님이신 것을 고백하고 오직 하나님만 의지하라는 것입니다.

> 여호와께서 사막 같은 땅에서, 짐승이 울부짖는 광야에서, 그들을 자기 눈동자처럼 보호하고 지켜 주셨으니 (신 32:10).

(1) 기도에 임하는 기도자의 마음 자세

소합향과 나감향은 기도에 임하는 기도자의 마음 자세를, 풍자향과 유향과 소금은 기도의 내용에 반드시 포함돼야 할 내용들을 가르칩니다. 어떠한 마음 자세로 기도해야 하는지 대략적 내용을 파악할 수 있습니다.

(2) 사생결단(死生決斷)의 마음으로 기도에 임하라

뱀이나 전갈 등 치명적 독충이 우글거리는 사막에서 이를 제어하고 치료할 수 있는 이 향들을 개인이 사용 못 하고 오직 하나님께만 사용하게 하셨으며, 또한, 하나님께 분향되는 소합향과 나감향의 의미가 하나님 없이는 살 수 없다고 눈물로 간절히 그리고 적극적으로 기도하라는 것은 단 한마디로 요약해서 사생결단(死生決斷: 죽고 사는 것을 돌보지 않고, 끝장을 내려고 함)의 마음으로 기도에 임하라는 기도자의 자세를 의미합니다.

대제사장도 분향을 드리다 실수하면 그 자리에서 죽었습니다. 매일 드려지는 기도이든 특정 기도 제목을 갖고 기도드렸든지 간에 그동안 자신의 기도에 임했던 마음의 자세에 대해 생각해야 합니다. 너무 고차원적이거나, 규범적이고 교과서적인 것을 생각하지 마십시오. 하나님은 우리의 격식이나 외형을 보시지 않고 오직 마음만을 보시기 때문입니다.

'기도 들어주시면 좋고 안 들어주시면 다른 방법을 찾아봐야지'가 아니라 '하나님 없이는 내가 살 수 없습니다'라고 간절히 눈물로 기도드려져야만 합니다. 성공적인 기도라는 게 다른게 아닙니다. 담대하고, 강하게, 그리고 두려움 없이 끈질기게 간절히 기도하는 것입니다.

7. 기도의 내용

이러한 기도자의 마음 자세와 더불어 기도의 내용도 중요합니다.

1) 우리가 아무리 부르짖어도 하나님과의 사이에 죄의 담벼락이 가로막혀 있다면 그 부르짖음은 무의미할 것입니다

의식적 회개도 좋지만, 성령님이 도와주시는 회개는 더욱 좋습니다.

> 여호와께서 능력이 부족하여 너희를 구원하지 못하는 것이 아니며 귀가 둔하여 너희 부르짖는 소리를 듣지 못하는 것이 아니라. 너희 죄가 너희를 하나님

과 분리해 놓았기 때문에 그가 너희를 외면하고 너희 부르짖음에 귀를 기울이시지 않는 것이다(사 59:1-2).

2) 간절한 마음으로 성령님의 도우심을 구하십시오

하나님과 우리는 '아빠와 그 자녀' 관계입니다. 아빠는 어린아이가 부르는 호칭입니다. 하나님 앞에 언제나 어린아이와 같은 자세로 나가십시오.

3) 당연히 극히 개인적 일에 대해서도 기도드려야 합니다

그러나 하나님은 이에 멈추지 말고, 하나님의 나라와 이웃을 위한 기도를 요구하십니다. 교회와 교회 식구들을 위한 기도는 물론, 불신 이웃과 나라를 위한 기도를 드려야만 합니다.

4) 우리는 기도할 때 하나님의 언약인 약속의 말씀을 붙잡고 기도드려야 합니다

언약의 말씀을 붙잡고 기도한다는 것이 얼마나 중요한지 모릅니다. 이런 기도는 자신에게는 말씀을 되뇌는 과정에서 응답의 확신과 위로와 용기를 내게 할 뿐 아니라, 하나님께는 그 언약의 말씀을 하나님께 상기시키는 강청의 기도가 되기 때문입니다.

5) 또한, 우리가 만군의 여호와 하나님께 기도 드림은 우리의 의로움 때문이 아니라, 오직 우리를 위해 십자가 위에서 대속해주신 예수 그리스도의 은혜 때문입니다

그래서 우리의 기도가 그리스도의 의(공로)로 드려진다는 것을 고백하고 감사하는 의미에서 기도의 마지막은 반드시 "예수님의 이름으로 기도합니다"라고 끝내져야 합니다. 하나님과 사람 사이의 유일한 중보자가 오직 예수 그리스도라는 우리의 고백을 담아서 "예수님의 이름으로 기도합니다"라고 하나님과 우리 사이를 중보 해 주시는 예수님의 이름으로 기도하면 하나님의 응답을 받을 수가 있게 됩니다.

6) 하나님은 우리의 틀린 기도마저도 올바른 방향으로 사용하신다

> 세례 요한의 때부터 지금까지 하늘나라는 침략을 당하고 있다. 그리고 침략하는 사람이 그 나라를 빼앗는다(마 11:12).

말씀처럼 놀라운 일이 일어날 것입니다. 그렇다고 기도가 만사형통을 보장하는 것은 아닙니다. 왜냐하면, 기도 중에는 잘못된 것들이 많기 때문입니다. 그러나 하나님은 좋으신 분이셔서 틀린 기도마저도 올바른 방향으로 사용하십니다. 그래서 지금 드려지는 기도가 옳은 기도인지 아닌지, 기복적 기도인지 아닌지 등을 먼저 판단하느라고 지체하면 안 됩니다. 그 판단 여부는 오직 성령님이 하십니다. 간절하고 갈급한 마음을 갖고, 무엇보다 최우선으로 만군의 여호와 하나님 앞에 엎드리십시오. 그러면 놀라운 일이 일어납니다. 그리고 존귀하고 귀중히 여김을 받는 자가 됩니다.

8. 하나님의 축복은 모두 다 이유가 있다

 잊지 마십시오. 믿음 생활의 초기에는 신앙 인격의 변화 없이도 긍휼과 하나님의 은혜로 여러 번의 응답이 올 수가 있습니다. 그러나 하나님이 계속 부어주시는 은혜의 흐름 속에 살기 위해서는 반드시 하나님이 원하시는 모습으로 마땅히 변화돼야 합니다. 하나님이 복을 계속 주실 때는 다 이유가 있기 때문입니다. 이유 없이 많은 복을 내려주시는 경우는 없습니다. 계속된 은혜를 유지하기 위해서는 앞에서 제시된 지속적이고도 온전한 회개와 순종의 삶 그리고 감사드릴 줄 아는 삶이 반드시 뒷받침돼야 합니다.

9. 병 낫기를 위하여 서로 기도하라

> 이러므로 너희 죄를 서로 고하며 병 낫기를 위하여 서로 기도하라. 의인의 간구는 역사하는 힘이 많으니라. 엘리야는 우리와 성정이 같은 사람이로되 저가 비가 오지 않기를 간절히 기도한즉 삼 년 육 개월 동안 땅에 비가 아니 오고, 다시 기도한즉 하늘이 비를 주고 땅이 열매를 내었느니라(약 5:16-18).

 야고보서 5장 16절에서 18절까지는 치유를 위한 기도를 주제로 하고 있습니다. 기도가 주제인 본문 말씀 가운데서 우리는 세 가지의 교훈을 얻을 수 있습니다.

 첫째, 믿음으로 기도하라.
 둘째, 회개와 함께 기도하라.
 셋째, 서로 기도하라, 곧 중보기도를 말하고 있습니다.

그중에서도 "회개하면서 기도하라"라는 것을 중심으로 말씀하고 있습니다. 또 "서로 고백하라"라고 가르칩니다. 이 기도는 중보의 기도입니다. 이 '서로 서로'가 바로 기독교 윤리의 핵심이요, 중요한 관심사입니다. '서로 사랑하라, 서로 용납하라, 서로 용서하라, 서로 봉사하라, 서로 섬기라, 서로 발을 씻기라.' "서로 서로"라는 말씀이 성경에 무려 35가지나 있습니다.

성경에 보면 아브라함도 중보의 기도를 했으며, 모세도 여호수아도 에스더도, 그 밖의 많은 예언자들도 백성을 위하여 남을 위하여 중보의 기도를 했습니다. 이 말씀 역시 상호 중보가 되라는 것입니다. A는 B를 위하여, B는 A를 위하여, 건강한 사람은 환자를 위하여, 환자는 건강한 사람을 위하여 서로 서로 기도하라는 것입니다

병든 자는 회개와 함께 기도해야 한다고 말씀하고 있습니다. 이렇게 함으로써 하나님과 기도 소통의 대로가 뚫려 비로소 우리의 간절한 기도가 응답받는 것입니다. 병든 자를 위해 병든 자의 머리 위에 손을 얹고 '병 고쳐 주십시오'라고 간절히 기도했을지라도 별 효력이 없을 때 이 말씀을 깊이 생각해 봐야 합니다.

가끔은 우리가 하나님의 뜻에 어긋나는 길을 걸어갈 때 이를 막기 위해 사업을 힘들게 하시거나 병에 걸리게 하는 경우도 있기 때문에 기도의 첫 시간은 반드시 회개 기도로 시작돼야 합니다. 절대로 누구의 기도는 들어주고, 누구의 기도는 안 들어준다는 법이 없습니다. 엘리야는 기도로써 3년 6개월 동안 비가 오지 않게 하고, 또 기도로써 비가 오게도 했습니다. 그리고 갈멜산에서 기도할 때는 하늘에서 불을 내려 제물을 태우게도 했습니다.

엘리야의 기도에는 응답이 있었습니다. 그렇다고 엘리야가 특별한 사람이라는 것은 아닙니다. 본문 말씀도 "엘리야는 우리와 성정이 같은 사람이로되"(약 5:17)라고 그의 평범함을 밝혀 주고 있습니다.

그런데 왜 엘리야의 기도는 항상 응답이 됩니까?

쉽게 유추해 볼 수 있습니다. 엘리야는 믿음으로 기도하고, 회개하며 기도하고, 고백하며 기도했기 때문입니다.

제5장
고난 극복의 삶

1. 고난이 다가오는 이유

1) 광야는 인간의 숙명이다

애초에 하나님은 당신의 기쁨을 위해서 인간을 창조하셨습니다. 창조하시면서 우리가 로봇처럼 생기 없게 사는 게 싫어서 생각하고 행동할 모든 자유의지를 주셨지만, 우리 조상들은 그걸 남용하여 선악과를 따먹게 됐고, 그로 인해 우리에게 죄악이 들어 오게 된 것입니다. 그 결과 우리는 수고하고 땀을 흘리지 않으면 살 수 없게 됐고, 그런 과정에서 형제간에, 이웃 간에 다툼과 살인과 거짓이 난무하게 되어 우리가 인간인 이상 모두가 고난을 당하게 됩니다.

아브라함부터 우리의 많은 믿음의 조상들 누구도 고난을 회피할 수 없었습니다. 한마디로 고난은 인간의 숙명입니다. 그런데도 고난과 축복에 대해 잘못 이해하여 신앙생활에서 활기를 놓치는 경우가 너무도 많은 것 같습니다. 가장 큰 잘못된 이해는 믿음 좋은 신자는 고난을 안 당한다고 생각하는 것입니다. 신자가 고난당하는 걸 이상히 여기는 잘못된 믿음을 가질 때 조그만 시련에도 좌절되어 낙망케 되어버립니다.

성경에는 고난을 면케 해 준다는 약속이 없습니다. 그러나 언제나 함께 하시며 고난을 이길 힘을 주신다고 약속하고 있습니다. 고난을 모두 없애면 인간은 행복할 것 같지만 결코 그렇지 않습니다. 아담과 하와는 최상의 조건에서 살면서도 범죄를 저질렀기 때문입니다.

2) 광야는 약속의 땅, 가나안에 이르는 길이다

우리는 흔히 신자가 된다는 것을 애굽 땅에서 광야로 나오는 것이라고 하고, 이 땅 위에서의 신앙생활을 광야에서 훈련받는 것이라고도 표현합니다. 출애굽한 후 이스라엘 민족은 광야 생활하면서 살기에 알맞은 물 좋은 곳을 여러 곳 만났습니다. 그들은 그곳에 머물러서 천막을 치고 오랫동안 정착하여 피곤한 몸을 쉴 수도 있었을 것이었지만 구름이 둥실 떠오르면 그들은 또다시 천막을 접고 광야 길에 들어서곤 했습니다.

왜, 그랬을까요?

그들에겐 광야가 오래 살 곳이 아니라 일시적으로 지나가는 길일 뿐이었기 때문이었습니다. 그 당시 그들의 삶의 목적은 어떻게든 젖과 꿀이 흐르는 가나안 땅으로 들어가는 것이었습니다. 가끔 그들은 물이 부족하고 고기와 채소를 먹고 싶을 때마다 뒤를 돌아다보며 애굽으로 돌아갈까 하고 생각한 적도 있었습니다.

사실 애굽은 그들을 보내고 싶어서 보낸 것이 아니었기 때문에 그들이 원하기만 한다면 언제든지 돌아갈 수 있었고 또 애굽에선 환영했을 것입니다. 그렇지만 그들의 앞에 기약 없는 광야 길이 있었음에도 또 광야 길에 들어서야만 했습니다. 왜냐하면, 그들의 최종 복적지는 젖과 꿀이 흐르는 영원한 땅, 가나안 땅이었고 그곳을 가기 위해서는 반드시 광야 길을 거쳐야만 한다는 것을 알고 있었기 때문입니다.

그렇습니다. 하나님으로부터 택함 받아 죄 된 애굽 땅인 세상에서 나와 살아가는 과정에서 택함 받은 자는 누구든 예외 없이 반드시 광야라는 고난의 길을 지나가야만 합니다. 따라서 우리가 살아가면서 만나는 어려움을 이상한 불시험 보듯 여기며 낙담하거나 실망해서는 안 될 것입니다.

> 형제 여러분, 여러 가지 시험을 당하더라도 그것을 기쁨으로 여기십시오. 믿음의 시련은 인내를 만들어낸다는 것을 아십시오. 그러므로 끝까지 참고 견디어 부족함이 없는 완전하고 성숙한 사람이 되십시오(약 1:2-4).

3) 미드바르, 다바르, 드비르

예루살렘을 나타내는 "시온"은 히브리어로 "찌욘"이라고 하는데, 성경학자들은 '메마른 광야'를 의미하는 '찌야'에서 온 단어라고 추측합니다. 헬레니즘 시각에서 본다면 광야는 버려진 땅입니다. 그래서 영어로 광야를 "버려진 땅, 사막"(desert)으로 표현합니다. 광야를 나타내는 대표적 히브리 단어가 '미드바르'입니다. 히브리어로 하나님의 말씀을 '다바르'라 하고, 하나님의 임재가 있는 지성소를 '드비르'라고 합니다.

말씀, 지성소, 광야의 어근은 모두 같습니다. 모두 '하나님의 '말씀'이라는 뜻이 있습니다. 세상 사람들은 광야를 버려진 땅이라고 하지만, 신앙인들에게 광야는 하나님의 말씀을 듣는 곳, 하나님을 만나는 곳, 하나님의 임재가 있는 지성소와 같은 곳입니다. 미드바르에는 다바르가 있습니다. 광야에 말씀이 있다는 뜻입니다. 바쁜 일상에서 듣지 못했던 하나님의 말씀을 듣고 진지하게 배우는 곳이 광야 학교라는 것입니다.

우리가 겪고 있는 고난의 광야는 버려진 장소와 시간이 아니라, 세상 음성에 찌들어 있던 우리가 하나님의 말씀을 깊이 듣는 시간이자 장소임을 기억해야 합니다.

4) 광야에서 살아가는 법

광야는 시련과 고통의 자리입니다. 그런데도 그곳은 하나님이 약속하신 가나안 땅으로 들어가기 위해 이스라엘이 반드시 통과해야 하는 길입니다. 광야에서의 부족함과 결핍을 이겨내지 못하는 자는 약속의 땅에 들어갈 자격이 없습니다. 누구에게나 광야는 있습니다. 그러나 인생을 보람 있게 살기 위해서는 이 고난의 광야를 잘 통과해야만 합니다.

무엇보다 광야의 삶은 스스로의 힘만으로는 살아갈 수 없다는 사실을 깨닫게 합니다. 그러므로 인간은 광야 같은 인생살이에서 전적으로 하나님의 보호와 인도 아래서 살아가야만 제대로 살아갈 수 있다는 것을 알아야 합니다.

우리는 모두 중생한, 하나님으로부터 태어난 자들입니다. 따라서 믿음의 대소는 있을지라도 모두가 믿음을 갖고 있습니다. 누가복음에 예수님은 분명 "믿는 자에게는 능치 못할 일이 없느니라"라고 하셨는데, 우리가 현실적으로 광야 같은 삶을 살아가면서 느끼고 경험하는 것은 능한 일보다 능치 못한 일이 더 많다는 것입니다. 분명 우리의 믿음에 문제가 있는 것 같은데도 무엇이 잘못된 것인지 인식하지 못하고 있다는 데에 더 큰 문제가 있습니다.

'믿음으로 산다'라는 것은 결코 온갖 향기가 풍겨 나오는 꽃길을 걸어가거나, 잔잔한 호수 위를 쉬엄쉬엄 노 저어 가는 인생길이 아닙니다. 오히려 불신자보다 더한 풍랑이 이는 바다 위를 항해해야 할 때도 있고, 온갖 장애물로 뒤덮인 험한 산길을 힘들게 올라가야 할 때도 많습니다. '그리스도인이 이 광야라는 사막의 인생길을 어떻게 살아가야 하는가'라는 명제에 부딪히게 될 때, 가장 보편적 대답이 될 수 있는 키워드가 하나님을 믿는 '믿음'입니다. 그리고 이를 위해 반드시 따라와야 하는 것이 말씀과 기도입니다.

(1) 나침반과 물

① 나침반

인생은 광야라는 사막을 건너가는 것입니다. 광야는 텅 비어 있어서 보이는 것이 아무것도 없습니다. 또한, 하루에도 몇 번씩 모래폭풍이 휩쓸고 가면 없던 산이 생기고 골짜기가 새로 파이는 등, 항상 지형이 변해서 지도도 소용이 없습니다. 그래서 광야에서 필요한 것은 지도가 아니라 나침반입니다. 나침반은 영원하신 하나님의 말씀을 의미합니다. 하나님의 감동으로 된 성경은 교훈과 책망과 바르게 함과 의로 교육하기에 유익할 뿐만 아니라 어떤 환란 속에서도 우리에게 위로와 소망을 주시면서 하나님이 내시는 길을 볼 수 있게 해줍니다.

> 하나님의 말씀은 살았고 운동력이 있어 좌우에 날선 어떤 검보다도 예리하여 혼과 영과 및 관절과 골수를 찔러 쪼개기까지 하며 또 마음의 생각과 뜻을 감찰하나니(히 4:12).

하나님의 말씀에는 놀라운 파워가 있어 우리 안에 깊이 감춘 온갖 더러운 죄악과 위선을 모두 들추어내어 온전한 자로 세울 뿐 아니라, 세상 지배자인 사탄 마귀에게 대적하여 쳐부수는 놀라운 힘이 있습니다. 예수님의 40일 금식 후에 곧바로 찾아온 마귀의 시험을 이긴 것은 오직 하나님의 말씀만이었고, 여리고 성을 돌 때도, 요단강을 건널 때도 제일 먼저 앞장선 것은 하나님의 말씀인 법궤였습니다. 이처럼 귀하고 귀한 말씀이 애굽과 같이 영화롭고 풍요로운 곳에서는 들리지 않습니다. 그래서 하나님은 그 택한 자녀들을 사막으로 불러 내시는 것입니다.

지금 광야인 미드바르에 서 있습니까?

이제 하나님의 말씀인 다바르를 겸허한 마음으로 받아들일 때입니다. 그리고 거기서 하나님의 지성소인 드비르가 세워지는 것입니다.

② 물

사막을 여행하는 데는 물이 가장 중요합니다. 햇볕이 사정없이 내리쬐는 그 무더운 곳에서 물 없이는 3-4일 버티기가 불가능합니다. 신앙생활에서 물은 성령의 도우심을 의미하며, 성령님의 임재는 대부분 기도의 자리입니다. 기도와 말씀은 기독교 신앙의 두 주춧돌이어서 어느 하나만으로는 우리의 신앙이 지탱될 수가 없습니다.

(2) 간절하고 끈질긴 기도만이 고난을 극복하게 한다

기도하는 자에게는 하나님이 믿음의 눈을 열어주십니다. 바울과 실라가 찬양과 기도를 드릴 때 옥문이 열린 것처럼, 엘리야와 바울이 기도드릴 때 죽은 자가 살아나는 것처럼, 성경의 수많은 이적과 기사는 기도 속에 이루어졌음을 명심하면서 기도에 대한 기대감을 잔뜩 가지고 기도의 자리에 임하셔야 합니다. 바라는 것이 없다면 이루어지는 것도 없음을 알아야 합니다. 과거의 일도, 오늘의 일도, 더더욱 내일의 일 중에 우리가 알 수 있는 것보다 모르는 일들이 더욱더 많습니다.

그러나 하나님은 모든 것들을 다 알고 계시며 주관하고 계십니다. 슬프고, 아프고, 억울하고, 답답한 일들도 우연히 일어난 일들이 아니라 하나님의 깊은 섭리 속에 일어났기에 하나님은 다 알고 계시다는 것입니다. 오직 간절하고도 끈질긴 기도만이 이 모든 하나님의 섭리를 긍정적으로 받아들여 적응케 합니다.

5) 빈 배와 빈 그물 속에서 역사하시는 하나님

먼동이 트기 전이 가장 어두운 것처럼, 성경에서는 하나님이 우리의 기도를 들으시기 전에 반드시 큰 고통이 다가왔습니다.

> 여러 해 후에 애굽 왕은 죽었고 이스라엘 자손은 고역으로 인해 탄식하며 부르짖으니 그 고역으로 인해 부르짖는 소리가 하나님께 상달한지라. 하나님이 그 고통 소리를 들으시고 아브라함과 이삭과 야곱에게 세운 그 언약을 기억하사 이스라엘 자손을 권념하셨더라(출 2:23-25).

이처럼 고통 속에서 기도했기에 하나님은 약속을 기억하여 모세를 보내셨으며, 엘리야도, 사사기에서도 하나님이 역사하시기 전에 꼭 큰 고통이 찾아왔습니다. 인생살이에서도 같습니다. 우리가 아무리 수고하고 노력해도 수고의 결실이 너무 작아 낙담에 빠질 때가 있었을 것입니다. 베드로도 같습니다. 밤새도록 헛수고하고 돌아오는 그의 마음도, 몸도, 영혼도 텅 빈 것 같았을 것입니다. 그러나 그가 그처럼 허탈한 상태에 있었기 때문에 그의 빈 배에 주님이 찾아왔을 때 맞이하게 된 것입니다.

만약 그의 배가 만선이었다면 예수님께서 배에 오르시는 것을 막지는 않았을지라도 "깊은 데로 저어 가서 그물을 던지라"라는 예수님의 요청은 거절했을 것입니다. 그러나 그의 배가 빈 배였기에 예수님을 모실 수 있었던 것입니다.

하나님은 우리가 자신의 무능을 철저히 깨닫고 완전히 빈 배가 되었을 때 그 배에 올라오십니다. 완전히 비워져서 예수님만으로 채워지길 원하시는 것입니다. 하나님의 자녀들에게 있어 빈 배와 빈 그물은 주님이 일을 시작하여 주님의 채우심을 경험하는 은혜의 시간이 됐다는 사인입니다. 그러기에 어떤 경우에도 절망해서는 안 됩니다.

최악의 상황은 세상에서 최고이신 하나님을 만날 수 있는 시간입니다. 가끔은 우리의 갈급한 심령의 소원들이 허공 속의 메아리처럼 빈 그물로 돌아올 수도 있겠지만, 그런데도 하나님의 사랑과 긍휼의 은혜로 그 빈 그물들이 가득 채워질 때까지 결코 기도를 멈추게 해서는 안 될 것입니다.

6) 인간의 시련과 위기는 하나님의 기회다

인간의 시련과 위기는 하나님의 기회라는 말이 있습니다. '위기'라는 말은 '위험'과 '기회'라는 말의 합성어라고도 할 수 있습니다. 다시 말해서, 위기에는 위험이 내재하는 동시에 전환의 기회도 된다는 의미가 있기 때문에 위기, 곧 고난은 하나님의 축복 신호라고 긍정적으로 받아들이는 것이 참 신앙인의 올바른 자세라고 할 수 있습니다. 역사상 위대한 업적을 남긴 사람들의 족적을 보면 그들은 극한 시련과 위기 속에서 위대한 일들을 이루었습니다. 그런 것을 살펴보면 인생을 풍성하게 하기 위해서라도 시련과 위기가 필요하다는 것을 알 수 있습니다.

존 번연은 감옥에서 『천로역정』을 썼으며, 파스퇴르는 반신불수 상태에서 질병에 대한 면역항체를 연구했고, 에디슨은 청각장애를 앓고 있었는데도 축음기를 발명했을 뿐만 아니라 프랭클린 루즈벨트는 지체장애인이었지만 미국 대통령이 되었습니다. 우리의 역사는 시련과 위기에 맞선 사람들에 의해 더욱더 풍성해지고 있기에 지금의 어려움에 침몰되어서는 안 될 것입니다. 오히려 지금의 어려움을 통해 새로운 내일을 계획하고는 다시 일어서야만 될 것입니다.

7) 벼랑 끝은 어제의 마지막이면서 새로운 오늘의 시작이다

하나의 문이 닫히면 또 다른 문을 열어 주시듯, 끝은 마지막이면서 새로운 오늘의 시작입니다. 끝을 맺는 것은 새로운 장을 시작하는 것과 같습니다. 불신자에게는 끝나는 곳이 삶의 끝일 수도 있지만 만군의 여호와 하나님께 택함 받은 자녀들에게는 끝나는 곳에서 다시 새로운 역사가 시작되기에 마지막까지 포기해서는 안 됩니다. 그러기에 택함 받은 자에게 있어서 인간이 해결하기 어려운 고난의 문제는 존재할 수가 없습니다. 오직 기도 제목만이 존재할 뿐입니다.

기도 제목이 되는 순간부터 그 문제는 하나님께 전이가 되어버려서 나의 문제가 아니라 하나님의 문제가 되어버립니다. 우리는 그저 하나님의 커다란 날개 위에서 날개를 꼭 붙잡고 기다리면 됩니다. 인생의 벼랑 끝은 잊어버렸던 하나님의 사랑을, 하나님의 율례를 배우기 시작하는 요람임을 결코 잊어서는 안 됩니다.

> 독수리가 보금자리를 흔들어 놓고 파닥거리며 떨어지는 새끼를 향해 날아 내려와 날개를 펼쳐 받아 올리고 그 죽지로 업어 나르듯(신 32:11).

8) 벼랑 끝은 축복의 장소다

벼랑 끝은 두려운 곳입니다. 그러나 믿는 자나 불신자나 다 같이 날아다닐 수가 있다는 것을 알았다면, 또는 누군가가 그 밑에서 받쳐 주기 위해 기다리고 있다는 것을 알았다면 결단코 벼랑 끝을 두려워하지 않았을 것입니다. 만사가 내 뜻대로 돌아가는 것 같은 그때에는 벼랑 끝의 두려움을 아무도 모를 것입니다. 그러나 인생의 벼랑 끝에서 떨어졌을 때야 선택받은 자와 그렇지 못한 자의 결말을 비로소 알게 됩니다.

하나님은 그 택함 받은 자에게 날개가 있음을 알려주려고 일부러 벼랑 끝으로 그를 몰고 가실 수도 있습니다. 벼랑 끝에서 떨어져서 날기 시작한 사람들은 보통 사람들이 볼 수 없는 것을 보고 체험합니다. 숲속에서 걸을 때는 오직 나무 하나하나만이 보이지만 숲에서 나와 높은 언덕에서 바라볼 때 숲 전체가 보이듯 벼랑 끝에서 날아본 사람의 인생을 보는 안목도 그만큼 달라집니다. 인생을 더 높고, 더 넓게 그리고 더 깊이 바라보게 됩니다. 어쩌면 이를 위해 하나님이 우리를 벼랑 끝으로 몰아넣으시는지도 모르겠습니다. 그 벼랑 끝에서 하나님의 살아 계심을 체험했기에, 인생의 안목이 달라지기에 벼랑 끝은 축복의 장소라고 하는 것입니다.

9) 고난이 다가오는 여러 이유

살다 보면 주님이 전혀 보이지 않는 풍랑이는 인생의 바다에서 그물을 던지면서 "주님 대체 어디 계신 것입니까"라고 말하며 내 안에 주님이 계시는 것을 전혀 느끼지 못할 때가 있었을 것입니다.

성경에는 참새 한 마리가 땅에 떨어지는 것도 하나님의 섭리가 있다고 하는데 하물며 하나님이 택하신 그 자녀들에게 다가오는 고난에 왜 의미가 없겠습니까?

그 이유에 대해 많은 이유가 제기되고 있습니다. 하나님과의 교제가 완전치 않다, 회개해야 한다. 다른 사람을 용서해야 한다, 의롭게 살아야 한다, 하나님의 율례를 배우게 된다, 겸손하게 된다, 하나님만 바라보게 된다, 하늘에 속한 그리스도를 믿으면서도 세상적이며 세속적 삶을 살아서 그런다, 땅의 것보다 하늘의 것을 구하라 등등. 이론적으로는 다 맞는 말이며 부분적 해답도 나오지만, 단정적 결론은 내릴 수도 없고 내려서도 안 됩니다. 왜냐하면, 하나님께서도 단정적 결론을 유보하셨기 때문입니다.

> 그리고 하나님이 하시는 일을 살펴보니 세상에서 되는 일을 사람은 이해할 수가 없다. 아무리 애써서 찾는다고 해도 그 의미를 찾을 수가 없으며 지혜로운 자가 다 안다고 주장하여도 실제로 그것을 이해할 수가 없다(전 8:17).

10) 고난이 주는 유익

하나님께서도 단정적 결론을 유보하신 고난의 이유를 이전에도 또 앞으로도 분명하게 말하기는 어렵지만 확실한 사실 하나가 있습니다. 그것은 사람이 잘될 때보다는 고난을 겪으면서 깨닫는 유익이 훨씬 많다는 것입니다. 평범한 삶에서는 발전과 변화가 거의 없지만 고난은 인생을 깊이 생각하게 합니다. 무엇보다 고난은 자아를 깨뜨립니다. 그래서 새로운 세계를 보게 합니다. 하나님을 찾게 합니다. 어렵고 힘든 이웃을 돌아보게 하는 등 새로운 삶을 창조하는 삶의 기회이자, 도전이 된다는 것입니다.

하나님이 깊이 쓰시는 사람들은 그런 사람들입니다. 아브라함이 그랬고, 야곱도, 모세도, 바울도 하나님이 깊이 쓰시는 믿음의 사람은 모두가 높은 절망의 벼랑 끝에서 떨어져 오랜 세월을 깊은 두려움 속에 홀로 날아본 사람들이었습니다. 이처럼 벼랑 끝은 위험하고, 고통스럽고, 두렵고 떨리는 아픔과 슬픔이 가중된 놀랍고 무서운 곳이지만 그 벼랑 끝에서 하나님의 은혜가 임하시기에 축복의 장소가 됩니다. 이것이 기독교 신앙의 역설이요 신비로움입니다. 다른 어떤 유로도 이러한 일은 일어나지 않습니다. 오직 기독교에서만 일어납니다. 그것은 우리의 전능하신 긍휼의 하나님이 거기 계시기 때문입니다.

11) 고난이란 하나님이 우리에게 주시는 확성기다

C.S. 루이스는 말했습니다.

> 고난이란 하나님이 우리에게 주시는 확성기다. 하나님의 말씀을 못 알아듣는 자에게 마이크를 들이대고 말하는 것과 같다.

우리는 흔히 고난을 광야로 표현하기로 합니다. 히브리어로 광야를 '미드바르'라고 합니다. 이의 어원은 '다바르' 곧 '말하다'라는 동사에서 나왔습니다. 인간의 죄 된 본질상 등 따뜻하고 배부른 상태에서는 하나님의 소리에 거의 관심을 두지 않습니다. 그러나 보이는 것이 아무것도 없는 허허벌판의 고난이란 광야로 나와야 잘 알아듣습니다.

그렇습니다. 고난이란 광야는 확성기와 같기 때문입니다. 따라서 우리 앞에 고난이 다가올 때 '왜, 나만 이렇게 힘들어야만 하는가'라고 생각하기보다는 고난 속에 숨어있는 하나님의 뜻을 알기 위해 엎드려야만 합니다. 누구에게나 찾아오는 고난이지만 그 고난을 해석할 수 있는 능력이 있다면 그 고난은 의미 있는 고난이 되어 견딜 힘이 나오지만 그렇지 못할 때 헛된 고난이 되어버리기 때문입니다. 이 세상에 고난을 겪지 않고 사는 사람이 거의 없고 또한, 고난을 이기지 못한 성공자도 없습니다.

그렇습니다. 하나님을 믿으나 안 믿으나 고난은 다 옵니다. 그리고 고난은 고난일 뿐 오랫동안 참고 견딘다고 고난이 복으로 변하는 것도 아닙니다. 다만 신자에게는 이 고난을 매개체로 삼아 나를 깊이 돌아 보고 나의 삶이 변하는 계기로 삼아야 합니다. 왜냐하면, 믿는 자에게 다가오는 고난은 모두 다 깊은 연유가 있기 때문입니다. 어떠한 상황에서도 고난의 환경에 무너져서는 안 됩니다.

12) 우리의 고통에 침묵을 지키시는 이유

고난을 겪을 그 당시에는 아무것도 모른 채 이해하지 못할 고난 속에서 헤매고 있었지만, 오랜 시간이 지난 후에 '아, 그때, 그 일은 그렇게 있어야 했구나'라고 비로소 알게 되는 것들이 참으로 많이 있습니다. 지금도 하나님께서는 그 자녀들의 고통에 침묵을 지키고 계십니다. 연단을 통해 하나님의 합당한 그릇으로 변화시켜 더 큰 축복을 주시기 위해서 그러시는 것입니다.

가끔 커다란 기념비석을 볼 수가 있었을 것입니다. 커다란 바위에 글자를 새기려면 쇠처럼 아주 단단한 바위를 구해야만 합니다. 가장 단단한 바위는 강가나 강바닥에 있는 소위 강돌(river rock)이라는 돌입니다. 산꼭대기에 있던 큰 바위가 오랜 세월 동안 이리저리 부대끼며 구르고 내려와 물을 많이 먹어야 단단해지며, 그냥 산에만 있으면 아무리 오래되어도 물렁물렁한 바위일 뿐이라고 합니다.

우리의 삶도 그렇습니다. 이런저런 온갖 어려움을 겪어 오면서 비로소 하나님이 원하시는 모습으로 연단되는 것 같습니다. 우리를 하나님이 원하시는 합당한 그릇으로 변화시키기 위해 우리의 고통에 침묵을 지키시는 것입니다.

알곡인지 쭉정이인지는 고난의 과정을 겪는 모습을 보면 압니다. 흔히 생각하기로 신앙생활 중에 고난 겪으면 대부분 회의를 하고 하나님을 떠날 것 같지만 그와 반대로 믿음이 바로 선 사람은 고난을 겪을수록 더 큰 믿음의 단계로 나가는 것을 자주 볼 수 있습니다. 장마가 질 때마다 작은 돌들은 물살에 쓸려 떠내려가지만 덩치가 큰 바위는 물살을 이기고 버티면서 오히려 위로 조금씩 올라갑니다. 그것은 물살에 바위 밑의 모래가 파이게 되므로 바위의 무게 중심이 위로 기울어 조금씩 위로 굴러 올라가게 되기 때문입니다.

호된 비바람을 맞을 때는 한없이 원망스럽기도 하지만, 이 과정을 통하여 신앙이 큰 바위처럼 성숙하고 하나님께 더 큰 것들을 얻게 되는 경우를 많이 볼 수가 있습니다. 믿음의 신비로움이 여기에 있습니다. 그러기에 역경을 많이 겪을수록 하나님께 더 큰 경외심을 갖고 나가게 됩니다. 또 축복을 많이 받을수록 믿음이 더 좋아질 것 같은데 현실은 꼭 그렇지가 않습니다. 아담과 하와가 전혀 부족한 것이 없을 것 같은 최상의 조건에서 범죄한 것을 잊어서는 안 됩니다.

> 우리가 알거니와 하나님을 사랑하는 자 곧 그 뜻대로 부르심을 입은 자들에게는 모든 것이 합력하여 선을 이루느니라(롬 8:28).

13) 광야에서 만나는 구름기둥, 불기둥

하나님이 이스라엘 백성을 애굽에서 끌어내시는 데는 단 하룻밤밖에 안 걸렸으나 그들에게서 애굽의 잔재를 도말시키는 데는 무려 40년이란 긴 세월이 걸렸습니다. 이처럼 하나님께 택함 받은 후에도 하나님이 원하시는 대로 온전히 서는 데는 긴 고통과 고난의 세월이 흐릅니다. 그렇기에 불시험이 오는 것을 이상하게 여기지 말고, 하나님을 믿어도 별수 없다고 낙담하거나 흔들리지 말아야 할 것은 광야 생활 40년 동안 낮에는 구름기둥으로 뜨거운 햇볕을 막아 주셨고, 밤에는 불기둥으로 추위를 면케 해 주셨다는 것입니다.

이 시간 우리의 삶 속에서도 하나님은 그때와 똑같은 구름기둥과 불기둥으로 지켜 주십니다. 그리고 필요에 따라서는 빈 그물이 찢어질 것 같은 만선으로 돌아오게도 하십니다. 결코 두려워해서는 안 됩니다. 햇빛과 비가 악인과 선인에게 골고루 뿌려지는 것처럼 이 세상의 누구도 아담의 후손인 이상 아담의 원죄로 인해 고난의 길에서 벗어날 길은 없습니다. 그러나 하나님을 믿는 자에게 다가오는 고난은 일반적인 고난과는 다르다는 것을 알아야 합니다.

> 하나님이시여, 주는 불로 은을 연단하듯 우리를 연단하셨습니다. 우리를 이끌어 그물에 걸려들게 하시고 우리 등에 무거운 짐을 지우셨으며 원수들이 우리를 짓밟게 하셨습니다. 우리가 불과 물을 통과했으나 이제는 주께서 우리를 안전한 곳으로 이끌어내셨습니다(시 66:10-12).

14) 애굽에서 가나안으로 가는 길

이스라엘 백성이 애굽의 노예에서 해방되어 젖과 꿀이 흐르는 약속의 땅 가나안에 가는 데는 무려 40년이라는 긴 세월이 흘렀습니다. 그러나 실제 거리는 그렇게 먼 거리가 아닙니다. B.C.1450년경 애굽을 떠난 이스라엘 백성이 가나안으로 들어가는 데는 두 길이 있었습니다.

하나는 지중해 연안을 끼고 블레셋 땅을 통하여 가나안으로 가는 길인데, 이 길은 요단강을 건너지 않아도 되고, 약 1주일밖에 걸리지 않지만, 막강한 군사력을 가진 블레셋이 허락할 리가 없는 길이고, 또 하나는 시내반도를 거쳐 마라와 엘림과 신광야와 그비딤과 시내산을 거쳐 요단강을 건너는 길인데, 곧장 간다면 1개월이 걸리는 길입니다.

오늘날의 경우 자동차로는 7-8시간, 비행기로는 40-50분의 거리인 이 코스를 40년에 걸쳐서 돌아왔다는 것은 우리에게 깊은 생각을 하게 합니다. 그러면서도 우리에게 위로가 되는 것은 40년 동안 하나님은 한 번도 그들을 떠난 적이 없다는 사실입니다.

구름기둥과 불기둥은 하나님의 임재의 표징인데, 이스라엘 백성이 광야에서 방황하던 기간에는 떠나지 않았으나, 요단강을 건너 약속의 땅을 정복한 후에는 떠났습니다. 사막의 낮은 정말 덥습니다. 그래서 자기 백성을 보호하기 위해 낮에는 구름기둥으로 그늘을 만들어 주셨고, 밤에는 어둠의 공포감을 제거하고, 추운 사막의 밤을 견디게 해 주시기 위해 불기둥으로 그들을 보호해 주셨습니다.

어디 그뿐인가요?

택한 자녀들이 굶주려 죽지 않게 하려고 밤마다 만나를 내려 주셨고(이 또한, 약속의 땅 가나안에 정착한 뒤로는 내리지 않았습니다), 고기를 원할 때는 셀 수 없을 정도로 무수한 메추라기를 보내 주시기도 했습니다.

하필 메추라기일까요?

메추라기 고기는 한방에서 최고의 보양식으로 인정됩니다. 맛이 달고, 독이 없으며, 성인병 예방에 아주 좋으며, 오장육부의 기능을 강화하고, 근육과 뼈를 튼튼하게 하며, 더위와 추위에도 강하게 할 뿐 아니라, 물이 나빠서 걸리는 이질에도 효과가 좋다고 하는데 사막에서 가장 필요한 것을 배려해주시는 하나님의 사랑이 그저 놀라울 뿐입니다.

15) 간절한 마음으로 하나님의 임재를 구하라

위에서 여러 고난의 이유를 열거해 봤습니다만 근본적으로 타락된 인간의 의지만으로 해결하기에는 거의 불가능한 조건들입니다. 그러나 오직 한 가지 성령님의 내주와 그 충만함을 입으면 누가 지적하지 않아도, 누가 가르쳐 주지 않아도 자발적으로 기쁜 마음으로 다 이행하게 됩니다. 따라서 인생의 빈 그물 앞에서 가장 중요한 것은 간절한 마음으로 주님의 임재를 구하는 기도가 필요한 것입니다. 역설적으로 인생의 배가 비어 있을수록 더 빨리, 더 충만히 채워짐을 아셔야 합니다.

당신은 지금 빈 배인가요?

주님은 자신의 나약함을 인정하는 사람과만 함께 하십니다. 자신의 힘으로 인생의 배를 움직이려 했던 베드로가 주님의 명령에 순종한 후에 한 고백은 "나는 죄인이로소이다"(눅5:8)입니다. 실패와 역경 속에서라도 베드로와 같은 고백을 할 수 있다면 세상에서는 실패한 빈 배였지만 하나님으로 인해 인생을 다시 일으키는 은혜의 빈 배가 될 것입니다.

하나님의 역사는 꾸준히 일어나기도 하지만, 어느 날 갑자기 일어나는 경우도 많습니다. 여리고 성의 함락도, 나아만 장군의 병 고침도, 다니엘의 기도도 하나님의 작정하신 마지막 때에 순식간에 이루어졌습니다. 따라서 간절한 마음으로 주님의 임재를 구하는 인내의 기도가 참으로 중요합니다.

16) 엘 사다이, 전능하신 하나님

우리가 믿는 하나님은 '엘 사다이,' 곧 '전능하신 하나님'이십니다. 엘 사다이란 단어는 성경의 여러 곳에서 나오나 하나님 스스로 자신을 '엘 사다이' 하신 곳은 창세기에서 단 두 번만 나옵니다. 아브라함과 야곱이 현실적으로는 아무것 안 보여서 낙담되고 침체된 상황에 나타나셔서는 힘과 용기와 소망을 부어주시는 장면에서입니다. 예수 보혈의 은혜로 택함 받은 우리는 영적으로 오늘날의 아브라함이요 야곱임을 기억해야 합니다.

> 아브람의 구십 구세 때에 여호와께서 아브람에게 나타나서 그에게 이르시되 나는 전능한 하나님이라 너는 내 앞에서 행하여 완전하라(창 17:1).

> 그에게 이르시되 네 이름이 야곱이다마는 네 이름을 다시는 야곱이라 부르지 않겠고 이스라엘이 네 이름이 되리라 하시고 그가 그의 이름을 이스라엘이라 부르시고 그에게 이르시되 나는 전능한 하나님이니라 생육하며 번성하라 국민과 많은 국민이 네게서 나고 왕들이 니 허리에서 나오리라. 내가 아브라함과 이삭에게 준 땅을 네게 주고 내가 네 후손에게도 그 땅을 주리라 하시고(창 35:10-12).

2. 고난을 어떻게 극복할 것인가?

1) 자신이 겪은 고통의 분량만큼 성숙해진다

인간은 자신이 겪은 고통의 분량만큼 성숙해집니다. 고난의 광야를 건널 때 진정으로 겸손해지고, 하나님을 의지하게 합니다. 광야는 밤에는 춥고, 낮에는 더워서 사람이 살 수 없습니다. 그러기에 오직 하나님만을 의지해서 사는 법을 배워야 합니다. 이러한 과정에서 하나님의 특별한 사랑을 경험하는 장소가 됩니다. 또한, 광야를 통해 하나님을 만나고 인생을 배울 수 있기에 자연히 하나님과 가장 가깝게 되는 시간이기도 합니다. 그러나 광야는 잠시 거쳐 가는 과정일 뿐 목표가 될 수도 없고 되어서도 안 됩니다.

오늘날 포스트코로나가 바로 광야입니다. 한 번도 경험하지 못했던 일들로 인해 불안과 두려움과 고통 속에서 헤매고 있습니다. 이제 이 광야에서 살아남는 법을 배워야 합니다. 고난을 당한다고 다 하나님의 사람이 되는 것은 아닙니다. 고난 속에서도 하나님을 바라보는 인내를 갖고 견디는 사람만이 하나님의 사람이 됩니다.

조지 밀러의 일기에 이런 말이 나옵니다.

> 우리의 믿음이 강해지길 바란다면 우리의 믿음이 연단될 기회를 피해서는 안 된다. 믿음의 연단을 받으면 받을수록 주님의 도우심과 인도하심을 볼 수 있는 기회를 더 많이 얻게 될 것이기에 이에 따라 우리의 믿음도 더 성장하게 될 것이다.

그런 의미에서 '고난을 축복의 통로'라고 부르는 것입니다.

2) 최우선으로 회개의 시간을 가져 기도의 문을 열라

> 여호와께서 능력이 부족하여 너희를 구원하지 못하는 것이 아니며 귀가 둔하여 너희 부르짖는 소리를 듣지 못하는 것이 아니다. 너희 죄가 너희를 하나님과 분리해 놓았기 때문에 그가 너희를 외면하고 너희 부르짖음에 귀를 기울이시지 않는 것이다(사 59:1-2).

이 말씀처럼 기도의 맨 처음 순서로는 알게 모르게 지은 모든 죄를 꺼내어 성령님이 임재하실 내 마음의 방을 깨끗하게 청소하는 회개의 시간을 반드시 가져야만 합니다. "천국은 침노하는 자의 것"이라고 했습니다.

지금 이 시간 내 능력을 벗어난 문제가 나를 괴롭히고 있다면, 지금이 하나님을 다시 만날 기회가 아닌지, 며칠을 금식기도와 같은 고생을 하고 일생을 괴롭힐 모든 문제에서 해방되는 게 최고의 현명한 처신이 아닌지, 깊이 생각해야 할 것입니다.

하나님과의 대화의 물꼬를 트기 위해서는 제일 먼저 하나님과의 사이에 담벼락이 된 죄의 담벼락을 부수어야만 합니다. 하나님과의 대화가 필요하다고 느끼면 그 기도의 자리에 임하자마자 즉시 회개의 기도 시간부터 가져야 합니다.

> 나는 사랑을 천 대까지 베풀고 죄와 잘못을 용서하지만, 그렇다고 범죄한 자를 벌하지 않은 채 그대로 두지는 않을 것이며 그 죄에 대해서는 자손 삼사 대까지 벌할 것이다. 그러자 모세가 급히 땅에 엎드려 경배하며 이렇게 말하였다. 여호와여, 내가 만일 주께 은총을 입었거든 주께서 우리와 함께 가소서. 이 백성이 말을 잘 듣지 않는 고집 센 백성이긴 하지만, 우리의 죄와 잘못을 용서하시고 우리를 주의 백성으로 받아 주소서(출 34:7-9).

이처럼 회개는 그 자리에서 '즉시' 하는 것이지 미루었다가 할 수도 없고, 또 그렇게 해서도 안 됩니다. 사탄이 방해하기 전에 죄를 깨닫는 순간 그 자리에서 해야 합니다. 다윗도 밧세바와 간음한 뒤 나단의 꾸중을 듣자, 그 자리에서 했습니다.

> 그러자 다윗이 "내가 여호와께 범죄하였습니다" 하고 나단에게 자기 잘못을 고백하였다. 그래서 나단은 이렇게 대답하였다. 여호와께서는 왕을 용서하셨습니다. 그러므로 왕은 죽지 않을 것입니다(삼하 1:13).

이처럼 죄를 깨닫자마자 회개하자 이야기가 순리대로 풀리기 시작했습니다. 언제든 기도의 자리에 임하시면 회개의 시간을 가져서 대화의 물꼬를 터야만 합니다. 우리는 하늘 아버지께 기도드리지만, 현실적으로 그 기도를 들으시고 일하시는 분은 성령 하나님이십니다. 그런데 성령님의 특성 중의 하나가 추하고 더러운 곳에는 결코 임재하지 않는다는 것입니다. 우리의 마음속에 도사리고 있는 시기, 질투, 이기심, 분노, 교만의 마음을 씻어내지 않고는 성령님의 임재를 기대할 수 없습니다.

성령님의 임재가 없는 이상 아무리 기도해도 하나님이 듣지 못하시며, 또 하나님이 우리에게 하시는 말씀도 들을 수가 없습니다. 꼭 기도할 때만 필요한 것이 아닙니다. 예배, 찬양, 봉사 등 하나님을 위한 모든 행위가 하나님께 온전히 드려지기 위해서는 그보다 앞서서 드리는 자의 마음이 깨끗이 청결해야 합니다. 그래서 회개를 신앙생활에서의 기본이요, 근본이라고 하는 것입니다.

3) 끝장 볼 때까지 기도하라

세상 말로 소위 "끝장 볼 때까지 기도하라"라고 흔히 말하는데 아주 성경적으로 정곡을 찌르는 조언입니다. 성경을 공부하다 보면 하나님이 우리의 어려운 문제에 개입하는 때를 어느 정도 짐작할 수 있습니다. 주님께서는 인간적인 방법으로는 도저히 불가능한 것이라고 완전히 포기할 즈음의 벼랑 끝에서 떨어져서야 그분의 영광을 드러내시는 분이십니다. 순탄한 방법으로 응답한다면 당연한 것으로 생각하고 하나님의 은혜를 잊었을 것이지만 문제가 어렵게 해결됨으로써 사람으로 하여금 그것이 기도의 응답이었다는 것을 확신시키는 것입니다.

결론적으로 대부분 문제의 마지막 장(chapter)인 벼랑 끝에서 떨어져서야 하나님의 은혜 역사가 일어난다는 것입니다. 따라서 신실하신 하나님을 굳게 믿고 요동치 말고 기도하며 기다려야 합니다.

오래전에 친구와 함께 야구 구경을 간 적이 있었습니다. 우리가 응원하는 팀이 영 죽을 쑤고 있었습니다. 8회에 이르러서도 전혀 이길 가망이 안 보이고 지루해서 가자고 했더니 친구가 말했습니다.

"야구는 9회부터야. 마저 보고 가자."

아닌 게 아니라 9회 말에 이르러 역전극을 벌이는데 그 재미가 상당했습니다.

성경에 기록된 많은 인물뿐만 아니라 오늘날에도 신앙적으로 큰 인물들의 이야기 속에서도 그러한 일들을 많이 볼 수 있습니다.

4) 넘어지되 빨리 일어서는 법을 배우라

에덴동산의 범죄 후, 인간은 누구나 흔들리고, 때로는 넘어지기도 합니다. 아브라함도, 모세도, 다윗도 흔들릴 때가 있었고, 가끔은 넘어지기도 했습니다. 따라서 시험에 들었다고 해서 그것을 이상한 불시험에 든 것처럼 생각하며 자신의 믿음을 자책하거나, 신앙의 뒷걸음질을 해서는 더욱 안 될 것입니다. 중요한 것은 넘어지지 않는 것이 아니라, 넘어지더라도 얼마나 빨리 다시 일어설 수 있는 훈련이 되어 있느냐의 여부일 것입니다. 아직도 우리의 갈 길은 너무도 멀고 또 어떤 시험과 유혹과 곤경이 기다리고 있을지 아무도 모릅니다. 그러나 여기서 제공되고 있는 대비책이 준비되어 있다면 결코 두려워할 필요가 없을 것입니다.

5) 고난을 극복하는 방법

(1) 저항 말고 긍정적으로 현실을 받아들이라

① 인간의 시련과 하나님의 은혜는 동시적이다

우리의 인생길에서는 원하든 원치 않든 크고 작은 고통과 아픔의 파도가 쉴 새 없이 밀려들어 옵니다. 성경에서는 시련과 고통을 믿음의 연단을 위해 하나님께서 사용하시는 귀한 수단으로 말해지고 있지만, 결코 시련 자체가 축복을 가져다주는 것은 아닙니다. 이미 다가온 시련이 축복의 전제가 되는지, 아니면 파멸의 시작인지 결정하는 것은 그 시련 자체라기보다는 그것에 대한 우리의 반응입니다.

똑같은 태양이 버터를 녹이기도 하지만, 진흙을 단단하게 굳히기도 합니다. 아무 데서나 험하게 자라는 잡초는 어떤 강풍에서도 쓰러지지 않습니다. 야생에서 자라는 동안 온갖 풍상을 이겨 내는 과정에서 그 어떤 어려움도 이겨 내는 단단함을 갖춘 덕분입니다. 그러나 햇빛과 비가 풍족한 지역에서 탈 없이 빠르게 자라던 큰 나무들은 한 번 큰 태풍이 지난 후에는 뿌리째 뽑혀 나가는 경우가 많습니다.

그리스도인에게 있어서 인간의 시련과 하나님의 은혜가 동시적임을 볼 때가 많습니다. 고난과 시련은 환난의 성격 이상의 내용을 포함하는 경우가 많아 그가 고난을 어떻게 받아들이느냐에 따라 그리스도인의 삶을 성장시키는 요인도 되고 파괴하는 요인도 됩니다. 제일 먼저, 자기에게 다가온 이해하지 못할 고난에 대해 '왜 내게 그 고난이 일어나야 하는지'하고 그 고난의 이유에 대해 하나님의 해명을 기대하지 말고, 고난을 그냥 받아들여야 합니다.

성경을 자세히 읽어 보면 아브라함, 야곱, 요셉, 욥, 모세 등 성경 속의 많은 믿음의 선배들이 수없이 많은 고난 속에서 살아왔는데 하나님은 그들이 당하는 고난에 대해 왜 그런 고난을 겪어야 하는지를 미리 그들에게 설명해 주신 적이 거의 없다는 사실이 우리를 놀라게 합니다.

욥의 경우가 대표적인데 우리가 완성된 성경을 갖고, 처음부터 나중까지 꿰뚫어보니 하나님이 뜻하시는 원래의 선한 의도를 다 알고 있지만, 당사자인 욥은 전혀 그 고난의 이유도 모른 채 당하여 매우 힘들어하는 모습을 우리는 보고 있습니다. 물론, 나중에 욥은 그 이유를 다 알게 되듯이 우리도 그 당시에는 그 이유를 몰라도 나중에는 하나님의 깊은 뜻을 다 알게 됨을 기억해야 할 것입니다.

② 하나님은 고난의 이유를 해명하지 않으신다

살아가면서 나의 인생에서 하나님의 뜻이 무엇인지를 알기 위해, 특히 어렵고 힘든 환경에 처하게 됐을 때 그 이유를 알게 해 달라고 기도한 적이 누구에게나 있을 것입니다. 사실 나를 향한 하나님의 뜻을 확실히 알수 있다면 다른 헛된 수고나 갈등을 더 이상 겪지 않고 그 뜻대로 열심히 살아갈 수 있을 터인데도 하나님은 여전히 침묵을 지키시어 안개 속을 걷는 것과 같은 경우가 많을 것입니다.

어떤 경우에는 하나님은 우리가 생각하고 바라는 대로 일을 행해 주시기보다는 우리의 상식과 판단을 벗어난 일들을 더 마주치게 함으로써 오히려 더 큰 안개 속을 걷는 것과 같은 때도 있을 것입니다. 그뿐 아니라, 하나님을 배척하는 불신자들이 겉으로 보기에는 더 형통한 것 같고, 오히려 하나님만을 충실히 섬기며 하나님만 의지하려는 사람들에게 계속 어렵고 힘든 일들이 일어나는 것을 볼 때마다 우리는 혼돈과 갈등의 세계에 빠질 때가 많습니다.

우리는 그러한 역경에 처할 때마다 '왜 내게 이런 일이, 왜 나만이' 하면서 그 이유를 알려고 기도하고 금식하며 열심히 부르짖지만, 하나님은 여전히 그 이유에 대해서 어떤 해명도 없이 침묵을 지키고 계신다는 점에서 우리를 더 어렵고 힘들게 만들 때도 많습니다.

예기치 못했던 역경이 찾아왔을 때, 제일 첫 단계는 내게 다가온 현실을 인정하고 받아들이는 것입니다. 내가 믿고 의지하는 하나님이 행복과 불행도, 건강과 질병을 포함한 그 모든 것을 통제하고 계신다는 것을 믿는다면 내게 임한 고난이 비록 지금은 내가 이해하지 못할지라도 하나님의 어떤 섭리가 있다고 생각하고 받아들여야 합니다. 이게 믿음이요, 순종입니다.

③ 역경을 현실로 받아들임은 순종의 첫 단계다

이해하지 못할지라도 믿음으로 순종하여 첫 단계를 밟아 나갈 때 하나님은 다음 단계의 일을 보여주십니다. 왜냐하면, 이는 하나님의 약속이기 때문입니다. 그런데 첫 단계를 내가 원치 않는다고 거부할 때 자연적으로 나타나는 현상이 '왜 내가' 하는 하나님을 향한 불평, 불만, 의심입니다.

애굽을 나온 1세대들이 하나님을 향한 불평과 원망으로 인해 여호수아와 갈렙만 빼고 모두 광야에서 죽었다는 것을 기억해야 합니다. 이런 상태에서는 하나님은 다음 단계의 일을 우리에게 보여줄 수가 없게 됩니다.

'왜, 내가' 하며 거부하지 말고, 역경을 현실로 받아들이십시오. 무조건 다가온 고난을 인정하고, 받아들인 다음에, 그 현실에 적응해 나갈 수 있는 지혜와 믿음의 능력을 위해 하나님께 간절한 마음과 끈질김으로 기도해야 합니다.

언제까지 기도해야 할까요?

성령님이 주시는 평안이 우리의 심령을 점령할 때까지 기도해야 합니다.

> 그러면 도저히 상상도 할 수 없는 하나님의 놀라운 평안이 그리스도 예수님 안에서 여러분의 마음과 생각을 지켜 줄 것입니다(빌4: 7. 현대인의 성경).

반전(反轉)의 예를 들면 다음과 같습니다.

요셉: 보디발의 아내의 유혹에 대항하는 요셉의 착한 일에 대한 보상은 칭찬이 아니라 감옥에 갇히는 것이었습니다. 그래도 요셉이 하나님을 향한 불평 없이 그 역경을 받아들인 결과 13년 후에는 애굽의 총리가 되어 기근 속의 애굽 사람만이 아니라 자기 민족까지 살리는 일을 합니다.

바울과 실라: 하나님의 사역을 열심히 한 결과가 감옥에 갇히는 것이었습니다. 그러나 원망하지 않고 그 역경을 감사로 받아들여서 찬양을 드리자, 반전이 일어나 간수의 집과 죄수들의 구원을 받게 합니다.

아브라함: 이 경우에는 역반전의 경우입니다. 순종해서 가나안으로 갔지만 기근이 심한 것을 알고는 그 역경을 감당할 수가 없어 하나님의 허락 없이 곡식이 풍성한 애굽으로 갔고 그 결과 아내를 빼앗기는 등 망신을 당합니다.

최고의 반전: 예수님의 십자가에서의 죽으심입니다. 십자가에 매달리심으로 사탄 마귀가 승리한 것 같았지만 사흘 후에 부활하심으로 인해 온 인류의 구원이 이루어졌습니다.

욥의 믿음: 우리는 본받아야 합니다.

> 욥이 일어나 겉옷을 찢고 머리털을 밀고 땅에 엎드려 경배하며 가로되 내가 모태에서 적신이 나왔사온즉 또한, 적신이 그리로 돌아가올지라 주신 자도 여호와시요 취하신 자도 여호와시오니 여호와의 이름이 찬송을 받으실지니이다 하고 이 모든 일에 욥이 범죄하지 아니하고 하나님을 향하여 어리석게 원망하지 아니하니라 (욥 1:20-22).

> 그 아내가 그에게 이르되 당신이 그래도 자기의 순전을 굳게 지키느뇨 하나님을 욕하고 죽으라. 그가 이르되 그대의 말이 어리석은 여자 중 하나의 말 같도다 우리가 하나님께 복을 받았은즉 재앙도 받지 아니하겠느뇨 하고 이 모든 일에 욥이 입술로 범죄치 아니하니라 (욥 2:9-10).

④ 말씀과 기도로 받아들이라

다가온 역경을 피할 수 없는 현실로 인정하고 받아들이기 시작하게 되면 저절로 불평과 원망의 소리가 사라지게 되면서 그 자리에는 간절한 간구의 기도의 소리가 자리 잡게 합니다. 그렇다고 무조건 받아들여야지, 받아들여야지 한다고 받아들여지지는 않습니다.

오직 우리의 마음과 생각이 선한 하나님의 은혜 말씀으로 채워져야 하고, 그 채워진 말씀들이 온 힘으로 드려지는 기도로 우리 삶의 에너지로 변할 때만 가능합니다. 이렇게 노력하면서 현실을 인정하고, 받아들여서, 적응해 나갈 때 우리는 그것을 믿음이요, 순종이라고 하는 것이며, 그때 하나님의 은혜가 와서 그 다음 단계로 인도해 주시는 것이지, 피하려고 거부하고 부정하는 이상 불평과 원망 속에 언제나 그 자리에서 맴돌게만 된다는 것을 알아야 합니다.

⑤ 감당할 시험만 주신다

여기서 우리가 깊이 생각해서 배워야 할 것이 하나 있습니다. 그 위대한 믿음의 선배들에게도 해명하지 않으신 하나님이 지금 우리에게 우리가 당하는 고난에 대해 특별히 설명해 주실 것인가 하는 것입니다. 답은 간단합니다. 아닙니다. 우리에게도 똑같이 해명하지 않으십니다. 따라서 우리는 우리가 살아가면서 부딪히는 여러 가지의 이해하지 못할 고난이나 어려움, 그리고 우리 주변의 많이 이해하지 못할 부조리에 대해 하나님의 해명을 들으려는 헛된 노력을 더 이상 해서는 안 된다는 것입니다.

하나님에 대해서 우리는 알 수 있는 것은 성경에 나와 있는 것 제외하고는 전혀 없습니다. 또 다 알 수 있다면 그는 우리가 아는 하나님이 아닙니다. 성경의 수많은 인물, 심지어는 예수님조차도 그 부르짖는 고통에 대해서 하나님은 한 번도 응답하지 않으셨습니다. 그러나 나중에는 다 알게 됩니다. 주의할 점은 믿음의 대선배들에게도 그 이유에 해명해 주지 않으신 하나님이 나같이 약소한 자에게 해명해 주시겠나 하고 체념하지는 말아야 합니다. 체념은 불신앙의 하나이기 때문입니다. 오히려 적극적인 태도로 임해야 합니다.

> 하나님!
> 이 고난이 왜 내게 임했는지 저는 모르겠습니다. 그러나 그 모든 것을 주관하시는 하나님이 내게 필요한 것이어서 주셨다는 것을 믿기에 받아들이겠습니다. 그러나 나의 연약한 믿음으로는 이를 감당해 나갈 수가 없습니다. 지금 이 시간 이 고난을 감당할 만한 믿음을 허락해 주시옵소서. 그리고 정녕 이를 감당할 수가 없을 때 주님의 약속대로 피할 곳을 허락해 주시옵소서. 예수그리스도 이름으로 기도합니다.

우리 삶에서 다가오는 어떤 고난도 모두 다 하나님이 주관하시며, 또 언제나 다 감당할 만한 시험(고전 10:13)만 주신다고 하나님은 약속하셨기 때문입니다.

> 사람이 감당할 시험 밖에는 너희에게 당한 것이 없나니 오직 하나님은 미쁘사 너희가 감당하지 못할 시험 당함을 허락지 아니하시고 시험당할 즈음에 또한, 피할 길을 내사 너희로 능히 감당하게 하시느니라(고전 10:13).

바로 이러한 기도가 믿음의 기도요, 하나님이 기뻐하시는 순종의 삶입니다. 하나님은 우리가 믿음으로 한 단계 밟았을 때 곧이어 그 다음 단계로 인도하시는 하나님이십니다.

⑥ 침묵 속에서도 여전히 그분은 거기 계신다

침묵 속에서도 여전히 그분은 거기 계십니다. 아직은 내가 버틸 수 있기에 침묵을 지키시는 것일 뿐입니다. 감당하지 못할 지경에서는 다른 길을 보여 주실 것입니다. 주께서 말씀하신 대로 이해할 수 없는 인생의 부조리까지 포함한 모든 염려를 다 맡겨 버리고 계속 그 길을 걸어가셔야만 합니다. 그 길 끝에 다다른 후에는 반드시 하나님은 예기치 못했던 더 좋은 것들을 거기에 준비해 주실 것입니다.

『실낙원』의 저자 존 밀턴은 어린 시절 창세기 1장에서 3장까지 말씀을 읽고 큰 감동을 받아 이 말씀을 주제로 멋진 소설을 쓰겠다는 꿈을 꾸게 되었습니다. 그러나 꿈을 펼칠 만한 기회가 도무지 주어지지 않았습니다. 성년이 된 그는 정치적 이유로 감옥에 갇힙니다. 밀턴은 자신을 염려하는 많은 이들에게 다음과 같이 편지를 썼습니다.

> 여러분, 오히려 기뻐해 주십시오. 감옥이야말로 내 꿈을 이룰 수 있는 최선의 장소입니다.

밀턴은 어린 시절부터 꿈꾸던 그 일, 성경을 주제로 글을 쓰기 시작했고 결국 감옥에서 대작 『실낙원』을 완성하게 됩니다.

⑦ 역경은 감당하는 것이지 도피하는 게 아니다

하나님의 응답 없이 아브라함이 기근을 피해 애굽으로 내려간 것은 하나님의 백성으로서 실수였습니다. 우리에게 다가오는 역경은 감당해야 하는 것이지 도피하는 것이 아닙니다. 예수님과 같이 타고 가는 배에서도 큰 풍랑이 임하는 것처럼 큰 믿음의 사람이라고 해서 고난과 환난이 면제된 것은 아닙니다. 햇빛과 비가 악인과 선인에게 내려지는 것처럼 하나님의 백성에게도 일반적인 고난이 주어질 수 있고, 또한, 특별한 하나님의 섭리와 의도가 함축된 연단을 위한 고난이 허용될 수도 있습니다.

비바람 궂은 날씨를 견딘 작물이 알이 잘 여문 곡식이 되듯이, 조석으로 일교차가 큰 해의 단풍잎이 더욱 아름답듯이, 알맹이 없이 빈속을 가진 쭉정이같이 연약한 사람이 되지 않으려면 우리에겐 반드시 연단이 필요한 것입니다. 수많은 믿음의 선배를 봐도 하나님이 사랑하시는 만큼 연단도 더 커졌습니다. 하나님께서 택하신 자녀들에게 찾아오는 어떤 고난도 무의미한 고난은 하나도 없음을 기억해야만 합니다.

> 형제 여러분, 여러 가지 시험을 당하더라도 그것을 기쁨으로 여기십시오. 믿음의 시련은 인내를 만들어낸다는 것을 아십시오. 그러므로 끝까지 참고 견디어 부족함이 없는 완선하고 성숙한 사람이 되십시오(약 1:2-4).

이 말씀처럼 어려움을 통해 얻게 되는 결과의 유익을 내다보면서 진정으로 기뻐할 수 있는 신앙인이 되어야만 하겠습니다.

> 고난 당한 것이 내게 유익이라 이로 인해 내가 주의 율례를 배우게 되었나이다 (시 119:71).

[예화]
하루하루 매일 힘든 날들을 보내고 있던 어느 자매님이 어느 날 꿈꾸었습니다. 그녀는 꿈속에서 고난의 십자가를 메고 힘겹게 걸어가다가 예수님을 만났습니다.
"예수님, 이 십자가가 내게는 너무 무거워요. 제발 짧게 잘라 주세요."
"다 나중에는 필요한 거야. 자르면 안 돼."
그러나 그녀가 자꾸 잘라 달라고 해서 잘라줬습니다. 그런데도 여전히 무겁게 느껴져서 또 자르고, 또 자르고 했습니다. 여러 번 자르고 나니 "이젠 살만하구나" 하며 계속 걷다가 이윽고 요단강 앞에 이르렀습니다. 여기를 어떻게 건너나 하고 생각하고 있는데, 이어서 도착하는 사람들은 자르지 않은 긴 십자가를 강 위에 걸치고는 그 위로 다 건너갔습니다. 그녀도 메고 간 십자가를 강 위로 걸치려고 했습니다. 그런데 아무리 애써도 너무 짧아 걸칠 수가 없어서 애를 쓰다가 잠에서 깨었습니다.
그렇습니다. 지금 내게는 그게 무거워 보이지만 언젠가는 알게 됩니다. 그때는 그게 내게 꼭 있었어야만 했다는 것을. 고난도 하나님이 주관하십니다. 불평하지 말고, 현실로 받아들이고는 기도하면서 적응해 나가십시오. 그것이 하나님이 기뻐하시는 믿음입니다.

(2) 적응해 나가라

① 고난을 겪으면서 깨닫는 유익

우리는 여기서 잠시 일반적인 고난의 유익에 대해 생각해 보려고 합니다. 무엇보다 하나님이 택한 자녀들은 아무리 어려워도 낙심하지 말아야 합니다. 주님은 우리에게 고난을 주실 때 동시에 위로도 주시기 때문입니다. 세상만사는 순풍에 돛을 달고 망망대해를 가는 것같이 신바람이 나다가도 갑자기 어디서 불어온 바람인지 시련과 고통의 바람이 불어오는 등 연단의 고비를 누구나 만날 수 있습니다. 그러나 우리는 고난을 통해 더욱 강해지고, 고난을 이겨 나가는 과정에서 하나님의 은혜와 영광을 보게 되면서 우리의 믿음은 더욱 굳어지며 단단해지게 됩니다.

은혜를, 기도 응답을 많이 받았다는 것은 그만큼 고난이 많았다는 것을 의미하며 이를 위해 더더욱 엎드리면서 기도의 사람이요, 믿음의 사람이며, 성령의 사람이 되어가는 것입니다. 고난에는 반드시 깊은 뜻이 있습니다. 그리고 그 고난 뒤에 숨겨진 하나님의 깊은 섭리를 찾아내는 길은 기도밖에 없습니다. 기도는 그리스도인들의 영적 호흡이요, 하나님의 비밀을 탐지해 내는 수단이 되기 때문입니다.

C.S.루이스는 "고난은 평범한 당신을 비범한 삶의 주인공으로 만든다"라는 명언을 남겼습니다. 사람이 잘될 때보다는 고난을 겪으면서 깨닫는 유익이 훨씬 많습니다. 평범한 삶에서는 발전과 변화가 거의 없지만 고난은 인생을 깊이 생각하게 합니다. 무엇보다 고난은 자아를 깨뜨립니다. 그래서 새로운 세계를 보게 합니다. 하나님을 찾게 합니다. 어렵고 힘든 이웃을 돌아보게 하는 등 새로운 삶을 창조하는 삶의 기회요, 도전이 됩니다.

믿음의 사람들은 이 영적인 비밀, 곧 고난을 이기고 나면 또 다른 아름다움을 볼 수 있게 된다는 것을 알고 있기에 아무리 고난이 커도 낙심하거나 실망하거나 포기하지도 않는 것입니다. 이 땅 위에 십자가가 없는 성도는 어디에도 없고, 역사상 가장 위대한 시기는 언제나 고난의 시기였습니다.

고난 당하는 사람으로서는 그것이 자기 입에 쓰고도 쓴 뿌리와 같겠지만 하나님으로서는 당신의 자녀로 변화시키는 데 필요한 과정이어서 허락하신다는 것을 명심하시면서 더 이상 우리에게 닥친 고난의 이유를 알려고 노력하지 말아야 합니다. 여러 번 되풀이하듯 하나님은 우리의 믿음의 선배들 누구에게도 그 이유에 대해 해명한 적이 없는 것처럼 우리에게도 해명하지 않으십니다.

② 3A 기법

그렇다면 어떻게 해야 고난을 현실로 받아들이고 적응해 나갈 수 있을까요?

3A 기법을 소개합니다. 그 고난의 이유를 알려고 애쓰지 말고, 무조건 다음과 같이 하세요.

Acknowledgment(인정하라)

Acceptance(받아들이라)

Adjustment(적응하라)

대부분의 사람들은 알지 못하는 고난을 겪으면 첫 단계부터 인정하고 받아들이지 않습니다.

"왜 내게?",

"나보다 더 악한 자도 많은데 왜 내가?"

"그래도 난 믿어 보려고 그처럼 열심히 노력해 왔는데…." 처음부터 부정하며 거부하려 합니다. 그런데 고난은 현실의 문제로 다가와 있기 때문에 거부할 수 없는 힘든 현실에의 적응이 안 되어 영적, 심적 갈등 속에서 말할 수 없는 정신적, 신앙적, 시간적, 나아가서 육체적 피폐와 질병 등의 고통을 받게 될 뿐만 아니라 하나님을 향한 원망과 불평이 나오게 됩니다.

성경에서 불평과 원망이 가져오는 죄가 얼마나 큰지는 이미 출애굽기에서 잘 보여 주고 있습니다. 하나님의 놀라운 은혜와 이적 속에 애굽에서 나왔지만 사흘 만에 마라의 쓴 물 앞에서 원망을 쏟아 내기 시작하더니 (출 15:24), 열두 정탐꾼의 보고를 접한 그들의 원망과 불평은 정점에 달하고 (민 14장), 그 결과 긍정적으로 받아들인 여호수아와 갈렙 외에는 모두 광야에서 죽어 약속의 땅에 가지 못했습니다. 어떤 경우에도 하나님을 향한 원망과 불평을 금해야 합니다.

③ 하나님이 기뻐 받으시는 순종의 자세

이 경우 현실의 고난을 직면하면서 지금은 그 이유를 알 수 없지만, 언젠가는 하나님의 깊은 뜻을 알 수 있을 것이라는 믿음 속에 약속된 하나님의 말씀을 기억하면서(하나님을 사랑하고 그분의 계획대로 부르심을 받은 사람들에게는 결국 모든 일이 유익하게 된다는 것을 우리는 알고 있습니다〈롬 8:28〉) 무조건 다가온 고난을 인정하고, 받아들인 다음에, 그 현실에 적응해 나갈 수 있는 지혜와 믿음의 능력을 위하여 하나님께 간절한 마음과 끈질김으로 기도해야 합니다.

역경을 피할 수 없는 현실로 인정하고 받아들이기 시작하게 되면 저절로 불평과 원망의 소리가 사라지게 되면서 그 자리에는 간절한 간구의 기도의 소리가 자리 잡게 됩니다.

우리의 입술에서 하나님을 향한 불평과 원망의 소리가 사라지기만 해도 굉장히 믿음이 진일보한 것입니다. 그리고 이처럼 입에 쓴 것을 받아들이고 적응해 나가는 자세가 바로 하나님이 기뻐하시는 순종의 자세이기 때문에 곧이어 하나님의 다른 상급이 임하게 됩니다. 그렇다고 무조건 받아들여야지, 받아들여야지 한다고 받아들여지지는 않습니다. 오직 우리의 마음과 생각이 선한 하나님 은혜의 말씀으로 채워져야 하고, 그 채워진 말씀들이 온 힘으로 드려지는 기도로 우리 삶의 에너지로 변할 때만 가능합니다.

④ 펄 벅 여사의 아픔

노벨문학상을 수상한 펄 벅 여사가 그 친구에게 보냈던 편지 내용의 일부입니다. 그녀에게는 두 딸이 있었는데 큰 딸 캐롤이 정신지체아였습니다. 자신의 사후 그 딸의 남은 인생을 위한 재산을 남겨두기 위해 작가의 길에 들어섰고, 그 결과 노벨문학상과 인류를 위한 위대한 족적을 남기게 되었지만 그 딸에 의한 아픔은 치료받을 길이 없었던 것 같습니다. 그 편지 속에는 이런 내용이 있었습니다.

> 친구야!
> 사람이 살아가면서 겪는 고통과 아픔은 여러 가지가 있는 것 같아. 어떤 아픔은 시간이 흐르면 저절로 사라지고, 또 다른 아픔은 가슴 속에 파묻고 견디어 나갈 수도 있지만, 이 아픔은 나의 삶 자체가 되어버린 것 같아.

그녀는 자기 삶 자체가 아픔이라는 것입니다.
왜 그럴까요?
그것은 현실을 받아들이지 못하고 있기 때문입니다. 현실을 인정 못 하기에 받아들일 수 없고, 그러기에 그 환경에 능동적으로 적응해 나갈 수가 없었다는 것입니다. 그 결과 아픔 자체가 삶의 일부가 아니라 삶 자체가 되어버린 것입니다. 그로 인해 작가의 길로 들어서서 노벨문학상과 펄벅재단을 설립하는 등 많은 업적을 남겼지만, 개인적으로는 평생 아픔을 갖고 살았던 것 같습니다.

이럴 때 3A 기법을 사용하기를 권해 드립니다. 하나님의 선하신 뜻을 생각하면서 현실을 인정하고, 받아들이고, 나는 이해할 수 없지만 여기에는 분명 전능하시며 선하신 하나님의 뜻이 있다는 것을 소극적으로 아니라 능동적으로 받아들여서 적응해 나가게 된다면, 그 아픔 자체가 삶의 일부는 될 수 있을지라도 내 삶의 전부를 차지할 자리는 없었을 것입니다. 바로 긍정적인 생각의 문제인데, 그것이 인간 의지만으로는 통제될 수가 없다는 것입니다. 오직 성령님이 주셔야만 합니다.

⑤ 하나님의 선한 능력에 의지하기

이를 위해서 가장 필요한 것은 하나님의 선하신 뜻에 대한 믿음을 갖고, 간절히 그리고 끈질기게 기도해 나가는 것입니다. 우리의 불안, 근심 중의 하나는 내일은 어떻게 될까 하는 염려입니다. 그러나 이것도 결국은 선을 이루시는 하나님을 믿는다면 사라지게 됩니다.

예컨대, 하나님은 우리에게 절대로 나쁜 것 주시지 않으며, 감당할 것만 주신다는 것, 앞에 언급한 고난의 유익들을 생각하면서 고난이 클수록 그 은혜와 열매도 크다는 것, 지금은 이해 못 해도 미래를 총괄하시는 하나님의 깊은 섭리가 있으리라는 것 등 하나님의 그 자녀들에게 약속된 말씀들(톰슨 성경의 뒷부분에 많이 나옴)을 붙잡고서는 견딜 힘을 달라고, 능력을 달라고 간절히 기도해야 합니다.

⑥ 빈틈을 메꾸라

택함 받은 자들이 이 땅을 살아가는 데는 성령님만 동행하시는 게 아닙니다. 이 세상의 주관자인 사탄이 오히려 더 호시탐탐 빈틈을 노려보며 따라오고 있습니다. 그래서 우리가 조금만 방심하면 그 빈틈을 사정없이 파고들어 와 우리를 넘어뜨립니다.

> 근신하라 깨어라 너희 대적 마귀가 우는 사자 같이 두루 다니며 삼킬 자를 찾나니 (벧전 5:8).

그런데 우리의 현실은 어떤가요?

우리의 인생 자체가 긍정적이고 기쁜 일보다는 부정적이고 힘든 일들이 더 많은 게 현실이고, 기도 응답의 경우보다는 아무런 응답이 없는 경우가 더 많기에 가끔은 하나님에 대한 불신의 생각이 들 때가 있을 것입니다. 사탄은 이때다 하고 파고들어 와 불신과 부정적 생각을 끊임없이 주입하려고 합니다. "지피지기 백전불패"(적을 알고 나를 알면 백번 싸워도 패배하지 않는다)라는 말이 있습니다. 성경 공부가 매우 필요합니다. 사탄이 언제 틈새를 노리고 들어오는지를 미리 공부하여 알고 있다면 바로 이때 방어선을 쳐서 사탄의 침투를 막아야 할 때라는 것을 알고 있어야 합니다.

⑦ 성령님은 간절한 기도 속에 역사하신다

역경에 적응해 가는 과정에서는 선한 하나님의 능력을 생각하며 도움을 간절히 구하는 기도가 필요합니다. 인간의 힘만으로는 역경을 긍정적으로 받아들일 뿐만 아니라 그 위에 감사까지 드리면서 적응해 나간다는 것은 거의 불가능한 일입니다. 그러나 성령이 함께 역사하시면 가능합니다. 그 성령님은 간절한 기도 속에 임하십니다.

본서의 다른 많은 부분이 그러한 내용으로 가득 차 있습니다. 기독교는 어떠한 인본주의 도덕론이나 철학이나 학문이 아닙니다. 철두철미 모두 다 성령의 역사입니다. 성령님이 모든 것을 판단하시어 꾸중도 하시고 칭찬도 하시며, 또 가끔은 우리보다 먼저 강을 건너셔서 손짓도 하시고, 험한 벼랑길을 올라갈 때는 부드럽고 따스한 손길로 우리를 꼭 붙잡으시고는 계속 우리를 인도하고 계십니다.

간절한 기도와 하나님에 대한 깊은 신뢰를 갖고 인내하셔야만 역경의 현실을 극복해 나갈 수가 있습니다. 많은 성화 중에 가장 마음에 드는 그림이 하나 있습니다. 예수님이 어린양 한 마리를 가슴에 꼭 껴안고 험한 돌벽길을 올라가는 그림입니다. 힘들고 어려울 때마다 조용한 시간에 교회에 나가 강대상 앞의 십자가상 앞에 엎드리곤 그 그림을 마음속에 다시 그려 봅니다. 어린 양의 자리에 나의 연약한 모습으로 대체하고는 간절한 아픔의 눈물로 주님의 은혜를 구합니다. 그럴 때마다 하늘에서 내려오는 한없는 주님의 위로가 오늘까지 나를 이끌어 왔습니다.

⑧ 아빠 찬스, 엄마 찬스, 하나님 찬스

우리는 흔히 '아빠 찬스', '엄마 찬스', '금수저', '흙수저'라는 용어를 만들어 내면서까지 타고난 환경이 우리의 내일을 결정하는 것처럼 말합니다. 맞습니다. 하나님 없이 살아가는 사람들에게는 그것이 일리가 있는 말이 되겠지만 택함 받은 자들에게는 우스운 이야기일 뿐입니다. 우리에게는 내가 자란 환경이 어떠냐보다는 지금 내가 함께 걸어가고 있는 분인 '만군의 여호와 하나님 찬스'가 있다는 것에 위로와 확신과 긍지를 가지셔야 합니다.

요셉은 애굽의 종으로 팔려 갔을 때도, 누명으로 감옥에 갇혔을 때도 하나님이 자신과 함께하심을 한시도 잊지 않았습니다. 그 때문에 자신을 종으로 팔았던 형들을 만났을 때 이렇게 고백할 수 있었습니다. "이곳에 있게 한 것은 형들이 아니라 하나님이 하신 것입니다." 그렇습니다. 인생은 내가 어떤 환경에 놓여 있느냐가 아니라 지금 내가 누구와 함께 걸어가고 있느냐에 달려 있습니다.

⑨ 우리와 함께 계시는 하나님

어떤 사람은 "내 처지를 보라. 이 고통을. 죽지 못해 사는데 감사가 나오냐. 팔자 좋은 소리하지 마라"라고 합니다. 성경의 많은 믿음의 조상들을 보십시오.

처음부터 잘 나간 사람이 있습니까?
아브라함도, 모세도, 엘리야도, 다윗도 얼마나 고생을 많이 했는가요?

특히, 다윗의 시편들을 잘 보십시오. 얼마나 피눈물 나는 구절들이 많은 줄 아십니까?

그런데도 정말 다행스러운 것은 성경 전체를 통해서 이 모든 어려움과 극심한 절망과 고통 가운데서도 공통점이 있으니 '하나님은 우리와 함께 계신다'라는 것입니다. 그래서 아무리 어려워도 기도하면서 낙심하지 말아야 합니다.

> 그래서 내가 너희에게 말한다. 구하라, 그러면 받을 것이다. 찾아라, 그러면 찾을 것이다. 문을 두드려라, 그러면 열릴 것이다(눅 11:9).

주님은 기도하라는 말을 세 번씩 되풀이하고 있습니다. 우리의 간절함과 끈질긴 부르짖음에 주님은 꼭 응답하십니다. 왜냐하면, 이는 하나님의 약속이기 때문입니다.

> 두려워하지 말라 내가 너와 함께함이라. 놀라지 말라, 나는 네 하나님이 됨이라. 내가 너를 굳세게 하리라. 참으로 너를 도와주리라(사 41:10).

(3) 평상시에도 부정적 생각, 말을 버리고 긍정적 생각, 말을 계속하라

① 고난의 면역력

말이 씨가 되어 승리와 패망이 결정된다고 합니다. 자신을 메뚜기라고 여기는 사람(민 13:33)에게 1센티미터의 상처는 치명적일 것이지만 코끼리에게는 모기에게 물린 정도일 것입니다. 간장 종지에 담긴 소금물은 짜기가 그지없겠지만 동일한 양의 소금을 강물에 뿌리면 맹물 맛이 날 것입니다. 소금을 '고난'이라고 한다면, 문제는 소금의 양이 아니라 그릇의 크기에 좌우된다고 하겠습니다. 하나님은 고난을 없애 주시기도 하지만, 우리의 믿음의 그릇을 고난보다 더 크게 하셔서 감당하고 이기게도 하십니다.

코로나19 팬데믹 시대를 거치면서 갑자기 면역력이라는 단어가 최고의 관심사가 되어 버렸습니다. 면역력 강한 사람이 병균을 잘 이기듯이, 고난을 이기는 법도 똑같습니다. 누구나 면역력이 향상되기를 원할 것입니다. 그 비결은 아주 간단합니다. 이 세상의 그 무엇보다 크고도 크신 하나님이신 예수님을 꼭 붙잡고 같이 걸어가는 것입니다. 그렇게 살아갈 때 예수님의 힘이 내 힘이 되고 예수님 권세가 내 권세가 되어 어떤 고난이라도 무난히 이겨 나가게 합니다.

> 내 안에 거하라 나도 너희 안에 거하리라 가지가 포도나무에 붙어 있지 아니하면 스스로 열매를 맺을 수 없음 같이 너희도 내 안에 있지 아니하면 그러하리라 (요 15:4).

② 부정적 말, 긍정적인 말

> 사람은 입에서 나오는 열매로 하여 배가 부르게 되나니 곧 그 입술에서 나는 것으로 하여 만족하게 되느니라. 죽고 사는 것이 혀의 권세에 달렸나니 혀를 쓰기 좋아하는 자는 그 열매를 먹으리라(잠 18:20-21).

인간이 말과 사고는 불가분의 관계를 맺고 있습니다. 그래서 말이 인간의 사고를 형성하기도 하고 인간의 사고가 말을 바꾸기도 합니다. 현실에서 흔히 보듯이 고통을 이기는 면역력이 떨어지면 부정적인 말을 많이 하게 합니다. 고통을 이기는 면역력을 키우기 위해서는 말씀 묵상과 간절한 기도는 기본적인 것이며 이외에도 매일, 수시로 긍정적인 말을 스스로에게 하는 것이 필요합니다. 왜냐하면, 생사화복이, 우리의 미래가 우리의 입술에 달려있기 때문입니다.

하나님이 말씀으로 세상을 창조하셨듯 말은 매우 중요합니다. 말로써 창조적인 역사가 일어나기도 하지만, 파괴적인 재앙을 불러오기도 하기에 어떤 경우에도 긍정적이고 창조적인 말만 꺼내야 합니다.

③ 혀를 쓰는 대로 그 열매를 먹는다

> 나를 원망하는 이 악한 회중을 내가 어느 때까지 참으랴 이스라엘 자손이 나를 향하여 원망하는바 그 원망하는 말을 내가 들었노라. 그들에게 이르기를 여호와의 말씀에 나의 삶을 가리켜 맹세하노라 너희 말이 내 귀에 들린 대로 내가 너희에게 행하리니 (민 14:27-28).

원망과 죽겠다는 말을 습관적으로 행한 이스라엘 백성들은 광야에서 죽었고, 그 다음 세대들만 약속의 땅인 가나안을 밟을 수 있었습니다. 이처럼 무슨 말을 하며 살아가느냐는 너무도 중요합니다.

내가 혀를 쓰는 대로 그 열매를 먹게 된다는 것을 기억해야만 합니다. 매일 아침 거울을 보면서 다음과 같은 긍정적인 말들을 스스로에게 선포하고 하루를 시작해 보십시오. 그 입술의 열매가 어제와는 다르다는 것을 알게 될 것입니다.

"안 된다, 버겁다, 끝장이다, 힘들다, 괴롭다, 짜증 난다."

이 말들을 "된다, 할 수 있다, 감사하다, 기회는 또 있다, 즐겁다"라고 자꾸 말해봐야 합니다. 어떤 때는 짜증 나서 말하기 싫을 때도 있겠지만 그래도 자신을 다듬으면서 일단 희망적인 단어를 소리로 내어 읽어봐야 합니다.

"나는 할 수 있다. 나는 할 수 있다. 나는 행복하다. 나는 감사하다. 나는 괜찮다."

"너는 할 수 없으니 안 된다고 말하고 세상은 돌을 던지며 계속해서 불행을 던져주지만, 아니, 나는 할 수 있어, 난 너랑 달라."

"왜냐고?"

"내 아버지가 만군의 여호와 하나님이시니까. 나는 괜찮아. 나에겐 전능하신 하나님에 대한 믿음이 있어. 운명도 네 마음대로 바꿀 수 없을 거야. 하나님을 믿는 나의 결말은 성공이요, 행복이야."

"성령님!

지금 오셔서 기도하려는 저를 도와주시옵소서. 주님께서 틀림없이 공급해 주실 것을 믿습니다. 온 우주 만물을 창조하신 분이 바로 하나님 아니십니까? 그리고 하나님의 아들인 내가 이 문제 앞에서 주저앉는다면 그건 바로 저희 실패가 아니라 하나님의 실패이오니 책임져 주십시오."

"예수님!

주님은 저의 모든 것이 옵니다. 예수님, 주님은 제가 살아가는 유일한 소망입니다. 주님, 저는 너무도 약하고 부족합니다. 저는 예수님을 떠나서는 아무것도 할 수가 없고, 또 살아갈 힘도 없습니다. 오직 주님만이 저를 살릴 수 있습니다. 저에게 힘을 주시옵소서. 저에게 능력을 주시옵소서. 저에게 축복을 허락해 주시옵소서."

④ 내가 성공할 수 있는 이유

"내게 힘주시는 그리스도 안에서 모든 일을 할 수 있다"라고 했는데 왜, 내가 할 수 없겠는가?(빌 4:13)

"하나님이 나에게 주신 것은 두려워하는 마음이 아니요 오직 능력과 사랑과 근신하는 마음"인데 왜, 내가 두려워하겠는가?(딤후 1:7)

"여호와는 내 생명의 능력이시며, 하나님을 아는 백성은 강하여 용맹을 발휘할 것"인데 왜, 내가 약하겠는가?(시 27:1; 단 11:32)

"내 안에 계시는 하나님이 세상에 있는 이보다 크신데" 왜, 내가 작아져야 하는가?(요일 4:4)

⑤ 입술의 찬양을 바꾸라

하나님은 우리의 입술에서 나오는 찬양에 대해서 큰 관심을 두고 계시며, 또한, 찬양은 자신의 영적인 상태를 진단하는 좋은 지침이 합니다. 만약에 어떤 사람이 절망적인 상태에 놓여 있다면 자연히 그 입술에서는 비관적이고 슬픈 노래가 나올 것이고, 외롭다면 외로움에 관한 노래들이 나올 것입니다. 영적인 상태도 똑같습니다.

자기 입에 자주 오르내리는 찬양이 무엇인지 살펴보면 지금의 영적인 상태가 어떠한 것인지 알 수 있습니다. 만약에 지금 〈괴로울 때 주님의 얼굴 보라〉와 같은 곡을 많이 부르고 있다면 지금 영적으로 힘든 상태에 있어서 위로와 치유가 필요한 처지에 놓여 있을 것입니다. 왜냐하면, 우리의 입술은 우리 마음속에 있는 것들을 표현하기 때문입니다.

많은 연구 결과에 따르면 긍정적인 말을 자주 하면 긍정적으로 바뀌듯 자기 입에서 나오는 노래를 바꾸면 자신의 상태도 바뀐다는 것입니다. 따라서 자신의 영적인 상태가 바뀌기를 원한다면 입술의 찬양도 바꾸어야 합니다. 찬양은 곡조 있는 기도입니다. 고난 중에 부르는 찬양은 인생을 역전시키며, 온 힘을 다해 부르는 찬양은 잠든 영혼을 깨우며, 그 영이 깨어나면 능력 있는 삶을 살게 합니다.

하나님은 찬양을 좋아하십니다. 우리 입술의 모든 찬양을 들으시곤 그대로 역사하십니다. 무엇보다 감사의 찬양을 힘껏 드리십시오. 감사가 감사를 더욱더 불러오기 때문입니다.

(4) 영원한 내일, 곧 천국과 부활에 대한 소망을 갖고 살아가라

이 땅의 것에만 소망을 두고 살아서는 안 됩니다. 마귀가 우는 사자처럼 먹을 것을 찾아 헤매고 있는 이 땅 위의 모든 것들은 반드시 흔들리고 넘어지기 때문입니다. 그러나 천국에 소망을 두고 사는 삶은 거센 풍랑에 흔들릴지언정 결코 넘어지지는 않습니다.

인류 역사상 부활 신앙이 가장 뜨거웠던 때는 예수님의 행적을 직접 목격했던 초기 기독교 공동체였습니다. 초기의 그 극심한 핍박 속에서도 매번 서로 만나면 첫 인사가 "주님이 부활하셨습니다"였습니다. 이러한 부활 신앙으로 인해 그들은 초기의 극심한 박해 속에서도 말살되지 않고, 끝내 살아남아 전 세계에 복음을 전하게 된 것입니다.

① 흔들리는 믿음

현실의 기적을 보고서야 믿는 믿음이라면 금방 흔들려 버립니다.

애굽에서 노예 생활을 하던 이스라엘인들에게 하나님이 그대로 가나안 가라고 했다면 과연 몇 명이나 갔을까요?

그래도 그곳은 의식주가 해결되던 곳이고 보이지 않는 하나님을 잊어버린 지 꽤 오래되었는데. 당시 그들 삶의 실태를 보면 그들은 이미 하나님을 잃어버렸고 믿음도 없었습니다. 그러나 놀라운 기적 열 가지를 보고서야 그들은 하나님에 대한 믿음을 갖게 되었고 비로소 가보지도 않은 가나안을 향하여 나가게 된 것입니다. 그러나 현실의 기적을 보고서야 믿어지는 그들의 믿음의 유효기간은 그들에게 있어 오직 사흘뿐이었습니다.

> 모세가 홍해에서 이스라엘을 인도하매 그들이 나와서 수르 광야로 들어가서 거기서 사흘 길을 행하였으나 물을 얻지 못하고 마라에 이르렀더니 그곳 물이 써서 마시지 못하겠으므로 그 이름을 마라라 하였더라. 백성이 모세를 대하여 원망하여 가로되 우리가 무엇을 마실까 하매 (출 15:22-24).

② 흔들리지 않는 믿음

약속의 땅, 가나안에 대한 확신이 있는 모세를 비롯한 몇몇 지도자들만이 흔들리지 않았을 뿐이었습니다. 오늘날도 많은 사람이 기도의 응답을 바랍니다.

하늘나라도 이 세상도 주관하시는 하나님께 필요한 것을 구하는 것은 마땅하고 바람직하지만, 그 현실적인 기도 응답만이 신앙의 척도가 되어서는 안 됩니다. 사탄이 우는 사자처럼 매일 호시탐탐 기회를 엿보고 있는 이 땅 위에서 매일 좋은 것만이 우리에게 임할 수는 없기 때문입니다. 그 경우 마라의 쓴 물 앞의 그들처럼 반드시 흔들리게 됩니다. 그러나 모세나 여호수아나 갈렙처럼 가나안에 대한 확신, 곧 영원한 내일의 천국과 부활의 소망을 갖는 자에게는 때에 따라 조금 흔들릴지언정 결코 넘어지지는 않습니다.

무엇보다 예수님이 이 땅에 오셔서 우리를 위해 온갖 고초를 당하시며 십자가 위에서 죽으신 것은 우리의 이 땅에서의 행복을 위해서가 아니라 다가올 하늘나라에서의 영생을 주시기 위한 것임을 잊어서는 안 될 것입니다. 코로나바이러스로 인해 주변에 무수히 죽어 나가는 모습들을 보며 어떤 이들은 무서워 벌벌 떨고 있는가 하면 어떤 분들은 "삶과 죽음은 하나님의 손길에 달려 있기에 병에 안 걸려서 오래 살아도 감사하지만, 병에 걸려 죽어도 감사해. 왜냐하면, 난 죽으면 천국에 가니까"라고 말하며 담대히 믿음으로 살아가는 모습을 보면서 얼마나 고귀하게 보였는지 모릅니다.

사방에서 전쟁으로, 몇 년째 더욱더 확산해 가는 전 세계적인 전염병으로, 가뭄, 홍수, 이상기후와 같은 자연의 대재앙 등으로 세상은 이미 마지막 심판의 때를 향해 달려가고 있으며, 또 소돔과 고모라 시대보다 더 악한 일들이 이미 우리의 일상적인 생활이 되어버린 혹독한 세대 속에서 '그리스도의 죽으심, 그리고 부활하심'의 진리만이 우리를 살려 주실 것입니다.

③ 사도 바울의 간증

> 저희가 그리스도의 일군이냐 정신없는 말을 하거니와 나도 더욱 그러하도다 내가 수고를 넘치도록 하고 옥에 갇히기도 더 많이 하고 매도 수없이 맞고 여러 번 죽을 뻔하였으니 유대인들에게 사십에 하나 감한 매를 다섯 번 맞았으며 세 번 태장으로 맞고 한번 돌로 맞고 세 번 파선하는데 일 주야를 깊음에서 지냈으며 여러 번 여행에 강의 위험과 강도의 위험과 동족의 위험과 이방인의 위험과 시내의 위험과 광야의 위험과 바다의 위험과 거짓 형제 중의 위험을 당하고 또 수고하며 애쓰고 여러 번 자지 못하고 주리며 목마르고 여러 번 굶고 춥고 헐벗었노라(고후 11:23-27).

사도 바울은 무수한 축복이 아니라, 수많은 고난 속에서도 담대히 기쁨으로 주님의 일을 수행했습니다.

어디서 그런 믿음이 나올 수 있었을까요?

죽은 자도 살리는 등 여러 가지 은혜의 체험을 해서일까요?

이스라엘 민족은 열 가지 놀라운 기적을 보고 체험했지만 겨우 사흘만에 마라의 쓴 물 앞에서 넘어지는 것을 보면 기적의 체험이라는 게 오랫동안 우리의 믿음을 붙잡아 주지는 않는 것 같습니다. 우리 주변에서도 그런 분들을 종종 봅니다. 거의 죽었다가 살아나는 놀라운 기적을 체험했지만, 몇 개월이 지난 뒤에는 은혜를 거의 잊고 살아가고 있었습니다.

그렇다면 그러한 역경 속에서도 담대할 수 있는 바울의 능력은 어디서 나오는 것일까요?

곧이어 나오는 내용이 그것입니다.

> 자랑해서 이로운 것은 없으나 주님께서 보여 주신 환상과 계시에 대해서는 내가 자랑하지 않을 수 없습니다. 나는 14년 전에 셋째 하늘에 이끌려 갔습니다.

> 그때 실제로 내 몸이 올라간 것인지 아니면 내 영이 몸을 떠나 올라간 것인지 나는 모르지만 하나님은 아십니다. 나는 낙원으로 이끌려 가서 도저히 표현할 수도 없고 또 누구에게도 알려서는 안 되는 말을 들었습니다(고후 12:1-4. 현대인의 성경).

바로 그는 천국을 맛보아 확신하기에 그 어떤 고난도 이겨 낼 수가 있었던 것입니다. 우리도 똑같습니다. 아무리 은혜, 은혜하더라도, 아무리 기적, 기적하더라도 결국은 다 소멸해 버립니다. 오직 천국에 대한 확신만이 가장 필요합니다. 이런 확신이 있을 때 초대 교회의 폴리갑 교부처럼 불속이라도 담대히 들어갈 수 있고, 총칼이나 어떤 역경에서도 굳건히 이겨 낼 수 있게 됩니다.

어떠신가요?

천국에 대한 확신을 갖고 계신가요?

머릿속에 맴감도는 생각만으로가 아니라, 온몸으로, 온 영혼으로 느끼는 확신 말입니다.

④ 집으로 가는 길

언젠가 중국의 유명한 장예모 감독의 〈집으로 가는 길〉이란 영화를 본 적이 있었습니다. 배우 장쯔이의 데뷔작이기도 했는데 깡촌 시골에 농촌 봉사 온 선생님을 짝사랑한 시골 소녀의 순애보적인 영화였습니다. 도시로 떠나간 선생님이 겨울방학이 되면 돌아온다는 말을 믿고 겨우내 아침부터 저녁까지 마을 입구에서 엄동설한의 추위에 발을 동동거리며 계속 기다리는 애틋하고도 가련한 모습을 보며 참으로 많은 생각이 떠오르는 것이었습니다.

나는 내가 언젠가 가야 할 나의 본향 집을 저 정도로 사모하며 살고 있는가?

왜 우리 대부분은 천국에 대한 확신을 갖고 살지 못하고 있는가?

저 영화에서는 얼굴을 마주 보면서 살아가기 때문에 실체감을 느끼고 그리워하며 기다릴 수 있겠지만, 우리는 누구도 천국을 실제로 본 적이 없고 성경의 극히 일부분에 기록된 것으로만 알고 있기에 실체적이고 구체적 모습보다는 추상적이고 모호한 개념으로 인해 확신을 못 갖고 있는 것인가?

대부분 구원받았냐고, 그래서 천국 입성에 대한 확신을 물으면 대부분 수긍합니다. 그러나 머릿속으로 추상적인 천국만을 그리고 있을 뿐일 것입니다. 왜냐하면, 한 번도 본 적이 없기에 실체화할 방법이 없기 때문입니다.

가끔 천국 갔다 왔다고 간증하는 사람들을 보면 그들이 그들 나름대로 저 세상에 대해 100퍼센트 확신을 갖고 그전과는 완전히 변모된 모습으로 살아가는 것을 보면 일면 수긍도 되지만, 그건 어디까지나 극히 제한된 일부의 이야기일 뿐이고 보통 사람들에게는 체감되는 이야기가 아니었습니다.

이 땅에서의 마지막 날이 곧 이어지는 저세상에서는 첫날이라는 확신을 우리는 평상시에 어떻게 갖고 살아갈 수 있는 것인가?

천국에 직접 갔다 오는 체험을 바랄 수는 없고. 만약에 그런 확신을 갖고 살 수만 있다면 미움이나, 다툼이나, 분쟁이나, 시기와 질투, 어려움과 우울함의 고통이 어디에 존재할 수 있겠는가?

천국을 보여드릴 수 있는 분은 오직 한 분 성령님이십니다. 성령님은 성경의 모든 것을 믿어지게 하시고, 깨달아지게 하시고, 현실적으로 체감하게 해 주십니다. 그래서 우리가 구할 것은 오직 하나 '성령'입니다. 간절한 마음으로, 갈급한 마음으로 부르짖으십시오. 반드시 천국을 보여 주실 것입니다.

⑤ Why Me? Why Not?

많은 분들이 불편한 다리로, 안 보이는 눈으로, 여러 장애로 살아가면서 전에는 전혀 알지 못했고, 보지 못했고, 듣지 못하고, 감사하지 못했던 삶을 되돌아보며 남들은 불구라고 흉을 볼지라도 오히려 그러한 삶을 주신 하나님께 감사하며 살아가고 있었습니다. 왜냐하면, 이 고난을 통해 그들에게 임하신 예수님의 사랑의 흔적들을 보고 있기 때문입니다.

끊임없이 풍랑이 이는 인생의 바다에서 'Why Me? 왜 내가 이런 어려움에 부딪혀야 하나'라고 생각하기보다는 'Why not? 왜 내가 이런 어려움에 부딪히면 안 되나, 이 고난 속에서 전에는 전혀 알지 못했던 예수님의 사랑의 흔적들을 보게 될 텐데' 하는 긍정적인 마음으로 살아가야 하겠습니다. 믿는 자에게 다가오는 고난은 그 이면에 하나님의 은혜가 반드시 따라온다는 것을 알아야 합니다.

긴급한 상황에서의 대처법

위에서 언급된 '받아들이라, 적응해 나가라, 긍정적 생각을 하라, 영생에 대한 소망을 가지라'의 네 가지가 고난 대처법에 대한 교과서적인 모범답안이라면, 다음에 제시되는 세 가지의 대처법은 긴급한 상황에서의 대처법이라고 할 수 있겠습니다. 저자 자신이 다윗의 시편에서 영감을 얻어 정리한 것입니다. 적절히 상황에 따라 행한다면 매우 큰 도움을 얻으리라고 믿어 의심치 않습니다.

첫째, 선택된 말씀들의 묵상(말씀)과 힘이 되는 찬양 부르기(특히, 복음송).

둘째, 과거에 이루어진 기도 응답들을 기억하며 감사드리기(감사 노트 작성. 감사 신앙의 회복).

셋째, 성령님의 은혜를 갈급히 그리고 끈질기게 사모하기와 극단의 신앙 결단(특별기도).

자신의 믿음을 단단히 세우고, 하나님의 은혜를 받기 위해서는 '나 자신의 결단 노력'(첫째와 둘째)과 '성령님의 도우심'(둘째와 셋째)이 필요합니다.

㉮ 말씀 묵상과 힘이 되는 찬양 부르기

믿음의 위기에서 탈출하기 위해서는 제일 먼저 필요한 것은 성경 말씀 중에서 특별히 용기를 주고, 위로를 주는 하나님의 약속된 말씀들을 뽑아서 자주 읽으며 묵상하는 것입니다(톰슨 성경 맨 뒤 부록에 보면 관계 성구가 많이 나옵니다).

찬양은 우리의 기도에 곡조를 붙인 것입니다. 찬양 가사가 우리의 기도라는 것입니다. 복음송 중에 우리의 간절한 마음을 그대로 표현하는 복음송이 많습니다. 되도록 악보를 다 외우십시오. 아무도 없는 곳에서 마음껏, 눈물로 노래로 기도하십시오. 막혔던 마음이, 기도의 흐름이 열립니다.

이때 가끔은 하나님 말씀의 은혜가 머릿속에서만 머물고, 마음은 여전히 메마른 경우가 나타날 것입니다. 따라서 '첫째'를 사용하면서 '둘째'를 사용함이 효과적입니다.

㉯ 감사 노트 활용하며 감사드리기

'전에 내가 이렇게 힘들었을 때, 하나님은 이렇게 응답하셨지'와 같이 기도 응답이 구체적으로 기록된 노트를 보면서, 과거에 함께 하셨던 하나님의 은혜와 능력을 기억하면서 감사를 드리는 단계가 두 번째 단계입니다.

인생의 광야에서 우리를 만나주시며 우리를 선한 길로 인도하시는 하나님의 인도하심을 받기 위해서는 반드시 우리 마음속의 '불평과 원망의 마음'을 다스려야 합니다. 이러한 불평과 원망의 마음은 광야에서 우리를 만나 주시는 하나님을 바라보지 못하게 하고, 하나님이 예비하신 은혜의 길로 가지도 못하게 할 뿐 아니라, 우리 자신을 불행의 울타리에 가두어 우리의 삶을 퇴보시켜 버립니다. 이러한 마음을 다스리기 위해서는 하나님으로 인한 감사와 긍정적인 마음을 갖는 것이 제일 급선무일 것입니다.

감사 신앙, 곧 과거에 내게 임하셨던 하나님의 은혜를 기억하는 과정에서 우리는 에벤에셀의 하나님을 만나게 됩니다. '여기까지 인도하신 하나님이 지금도 함께 하시고 내일도 함께 하실 터인데 왜 내가 두려워하랴?'라는 은혜가 다가오는 것을 느낀다면 이미 승리하신 것입니다.

감사란 이미 받은 것을 받았다고 고백하는 것이지, 내일의 응답까지 미리 염려할 필요는 없습니다. 감사 노트에 기록된 응답받은 것들을 읽어 나가며 과거의 그 어려움 속에서도 지켜주신 하나님이 여전히 살아계시고, 또 앞으로도 영원하실 터인데, 내가 왜 미리 염려해야 하는가 하고 묵상하는 시간을 가지십시오. 나의 경우에 대부분은 '첫째, 둘째'를 이행하는 가운데서 어느 틈에 낙심된 영혼에 새 힘이 솟아 남을 느끼는 경우가 많았습니다.

예컨대, 하나님이 처음 찾아오셨을 때와 같이 큰 체험이나 다른 놀라운 기적들을 갖고 있다면 이것들을 먼저 기억하도록 하십시오. 그때의 놀라운 은혜들을 기억하면서 하나님께 흔들리는 믿음을 고백하며, 하나님의 도우심을 간절히 구해 나갈 될 때, 어떤 모습으로든 성령님의 역사하시는 은혜를 꼭 체험하게 될 것입니다. 성령의 은혜를 체험하게 되면 제일 먼저 마음의 생각이 긍정적으로 바뀌게 됩니다. 마음이 새로워지면 이에 따라 입술의 말도 바뀌게 됩니다.

'자살'을 생각하던 사람이 이를 뒤집어 '살자'라는 말을 하기 시작하고, '나 힘들다' 하던 사람이 '다들 힘내' 하는 역동적인 사람으로 변모하는 놀라운 일이 일어납니다. 어떤 경우에도 감사의 조건을 찾아내서 감사를 드리는 법을 배우십시오. 하나님의 인간 창조 목적이 우리로부터 감사를 받기 위해서입니다. 감사가 감사를 불러온다고 합니다. 현실적으로는 지금 우리가 피눈물을 흘리고 있을지라도. 그런데도 하나님께 드리는 감사를 받으시는 하나님은 결코 빈손으로 우리를 돌려보내지 않으십니다.

㉰ 금식기도와 같은 특별기도(열심과 끈질김의 신앙 결단)

물론, '첫째와 둘째'의 이행 과정의 근간에는 알게 모르게 도우시는 성령님의 은혜가 깃들여 있습니다. 그러나 어떤 경우에는 위의 두 가지 방법만으로 해결할 수가 없는 문제가 나타나게 될 수도 있습니다. 예컨대, 어떤 극도의 어려움에 부딪히게 됐을 때는 아무리 위로의 말씀들을 읽고, 아무리 과거의 기도 응답을 생각해 내며 "하나님 감사합니다" 한다고 할지라도, 마음은 자꾸 흔들리고, 괴로워질 때가 있으리라는 것입니다. 이 경우는 나의 능력 이상의 문제입니다. 다시 말해서, 인간 자신의 노력만으론 불가능할 경우를 말하고 있습니다.

이때에는 어떤 경우에도 이 위기의 믿음을 하나님의 은혜로 꼭 극복하고 말겠다는 '나의 열심과 끈질김'이 제일 중요한 수단이 되는데, 바로 '셋째'를 사용하는 경우입니다. 셋째는 오직 성령님의 은혜를 얻기 위해 죽으면 죽으리라는 각오로 하나님께 매달리는 경우를 말합니다. 예컨대, 금식기도, 철야 기도, 작정기도 등과 같은 극단적인 신앙 결단이 필요한 시기를 말합니다. 이런 극단적인 결단을 내리는 장면이 성경의 도처에서 발견할 수 있지만 여기서는 지면 관계상 세 가지 경우만 보겠습니다.

> ... 날이 새도록 야곱과 씨름하다... 당신이 내게 축복하지 아니하면... (창 32:24-28).

> ...사람이나 짐승이나... 곧 먹시노... 마시지도 말 것이며... 모두가 악한 일과 손으로 행한 강포에서 떠날...(욘 3:5-9).

> ... 밤낮 삼 일을 먹지도 ... 마시지도 마소서 ... 죽으면 죽으리라 (에 4:16).

　간절함과 갈급함을 갖고 열심히 구하는 우리의 기도 모습 가운데 대표적인 것이 금식기도입니다. 금식기도에 관해 성경적이고 교과서적인 여러 견해가 나올 수 있겠지만 영적인 의미로는 '목숨을 걸고 기도하라'는 의미로 받아들여야 합니다. 사람이나 짐승이나 먹지 않으면 죽습니다. 더욱이 니느웨성의 주민들처럼 마시지도 않는다면 그 사막지대에선 5일을 버티기가 힘듭니다. 응답받기 전에는 결코 멈추지 않고 죽으면 죽으리라는 결단으로 기도해야 합니다.
　지난 일을 생각해 보면 누구에게나 가끔은 에스더의 결단이 필요했던 적이 있었을 것 같습니다.

　사흘간의 죽기 살기의 기도를 회피한 결과, 몇 달, 몇 년, 아니 죽을 때까지 몇십 년을 그 지겨운 올무에서 벗어나지 못한 경우가 왜 없겠습니까?
　중요한 결단의 갈림길에서, 마지막 결정을 내리기 전에 사흘간 먹지도 마시지도 않으며 하나님께 죽기로 매달려 본 적이 있으신지요?
　아니면 자기 자신만 죽으면 모든 게 해결될 복잡한 여러 인간관계에서 자아를 깨뜨리기 위해 먹지도 마시지도 않으면서 기도해 봤는지요?

　그 며칠간의 금식과 끈기의 고통을 외면한 결과, 일생 두고두고 고통을 느끼며 사는 게 아닌지 하고 생각해 봐야겠습니다. 지금 내 능력을 벗어난 문제가 나를 괴롭히고 있다면 지금이 하나님을 만날 최고의 시간입니다. 며칠을 금식하며 간절히 기도하면 일생을 괴롭힐 모든 문제에서 해방될 기회입니다. '천국은 침노하는 자의 것'이라는 말씀을 잊어서는 안 됩니다.

3. 두려움을 어떻게 극복할 것인가?

1) 누구에게나 험한 파도는 다가온다

어렵고 절박한 상황에서 두려움이 내 속에서 자꾸 피어오를 때마다 암송하면서 내 마음을 다스렸던 말씀이 여럿 있는데 그중 하나가 이사야 41장 10절 말씀입니다.

> 두려워 말라. 내가 너와 함께함이니라. 놀라지 말라. 나는 네 하나님이 됨이니라. 내가 너를 굳세게 하리라 참으로 너를 도와주리라. 참으로 나의 의로운 손으로 너를 붙들리라(사 41:10).

여기서 참으로 흥미로운 사실을 하나 보게 됩니다. 하나님은 어떤 공포나 두려움을 당하고 있는 우리를 그 공포의 사건이나 환경, 두려움을 주는 대상으로부터 옮겨 주겠다고 하지 않으신다는 점입니다. 그러나 두렵고 무서운 어떤 환경 속에서도 '함께 하시고, 굳세게 하시고, 도와주시고, 붙들어 주겠다'라고 약속하고 계십니다. 아무리 하나님을 열심히 잘 믿어도 인생은 험난한 파도가 쉴 새 없이 몰아치는 무서운 바다와 같습니다.

누구도 피할 수 없는 인생이란 험한 바다 위에서 하나님께서 각자에게 나름대로 주신 배의 선장으로 주님 앞에 설 때까지 계속 항해해 나가야 하는 게 우리의 '목적이 있는 삶'입니다. 파도가 무섭다고 배를 버릴 수는 없는 법입니다.

내게 다가오는 험한 파도조차도 나를 향한 하나님의 깊은 관심과 섭리 속에서 일어나는 것인데 피하려고 발버둥만 치면 어떡합니까? 사실 피하고 싶다고 피할 수 있는 것도 아니지만. 또 그 속에 감추어진 하나님의 깊은 생각은 어떡하시렵니까?

2) 두려움, 속이는 영

근심과 염려의 근본 원인은 두려움이며, 인간의 부정적인 마음 중 가장 큰 것은 속이는 영인 '두려움'입니다. 공황장애, 수면제와 신경안정제에 의지하는 삶은 어느새 우리에게 그리 낯설지 않은 일들이 되어버렸습니다. 죽음에는 장사가 없다는 말처럼 두려움에도 장사가 없습니다. 두려움은 사탄이 주는 '속이는 영'이라고 할 수 있는데, 마치 오랜 습관처럼 우리의 일상을 잠식하여서 막상 뚜껑을 열어 보면 별일도 아닌 일인데도 속이는 영으로 인해 두려움에 떨 때가 많습니다.

어떤 때는 거대한 폭풍처럼 우리를 휘감기도 하고, 또 어떤 때는 무엇인가를 시작하기도 전에 우리를 무기력하게 만들어 버리기도 합니다. 이 두려움은 우리의 눈을 가로막아 정말 보아야 할 것들을 보지 못하게 하여 우리 인간이 미래의 일에 대해 해보지도 않고 미리 그 일의 실패를 가정하여 마음속에 품게 합니다. 그 결과 두려움을 가진 상태에서는 창조적인 미래에 대한 도전이 불가능하게 됩니다.

3) 내일에 대한 염려의 두려움

기다림. 곧 인내의 기간에 제일 두려운 것은 내일에 대한 염려입니다.

계속 걸어간다면 도대체 언제 그 끝에 도달할지, 또 도달 후에 나타나는 결과가 내가 바라던 것인지, 만약에 마냥 끝없이 걸어가야만 한다면, 그 끝에 아무것도 없다면 그때 나는 어떻게 되지?

이런저런 내일에 대한 두려움이 물밀듯이 엄습할 때 많은 사람이 기다림에 실패하게 됩니다. 대표적인 예가 아브라함입니다. 하나님의 약속을 다 믿지 못하여 중간에 하갈을 취해 이스마엘을 낳게 되었는데 오늘날 중동 분쟁의 씨앗이 뿌려진 것입니다. 기다리는 인내의 과정에서 제일 중요한 것은 하나님을 신뢰하는 것입니다. 다른 말로 믿음이라고도 하겠습니다.

4) 고난의 외적 모습에 집착하지 말라

우리 대부분은 고난에 처했을 때 영적인 데서 그 원인을 찾지 않고, 고난의 외적인 모습에 집착하여 진실로 보아야 할 것들을 보지 못하여 여전히 근심과 염려에서 벗어나지 못할 때가 많습니다. 그래서 몸이 아파서 힘들다, 물질이 없어서 힘들다, 어려운 문제가 계속 꼬리를 문다, 가정에 불화가 있어서 힘들다 하는 등 눈에 보이는 외적인 현상만을 탓하면서 이것만 해결되면 행복할 텐데 하고 생각할 때가 많이 있을 것입니다. 그런데 그것들은 불행의 원인이 아닙니다.

근심과 염려의 근본 원인은 외부적, 환경적인 내용이 아니라 자기 영혼의 빈곤과 가난에서 나오며, 그 주요 원인은 하나님의 약속된 말씀을 신뢰하지도 믿지도 못하기 때문에 내일에 대한 두려움이 그 모든 것을 감싸서 끊임없이 근심하고 염려하고 있는 것입니다.

5) 택함 받은 자에게는 두려워할 권한이 없다

우크라이나 대통령인 젤렌스키의 어느 인터뷰의 내용이 많은 사람에게 감동을 주었습니다. 기자가 도처에 용병들과 저격수들이 깔려 있는데 죽음이 두렵지 않냐고 묻자 이렇게 대답하였습니다.

> 물론, 두렵습니다. 그러나 대통령의 자리에 오르고 보니 죽음을 두려워할 권한이 없다는 것을 알았습니다.

그분이 신자인지 아닌지는 모릅니다. 대통령이라고 두려움이 피해 가거나 두려움을 이길 힘이 더 많은 것이 아닙니다. 느끼는 두려움은 똑같습니다. 단지 그분이 대통령이라는 직분에 있기에 두려워할 수가 없다는 것입니다.

그렇습니다. 우리가 누구입니까?

우리에게도 두려워할 권한이 없습니다. 왜냐하면, 당신을 자녀로 삼아주신 만군의 여호와 하나님이 당신을 위해 기꺼이 십자가에서 죽기까지 하셨기 때문입니다. 그러한 하나님의 사랑을 느끼는 자에게는 결코 두려움이 머무를 자리가 없습니다. 당신을 향한 하나님의 사랑이 기록된 성경을 갈급한 마음으로 읽으십시오. 그리고 그 사랑을 마음 깊이 체험하기 위해 간절한 마음으로 성령님의 임재를 구하십시오.

코로나로 주변의 수많은 사람이 쓰러져가도, 사방에 수많은 폭발물이 날아다녀도 우리는 두려워할 권한도, 필요도 없습니다.

설령 죽음이 다가온들 어떻습니까?

여태껏 바랐던 천국에 좀 더 일찍 가는 것밖에 없습니다. 죽음이 두렵지 않다면 모든 것을 다 이긴 것입니다. 죽음보다 더 두려운 것은 없기 때문입니다.

6) 믿음의 장, 인내의 장

흔히 히브리서 11장을 믿음의 장이라고 합니다. 그리고 곧이어 12장이 시작되는데, 히브리서 12장의 말씀들은 성경에서 인내를 가르치는 대표적인 본문들입니다. 믿음으로 승리한 선배들의 큰 특징 중의 하나가 끝까지 인내하셨다는 것을 기록하고 있는 것입니다.

지금 어떤 줄을 잡고 계신가요? 너무 약해 곧 끊어질 것 같은가요?

염려를 내려놓으시기를 바랍니다. 왜냐하면, 주님이 잡고 계신 한 이 땅의 무엇보다도 강하기 때문입니다. 눈물과 무릎으로 그 줄을 꼭 잡고 인내하십시오. 하나님은 절대로 우리의 눈물을 눈물로 끝나게 하지 않으십니다.

자신의 인생이 초라하고 보잘것없이 느껴질 때가 있으신가요?

비록 그처럼 여겨질지라도 예수의 이름을 부르는 자는, 주님만 의지하며 인생을 살아가는 자의 눈물은 언젠가 반드시 커다란 결실을 얻게 됩니다.

7) 다 지나간다

지난 금요찬양예배 때는 떠 오르는 많은 옛 생각에 시간이 어떻게 흘러갔는지도 몰랐습니다. 금요찬양예배의 마지막 곡이 〈나의 등 뒤에서 나를 도우시는 주〉였습니다. 저처럼 이 복음송을 절실히 그리고 많이 부른 분도 많지 않을 것입니다.

그간 제게는 기나긴 고통스러운 '하나님의 침묵 시간'이 두 번 있었습니다. 첫 번째는 6개월정도, 두 번째는 무려 3년이라는 긴 기간이었습니다. 그 중간까지 거의 6년이란 세월이 하나님의 침묵 속에 눈물로 드려지는 기도의 시간이었습니다. 그 시절에 하루에도 몇 번씩이나 부르던 복음송이 몇 곡 있었는데, 그중의 하나가 이 곡이었습니다. 그때는 이 곡을 부를 때마다 눈물을 펑펑 흘리며, 위가 꼬여 고통을 느낄 정도로 처절하게 온 힘으로 불렀던 것 같습니다.

그런데 지난 금요예배 때, 이 곡을 부르는 데, 별다른 감동 없이 그저 그렇게 부르고 있었습니다. 2절을 부르면서 불현듯 느낀 게 '아, 다 지나갔구나. 그땐 죽는 줄 알았는데, 전혀 앞이 안 보이던 어둠들이 다 지나가 버렸구나'였습니다.

그렇습니다. 다 지나갑니다. 다 해결됩니다. 그러기에 우리는 어떤 경우에도 낙심하거나 절망해서는 안 됩니다. 아무리 캄캄하고, 바닥까지 떨어졌다

할지라도 누구에게나 일어설 조그만 기회와 수단은 있기 때문입니다. 하나님 없이 사는 자에게는 그 조그만 기회와 수단이 너무 보잘것없어서 지레 낙담하고 절망하여 좌절할 수도 있겠지만, 전능하시며 신실하신 하나님을 믿는 자에게는 아무리 작은 기회와 수단 일지라도, 그 위에 '신실하신 하나님을 믿는 믿음'을 더하면 그전보다 몇 배, 몇십 배로 더하여 일어설 수 있기 때문에, 어떤 환경에서도 좌절하거나 낙담하지 말아야 할 것입니다.

8) 자신의 소중함을 기억하라

사실 신앙을 떠나서도 악인과 의인 모두에게 골고루 우로와 햇빛을 내리시는 하나님은 어떤 환경에서라도 인간들이 다 적응하여 살아갈 수 있도록 인간을 창조하셨습니다. 외적인 조건이나 환경의 결핍이 우리를 고난에 빠뜨리는 것이 아닙니다. 조금은 불편할지언정 인간은 의외로 강인한 존재여서 다 견뎌 나옵니다. 그것을 인간의 역사가 증명하고 있습니다. 진정 중요한 것은 우리 마음속에, 하나님에 대한 신뢰를 상실해 가는 것입니다. 하나님 앞에서 자신이 어떤 존재인지 자신의 소중함을 잊어버렸기에 요동치는 환경에 따라 끊임없이 두려워하고 불안해하는 것입니다.

만군의 여호와 하나님이 나를 위해 십자가를 지시며 죽기까지 사랑하고 있다는 것을 알아야 합니다. 자신이 얼마나 소중한 존재인지를 피부가 아닌 마음속 깊이 느끼셔야만 합니다.

9) 신뢰는 경험의 산물이다

에덴동산의 범죄 이후 두려움은 인간에게 피할 길 없는 숙명이 되어버렸습니다. 두려움은 미래의 불확실성으로 인해 초래됩니다. 이전에도 계셨고, 지금도 함께 계신 하나님이 내일도 영원토록 함께 해 주실 것이라고 믿는 자에게는 두려움이 생겨날 여지가 없을 터인데도 여전히 두려워하고 있습니다. 믿음이 적어서라고 말하기보다는 전능하신 하나님을 전적으로 신뢰하지 못하기 때문에 초래되고 있는 것입니다.

신뢰를 쌓는다는 것은 우리의 희망이나 생각으로만 되는 것이 아닙니다. 또 단번에 쌓일 방법도 없습니다. 많은 훈련과 경험의 산물로서 믿어져야만 하는 것입니다. 이를 위해서는 여기에 기술된 내용들을 잘 음미하면서 하나님이 지금까지 내게 베풀어 주신 은혜를 상기하는 과정이 필요합니다.

무엇보다 본서의 여러 곳에서 기록된 감사 노트를 이용한 감사 신앙을 잘 활용해 나가면 큰 도움이 될 것입니다. 감사 노트를 이용하여 여러 경험을 기억해 나가면서 그 수많은 축복과 약속의 말씀을 묵상하면서 간절히 기도해 나가노라면 내일에 대한 두려움은 아침 안개처럼 사라져 버리는 경험을 하게 될 것입니다. 수고하는 만큼, 노력하는 열심만큼 하나님의 은혜가 다가온다는 것을 잊어서는 안 됩니다.

10) 다윗과 골리앗

사무엘상 17장에는 그 유명한 골리앗과 다윗의 이야기가 나옵니다. 다윗은 살아 계신 하나님의 군대를 모욕하는 골리앗을 향해 목동의 옷차림에 돌멩이 다섯 개와 물매 한 개를 가지고 담대히 나갔습니다. 그의 담대함은 그가 가진 것 때문이 아니라 그와 함께하시는 분 때문입니다(삼상 17:45).

살아가면서 우리는 많은 골리앗을 만나게 됩니다. 직장에서의 어려움이나, 재정적인 문제, 인간관계에서의 갈등 등. 그러나 그것이 무엇이든 하나님 앞에서는 극히 작은 일에 지나지 않는다는 것을 알아야 합니다. 하나님께는 너무 커서 해결 못하실 문제가 없기 때문입니다. 하나님이 원하시기만 하면 그 어떤 문제 속에서라도 해결해 주실 수 있습니다. 필요한 것은 오직 하나 다윗과 같은 신뢰의 믿음을 갖는 것입니다.

어느 기도원의 입구에 쓰인 글입니다.

> 암은 불치의 병이 아닙니다. 포기해서 낙심하는 것이 병입니다. 결코 포기하지 마십시오. 결코 두려워하지 마십시오. 하나님을 신뢰하며 하나님의 긍휼만 구하십시오. 그러면 삽니다.

11) 자기 눈동자처럼 지키신다

> 여호와의 분깃은 자기 백성이라 야곱은 그 택하신 기업이로다. 여호와께서 그를 황무지에서, 짐승의 부르짖는 광야에서 만나시고 호위하시며 보호하시며 자기 눈동자같이 지키셨도다. 마치 독수리가 그 보금자리를 어지럽게 하며 그 새끼 위에 너풀거리며 그 날개를 펴서 새끼를 받으며 그 날개 위에 그것을 업는 것같이 여호와께서 홀로 그들을 인도하셨고 함께한 다른 신이 없었도다(신 32:9-12).

하나님은 우리에게 "자기 눈동자처럼 지키신다"라고 약속하고 계십니다. 눈동자는 온몸의 인체기관 중 제일 중요해서 약 1억 개의 신경세포를 갖고 있어서 만약에 이물질 등 위험 물질이 다가오면 눈꺼풀이 순식간에 덮여서 눈을 철저하게 보호하는데, 하나님도 우리를 이처럼 보호해 주신다는 것입니다. 그 이유가 9절에 적혀 있습니다. "자기 백성"이기 때문입니다. 이처럼 우리를 보호하시면서도 우리를 강하게 연단시키기 위한 내용이 계속 이어집니다.

독수리는 가시나무 위에 나뭇잎을 덮어서 부드러운 보금자리를 만듭니다. 계속 먹이를 주며 키우다가 어느 정도 자라면 너풀거리며 나뭇잎이 다 날아가게 합니다. 가시에 찔려 편히 쉬지 못하게 하는 것입니다. 그런 상태에서 조금 더 자라면 밀어 떨어뜨리며 낙하 훈련을 쌓게 합니다. 이런 과정을 거치며 날개에 근육이 생겨 튼튼한 날개를 갖게 됩니다. 처음 비행할 때는 먹이를 안 줍니다. 먹이를 안 줘서 배가 고파야 비행해서 먹이 사냥을 잘하기 때문입니다. 어미 독수리의 비행 속도는 시속 280km에 달해서 새끼 독수리가 추락해서 죽게 되는 것을 막아 줍니다.

나를 눈동자같이 지키시고 주의 날개 그늘 아래 감추사 (시 17:8).

모든 새는 회오리바람이 불면 모두 다 날개를 멈추어 숨지만, 독수리만은 그 강한 날개로 회오리바람을 거슬러 올라가서 사방을 내려다보며 먹이를 찾는다고 합니다. 우리에게 인내의 시간이 필요한 것은 바로 이처럼 우리가 강해지기를 원하시는 하나님의 섭리 중의 하나입니다. 약속의 말씀들을 붙잡고, 간절히 기도하면서, 에벤에셀의 하나님이 이제까지 베풀어 주신 은혜를 기억하며 계속 걸어가십시오. 하나님의 '자기 백성'의 결말은 승리입니다.

12) 두려움을 극복하는 방법

(1) 스스로는 아무것도 할 수 없다는 사실을 인정하라

아무리 기도해도 성령님의 음성도, 주변 환경의 변화도 없이 하나님은 여전히 침묵을 지키시어 갈 길을 전혀 모를 때가 신앙생활에서 제일 큰 고비가 되는 때일 것입니다.

종종 하나님께선 우리의 믿음을 연단시키려고 고난을 허용하시기도 하며, 또 어떤 경우에는 아무리 기도해도 하나님의 뜻임을 나타내는 확실한 환경의 증거나 내적 확신을 주시지도 않으신 채, 우리에게 어떤 길을 계속 걸어가도록 강권하시기도 합니다. 이러면, 대부분은 미래의 불확실성으로 인한 두려움으로서 이러지도, 저러지도 못하는 가운데 결정을 못 내려서 현 상태에서 주저하며 머뭇거리는 경우가 많습니다.

두려움을 앞에 두고 하나님께 나아가 그분의 긍휼을 얻으려고 할 때의 가장 먼저 필요한 것은 나의 삶에 그분의 도움이 필요하다는 사실을 인정하고 고백하는 것입니다. 실제로 우리 스스로 모든 것을 다 할 수는 없습니다. 따라서 이것을 인정하는 것이 겸손함을 나타낼 뿐 아니라, 하나님의 인도하심에 대한 믿음을 나타내는 것입니다. 하나님 없이도 살 수 있다고 생각하는 것을 교만이라 합니다. 하나님은 교만한 자를 대적하신다고 성경에 쓰여 있는데, 하나님이 아주 싫어하시는 자세입니다.

이러한 교만을 극복할 수 있는 것을 겸손이라고 합니다. 겸손이란 일반적으로 말해서 상대를 높이고 나를 낮추는 것이지만, 성경에서는 이에 더하여 하나님 없이는 살 수 없다고 적극적으로 하나님께 매달리며 의지하는 것을 말합니다. 두려움을 극복하기 위해서는 제일 먼저 하나님 앞에 겸손한 마음으로 서야 합니다. 다시 말해서, 스스로는 아무것도 할 수 없다는 사실을 인정하면서 간절한 마음으로 하나님의 도움을 구해야 합니다.

(2) 하나님의 약속 말씀들을 기억하라

우리의 힘으로는 해결하기가 불가능한 두려움이 폭풍처럼 몰려와도 두려움은 결코 하나님의 약속을 깨지 못합니다. 성경에는 하나님의 "축복 말씀"이 무려 32,500번, "약속의 말씀"이 7,000번이나 기록되어 있습니다. 그래서 하나님의 말씀을 찾아 음미하면서 두려움을 물리칠 뿐만 아니라 이 약속의 말씀들을 하나님께 상기시키시며 간절히 기도해야 합니다.

> 다음 날 아침 엘리사의 사환이 일찍 일어나 밖으로 나가 보니 말과 전차를 갖춘 군인들이 성을 포위하고 있었다. 그러자 그 사환은 엘리사에게 "주인님, 이제 우리는 어떻게 해야 좋습니까" 하고 외쳤다. 그때 엘리사는 "두려워하지 말아라. 우리와 함께한 군대가 그들의 군대보다 더 많다" 하고 이렇게 기도하였다. "여호와여, 이 사환의 눈을 열어서 보게 하소서." 그래서 여호와께서는 그

> 사환의 눈을 열어 주셨는데 그가 보니 불말과 불수레가 온 산에 가득하여 엘리사를 둘러싸고 있었다(왕상 6:15-17).

사환 게하시가 육적인 눈으로 보았을 때는 전혀 도움이 없이 홀로 있는 것처럼엄 보였지만 영적인 눈으로 보자 하나님의 만군 천사가 그들을 호위하고 있는 것을 보았습니다. 그렇습니다. 육신의 눈이 아니라 영의 눈이 열려야 삽니다. 이를 위해서는 단 두 가지 방법밖에 없습니다. 간절한 말씀 사모함과 갈급하게 부르짖는 기도밖에 없습니다.

하나님은 우리의 믿음 이상으로 역사하시지 않습니다. 우리가 달려가는 만큼만 달려오신다는 의미입니다.

> 하나님을 가까이하라. 그리하면 하나님도 너희를 가까이하시리라(약 4:8).

응답받은 기도 제목들을 기록한 감사 노트를 이용해서 과거에 은혜를 베풀어 주신 하나님의 도움을 기억해 내면서 지금도 살아 역사하고 계시며 나와 함께 계시다는 생각을 해 나갈 때 하나님에 대한 신뢰가 커지면서 이에 비례하여 점차 두려움은 사라져 갈 것입니다.

> 여러분이 당한 시험은 모든 사람이 다 당하는 시험입니다. 하나님은 신실하신 분이시므로 여러분이 감당할 수 없는 시험당하는 것을 허락하지 않으시고, 여러분이 시험을 당할 때 피할 길을 마련해 주셔서 감당할 수 있게 하실 것입니다(고전 10:13).

두려운 문제가 올 때마다 제일 먼저 약속된 이 말씀을 여러 번 소리 내어 되뇌며 기억해야 합니다. 그 당시에는 '이젠 죽었구나' 하고 절망의 끝자락에 간신히 붙잡고 서 있는 것 같았지만, 돌아보면 어느 틈에 다 감당해 왔음을 알아야 합니다. 감사 노트를 사용하여 에벤에셀의 하나님을 기억하면서 스스로에게 들리도록 소리 내어 읽으십시오. 반드시 성령님의 감동이 임하십니다.

(3) 성령님의 임재를 느끼며 살아가라

우리는 왜 말씀만으로 천지를 창조하신 하나님을 아버지라고 부르면서도 범사에 그토록 두려워해야만 하는지?
왜 허구한 날 염려로 날을 세우며 걱정에서 놓여나지 못하는지?
흔히 "믿음, 믿음이 적어서"라고 말하는데, 도대체 어느 정도의 믿음을 가져야만 하는 것인지?
그 믿음의 실체를 수치로 또는 형상화하여 보여줄 수는 없는 것인지?
도대체 어떻게 해야 천지를 창조하신 전능하신 하나님 아버지의 택함 받은 자녀로서 부끄러움 없이 살아갈 수가 있단 말인가?

자주 인용되는 한 예화를 여기 올립니다.

> 번개가 수시로 내려꽂히고 비바람이 무섭게 몰아치는 어느 날 밤이었다. 어린아이를 아이 방에 재우며 엄마가 얘기했다. "철수야, 예수님이 널 사랑하시는 것 알지? 예수님이 널 지켜 주시니까 무서워 말고 잘 자." 한참 후 철수의 방에서 자지러지게 놀라는 비명이 들려왔다. 엄마가 뛰어가 보니 철수가 무서워 떨며 울고 있었다. 엄마가 철수를 꼭 껴안으며 말했다. "철수야, 예수님이 널 지켜 주시니까 무서워 말랬잖아." 철수가 울면서 대답했다. "나도 알아. 예수님이 엄마처럼 진짜로 날 꼭 껴안아 주었으면 난 안 울었을 꺼야."

'진정 하나님을 만난다는 것', '실제로 하나님의 임재를 느끼며 산다는 것'은 말로는 쉽게 하지만, 실제로는 정말 어려운 문제인 것 같습니다.

어떻게 하면 하나님이 내 머릿속에 관념적으로만 존재하지 않고, 현실적으로 내 삶 속에 함께 계시며 역사하시는 것을 피부로 느끼며 살 수 있을는지요?

이러한 모습들에는 훈련이 필요한 것입니다. 제4장에서 설명되고 있습니다.

(4) 하나님을 신뢰하라

> 여러분의 염려를 다 하나님께 맡기십시오. 하나님이 여러분을 보살피고 계십니다(벧전 5:7).

여기서 "맡기라"는 단어는 '위로 던진다'라는 뜻과 '던져 버리고는 잊어버린다'라는 뜻이 있습니다. 쓰레기를 버리고도 아쉬워서 도로 찾아가는 사람은 없을 것입니다. 그처럼 기도로써 염려를 하나님께 다 맡기고는 생각하지도 말라는 것입니다. 그런데도 계속 두려워하며 염려하는 것은 다 맡기지도 못하면서, 그렇다고 자기 홀로 그것을 해결할 수도 없어서 나오는 것입니다.

왜 하나님께 다 맡기지 못하고 있을까요?

흔히 "믿음이 적어서"라고 말하기도 하는데 틀린 말은 아니지만 너무 추상적이고도 광범위한 단어입니다. 좀 더 구체적으로 말하면 전적으로 하나님을 신뢰하지 못하고 있기 때문에 다 맡기지 못하여 도로 지고 가는 것이라고 할 수 있겠습니다. 이 신뢰라는 것이 하루아침에 생기는 것이 아닙니다. 말씀, 기도, 응답의 체험 등 수시로 만나 접촉하며 알아 가면서 생기는 것입니다. 신뢰란 사전적 의미로 '굳게 믿고 의지하는 것'을 말합니다.

염려를 문제로 갖고 있는 이상 계속 염려로 끝나지만 만군의 여호와, 전능하신 하나님 앞에 기도 제목으로 내려놓으면 이제는 하나님이 그것을 맡아서 처리하시게 합니다.

히스기야가 문제를 하나님께 맡긴 뒤에 도로 찾아갔습니까?

> 히스기야가 사자의 손에서 편지를 받아보고 여호와의 전에 앞에 펴 놓고 그 앞에서 기도하여 가로되 그룹들 위에 계신 이스라엘의 하나님 여호와여 주는 천하만국에 홀로 하나님이시라 주께서 천지를 조성하셨나이다 여호와여 귀를 기울여 들으소서 여호와여 눈을 떠서 보시옵소서(왕하 19:14-16).

안드레가 떡 다섯 개와 물고기 두 마리를 예수님께 드리고는 그 수많은 사람을 바라보며 걱정하고 있었습니까?

> 제자 중 하나 곧 시몬 베드로의 형제 안드레가 예수께 여짜오되 여기 한 아이가 있어 보리떡 다섯 개와 물고기 두 마리를 가졌나이다 그러나 그것이 이 많은 사람에게 얼마나 되겠삽나이까 예수께서 가라사대 이 사람들로 앉게 하라 하신대 그곳에 잔디가 많은지라 사람들이 앉으니 수효가 오천쯤 되더라(요 6:8-10).

그러나 '말씀으로 명하셨으니, 기도 제목으로 내놓겠습니다' 하고 기도하고 돌아선다고 염려가 사라지지는 않을 것입니다. 이것은 하나님에 대한 신뢰의 문제입니다. 신뢰는 오랜 세월에 걸친 경험의 산물입니다. 그러기에 과거의 많은 염려 문제 속에서 오늘까지 이런저런 은혜로 나를 이끌어오신 하나님의 사랑을 기억해 내는 시간이 필요합니다. 그래서 감사 노트가 필요한 것입니다.

하나님의 평강이 마음에 임할 때까지 염려를 기도로 내려놓고 이어서 감사 노트를 펼치고는 지금까지 사랑으로 펼쳐진 은혜들을 읽어나가다 보면 저절로 "아멘, 아멘"하는 감사의 탄성이 나오며 어느 순간부터 염려와 두려움은 사라지고 내일에 대한 확신이 생기게 됩니다. 그런 연유로 큰 믿음의 사람들의 표정은 언제나 여유롭게 보이는 것입니다.

> 아무것도 염려하지 말고 오직 모든 일에 기도와 간구로, 너희 구할 것을 감사함으로 하나님께 아뢰라. 그리하면 모든 지각에 뛰어난 하나님의 평강이 그리스도 예수 안에서 너희 마음과 생각을 지키시리라(빌 4:6-7).

(5) 염려 문제를 기도 제목으로 바꾸라

> 너희 중에 누가 염려함으로 그 키를 한 자나 더할 수 있느냐(마 6:27).

하나님이 염려를 중단하라는 것은 염려한다고 키가 더 커지는 것이 아니듯 염려한다고 문제가 해결되는 것은 아니기 때문입니다. 우리가 염려하는 심리 속에는 염려해야 문제가 해결될 것 같은 생각이 들어 있기 때문입니다. 그러면서도 우리는 또한, 밤새워가며 염려해도 문제가 해결되지 않는다는 것을 수많은 경험으로 알고 있습니다.

> 이는 다 이방인들이 구하는 것이라 너희 천부께서 이 모든 것이 너희에게 있어야 할 줄을 아시느니라(마 6:32).

이 말씀처럼 염려는 택한 자녀들의 몫이 아니라 불신자들이 몫인 데도 언제까지 우리 것인 양 붙잡고 걱정하려고 하십니까?

이는 무의미한 시간 낭비요, 가슴 속만 시커멓게 태우는 우매한 짓입니다. 이를 기도 제목으로 바꾸어야 합니다. 기도로써 하나님의 긍휼에 맡겨야 합니다. 하나님을 아는 지식과 믿음의 분량에 따라 근심의 분량이 좌우됩니다. 이 땅 위에서 고난이 면제된 사람은 아무도 없습니다. 단지 고난에 대한 자세가 다를 뿐입니다.

믿음이 약한 자는 근심을 더 하게 되고 믿음이 깊은 자는 근심을 덜 하게 됩니다. 인간의 근심은 근본적으로 어려움을 자기 홀로 지려는 데서 나옵니다.

우리 속담에 백지장도 둘이 들면 더 가볍다는데 하물며 만군의 왕이신 하나님과 같이 드는 것이 아니라 다 맡겨버렸는데 왜 두려워하고 근심해야 합니까?

(6) 하나님의 섭리와 약속을 믿으라

놀라운 사실은 성경을 알지 못했던 시대에도 사람들은 모든 불안과 근심의 원인이 마음에 있다는 것을 알고 있었습니다. 그래서 불교에서는 자기 마음을 스스로 다스리면 부처가 된다고 하였고, 뉴에이지에서도 명상, 참선, 마음 다스리기(mind control) 등을 통해 자기 마음을 스스로 다스려서 자기도 신이 된다고 하고 있습니다. 인간 스스로 자기 마음을 스스로 다스릴 수 있다면 이 세상이 이렇게까지 악하고 가는 곳마다 문제가 나오지는 않을 것입니다. 그것은 결코 가능한 일이 아닙니다.

그렇다면 성경에서는 어떻게 가르치고 있는 것일까요?

언제나 우리의 생각을 하나님의 말씀으로 채우고 간절히 기도하라는 것입니다.

> 이 율법책을 네 입에서 떠나지 말게 하며 주야로 그것을 묵상하여 그 가운데 기록한 대로 다 지켜 행하라 그리하면 네 길이 평탄하게 될 것이라 네가 형통하리라(수 1:8).

> 이스라엘아 들으라 우리 하나님 여호와는 오직 하나인 여호와시니 너는 마음을 다하고 성품을 다하고 힘을 다하여 네 하나님 여호와를 사랑하라. 오늘날 내가 네게 명하는 이 말씀을 너는 마음에 새기고(신 6:4-6).

아무리 어려운 현실 속에서라도 결국은 하나님께서 모든 것을 유익하게 바꿔 주실 것이라는 하나님의 섭리와 약속을 믿어야 합니다.

> 우리가 알거니와 하나님을 사랑하는 자 곧 그 뜻대로 부르심을 입은 자들에게는 모든 것이 합력하여 선을 이루느니라(롬 8:28).

곧 하나님을 신뢰하라는 것입니다. 하나님을 신뢰하여 하나님의 말씀들을 믿지 못한다면 우리가 무슨 방법을 쓰든 간에, 우리가 어딜 가든 간에 그 고난을 다룰 방법이 전혀 없기에 여전히 근심과 염려가 우리를 떠나지 않을 것입니다. 오직 주야로 하나님의 말씀을 묵상하고, 읽고, 간절히 기도해 나갈 때 하나님의 놀라운 능력과 은혜를 맛보게 될 것입니다.

(7) 평탄케 하시는 하나님을 기억하라

이런저런 모습으로 나타나시는 성령님의 임재를 느낄수록 세상 속에서의 두려움은 사라지고 믿음의 담대함으로 살아가게 합니다. 더욱이 천국에 대한 확신이 있다면 초대 교회의 교부 폴리캅을 비롯한 허다한 믿음의 순교자들처럼 불 속에서라도, 죽음의 총칼 앞에서도 두려움 없이 걸어갈 수가 있는 것입니다.

> 여호와께서 이미 말씀하신 것과 같이 여호수아가 너를 거느리고 건널 것이요 네 하나님 여호와 그가 네 앞서 건너가사 이 민족들을 네 앞에서 멸하시고 너로 그 땅을 얻게 하실 것이며(신 31:3).

> 내가 네 앞서 가서 험한 곳을 평탄케 하며 놋문을 쳐서 부수며 쇠빗장을 꺾고 네게 흑암 중의 보화와 은밀한 곳에 숨은 재물을 주어서 너로 너를 지명하여 부른 자가 나 여호와 이스라엘의 하나님인 줄 알게 하리라(사 45:2-3).

분명히 하나님은 미리 평탄케 하신다고 약속하셨습니다. 그러나 현실의 이스라엘 민족에겐 범람하는 요단강을 건너야 했고, 건너자마자 여리고 전투에 임해야 했으며, 아이성에서는 대패하는 등 아주 험난한 장애물들이 놓여 있었지만 결국은 어디서나 승리하였습니다. 기도만 하면 모든 것이 척척 준비되고 어떤 어려움도 없을 것이라고 기대할 수 있겠지만 이는 결코 성경의 메시지가 아닙니다. 하나님의 택한 자녀일지라도 반드시 장애물이 있을 것이지만, 말씀과 기도 속에서 반드시 그것을 극복할 힘을 주신다고 약속하고 있습니다.

① 바로 왕을 축복하는 야곱

창세기 47장 7절에서 10절까지는 야곱이 바로 왕과 처음 인사하며 또 작별 인사하며 두 번씩이나 축복해 주고 있습니다. 이때의 야곱은 먹을 것이 없어서 구걸하러 간 처지이고 바로는 세상에서 누구보다 부유하고 최고의 권력과 명예를 다 가진 자입니다.

상식적으로 누가 누구를 축복해야 할까요?

그런데도 오히려 야곱이 바로를 축복하고 있습니다. 야곱은 현실에서는 당장 끼니를 해결하기도 어려운 처지에 놓여 있지만, 그에게는 살아 계시고 전능하신 하나님에 대한 믿음과 신앙이 있기에 그의 자존감은 더없이 높았고 또한, 그의 영혼은 한없이 부유했기에 상대방이 비록 왕일지라도 그에게 축복을 나누어 줄 수 있었던 것입니다.

② 지하 감옥에서의 바울

> 내가 궁핍하므로 말하는 것이 아니라 어떠한 형편에든지 내가 자족하기를 배웠노니 내가 비천에 처할 줄도 알고 풍부에 처할 줄도 알아 모든 일에 배부르며 배고픔과 풍부와 궁핍에도 일체의 비결을 배웠노라. 내게 능력 주시는 자

안에서 내가 모든 것을 할 수 있느니라(빌 4:11-13).

사도 바울이 빌립보교회의 형제자매들에게 이 서신을 보낼 때는 로마 감옥 안에 갇혀 있었고 그의 목숨도 오늘 내일하며 경각에 달려 있을 때였습니다. 그때의 감옥이 지금도 남아 있는데 지하 토굴로서 천장 위에서 하루 한 번 새끼줄에 빵 하나, 물 한 컵 내려 주었고 바깥 구경이라고는 위쪽의 손바닥만 한 구멍을 통해 하루 한 번 오직 해지는 모습만을 볼 수 있었는데도 그는 어떠한 불평불만이나 위축된 말 없이 오히려 "내게 능력 주시는 자 안에서 내가 모든 것을 할 수 있다"라고 고백하고 있습니다.

③ 사형 전날의 베드로

헤롯이 잡아내려고 하는 그 전날 밤에 베드로가 두 군사 틈에서 두 쇠사슬에 매여 누워 자는데 파수꾼들이 문밖에서 옥을 지키더니 홀연히 주의 사자가 곁에 서매, 옥중에 광채가 조요하며 또 베드로의 옆구리를 쳐 깨워 가로되 급히 일어나라 하니 쇠사슬이 그 손에서 벗어지더라(행 12:6-7).

"옆구리를 쳐 깨워"의 헬라어 원문을 보면 보통 친 게 아니라 발로 아주 세게 쳤다는 것을 의미하는 단어입니다. 내일이면 죽는데도 베드로는 두려워하며 밤을 새우고 있는 것이 아니었습니다. 정신없이 편히 그리고 곤하게 자고 있었던 것이었습니다. 무엇이 이들로 하여금 그처럼 위축되지도 않고, 두려워하지도 않고 담대히 살아가게 할 수 있었을까요? 그들에게는 살아계신 하나님에 대한 신뢰의 믿음으로 그들의 영혼이 한없이 풍요로웠기 때문입니다.

(8) 다윗의 감사 신앙을 본받으라

다윗은 역경에 처해 기도할 때마다 언제나 하나님이 옛날에 베풀어주신 은혜를 회상하며 감사를 드린 뒤에 지금의 곤경도 처리해 주시길 간절히 기도하고 있습니다. 이러한 기도는 여러 면에서 아주 유익합니다. 과거에 함께 해 주신 하나님이 지금도 여전히 함께하시며 도와주실 것을 자신에게 확신시킴으로써 두려움을 떨쳐 낼 수 있을 뿐만 아니라 하나님으로 하여금 그 약속의 언약을 기억시키게 하는 효과도 있기 때문입니다.

그렇습니다. 다윗이 한 것처럼 과거에 하나님이 내게 베풀어 주신 은혜를 하나씩 헤아려 보면서 하나님에 대한 신뢰를 쌓아 나가는 훈련이 매우 중요합니다. 소위 감사 노트를 활용하여 하나님께 감사드리는 것, 곧 감사 신앙, 체험 신앙을 말합니다. 은혜를 기억해 내며 감사드리는 순간순간마다 하나님을 향한 신뢰가 쌓이기 시작하다가 어느 순간 두려움이 사라지고 감사와 믿음의 담대함이 나타나게 합니다.

① 감사 노트는 하나님에 대한 신뢰감을 높인다

신뢰감은 하루아침에 생각이나 입으로 얻어지는 것이 아닙니다. 실제적 체험이 쌓여가면서 신뢰감이 높아지는 것입니다. 사람은 망각의 존재여서 잘 잊습니다. 인간관계에서도 열 가지 잘 해줘도 마지막에 한 가지 잘 안 해주면 그전의 고마운 것은 다 잊어버리고 마지막 한 가지로 인해 섭섭하게 생각합니다.

하나님과의 관계도 그렇습니다. 평상시 받은 것 헤아리며 감사하다가도 마지막 한 가지가 응답이 지체되거나 다른 것으로 응답하면 순식간에 불평불만으로 변하는 게 죄 된 인간의 본성입니다. 430년이란 긴 노예 생활 끝에 하나님의 놀라운 이적을 열 가지나 보면서 출애굽했지만 그 감사 기간은 마라의 쓴물에 닿기까지 단 삼일 일이었습니다.

> 모세가 홍해에서 이스라엘을 인도하매 그들이 나와서 수르 광야로 들어가서 거기서 사흘 길을 행하였으나 물을 얻지 못하고 마라에 이르렀더니 그곳 물이 써서 마시지 못하겠으므로 그 이름을 마라라 하였더라. 백성이 모세를 대하여 원망하여 가로되 우리가 무엇을 마실까 하매(출 15:22-24).

응답이 더디어서 염려와 두려움이 올 때마다, 또 평상시에도 과거에 함께 해 주신 하나님 사랑의 징표인 감사 노트를 읽어 가노라면, 어느 순간에 하나님의 부드러운 손길을 느끼게 됩니다. 만군의 여호와 하나님이 그처럼 나를 사랑하심을 느끼는데 어떻게 두려움이 계속 우리를 에워쌀 수 있겠습니까? 훈련이 필요합니다. 왜냐하면, 우리가 달려가는 만큼 하나님도 달려오시기 때문입니다.

② 에벤에셀의 하나님

제가 사는 데서 그 유명한 샌프란시스코의 금문교까지는 2시간 정도의 거리입니다. 금문교는 1933년에 처음 착공에 들어갔는데 차갑고 거센 조류와 안개가 많은 날씨 그리고 수면 아래 지형이 복잡함으로 인해 건설 도중에 많은 사람이 떨어져 죽었습니다. 이에 현장 본부에서 아이디어를 냈는데 공사하는 다리 밑에 그물 네트를 깔았습니다. 그러자 떨어지는 숫자가 확연히 줄어들게 되었습니다. 일꾼들은 그물 네트가 밑에 깔려있어 죽을 염려가 없다는 안도감에 더 열심히 일하면서도 떨어지는 사고도 현저히 줄어들게 된 것입니다.

바로 감사 노트가 이처럼 에벤에셀의 하나님에 대한 기억을 일으키는 효과를 나타내게 합니다. 기도 응답의 노트를 읽어 나가는 중에 지금까지 도와주신 에벤에셀의 하나님에 대한 확신이 생기게 되면서 내일의 두려움은 어느 틈에 사라지게 되고, 이에 따라 현실적으로 일이나 삶에 대한 열정과 관심과 감사가 더 생기게 되는데 그 결과 주변 사람들에게서 열심인 사람, 없어서는 안 될 꼭 필요한 사람 등으로 인정도 받게 됩니다.

무엇보다 중요한 것은 하나님은 우리의 감사를 기쁘게 받으시며 결코 빈손으로 돌려보내지 않으신다는 것입니다. 그래서 흔히 감사가 더 큰 감사 조건을 갖고 온다고 하는 것입니다. 그렇게 강조되는 예배의 중요성도 이러한 인간의 감사 행위가 공식적으로 제도화된 것임을 잊어서는 안 됩니다.

전에 내가 이렇게 힘들었을 때, 하나님은 이렇게 응답하셨지와 같은 기도 응답이 구체적으로 기록된 감사 노트를 보면서, 과거에 함께 하셨던 하나님의 은혜와 선한 능력을 기억하면서 감사를 드리는 시간이 우리 모두에게 필요합니다. 왜냐하면, 하나님께 감사드리는 자체가 하나님의 인간 창조의 목적을 이루어 드리는 근본, 곧 하나님의 영광을 나타내는 일이기 때문입니다.

감사란 이미 받은 것을 받았다고 고백하는 것이지, 내일의 응답까지 미리 염려할 필요는 없습니다. 노트에 기록된 응답받은 것들을 읽어 나가면서 과거의 그 어려움 속에서 지켜주신 하나님이 여전히 살아계시고, 또 앞으로도 영원하실 터인데, 내가 왜 미리 염려해야 하는가 하고 묵상하는 시간을 가지십시오.

예컨대, 하나님이 처음 찾아오셨을 때와 같은 큰 체험, 놀라운 기적을 가지고 있다면 이것을 먼저 기억하도록 열심을 내십시오. 그때의 놀라운 은혜를 기억하면서 하나님께 흔들리는 믿음을 고백하며 주님의 도우심을 간절히 구해 나가게 될 때 성령님의 역사하심을 꼭 보게 될 것입니다. 다시 말해서, 하나님의 은혜를 체험했던 것을 재기억하면서 잊어버렸던 감사를 일깨워 나가는 것입니다.

㉮ 엘리야

열왕기상 18장 30절에서 40절까지는 그 유명한 갈멜산에서 엘리야의 하나님 이야기가 나옵니다.

야고보서에는 엘리야를 우리와 똑같은 성정을 가진 평범한 사람으로 기록하고 있는데(약 5:17-18), 어떻게 그가 이처럼 그 허다한 사람들 앞에서 자신 있게 외칠 수 있겠습니까?

그는 이미 그릿 시냇가에서는 까마귀를 통해서, 갈멜산에서, 사르밧 과부 통의 가루, 과부의 죽은 아들을 살리는 등 수많은 기적의 은혜를 체험했기 때문에 어떤 상황에서도 흔들림 없이 담대하고 확신을 갖고 외칠 수 있었던 것입니다.

㉯ 모세

떨기나무의 기적만으로는 약해서 주저했지만, 손바닥의 나병 발생과 치료, 지팡이가 뱀으로 변하는 등의 체험 후에 하나님의 선한 능력에 대한 확신을 갖고, 출애굽의 기적을 이끌게 된 것입니다. 그 모세의 하나님이, 그 엘리야의 하나님이 바로 이 시간 나의 하나님이심을 믿을 방법은 과거에 내게 베푸신 은혜를 기억하는 시간을 갖는 것입니다.

㉰ 여호수아와 갈렙

모세가 가나안 땅에 정탐꾼으로 보낸 열두 명 중 갈렙과 여호수아만 정복을 확신했고 나머지 열 명은 "가나안 사람들은 거인처럼 덩치가 엄청나게 커 그들에 비하면 우린 작은 메뚜기나 다름없다"라고 말했습니다. 하지만, 갈렙은 "어떤 일이 있더라도 올라가자. 그러면 우리가 그 땅을 점유하게 될 것이다. 이는 우리가 반드시 그것을 이길 것이기 때문이다"(민 13:30)라고 말했습니다. 동일한 환경을 보고 어떤 이는 자신을 메뚜기같이 나약한 존재로 보았고, 어떤 이는 능히 가나안을 물리칠 힘이 있는 사람으로 보았습니다.

그 믿음의 차이는 어디에서 오는 것일까요?

여호수아와 갈렙은 홍해를 가르고, 광야에서 구름기둥과 불기둥으로 인도하신 기적의 하나님을 기억했기 때문입니다. 현실에서도 선택의 순간이 수없이 주어지며, 그때 어떤 선택을 하느냐에 따라 삶이 달라집니다. 그때마다 에벤에셀의 하나님을 기억하셔야 합니다.

13) 하나님을 사랑하는 만큼 하나님을 신뢰한다

하나님을 사랑하는 만큼 하나님을 신뢰하게 되고, 신뢰하는 만큼 다 맡기게 되면서 삶에서의 불안, 염려, 걱정이 사라지고 평안과 자유함을 얻게 되며 다 맡기지 못할 때 그만큼 불안과 염려와 걱정이 찾아오게 됩니다. 명심해야 할 것은 우리가 하나님께 내려놓는 만큼만 하나님도 역사하신다는 것입니다. 그래서 우리가 다 내려놓으면 하나님이 전적으로 역사하시지만, 일부만 내려놓는다면 일부만 역사하십니다.

우리가 시험에 드는 것은 말씀에 대한 신뢰가 없기 때문입니다. 인간 최초로 하나님 말씀을 들은 사람은 아담과 하와이었습니다. 그런 그들이 시험에 든 것은 사탄의 유혹으로 인해 말씀에 대한 신뢰를 잃었기 때문입니다. 하나님을 신뢰하며 살아간다는 것이 얼마나 중요한지 모릅니다.

그렇다면 어떻게 해야 그러한 신뢰의 믿음을 갖게 될까요?

오직 두 가지 방법밖에 없습니다. 말씀과 기도입니다.

> 너희가 그 은혜를 인해 믿음으로 말미암아 구원을 얻었나니 이것이 너희에게서 난 것이 아니요 하나님의 선물이라 (엡 2:8).

믿음은 하나님의 선물로 하나님이 주셔야만 받을 수 있습니다. 이러한 하나님의 선물을 얻기 위해서는 간절히 기도하며 그 기도가 이루어질 것이라는 확신 속에서 우리가 할 수 있는 최고의 영적 육적 노력을 해야 합니다. 여기서 영적 성장 훈련이라는 것은 기도하면서, 말씀도 열심히 읽어서 심령 속에 꼭꼭 새기게 하며, 말씀대로 살아가는 것을 말하며 육적 노력이라는 함은 어떤 문제 해결을 위해 열심히 기도하면서도 자기의 노력도 최선을 다하라는 것입니다. 일도 부지런히 안 하면서 부유하길 바라며, 평시에 기도와 말씀 읽기를 게을리하면서 마냥 하나님의 은혜를 기다리는 자세는 결코 좋은 모습이 아닙니다.

14) 사랑은 모든 것을 정복한다

성경 전체의 내용을 요약한 것이 십계명입니다. 십계명의 전반부는 예수 사랑(love)으로 나타나고, 후반부의 인간관계에서는 '사랑의 행함, 순종'(live)으로 요약할 수 있습니다. 그런데 문제는 우리의 의지만으로는 먼저 하나님을 사랑할 힘도, 능력도, 의지도 없다는 것입니다. 왜냐하면, 하나님은 보이지도, 들리지도, 만져지지도 않기 때문에 우리가 먼저 하나님을 사랑할 수가 없다는 것입니다. 아브라함도, 모세도, 바울도 하나님이 먼저 찾아오셨습니다. 우리의 노력 이전에 하나님이 먼저 찾아오셨기에 우리는 이를 '은혜'라고 부르는 것이고, 에베소서 2장 8절에 믿음을 하나님의 선물이라고 한 것입니다.

인큐베이터에서 태어난 병아리는 커서 자기가 알을 낳아도 그 알을 품어 줄 줄 모른다고 합니다. 사랑도 받아 본 자가 사랑할 줄 안다는 말과 똑같습니다. 우리가 하나님을 사랑하기 위해서는 먼저 하나님이 얼마나 우리를 먼저 사랑하셨는지를 알아야 우리도 하나님을 사랑하게 된다는 것입니다.

그런데 어떻게 그 사랑을 알 수 있을까요?

하나님의 우리를 향한 사랑 이야기가 바로 성경에 그 모든 게 기록돼 있습니다. 성경 공부의 중요성이 바로 여기에 있습니다. 그래서 꼭 성경을 읽어야 하는 것입니다. 이제 그 사랑을 알고 직접 대면하여 이런저런 이야기를 나누는 것이 바로 기도입니다. 그래서 기도와 말씀이 신앙생활의 전부라고 하는 것입니다.

하나님의 사랑은 모든 것을 이기게 합니다.

말씀으로 천지를 창조하신 하나님이 죽기까지 우리를 사랑하신다는 사실을 알고 있다면 살아가면서 겪는 어려움들이 무엇이 문제가 되겠습니까?

그러나 하나님 말씀이 머릿속의 지식으로만 끝나서는 안 됩니다. 그 말씀이 내 삶 속에 들어와 성령의 불길로 나를 태우기 위해서는 우리는 간절한 마음으로 쉬지 말고, 기도해야 합니다. 하나님과의 사랑은 모든 것을 정복합니다. 말씀으로만 천지를 창조하신 만군의 여호와 하나님, 전능하신 하나님의 사랑이 느껴질수록 그만큼 두려움도 사라집니다.

15) 온전한 회개는 두려움을 극복한다

근심과 염려의 근본 원인은 두려움입니다. 인간의 부정적인 마음 중 가장 큰 것은 속이는 영인 '두려움'입니다. 두려움은 사탄이 주는 '속이는 영'이라고 할 수 있는데 막상 뚜껑을 열어 보면 별일도 아닌 일인데도 속이는 영으로 인해 두려움에 떨 때가 많습니다. 두려움은 우리의 눈을 가로막아 정말 보아야 할 것들을 보지 못하게 합니다. 또한, 두려움은 마치 오랜 습관처럼 우리의 일상을 잠식하고 있습니다. 어떤 때는 거대한 폭풍처럼 우리를 휘감기도 하고 또 어떤 때는 무엇인가를 시작하기도 전에 우리를 무기력하게 만들어 버리기도 합니다.

> 그러자 갑자기 그들의 눈이 밝아져서 자기들이 벌거벗은 것을 알게 되었다. 그래서 그들은 무화과나무잎을 엮어서 치마를 만들어 몸을 가렸다. 그 날 저녁, 날이 서늘할 때 아담과 그의 아내는 여호와 하나님이 동산에서 거니시는 소리를 듣고, 그분의 낯을 피하여 동산 나무 사이에 숨었다(창 3:7-8).

아담과 하와가 에덴동산에 있을 때는 두려움이 없었습니다. 죄를 짓자마자 두려움과 부끄러움이 들어왔을 뿐만 아니라 책임을 전가하고 자기변명도 하게 됩니다.

> "네가 벗은 것을 누가 너에게 말해 주었느냐? 내가 먹지 말라고 한 과일을 네가 먹었구나!"
> "하나님이 나와 함께 있게 하신 여자가 그 과일을 주어서 내가 먹었습니다."
> 그때 여호와 하나님이 여자에게 "네가 어째서 이렇게 하였느냐"고 묻자 여자는 "뱀이 꾀어서 내가 먹었습니다" 하고 대답하였다(창 3:11-13, 현대인의 성경).

예수님의 이 땅에서의 첫 메시지도 "회개하라"였던 것처럼 죄의 문제를 해결하기 전에는 결코 두려움이 사라지지 않습니다. 알고 있는 죄는 물론, 모르고 있는 죄도 온전히 회개하려면 성령님의 도우심이 절대적으로 필요합니다. 성령님의 도우심을 간절한 마음으로 구하십시오. 신앙생활은 성령님과 더불어 살아가는 것이지 혼자 힘으로 이루어 나가는 것이 아닙니다.

성령님과 더불어 살아가려는 삶에서는 회개가 필요합니다. 왜냐하면, 성령님은 추한 곳에는 거주할 수가 없기 때문입니다. 그래서 성령님이 거하실 수 있도록 우리의 심령을 부단히 청소하여 깨끗이 유지해야 하는데 이것이 '회개'의 행위로 나타납니다. 마틴 루터는 신자의 일생은 끊임없는 회개의 생활이라고 했습니다.

회개 기도를 통해 죄가 씻겨 나가게 되고, 씻겨 나가는 그 빈 자리에 임하시는 성령님의 은혜로 인해 말로 표현할 수 없는 마음의 평안과 기쁨과 삶의 확신이 다가오면서 담대함이 생기게 됩니다. 더 이상 어떠한 두려움도 머무를 수가 없게 됩니다. 하나님 앞에 진정한 회개의 기도를 드리는 것만으로도 두려움을 극복할 수 있다는 것을 기억해야 합니다.

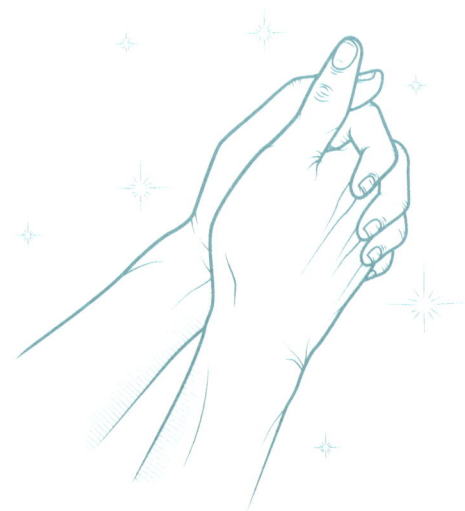

제6장
제자의 삶

1. 은혜받은 후의 삶

1) 기도 응답은 하나님의 영광을 위해 사용돼야 한다

하나님이 기도 응답의 축복을 주실 때는 반드시 이유가 있다는 것을 알고 두려운 마음으로 관리해야 합니다. 어렵게 하나님의 축복을 얻은 뒤에 방심해서 지내다가 사탄의 유혹에 사로잡힌 자들이 너무 많기 때문입니다. 우리는 그 모든 눈에 보이는 축복의 관리인에 불과하다는 것을 잊어서는 안 됩니다. 그 모든 것의 주인은 한 분 여호와 하나님이십니다. 되풀이하자면, 하나님이 기도 응답을 주실 때는 하나님의 증인이 되어 간증으로 전도하고 물질을 나누는 등, 이웃에게도 그걸 잘 사용하라고 주시는 것입니다.

성경에는 물질에 관한 기록이 수없이 나옵니다. 개인적인 삶에서도 그렇지만 하나님의 나라를 전도하고 하나님의 사역을 이루기 위해서도 물질이 필요하다는 것을 잘 아시기 때문입니다. 물질의 축복을 받았지만, 그것들이 자기만을 위해 쓰이게 될 때 복의 흐름은 멈추게 됩니다. 왜냐하면, 물질의 축복을 성경에서는 하나의 은사로 보기때문입니다. 은사란 하나의 기쁨을 위하여, 하나님의 일을 하기 위하여 특정인에게 특별히 주어지는 것입니다. 따라서 그 목적을 상실하게 되면 하나님이 회수해 가실 수도 있다는 것을 명심해야 할 것입니다.

> 그러므로 무엇이든지 남에게 대접을 받고자 하는 대로 너희도 남을 대접하라 이것이 율법이요 선지자니라(마 7:12).

> 주라 그리하면 후히 되어 넘치게 받으리라(눅 6:37-38).

2) 기도 응답 후의 삶

우리가 고난 속에서도 간절히 기도하고 전적으로 주님만 의지해 나가면 하나님은 반드시 우리에게 평안을 주시고 축복해 주십니다. 그러나 중요한 것은 기도 응답 이후에 우리의 삶이 어떻게 변화되는가입니다. 진정한 신앙인은 고난만 통과해서는 모릅니다. 축복도 통과해 봐야 진정한 신앙인이라는 것을 알 수가 있습니다. 한국 교회에는 고난을 이긴 수많은 증인의 이야기로 가득 차 있는데 그 이후의 축복과 성공을 이긴 간증은 극히 적습니다.

한국의 많은 유명 교회의 목회자들을 보면 고난 후의 축복의 과정을 겪으면서 오히려 더 하나님의 교회를 더럽히는 자들이 너무 많은 것 같습니다. 교회가 세상을 변화시키기는커녕 오히려 세상 사람들이 교회를 걱정하는 처지입니다. 히스기야는 고난 속에서 기도로 승리한 사람이고, 축복의 주인공이었지만 축복 후에 하나님 앞에 바로 설 줄을 몰라 유다의 멸망을 가속시켰습니다.

> 히스기야가 마음이 교만하여 그 받은 은혜를 보답지 아니하므로 진노가 저와 유다와 예루살렘에 임하게 되었더니(대하 32:25).

3) 하나님의 축복 지속은 약속을 이행할 때다

하나님의 축복은 은혜를 받고 그 은혜에 따르는 약속을 이행할 때 지속됩니다. 고린도전서 10장 12절에 이렇게 말씀하십니다.

> 그러므로 선 줄로 생각하는 사람은 넘어질까 조심하십시오(고전 10:12).

한나는 기도 응답을 받고는 그 사무엘을 말씀 안에서 잘 키웠기에 사무엘이라는 걸출한 인물이 태동한 것입니다. 하나님으로부터 기도 응답을, 은혜를 받을수록 겸손해지고, 정직해야 합니다. 그럴수록 그 축복이 대대손손 대물림되기 때문입니다.

> 만일 여러분이 여러분의 하나님 여호와께 순종하면 다음과 같은 복을 받게 될 것입니다. 여러분이 성읍에서도 …… 들에서도 가정에서도 복을 받고 일터에서도 복을 받을 것이며 자손이 번성하고 농사가 잘되고 가축이 증식하며 먹을 것이 풍성할 것입니다. 그리고 여러분이 하는 일마다 복을 받아 다 잘될 것입니다(신 28:2-6).

2. 제자의 삶

1) 삶의 우선순위

사람이 까닭 없이 즉 아무것도 바라는 것 없이 보이지도, 들리지도, 만져지지도 않는 하나님을 섬긴다는 것은 거의 불가능합니다. 우리가 하나님을 믿는 데는 다 까닭이 있습니다. 대부분 그것은 주로 인간적인 것과 관련이 있습니다. 그리고 그것이 무너져 내릴 때 한순간에 하나님을 떠나

버리는 경우가 많습니다.

　인간적이라는 것은 세상의 명예, 성공, 부귀 또는 삶의 두려움과 공포에서 벗어나기 위한 것일 수가 있습니다. 물론, 이런 것들이 나쁜 것은 아닙니다. 인간의 본능적 욕구이기 때문입니다. 그러나 그 정도를 지나쳤을 때 범죄함이 이루어지고, 또 그것들이 사라져 갈 때 하나님을 떠나게 되는 큰 잘못이 나타나게 됩니다. 우리의 신앙관이 이 땅의 것에 집중하느냐, 아니면 다시 올 저 천국에 대한 것에 집중하느냐에 따라 이 땅 위에서 우리의 믿음도 큰 영향을 받게 되는데 오늘날 많은 사람이 이 땅에서의 복 받는 일에 중시할 뿐 천국을 사모하는 마음을 상실해 가고 있습니다.

　그렇다고 천국 소망만을 바라보며 이 땅에서의 삶을 경시하는 것도 아주 큰 잘못입니다. 장차 다가올 저 천국을 주관하시는 하나님은 지금도 이 땅을 통치하시기 때문에 이 땅에서 일용한 양식을 구하지 않음도 하나의 불신이기 때문입니다.

　중요한 것은 우리의 삶의 우선순위가 무엇이냐에 달려 있습니다. 이 땅의 것도 당연히 구해야 합니다. 그러나 먼저 하나님의 뜻을 구하십시오. 그러면 땅의 것은 저절로 따라옵니다. 그러나 땅의 것에만 집착하면 결국 범죄함에 이르러 땅의 것도, 하나님의 나라도 다 잃게 됩니다.

2) 신앙생활의 종국적 목적

　신앙생활 하는 데 있어서 많은 경우 잘못된 신앙관이 우리를 더 어렵게 만들기도 하는데, 그 대표적인 것이 하나님만 믿으면 만사형통한다는 소위 기복 신앙입니다. 사람들은 보통 하나님의 자녀로 택함 받아 구원받으면 그때부터 이 땅을 살아가면서 내게만 뭔가 특별하고 색다른 일이 일어나길 은근히 바라는 경향이 있으며, 한때는 그것을 강조하는 목회자들도 많았습니다. 예컨대, 하나님을 믿으면 병이 낫고, 장수하고, 어려운 일들도 잘 풀리고, 사업이 잘되는 등 비성경적 기대를 하게 된다는 것입니다.

물론, 이러한 일들이 안 일어난다는 것은 아닙니다. 하나님의 은혜 속에서 충분히 가능한 일이며, 현실적으로도 많이 체험되고 있지만, 먼저 하늘의 것을 구하며 살아갈 때 땅의 것들이 따라오는 것이지 땅의 것을 최우선으로 집착해 나갈 때에는 땅의 것은 물론, 하늘의 것도 다 잃어버리게 된다는 것을 알아야 합니다.

만군의 여호와 하나님이 그 외아들 독생자 예수님을 이 땅에 보내시어 십자가의 형벌을 받고 죽게 하신 것은 우리의 죄를 대속하여 우리를 구원의 반열에 이끌어 영원한 삶을 주시기 위한 것이지 이 땅에서 세상의 복만을 누리게 하시려는 것은 아님을 명심해야 합니다.

3) 잘못된 신앙관이 초래하는 문제들

우리 신앙의 종국적 목적은 사후의 부활과 영원한 생명의 소망에 있지 세상적 욕망의 복인 만사형통에 있지 않습니다. 이러한 기복 신앙이 무서운 것은 그러한 신앙관으로 살아갈 때는 한없는 인간의 욕심으로 인해 결코 만족함을 누리지 못하기 때문에 받은 은혜에 감사하며 드리는 감사 행위를 잊어버리게 되며 이에 더하여 조금만 어려운 일이 생겨도 우리는 탈애굽한 이스라엘 민족들처럼 결국 불평과 원망, 불신앙으로 하나님께 큰 범죄를 저지르게 된다는 것입니다.

우리는 "하나님의 영광을 위하여 창조됐으며"(사 43:7), 그 영광을 돌리는 제일 첫 순위가 "감사로 제사 드리는 것"(시 50:23)인데, 감사의 반대가 불평과 원망이며, 그 결과 하나님을 떠나게 됨을 아셔야 합니다.

4) 잘못된 기대감들

이러한 잘못된 기대감의 대표적인 사건이 출애굽한 이스라엘 민족이었습니다. 하나님의 놀라운 기적에 의해 430년간의 노예에서 해방되어 출애굽한 이스라엘 민족의 기대감은 한껏 부풀었을 것입니다.

그런데 웬걸, 광야에 나와보니 아무것도 없는 게 아닌가?

그동안 하나님의 놀라운 이적을 보면서 살아온 그들이지만 하나님에 대한 현실적, 세상적 기대감이 깨지자, 하나님께 원망과 불평을 서슴없이 터뜨리기 시작했는데 그것은 출애굽의 놀라운 기적을 겪은 뒤 딱 한 달 안에 일어난 사건들이었습니다. 또 다른 잘못된 대표적인 신앙관의 예가 있습니다.

예수님의 예루살렘 입성 시 온 백성이 "호산나" 하며 외쳤지만 단지 나흘 만에 예수님을 십자가에 못 박아 버렸습니다.

왜, 그랬을까요?

그들의 신앙관은 로마를 멸망시키고 다윗왕 시대처럼 번영을 누리려는 것이었는데 예수님은 원수를 사랑하라는 겸손과 평화의 왕으로 오신 것을 알았기 때문입니다. 잘못된 신앙관은 이처럼 무서운 결과를 초래합니다. 옛말에 기대가 클수록 실망이 크다고 했습니다. 첫 단추가 잘못 꿰일 때 이어서 잘못되는 것처럼 처음부터 잘못된 기대감은 반드시 실망을 가져오며 결국은 하나님을 떠나든가 아니면 하나님을 배역하는 무서운 결과를 초래합니다. 올바른 신앙관의 정립이 필요합니다.

5) 목적 있는 삶

보트를 타보신 분은 압니다. 어떤 이들은 아무리 애를 써도 제자리에서만 맴돌고 어떤 이들은 처음에는 흔들리지만 곧이어 앞으로 곧잘 나갑니다. 비결은 노를 저을 때 시선을 어디에 두고 노를 젓느냐에 따라 보트가 앞으로 나갈 수도 있고 아니면 제자리에서 맴돌기만 하기도 합니다. 바로 보트 앞만 바라보며 노 젓는 경우, 보트는 나가지 않고, 제자리에서 맴돌기만 합니다. 그러나 예컨대, 등대같이 먼 곳에 있는 것을 목표로 노를 젓게 되면 처음에는 익숙지 않아 흔들려도 곧 요령을 체득해서 앞으로 곧잘 저어 나가게 됩니다.

6) 천국과 부활을 삶의 최종 목표로 삼는 삶

천국에 소망을 두고 살아가는 사람은 어떤 풍랑에도 흔들리지 않습니다. 가끔 짙은 안개로 잘 안 보일 때도 있고, 심한 풍랑으로 크게 흔들릴지언정 결코 뿌리째 뒤집히지는 않습니다.

창세기 1장이 믿어지십니까?

그렇다면 이미 믿음이 생긴 상태입니다. 그렇다고 믿음이 완성된 것은 아닙니다. 겨우 믿음이 시작된 것입니다.

그렇다면 언제 완성되는가요?

요한계시록 22장을 다 믿어질 때 완성된 것입니다. 머릿속으로만이 아니라 마음으로 완전히 믿어질 때입니다. 아무리 열심히 출석하고 봉사해도 천국, 부활, 영생, 마지막 심판이 믿어지지 않는다면 신앙은 영점입니다.

사도 바울의 믿음을 우리가 어떻게 간단히 설명할 수가 있겠습니까?

그는 수많은 기적을 행하는 등 하나님의 크신 은혜를 많이 맛보았겠지만 무엇보다도 바울은 하늘에 올라가서 천국을 맛보았기 때문에 이 땅 위의 어떤 고난 속에서도 천국 소망을 가지고 견딜 수 있었을 것입니다. 그렇습니다. 천국에 대한 확신을 갖고, 천국에 소망을 두고 사는 사람들에게는 이 땅 위의 어떤 고난이나 위험도 문제가 될 수 없을 것입니다. 그래서 기꺼이 순교도 웃으면서 할 수 있었던 것입니다.

> 그러나 스데반은 성령으로 충만하여 하늘을 우러러보고서 하나님의 영광과 예수님이 하나님의 오른편에 서신 것을 보고 이렇게 외쳤다. "보라! 하늘이 열리고 예수님이 하나님의 오른편에 서 계신다!" 그들이 계속 돌질을 하자 스데반은 "주 예수님, 내 영혼을 받으소서" 하고 기도하였다. 그러고서 그는 무릎을 꿇고 큰 소리로 "주님, 이 죄를 저들에게 돌리지 마소서" 하고 외친 후 숨을 거두었다(행 7:55-60).

폴리캅은 초대 교부의 한 사람으로 서머나교회의 감독으로 사도 요한의 수제자로 알려져 있습니다. 나이 84세에 로마에 붙잡힌 폴리캅은 로마 집정관에게 배교를 강요당했습니다.

"예수를 부인하기만 하면 너를 살려주겠다."

그때 폴리캅이 말했습니다.

"지난 84년 동안 주님은 한 번도 나를 배신한 적이 없는데 내가 어떻게 주님을 배신하겠습니까?"

그래서 장작더미 위에 올랐는데 그가 불에 타는 순간 향기가 온 천지에 퍼졌다고 합니다. 순교의 향이었습니다.

7) 부활의 주님을 만나면 평강이 온다

> 이날 곧 안식 후 첫날 저녁때에 제자들이 유대인들을 두려워하여 모인 곳에 문들을 닫았더니 예수께서 오사 가운데 서서 가라사대 너희에게 평강이 있을지어다(요 20:19).

핍박과 죽음의 공포에 떠는 제자들에게 부활의 주님이 첫 번째 하신 말씀이 "너희에게 평강이 있을지어다"입니다. 예수님을 믿어도 부활과 영생을 믿지 못하면 마음에 불안과 근심이 떠나지 않으며 평안을 가질 수가 없습니다. 그러나 부활의 주님을 만나면 평강이 옵니다. 도마도 의심이 많았으나 부활하신 주님을 만난 뒤로는 의심과 불안이 사라졌습니다.

예수님을 만나야만 합니다. 이러한 만남은 오직 성령님만이 주실 수 있기 때문에 하나님이 우리를 택한 은혜의 이유에 관한 말씀 공부, 묵상, 큐티 그리고 간절한 기도 속에서 성령님과의 동행을 체험하며 살아가야만 하는 것입니다.

8) 이 땅의 것에 소망을 두는 삶

명예, 부귀, 공명, 쾌락, 즐거움 등, 이 땅의 모든 것은 영원한 것이 없기에 필연적으로 반드시 변합니다. 흔들립니다. 어쩌면 뿌리째 뽑힐 수도 있습니다.

> 제자들은 예수님이 바다 위로 걸어오시는 것을 보고 무서워하며 "유령이다" 하고 소리쳤다. 그러자 예수님은 즉시 "나다. 무서워하지 말고 안심하여라" 하고 말씀하셨다. 그때 베드로가 예수님께 "주님, 주님이시거든 저를 물 위로 걸어오라고 하십시오" 하였다. 예수님이 "오너라" 하시자 베드로가 배에서 내려 물 위로 걸어서 예수님을 향해 갔다. 그러나 그가 파도를 보고 무서워하다가 물에 빠져들어 가자 "주님, 살려 주십시오" 하고 소리쳤다. 예수님이 즉시 손을 내밀어 그를 붙잡으시며 "믿음이 적은 사람아! 왜 의심하느냐" 하시고 배에 함께 오르시자 바람이 멎었다 (마 14:26-32).

베드로가 인생의 풍랑 이는 바다 위에서 예수님이 "오라" 하여 예수님만 바라보며 걸어갔을 때는 물에 안 빠졌지만, 가는 도중 험한 풍랑 이는 바다를 보았을 때 그는 바다에 빠졌습니다. 믿음의 사람 아브라함도 그렇습니다. 『구약학』 책에 쓰여 있는 글입니다.

아브라함의 장점은 그가 남다른 믿음이 있다는 것입니다. 그리고 그의 단점은 종종 믿음이 없다는 것입니다.

온갖 시련을 겪은 뒤 오직 하나님만 바라보는 믿음을 가졌을 때는 100세에 얻은 외아들 이삭도 하나님의 명령을 받자 하등 망설임 없이 바쳤지만, 그전에는 자기 목숨을 위하여 그의 아내 사라를 두 번이나 동생이라고 속인 약한 사람이었습니다.

그렇다고 천국 소망만을 바라보며 이 땅에서의 삶을 경시하는 것도 아주 큰 잘못입니다. 세상의 명예, 성공, 부귀 또는 삶의 두려움과 공포에서 벗어나기 등이 나쁜 것은 아닙니다. 인간의 본능적 욕구이기 때문입니다. 중요한 것은 우리의 삶의 우선순위가 무엇이냐, 그리고 그것이 절제된 욕구냐에 달려 있습니다. 장차 다가올 저 천국을 주관하시는 하나님은 지금도 이 땅을 통치하시기 때문에 이 땅에서 일용한 양식을 구하지 않음도 하나의 불신이라고 하겠습니다.

9) 형통한 삶

성경에서 형통한 사람(SUCCESS)으로 기록된 사람은 오직 요셉뿐입니다. 창세기 39장에 무려 세 번이나 언급되고 있습니다. 피를 나눈 형들에 의해 팔려 노예로 살게 되었는데도 '형통한 자'라고 하셨고 더욱이 하나님의 말씀 따라 정직하게 살려고 간음의 죄를 피한 결과가 하나님의 칭찬이 아니라 전혀 빛을 볼 수도 없는 지하 감옥에 갇히게 되었는데도 성경은 "요셉의 범사에 형통케 하셨다"라고 기록되고 있습니다. 요셉은 30대 초반까지 시련 속에서 팔리고 감옥에 억울하게 들어가기도 하였으나 "하나님이 형통케 하셨다"라고 하였습니다.

(1) 형통한 삶의 의미

흔히 사람들은 형통을 편안한 삶으로 알지만 그렇지 않습니다. 우리 일상생활에서 말하는 형통(SUCCESS)과 성경에서 말하는 형통(SUCCESS)이 전혀 다릅니다. 세상에서 말하는 형통은 모든 일이 자기 뜻대로 잘 이루어지게 되는 것, 소위 만사형통을 말하지만, 성경에서는 내가 전혀 예상치 못하거나, 이해하지 못한 어떤 역경에 처해 있을 때라도 나와 늘 함께하시는 하나님의 뜻대로 (내 뜻대로가 아니라) 이루어져 가고 있다고 믿고 살아가는 사람을 형통한 사람이라고 말하고 있습니다.

언제, 어떠한 환경 속에서도 '하나님과 동행하는 삶', '임마누엘의 주님이 함께하는 삶'이 형통의 삶입니다.

(2) 만사형통의 복은 하늘나라에 대한 것이다

이런 뜻에서 복의 개념도 우리는 바로 알아야 합니다. 그렇지 않으면 조금만 시련 속에서도 원망하거나 낙망하기 쉽기 때문입니다. 우리가 가장 잘못 인식하고 있는 것 중의 하나가 우리 대부분은 '만사형통의 복' 하면 금방 세상 것들을 연상하지만, 하나님이 줄기차게 우리에게 보여 주시고 인도하시는 만사형통의 복은 하나님의 나라, 곧 영원한 세계에 대한 것입니다.

로마의 지하동굴 카타콤에는 수백만의 믿음의 선배들이 오직 예수 그리스도를 믿는 신앙 때문에 그 안에서 태어나, 그곳에서 살다가, 그 안에서 죽었습니다. 그들이 그처럼 어둡고 습하고 어려운 환경 속에서도 굴하지 않고 살아갈 수 있었던 이유는 단 하나뿐이었습니다. 그들에겐 현실의 어려움과 죽음을 넘어선 영원한 내일에 대한 소망이 있었기 때문입니다.

여기서 우리는 믿음의 길을 걸어가는 데 있어 중요한 지침을 또 하나 발견할 수 있게 되는데 그것은 믿음으로 승리하는 길이란 현실의 삶이 아무리 절망스럽고 힘들어도 내게는 영원한 내일의 소망이 있다는 약속의 말씀을 붙잡고 눈앞에 놓인 장애물들을 헤치며 살아가는 것을 말하며 그러한 길을 걸어갈 때 그 길이 '형통한 삶'이 된다는 것입니다.

사도 바울과 그 외 수많은 믿음의 선배가 그처럼 어렵고 힘든 여정 속에서도 기쁨과 희열과 평안을 잊지 않고 형통의 길을 걸어간 이유는 바로 '언젠가는 인생의 마지막 여정이 오고 이어서 영원한 세상이 보장된다는 것'을 알았기에 죽을 정도로 매 맞고, 굶주리고, 조롱하는 현실에서도 결코 굴하지 않고 기쁘게 걸어갈 수 있었는데 이것이 형통의 삶입니다.

(3) 형통한 사람의 결국은 승리다

사실 그렇습니다.

우리가 보기에 아무리 불합리하고 해결하기 불가능한 문제일지라도, 또 현실적으로 내게 너무 불공평하게 돌아가는 것 같을지라도, 그 모든 일이 내 삶의 주관자이시며, 전능하신 하나님의 나를 위한 전체 계획의 한 과정으로 진행되고 있다고 믿고 고난 자체까지도 하나님의 섭리로 받아들여 감사하며 하루하루 주어진 일에 최선을 다해 살아가는 사람에게 이 세상의 어떤 고난이 그를 넘어뜨릴 수 있겠습니까?

"형통"이란 말은 히브리어로 "찰라흐"이라고 읽는데 이는 '번영케 하셨다'라는 의미를 가지며 어떤 어려움 속에서도 하나님의 깊은 섭리가 있음을 믿어 좌절하거나 낙망하지 않고 하루하루 최선을 다해 살아갈 때 결국은 형통하게(SUCCESS) 된다는 것입니다. 다시 말해서, 하나님을 믿는 인내의 결과는 요셉의 경우에서 보듯이 언젠가는 번영이라는 말입니다.

10) 흔들리는 믿음, 흔들리지 않는 믿음

결론적으로 수많은 믿음의 선배에게도 허락하지 않으신 세상적 욕망의 복인 만사형통을 내게만은 허락돼야 하는 것처럼 하나님께 떼쓰며 기도하기보다는 진정 하나님이 원하시고 주시려고 하는 복이 무엇인지 생각해 보는 것이 더 중요합니다. 우리는 우리의 최종 목표를 천국에서의 영생, 부활의 확신에 두어야 하는데 이것들은 우리의 눈에 보이지도 않고 현실적으로 체감할 수도 없습니다.

그래서 눈에 보이는 세상 것에 의지하게 되는 것인데 세상의 모든 것들은 요동하는 물결처럼 언제나 흔들리며 이에 따라 우리의 믿음도 풍랑이 일 때마다 흔들리게 됩니다. 그러나 늘 요동치는 이 땅의 것보다 영원히 변치 않는 영원한 삶을 인생의 최종 목표로 삼아 살아나갈 때는 끝없이 몰아치는 인생의 풍랑 속에서 간혹 흔들릴지언정 결코 전복되지는 않게 됩니다.

3. 그리스도인으로서 어떻게 살아야 하는가?

> 이때에 가이사 아구스도가 영을 내려 천하로 다 호적하라 하였으니 이 호적은 구레뇨가 수리아 총독 되었을 때에 첫 번 한 것이라. 모든 사람이 호적하러 각각 고향으로 돌아가매 요셉도 다윗의 집 족속인 고로 갈릴리 나사렛 동네에서 유대를 향하여 베들레헴이라 하는 다윗의 동네로 그 정혼한 마리아와 함께 호적하러 올라가니 마리아가 이미 잉태되었더라 거기 있을 그때에 해산할 날이 차서 맏아들을 낳아 강보로 싸서 구유에 뉘었으니 이는 사관에 있을 곳이 없음이러라(눅 2:1-7).

이제까지도 나름대로 열심히들 살아오셨겠지만 뒤돌아보면 과연 예수님의 택한 받은 자로 부끄러움 없이 살아왔는가 하고 자문해 보았을 때 확실한 답을 낼 수 있는 분은 얼마 안 될 것입니다. 주된 이유는 그리스도인으로 산다는 것이 어떤 것인지에 대해 막연한 사고만 있지 딱 부러지는 확실한 정의 개념을 갖고 있지 않기 때문입니다.

바라보고 이루어야 할 목표가 불분명한데 어떻게 거기에 다다를 수 있겠습니까?

여기서는 그리스도인으로서 최소한의 덕목만 올립니다. 후에 시간에 여유를 두시고 각자 깊이 묵상하시며 이를 우리의 삶 속에 녹일 수 있도록 성령 하나님께 기도해야만 할 것입니다.

1) 예수 제자의 의미

오늘날 그리스도인을 지칭하는 말들은 많습니다. 하나님의 자녀, 믿는 신자, 택함 받은 백성, 등. 그러나 가장 성경적인 명칭은 '예수님의 제자'란 말입니다. 사전적 의미로 '제자'란 '스승의 삶을 그대로 실천하며, 또 다음에 점차로 다른 사람에게도 자기의 삶을 가르치는 사람이다'라고 정의합니다. 따라서 '예수의 제자'란 예수님의 삶을 실천하고 또 다른 자에게도 가르치는 삶인데, 예수님의 삶은 한마디로 '섬김, 디아코니아의 삶' 곧 '베푸는 삶'입니다.

성경 66권이 가르치는 단어는 "사랑" 하나이며 이는 하나님 사랑과 인간 사랑으로 구분합니다. 이론적인 면에서는 단연 하나님 사랑이 모든 것의 으뜸이 되지만, 현실적 실천적인 면에서는 인간 사랑과 하나님 사랑이 동시에 이루어져 나가야만 합니다. 왜냐하면, 눈에 보이는 이웃을 사랑하지 못하면서 눈에 안 보이는 하나님을 사랑한다는 것은 거의 불가능하기 때문입니다. 이웃 사랑을 우리의 삶 속에 구체적으로 표현하자면 베풀고, 나누고, 대접하고, 높여주는 것을 말합니다.

우리는 "준다"라고 하면 곧 물질을 떠올리지만 꼭 그렇지는 않습니다. 무엇보다 가장 큰 선물은 영혼 구원을 위한 복음을 전하는 것이며 그리고 시간을 내어 나를 위한 기도보다는 다른 사람을 위한 중보기도의 시간을 가져야 하며 또 다른 사람의 아픔에 고통의 눈물을 같이 흘리며 다른 사람의 기쁨에 같이 동참하며 또 헐벗고 굶주린 자에겐 먹을 것을 나누는 등의 마음과 관심을 나누는 행함이 이웃 사랑입니다.

2) 마구간의 예수

주님은 원하셨다면 왕궁에서라도 오실 수 있었지만, 때마침 일어난 호적 조사로 여관은 만원이 됐고 또 성령님이 잉태시키셨으니 출산 시간도 조절이 가능할 텐데도 하나님은 예수님을 꼭 그 날, 그 시간, 그곳에서 태어나게 만드셨습니다. 그래서 마리아와 요셉은 어쩔 수 없이 예수님을 마구간에서 출산하고 구유에 누이신 것입니다. 이것의 상징적인 의미는 '예수 그리스도의 제자'로서의 삶의 총 요약이라고 할 수 있습니다.

3) 마구간의 의미

마구간은 소, 양, 말 등 가축들이 자고 먹는 곳입니다. 가축은 일생을 인간을 위하여 일하고, 죽어서도 고기로서 인간에게 맛과 영양분을 줄 뿐만 아니라, 그 가죽은 옛날에는 추위를 이기고 창, 칼, 화살을 막아주는 방패막이도 했습니다. 한마디로 모든 일생의 수고가 인간의 유익을 위한 삶이었습니다. 예수님도 하늘의 높은 보좌를 버리시고 오직 인간의 유익을 위해 오셨습니다. 주님이 이 땅에 오셔서 십자가에 속죄물로 못 박히심으로 우리가 우리의 죄에서 구원을 얻게 되었고 영원한 부활의 소망을 갖게 된 것입니다.

4) 구유의 의미

주님은 마구간에서 태어나셔서 첫날 밤을 구유 위에서 주무셨습니다. 이 세상에서 아무리 천하고 가난해도 첫날 밤을 구유통에서 잔 사람은 한 사람도 없을 것입니다. 구유란 짐승들의 여물통을 고상하게 표현한 단어입니다. 사람의 밥그릇도 먹고 나면 더러운데 짐승들의 여물통은 오죽하겠습니까. 그런데도 하나님은 독생자 예수님을 그 위에 주무시게 하셨는데, 이것의 영적인 의미는 다음과 같습니다.

첫째, 가장 낮고 초라하게 오신 의미는 '겸손의 자세'입니다. 신앙생활에서 제일 가는 덕목은 겸손의 자세입니다(벧전 5:5-6; 빌 2:6-11). 모든 권세와 영광을 버리시고 자기를 비우신 예수 그리스도의 일생은 베풀고 섬기는 자세였습니다. 그런데 베풀고 섬기는 자는 자신을 낮추고 겸손할 줄 아는 자만이 할 수 있고, 교만한 자는 자기가 제일이라고 생각하기 때문에 섬김을 받으려고만 하지 결코 남을 섬기려고 하지 않습니다.

> 젊은 자들아 이와 같이 장로들에게 순종하고 다 서로 겸손으로 허리를 동이라 하나님이 교만한 자를 대적하시되 겸손한 자들에게는 은혜를 주시느니라. 그러므로 하나님의 능하신 손 아래서 겸손하라 때가 되면 너희를 높이시리라 (벧전 5:5-6).

둘째, 하나님의 은혜는 오직 말씀으로부터만 나옵니다. 구유, 곧 여물통은 혼탁하고, 더럽고, 추하고, 어두운 이 세상을 의미합니다. 바로 그러한 세상 속으로 말씀이 육신이 되신 예수님이 오셔서 누우셨습니다. 이 오염된 세상의 구원은 오직 예수 그리스도로부터만 나온다는 의미입니다. 복음, 곧 복된 소식 중에서도 제일가는 복된 소식이 있으니, 그것은 죗값으로 마땅히 지옥 갈 우리의 심령 속에 예수 그리스도께서 말씀으로 들어오셨다는 사실입니다. 이러한 구원의 기쁨은 이 세상의 무엇과도 바꿀 수 없는 굉장한 기쁨인데도 오늘날 이러한 은혜에 깊이 감사하는 신앙이 보기 힘들게 되었습니다.

예배, 예배라고 하는데, 구원받은 인간이 하나님께 드리는 그 구원에 대한 모든 감사와 찬양과 경배가 제도화된 것이 오늘날의 예배입니다. 따라서 감사가 없는 예배란 공허한 일이라는 것을 알아야 합니다.

셋째, 베푸는 삶. 구유는 가축들이 먹는 곳입니다. 먹을 것을 저장했다가 먹는 통인데, 구유 속의 먹이를 하루라도 치우지 않고 계속 쌓기만 할 때 금방 썩어 구더기가 되고, 오물이 되어 악취를 풍기게 됩니다. 우리의 삶 속에서도 하나님의 이름으로 베풀어 나갈 때 더욱 풍성히 얻을 수 있고, 나눌 줄 모르고 혼자 자꾸 쌓기만 하면 그에 비례해서 그의 영혼은 점차 병들어가게 됩니다.

그 좋은 예가 갈릴리와 사해입니다. 자기가 받은 만큼의 양을 남에게 주는 갈릴리 바다는 생명력이 넘쳐흘러 그곳에는 온갖 생명들이 뛰놀고 자라지만, 갈릴리보다 다섯 배나 더 큰 사해는 자기에게 들어오는 물을 들어오는 대로 자기 것으로 끌어안고는 단 한 방울도 외부에 줄 줄 모르는 결과 그 이름처럼 죽음의 바다가 되어 그 속에서는 어떤 생명체도 살 수가 없게 되었습니다.

성경의 전체적 맥락도 '주는 자에게 더 복이 있다'라는 것입니다. 주는 것이(행 20:35), 복의 근원은 받기만 하는 게 아니라 베푸는 것을 전제로 함(창 12:2), 헤아리는 만큼 도로 받는다(눅 6:38), 기독교의 황금률: 대접하는 것만큼(마 7:12), 주기도문 나가 아니라 우리(마 6:9-13).

이러한 삶의 자세에는 겸손한 마음이 반드시 따라야 합니다. 그렇지 않을 때 자기과시의 위선적인 모습이 나타나기 때문입니다. 이러한 삶은 이론적으로는 쉽지만 행동으로 옮기기는 어렵습니다. 왜냐하면, 인간은 본질에서 이기적인 존재이기 때문입니다. 따라서 이러한 삶의 목표를 안다면 이를 위해 간절히 기도해야 합니다. 간절한 기도 속에 성령님이 임하시고, 성령님은 우리로 하여금 그것을 가능케 하시기 때문입니다.

4. 십계명에 따른 회개와 감사와 중보의 기도문

이스라엘아 들으라 우리 하나님 여호와는 오직 하나인 여호와시니 너는 마음을 다하고 성품을 다하고 힘을 다하여 네 하나님 여호와를 사랑하라. 오늘날 내가 네게 명하는 이 말씀을 너는 마음에 새기고(신 6:4-6).

이 율법책을 네 입에서 떠나지 말게 하며 주야로 그것을 묵상하여 그 가운데 기록한 대로 다 지켜 행하라 그리하면 네 길이 평탄하게 될 것이라 네가 형통하리라(수 1:8).

> 어거스틴이 말한 것을 다시 인용합니다.
>
> 그리스도인들에게는 두 가지 위험이 있는데 그것은 '잘못된 소망'과 '잘못된 절망'이다. '잘못된 소망'은 죄의 문제를 해결하지 않고도 하나님의 사랑을 기대하는 것이다. 내 죄의 문제를 해결하지 않고는 하나님과 나의 관계가 형성 안 된다. 그럼에도 내 기도를 들어 주신다고 생각하는 것은 잘못된 소망이다.
>
> 올바른 회개를 갖기 위해서는 먼저, 성령님께서 이 시간을 인도해 주시길 간절히 기도드린 다음에 이 계명을 하나씩 하나씩 천천히 음미하면서 깊이 묵상하여야 합니다. 범한 죄가 떠오르면 바로 회개하셔야 합니다. 만약에 범한 죄가 떠오르지 않는다면 그것은 크나큰 하나님의 도우심입니다. 그 은혜에 대해 깊은 감사를 드리며 그러한 은혜가 지속되길 간구해야 합니다. 그리고 이러한 자세가 하나님이 기뻐하시는 순종의 삶을 사는 것입니다.
>
> 많은 신자의 고민 중의 하나는 변화되길 원하면서도 어떻게 해야 변화될 수 있는지를 모르고 있다는 것입니다. 이 시간부터 여기서 제시되는 방법에 따라 기도하게 되면 얼마 안 되어 하나님이 원하시는 영적 성숙인의 모습으로 놀랍게 변화된 자신을 발견하게 될 것입니다. 그리고 변화된 결과, 그 모든 것을 알고 계시는 하나님이 우리가 구하기도 전에 미리 다 준비해 놓으시는 하나님의 놀라운 축복도 발견하게 될 것입니다.

매일 저녁, 잠자리에 들기 전에 천천히 눈으로는 읽고, 작은 목소리로 되뇌며, 머릿속에는 꼭꼭 상기시키면서 이 회개 기도를 할 수 있다면 더할 나위 없지만 그렇지 않을 경우라도 최소한 일주일에 한 번 이상은 '회개와 감사와 중보 기도문'을 순서대로 하나씩 집어 가면서 온 마음으로 자신을 돌아보는 회개 기도의 시간을 가져야 합니다.

몇 번의 과정을 거치면 십계명은 쉽게 암기합니다. 따라서 매일 그리고 언제 어디서든 하나님과의 소통의 대로를 열 수 있게 됩니다. 집에서 기도할 때는 물론, 공공시설 안에서도 다른 사람의 방해를 받지 않고 혼자 있을 수 있다면 성결 기도가 가능합니다.

제1, 2계명과 제10계명은 매우 중요한 회개 제목들이기에 기도할 때마다 집중하여 묵상할 필요가 있습니다. 왜냐하면, 제1, 2계명의 교만과 제10계명의 탐욕은 모든 죄의 근원이기 때문입니다. 예뻐지기 위해서 화장할 때는 반드시 거울을 봐야 합니다. 하나님께 예쁘게 보이고 싶다면 거울처럼 자신의 죄를, 십계명을 통해 직시할 줄 알아야 합니다. 화장하는 시간이 길수록 더 예뻐지는 것처럼 온전한 회개를 위해서도 좀 더 많은 시간이 필요하게 됩니다.

제1계명: 너는 나 외에는 다른 신들을 네게 두지 말라.

제2계명: 너를 위하여 새긴 우상을 만들지 말라.

- 주님, 지난 하루 동안 기도를 쉬는 죄를 범하지 않았는지 생각해 봅니다.
- 주님, 형제의 아픔과 어려움을 보면서도 나도 힘들고 바쁘다는 이유로 그냥 지나쳐 버린 적은 없는지 돌아봅니다. 나로 기억하게 하시며 회개시켜 주시옵소서.
- 주님, 다른 사람들과 비교하면서 시기, 질투하거나, 미워하고 분노를 터뜨리며 다툰 일들이 없는지도 생각하오니 나로 기억나게 해 주시옵소서.
- 주님, 다른 사람이야 어떻든 나만 잘되면 된다는 이기적인 생각을 갖고 다른 사람들을 무시하거나 경시한 적이 없는지도 생각해 봅니다. 또, 이간질하고, 분당을 만들며 나의 고집으로 인해 분쟁이 일어난 일은 없는지를 생각나게 해 주시옵소서.

- 주님, 성공이라는 우상에 사로잡혀 일중독에 빠져 인간관계에서나 가정에서 문제를 일으킨 적은 없는지요?
- 내가 도덕적으로나 지적으로 또 영적으로 남들보다 더 낫다는 교만에 빠진 적도 있었는지 기억나게 해 주시옵소서.
- 주님, 하나님을 바라보기보다는 현실을 바라보며 공포를 느끼며 두려워 떨었고, 이로 인해 낙심하고 현실을 회피한 적도 있었는지 생각해 봅니다.

몇 번이고 여러 번 되뇌며 조용히 읽어 보십시오. 만약 하등 부끄러움이 없다면 이에 감사드리고, 그러한 삶을 계속 누릴 수 있도록 기도하십시오.

제1, 2계명에 따라 회개기도할 때, 잘못된 것들을 돌아보면서 하나님께 상대를 존중하고 귀히 여기는 마음을 달라고 기도해야 할 뿐 아니라, 교부 암브로우스처럼 "하나님 나는 하나님 없이는 살아갈 수가 없습니다. 부디 나를 떠나지 마시고 나와 영원토록 동행해 주시옵소서"라고 겸손한 마음으로 간절히 기도해야 합니다. 죄 된 교만한 마음을 갖고는 하나님을 절대로 만날 수가 없습니다. 겸손만이 교만한 마음을 이길 수 있습니다.

제3계명: 너는 네 하나님 여호와의 이름을 망령되게 부르지 말라.

주님, 지난 하루 동안 바쁘게 살아가면서 무의식중에라도 잘못된 말이나 행동을 해서 하나님의 이름을 더럽히거나 모욕한 일은 없는지요 하고 몇 번이고 여러 번 되뇌며 조용히 읽어 보십시오. 만약 하등 부끄러움이 없다면 이에 감사드리고, 그런 삶을 계속 누릴 수 있도록 기도하십시오.

제4계명: 안식일을 기억하여 거룩하게 지키라.

우리는 하나님의 영광을 위하여 창조됐으며, 안식일의 주목적은 하나님께 감사드릴 줄 아는 것입니다.

지난 예배의 자리에 나갈 때 '구원에 대한 감사와 언제나 우리의 삶을 인도해 주시고 계신 하나님께 얼마나 감사의 마음을 품고 예배를 나갔는가. 그리고 하나님이 내게 맡겨 주신 세상일에 최선을 다하며 살아왔는가'라고 몇 번이고 여러 번 되뇌며 조용히 읽으며 생각해 보십시오. 만약 하등 부끄러움이 없다면 이에 감사드리고, 그런 삶을 계속 누릴 수 있도록 기도하십시오.

제5계명: 네 부모를 공경하라.

이 계명은 복 주신다는 약속이 있는 첫 계명입니다. 부담 가지고 거창하게 생각할 필요가 없습니다. 자식으로 인한 기쁨과 보람을 느끼며 살아갈 수 있도록 편히 해 드리면 됩니다. 같은 집에서 동거하고 있다면 아침에 일어나서 제일 먼저 인사드리며 사랑이 가득한 마음으로 포옹해 드리는 것도 좋은 모습이며, 만약 다른 곳에서 거주하고 있다면 부모님이 어떻게 지내고 계신지 전화를 자주 드리며 그리고 그때 부모님께 사랑한다는 말 한마디라도 해봤는지 생각해 봐야 합니다.

자녀들에게도 이 훈련을 시켜야 합니다. 제일 첫 단계는 가정에서, 식탁에서 또 학교나 사회에서의 기본 에티켓을 잘 지킬 수 있도록 부모가 꾸준히 관심을 두고 가르치는 것입니다. 그리고 부모님께 하듯 사랑의 마음으로 안아 주시고, 수시로 자녀들의 머리 위에 손을 얹고 기도해 주십시오. 그렇게 자라나는 아이들은 결코 곁길로 가지 않을 뿐만 아니라 사회의 리더가 됩니다.

이 내용을 몇 번이고 여러 번 되뇌며 조용히 읽으면서 부모님과 자녀들의 얼굴을 떠올려 보십시오. 만약 하등 부끄러움이 없다면 이에 감사드리고, 그런 삶을 계속 누릴 수 있도록 기도하십시오.

제6계명: 살인하지 말라.

주님, 지난 하루 동안 직접적으로 또는 마음속으로 얼마나 많은 형제들에게, 미련하다고 무시하고 욕하며, 또 미워하는 살인죄를 범한 일이 없는지를 생각해 봅니다. 몇 번이고 여러 번 되뇌며 조용히 읽으며 생각해 보십시오. 미워하고 시기, 질투하는 것은 또한, 나가 중심이 되는 우상숭배의 죄 중 하나임을 기억해야 합니다. 만약 하등 부끄러움이 없다면 이에 감사드리고, 그런 삶을 계속 누릴 수 있도록 기도하십시오.

제7계명: 간음하지 말라.

실질적인 간음만이 아니라 마태복음 5장 28절에 "음욕을 품는 자마다 마음에 이미 간음했다"라고 하며 간음의 동기나 원인까지도 금하고 있습니다.
"주님, 지난 하루 동안 음욕을 품은 순간이 없었는지요?
또 지금은 소돔과 고모라보다 더한 음란의 모습들이 대중매체를 덮고 있습니다. 과도한 TV 시청이나 인터넷 사용으로 하나님의 성전을 더럽히고 있는지도 깨닫게 해 주시옵소서."
몇 번이고 여러 번 되뇌며 조용히 읽어 보십시오. 만약 하등 부끄러움이 없다면 이에 감사드리고, 그런 삶을 계속 누릴 수 있도록 기도하십시오.

제8계명: 도둑질하지 말라.
"주님, 지난 하루 동안 직접 남의 물건을 훔치지는 않았더라도 부당한 방법으로 부(富)를 축적하거나, 나의 부주의나 태만 등으로 알게 모르게 타인의 재산에 손해를 입힌 경우가 없었는지요?"
몇 번이고 여러 번 되뇌며 조용히 읽어 보십시오. 만약 하등 부끄러움이 없다면 이에 감사드리고, 그런 삶을 계속 누릴 수 있도록 기도하십시오.

제9계명: 네 이웃에 대하여 거짓 증거하지 말라.
"주님, 지난 하루 동안 누구에게도 거짓말을 하거나 부끄러움 없이 정직하게 살아왔는지요?
또 자기합리화나 자기변명으로 난처한 상황을 모면하려 한 적은 없었는지도 생각해 봅니다."
몇 번이고 여러 번 되뇌며 조용히 읽어 보십시오. 만약 하등 부끄러움이 없다면 이에 감사드리고, 그런 삶을 계속 누릴 수 있도록 기도하십시오.

제10계명: 네 이웃의 집을 탐내지 말라.
"주님, 지난 하루 동안 다른 사람의 희생을 전혀 돌아보지 않고 오직 나의 안일과 욕심만을 채우려고 탐심을 가진 적은 없는지요?
또 현실의 주어진 여건에 만족을 누리지 못하여 부정적인 말과 불평과 불만을 터뜨리며 하나님께 감사가 아니라 원망을 한 적이 없는지를 생각해 봅니다."
몇 번이고 여러 번 되뇌며 조용히 읽어 보십시오. 만약 하등 부끄러움이 없다면 이에 감사드리고, 그런 삶을 계속 누릴 수 있도록 기도하십시오.

중보기도의 대상
가족과 친지들을 위하여, 교회를 위하여, 특별히 아프거나 어려움에 부닥친 가정을 위하여, 전도하고 싶은 이웃을 위하여, 내가 살고 있는 이 땅을 위하여.

1) 순종의 어려움

남들이 보는 앞에서는 하나님을 잘 섬기고 바른말을 하고 도덕적으로 의롭게 사는 것 같지만, 실제로 그 마음속에는 이웃을 미워하고 스스로 교만하며 죄악된 생각으로 가득 차 있다면, 이미 십계명을 모두 어기고 있는 것입니다. 하나님께서 진정 원하시는 것은 형식적인 순종이 아니라 그 마음으로부터 계명에 순종하는 것입니다.

십계명은 열 개가 항상 조화를 이루어야 합니다. 하나만 지킨다고 다 될 문제가 아니라 열 개를 항상 종합적으로 균형 있게 지켜야 합니다. 왜냐하면, 하나를 어기게 되면 다른 아홉 개도 다 무너질 수 있기에 십계명은 항상 열 가지가 골고루 지켜질 수 있도록 해야 합니다.

십계명의 어느 계명이 파괴되면서 어떤 일을 했을 때 성공하게 된다면 십계명이 깨지면서 성공한 것이기 때문에 세상적으로는 성공했을지 몰라도 하나님의 눈으로는 성공한 것이 아닙니다. 이처럼 성숙한 하나님의 백성으로 산다는 것은 결코 쉬운 일이 아니지만 성령님이 도와주시면 가능합니다. 그래서 간절한 마음으로 성령님의 도우심을 구할 수 있도록 기도해야 합니다.

2) 네 입을 크게 열라

신앙의 불순물들이 가득 차 있을 때는 복 받을 그릇이 못 됩니다. 지금도 주님은 복을 주시려고 입을 넓게 열라고 하십니다.

> 나는 너를 애굽 땅에서 인도하여 낸 여호와 네 하나님이니 네 입을 넓게 열라 내가 채우리라 (시 81:10).

복 받을 그릇을 깨끗이 청소해 놓으시면 만군의 여호와 하나님께서 그 넓게 연 입을 채워 주실 것입니다. 어차피 우리 인생은 한 번 왔다가 가는 인생으로 이왕 이 세상에 왔으니 미지근하게 신앙 생활하지 말고 만군의 여호와 하나님 앞에 입을 크게 열고 담대히 나갑시다.

절망스러울 때도 절망하지 말고, 기도할 수 없을 때도 죽기로 기도에 매달리며, 입을 열 때는 더 크게 열도록 하십시오. 아무리 크게 열더라도 하나님이 채워 주실 때는 넘치도록 채워질 수 있는 법이고, 설령 채워지지 않더라도 하나님이 그 이유를 알려주시기에 하등 손해 볼 일이 없는 것입니다. 입으로는 만군의 하나님이라고 하면서도 생각으로는, 행동으로는 자기의 연약한 모습을 바라보며 자기와 똑같은 작은 하나님으로 만드는 경우가 너무 많은 것 같습니다.

3) 예수님이시라면 어떻게 하실까?

어떤 분이 제게 어떤 문제에 대한 신앙 조언을 부탁했습니다. 그분이 다니는 교회가 영적으로 너무 정체되어 있어서 옮기고 싶다는 것이었습니다. 젊은 사람들은 하나씩 다 떠나가서 오십여 명의 중노년층만 남아 있어 꼭 양로원에 간 기분일 뿐 아니라, 더더욱 교회 직분자들끼리 서로 다투기만 할 뿐 교회의 부흥을 위해서는 아무런 열기를 느낄 수 없어 꼭 난파하는 배 위에 있는 것 같다는 것이었습니다. 이대로 가다가는 내 신앙도 죽을 것 같아서 그전에 교회를 옮기고 싶다는 것이었습니다. 그분은 새벽기도도 빠짐없이 참석하시고 교회 활동에도 열심이어서 다른 사람들에게 신앙의 본이 되는 분이었기에 그 말을 듣고는 제가 놀랐습니다.

그래서 그분께 한마디 해 드렸습니다.

지금 난파선 위에 있는 것 같다는 말 충분히 이해합니다. 그러기에 교회가 권사님 같은 기도와 신앙 열정이 가득 찬 분이 더 필요한 시기일 것입니다. 성급히 결정하지 마시고 나중에 조용한 시간을 마련해서 '예수님이 지금 나의 처지에 계신다면 어떻게 하실까'라고 조용히 생각해 보십시오. 성령님이 분명히 응답해 주실 것입니다.

그렇습니다. 아담의 원죄로 인한 옛사람의 습성과 거듭남으로 인해 생성된 속사람을 모두 가진 택함 받은 자들이 죄악이 가득 찬 이 세상을 살아가면서 끊임없이 겪게 되는 갈등은 수없이 많을 것입니다. 어떤 결정을 내려야 할 사건에 직면하여 '하라, 하지 말라'의 경우처럼 성경에 분명히 제시되면 별문제가 없겠지만, 문제는 성경에 분명히 제시가 되지 않은 경우의 사건들이 더 많이 생길 수가 있다는 것입니다.

그런데도 그때마다 언제나 Yes 든 No든 선택의 결단을 내려야 할 것입니다. 그때마다 서두르지 마시고 한 걸음을 뒤로 물러서서 냉정히 현 상황을 주시하면서 조용히 기도와 묵상의 시간을 가져야만 합니다. 그리고는 "예수님이 지금 나의 처지에 계신다면 어떻게 하실까"라고 마음속의 성령님께 물어봐야 합니다. 분명히 성령님은 최고의 해답을 그 자리에서 주실 것입니다.

CLC의 하나님 은혜 주제 도서

❶ 신앙의 지구력은 어떻게 생기는가?
조성환 지음 | 국판 변형 | 248면

❷ 광야에서 살아가는 양들의 고백
이진희 지음 | 신국판 | 264면

❸ Rebirth 만물을 새롭게
이윤성 지음 | 신국판 | 320면

❹ 은혜 그리고 인격
존 오만 지음 | 명노을 옮김 | 신국판 | 304면

❺ 폭포수 같은 은혜
안옥현 지음 | 신국판 | 200면

❻ 주님이 주신 뜨거운 마음, 그것은 은혜였습니다
안병호 지음 | 신국판 | 280면

❼ 내 삶을 다스리는 하나님의 은혜
이응윤 지음 | 신국판 | 776면

❽ 칭의가 은혜를 말하다
강철홍 지음 | 신국판 | 544면

❾ 은혜로 다시 태어나게 된 자연
남정웅 지음 | 신국판 | 296면

❿ 더 깊은 은혜의 바다로
김심복 지음 | 사륙변형 | 280면

⓫ 이삭과 함께 걷는 은혜의 여정
최태영 지음 | 신국판 | 184면

⓬ 이신칭의, 값싼 은혜가 아닙니다
이경섭 지음 | 신국판 | 376면

⓭ 탈진한 목회자를 세우시는 하나님의 은혜
글레이 워너 지음 | 조광현 옮김 | 신국판 | 248면

⓮ 은혜 장막과 자유의지
장영수 지음 | 신국판 | 240면